沿海国200海里以外大陆架外部界限划界案大陆架界限委员会建议评注

第二卷

吕文正　方银霞　尹　洁　王丹维　编著

海洋出版社
2023年·北京

图书在版编目（CIP）数据

沿海国200海里以外大陆架外部界限划界案大陆架界限委员会建议评注. 第二卷 / 吕文正等编著. — 北京：海洋出版社, 2023.10
ISBN 978-7-5210-0826-5

Ⅰ. ①沿… Ⅱ. ①吕… Ⅲ. ①大陆架－划界－国际法 Ⅳ. ①D993.5

中国国家版本馆CIP数据核字(2023)第246069号

审图号：GS（2022）2766号

责任编辑：王　溪
责任印制：安　淼

海洋出版社 出版发行
http://www.oceanpress.com.cn
北京市海淀区大慧寺路8号　邮编：100081
鸿博昊天科技有限公司印刷　新华书店经销
2023年10月第1版　2023年12月第1次印刷
开本：787mm×1092mm　1/16　印张：20
字数：345千字　定价：280.00元
发行部：010-62100090　总编室：010-62100034
海洋版图书印、装错误可随时退换

前　言

> 解释法律系法律学之开端，并为其基础，系一项科学性工作，但又为一种艺术。
>
> ——萨维尼（Savigny）

大陆架界限委员会（以下简称"委员会"）是根据《联合国海洋法公约》（以下简称《公约》）成立的三大机构之一。《公约》第七十六条第 8 款规定："从测算领海宽度的基线量起二百海里以外大陆架界限的情报应由沿海国提交根据附件二在公平地区代表制基础上成立的大陆架界限委员会。委员会应就有关划定大陆架外部界限的事项向沿海国提出建议，沿海国在这些建议的基础上划定的大陆架界限应有确定性和拘束力。"《公约》附件二第三条进一步规定，委员会的职务应为："(a) 审议沿海国提出的关于扩展到二百海里以外的大陆架外部界限的资料和其他材料，并按照第七十六条和一九八〇年八月二十九日第三次联合国海洋法会议通过的谅解声明提出建议；(b) 经有关沿海国请求，在编制 (a) 项所述资料时，提供科学和技术咨询意见。"

为执行《公约》的规定，委员会于 1997 年 3 月 14 日《公约》缔约国大会第 6 次会议上选举产生并正式成立，委员会陆续通过了一系列文件：1997 年 9 月 12 日通过《大陆架界限委员会工作方式》，1998 年 9 月 4 日通过《大陆架界限委员会议事规则》（以下简称《议事规则》），1999 年 5 月 13 日通过《大陆架界限委员会科学和技术准则》（以下简称《科技准则》）。这些文件事实上成为委员会审议大陆架划界案的"指南"。自成立以来，委员会积极行使《公约》赋予的权利，在解释、运用法律和科学技术规则方面体现出较大的"能动性"。

继评注第一卷编纂之后，委员会完成审议并发布了自 2007 年 4 月 4 日至 2019 年 6 月 30 日的 14 个《沿海国大陆架划界案委员会建议》（以下简称《建议》）的评注。

《公约》第七十六条第 8 款规定，沿海国在委员会提出建议的基础上划定的大陆架外部界限才具有确定性和拘束力。在 2004 年的委员会第 14 届会议上，联合国法律顾问尼古拉斯·米歇尔指出，委员会的工作是建立国家管辖的最后延伸界限中的重要一环，它为沿海国是否正确适用《公约》第七十六条规定的复杂公式来确定其 200 海里以外大陆架的外部界限提供了非常必要的精确性。在 2017 年的纪念委员会成立 20 周年大会上，联合国法律顾问米格尔·塞尔帕·苏亚雷斯再次强调，委员会审议划界案的过程及通过的《建议》的影响是巨大的，它使沿海国能够对数百万平方千米的海底及其底土资源行使充分的主权权利。简言之，在委员会《建议》缺失的前提下，沿海国无法行使 200 海里以外大陆架的主权权利。该观点也为国际法院所接受。在尼加拉瓜诉洪都拉斯案中，国际法院指出，任何 200 海里以外的大陆架权利主张必须符合《公约》第七十六条的规定并经由《公约》设立的委员会审议。

英国政治家埃德蒙·伯克曾说过："法律的基础有两个，而且只有两个：公平和实用。"在研究过程中，我们发现，为有效地运用规则并在最大程度上平衡沿海国管辖权利和国际海底区域的人类共同财产权利，从而实现公平公正，委员会内部往往会出现意见分歧。沿海国提出的延伸大陆架的法律和科学依据往往无先例可循，例如库克群岛划界案中对于海底高地的认定，阿根廷划界案中关于相反证据规则使用的细节问题等。关于涉争端划界案的处理，除了对澳大利亚、挪威划界案中涉及南极陆地的部分不审议外，对于与第三国存在明显海洋或陆地争端的划界案会被委员会推迟审议，例如阿根廷划界案中涉及马尔维纳斯群岛的部分。还存在部分划界案由于第三国援引《议事规则》附件一第 5 条（a）项反对从而推迟审议也在委员会内部产生分歧。有的划界案中，小组委员会虽然接受了沿海国的主张，但是在全会审议时难以达成一致意见，例如南非大陆划界案。新问题的不断出现无不考验着委员们的智慧。

法立于上则俗成于下。委员会在审议这些划界案所产生的《建议》实际上形成了一种类似习惯法的文件，是审议类似划界案的依据。深入分析这些案例及其《建议》，特别是《建议》产生的背景和科学、法律依据，是研究《公约》大陆架制度的重要内容，同时也是对《公约》大陆架制度的最好诠释，有重要的应用和参考价值。

本书分析的 14 个划界案委员会建议大体分为 5 个部分。其中，第一部分介绍沿海国的划界主张，内容主要来自沿海国提交的划界案执行摘要；第二部分陈述其他国家的反应照会要点，内容主要来自各国提交的外交照会；第三部分介绍委员会的审议过程，内容主要来自委员会在每届会议后做出的《大陆架界限委员会主席关于委员会工作进展情况的说明》（以下简称《主席声明》）；第四部分介绍委员会对每个划界案提出的《建议》，内容主要来自委员会对划界案的建议摘要；第五部分则是对划界案和委员会《建议》的评注。以上涉及沿海国划界案执行摘要、各国外交照会、委员会《主席声明》和划界案委员会建议摘要的资料均已在联合国海洋事务和海洋法司网站公开。因篇幅所限，本书对原文的文字和图表略有删节。

本书有关沿海国划界案执行摘要和划界案委员会《建议》的翻译另参照了高健军等译的《200海里外大陆架外部界限的划定：划界案的执行摘要和大陆架界限委员会的建议摘要》（海洋出版社，2014年版）、黎明碧等编译的《沿海国200海里以外大陆架外部界限划界案执行摘要与初步信息选编》（海洋出版社，2015年版），以及方银霞等编译的《沿海国200海里以外大陆架外部界限划界案执行摘要选编（2011—2017）》（海洋出版社，2018年版），特此说明并致感谢。

本书系国家重点研发计划"国际海底划区管理与资源开发风险评估技术（2023YFC2808800）"项目、"海洋划界决策支持系统研发与应用（2017YFC1405500）"项目，国家社会科学基金一般项目"大陆架界限委员会《议事规则》对南海外大陆架划界的潜在影响研究（20BGJ044）"和原国家海洋局国际合作司"二百海里以外大陆架划界案案例研究和委员会审议建议评估（二期）"课题（2017年立项）的研究成果。其中，第1章至第5章和第13章由王丹维博士执笔，第6章至第12章和第14章由尹洁副研究员执笔，全书由吕文正研究员、方银霞研究员审定。书中若有疏漏或贻误敬请广大读者批评指正，并特别声明，本书表达的观点纯属作者个人见解，不代表大陆架界限委员会的观点。

作　者
2023年12月

本书中 14 个大陆架划界案列表

序号	国家	划界案类型	提交日期	委员会完成审议日期
1	俄罗斯（鄂霍次克海）	部分	2013年2月28日	2014年3月11日
2	巴西（含修订案）	全部	2004年5月17日	2007年4月4日
3	澳大利亚	全部	2004年11月15日	2008年4月9日
4	墨西哥（墨西哥湾多边形西部区域）	部分	2007年12月13日	2009年3月31日
5	苏里南	全部	2008年12月5日	2011年3月30日
6	乌拉圭	全部	2009年4月7日	2016年8月19日
7	库克群岛	全部	2009年4月16日	2016年8月19日
8	阿根廷（含修订案）	全部	2009年4月21日	2016年3月11日
9	加纳	全部	2009年4月28日	2014年9月5日
10	巴基斯坦	全部	2009年4月30日	2015年3月13日
11	挪威（布韦岛）	部分	2009年5月4日	2019年2月8日
12	南非（南非大陆区域）	部分	2009年5月5日	2017年3月17日
13	密克罗尼西亚、巴布亚新几内亚、所罗门群岛	联合	2009年5月5日	2017年3月17日
14	塞舌尔（北部海台区域）	部分	2009年5月7日	2018年8月27日

注：本书的编排以划界案的提交日期为先后顺序，但需说明有些划界案因审议时间长而结束在后，因此，划界案委员会建议发布顺序与提交顺序并不一致，特此说明。

目 录

第 1 章　俄罗斯（鄂霍次克海）外大陆架划界案委员会审议建议评注 ········· 1

1.1　俄罗斯的主张 ·· 2
- 1.1.1　2001 年有关鄂霍次克海的执行摘要 ·· 2
- 1.1.2　2013 年有关鄂霍次克海的执行摘要 ·· 3

1.2　各国反应照会和要点 ·· 5
- 1.2.1　日本 ·· 5

1.3　委员会审议过程 ·· 5
- 1.3.1　成立小组委员会之前的初步审议 ·· 5
- 1.3.2　小组委员会审议 ··· 6
- 1.3.3　委员会通过建议 ··· 6
- 1.3.4　委员会对鄂霍次克海修订划界案的初步审议 ····································· 7
- 1.3.5　小组委员会对鄂霍次克海修订划界案的审议 ····································· 7
- 1.3.6　委员会通过鄂霍次克海修订划界案建议 ··· 8

1.4　委员会对俄罗斯（鄂霍次克海）外大陆架划界案的审议建议 ················ 8
- 1.4.1　从属权利检验 ·· 8
- 1.4.2　确定大陆坡脚 ·· 10
- 1.4.3　公式线的运用 ·· 11
- 1.4.4　限制线的运用 ·· 11
- 1.4.5　外部界限及委员会建议 ·· 11

1.5　委员会审议建议评注 ·· 12
- 1.5.1　本划界案由委员会一致通过 ·· 12
- 1.5.2　"飞地"的位置 ·· 12

1.5.3　国家实践与相关评论 ·· 12
参考文献 ··· 13

第 2 章　巴西外大陆架划界案委员会审议建议评注 ············· 15

2.1　巴西的主张 ··· 16
　　2.1.1　2004 年执行摘要 ·· 16
　　2.1.2　补充材料执行摘要 ·· 18
2.2　各国反应照会和要点 ·· 19
　　2.2.1　美国 ··· 19
2.3　委员会审议过程 ··· 21
　　2.3.1　成立小组委员会之前的初步审议 ································· 21
　　2.3.2　小组委员会审议 ··· 22
　　2.3.3　委员会通过建议 ··· 25
2.4　委员会对巴西外大陆架划界案的审议建议 ······················ 26
　　2.4.1　亚马孙沉积扇 ··· 26
　　2.4.2　北部海脊地区 ··· 29
　　2.4.3　维多利亚海脊地区 ·· 30
　　2.4.4　圣保罗海台地区 ··· 31
　　2.4.5　南部地区 ··· 32
2.5　南部地区修订划界案的初步审议 ·································· 35
　　2.5.1　南部地区修订划界案执行摘要 ···································· 35
　　2.5.2　小组委员会对南部地区修订划界案的审议 ···················· 37
　　2.5.3　委员会通过南部地区修订划界案建议 ·························· 37
　　2.5.4　剩余部分修订划界案的审议 ······································ 38
2.6　委员会审议建议评注 ·· 38
　　2.6.1　本划界案由委员会一致通过 ······································ 38
　　2.6.2　南部地区修订划界案 ·· 38
　　2.6.3　赤道边缘地区修订划界案 ·· 38
　　2.6.4　国家实践与相关评论 ·· 39

参考文献……………………………………………………………………… 39

第 3 章　澳大利亚（5 个地区）外大陆架划界案委员会审议建议评注………………………………………………………… 43

3.1 澳大利亚的主张…………………………………………………… 44
  3.1.1 阿尔戈地区………………………………………………… 44
  3.1.2 大澳大利亚湾地区………………………………………… 46
  3.1.3 博物学家海台地区………………………………………… 47
  3.1.4 南塔斯曼海隆地区………………………………………… 48
  3.1.5 沃勒比和埃克斯茅斯海台地区…………………………… 50
3.2 各国反应照会和要点……………………………………………… 52
3.3 委员会审议过程…………………………………………………… 52
3.4 委员会对澳大利亚（5 个地区）外大陆架划界案的审议建议…… 52
  3.4.1 阿尔戈地区………………………………………………… 52
  3.4.2 大澳大利亚湾地区………………………………………… 54
  3.4.3 博物学家海台地区………………………………………… 56
  3.4.4 南塔斯曼海隆地区………………………………………… 59
  3.4.5 沃勒比和埃克斯茅斯海台地区…………………………… 63
3.5 委员会审议建议评注……………………………………………… 67

第 4 章　墨西哥（墨西哥湾西部多边形）外大陆架划界案委员会审议建议评注………………………………………………… 69

4.1 墨西哥的主张……………………………………………………… 72
  4.1.1 沉积岩厚度公式…………………………………………… 72
  4.1.2 距离限制…………………………………………………… 73
4.2 各国反应照会和要点……………………………………………… 73
4.3 委员会审议过程…………………………………………………… 73
  4.3.1 成立小组委员会之前的初步审议………………………… 73

   4.3.2 小组委员会审议 ·· 74

   4.3.3 委员会通过建议 ·· 74

 4.4 委员会对墨西哥外大陆架划界案的审议建议 ························ 74

   4.4.1 从属权利检验 ·· 74

   4.4.2 确定大陆坡脚 ·· 75

   4.4.3 公式线的运用 ·· 75

   4.4.4 限制线的运用 ·· 78

   4.4.5 外部界限及委员会建议 ··· 79

 4.5 委员会审议建议评注 ·· 80

   4.5.1 本划界案由委员会一致通过 ···································· 80

   4.5.2 东部多边形地区划界案 ··· 80

   4.5.3 国家实践与相关评论 ·· 81

参考文献 ··· 82

第 5 章 苏里南外大陆架划界案委员会审议建议评注 ················ 83

 5.1 苏里南的主张 ·· 85

 5.2 各国反应照会和要点 ·· 86

   5.2.1 法国 ··· 86

   5.2.2 特立尼达和多巴哥 ··· 86

   5.2.3 巴巴多斯 ·· 86

 5.3 委员会审议过程 ·· 86

   5.3.1 成立小组委员会之前的初步审议 ····························· 87

   5.3.2 小组委员会审议 ·· 87

   5.3.3 委员会通过建议 ·· 87

 5.4 委员会对苏里南划界案的审议建议 ···································· 88

   5.4.1 从属权利检验 ·· 88

   5.4.2 确定大陆坡脚 ·· 89

   5.4.3 公式线的运用 ·· 90

   5.4.4 限制线的运用 ·· 91

	5.4.5 外部界限及委员会建议	91
5.5	委员会审议建议评注	92
	5.5.1 本划界案由委员会一致通过	92
	5.5.2 部分划界案	92
	5.5.3 圭亚那和苏里南海洋划界仲裁案	92
	5.5.4 国家实践与相关评论	93
参考文献		94

第 6 章 乌拉圭外大陆架划界案委员会审议建议评注 … 97

6.1	乌拉圭的主张	98
6.2	各国反应照会和要点	100
6.3	委员会审议过程	100
	6.3.1 委员会初步审议	100
	6.3.2 小组委员会审议	101
	6.3.3 委员会通过建议	102
6.4	委员会对乌拉圭划界案的审议建议	102
	6.4.1 从属权利检验	102
	6.4.2 确定大陆坡脚	103
	6.4.3 公式线的适用	105
	6.4.4 限制线的适用	108
	6.4.5 外部界限及委员会建议	108
6.5	委员会审议建议评注	109
参考文献		110

第 7 章 库克群岛关于马尼希基海台外大陆架划界案委员会审议建议评注 … 113

7.1	库克群岛划界案主张	114
7.2	各国反应照会和要点	115

7.3 委员会审议过程···118
    7.3.1 成立小组委员会之前的委员会初步审议······································118
    7.3.2 小组委员会审议···118
    7.3.3 委员会通过建议···120
7.4 委员会对库克群岛划界案的审议建议··120
    7.4.1 地理及地质背景概述··120
    7.4.2 从属权利检验···122
    7.4.3 委员会建议···135
7.5 后续问题···135
7.6 委员会审议建议评注···136
    7.6.1 否认不相关岛屿在划界案中的作用···136
    7.6.2 海底高地的认定···137
参考文献···137

第 8 章 阿根廷外大陆架划界案委员会审议建议评注 ··············141

8.1 阿根廷的主张···143
    8.1.1 火山型被动大陆边缘··144
    8.1.2 剪切型大陆边缘···145
    8.1.3 复合型大陆边缘（增生会聚型大陆边缘和剪切型大陆边缘的组合）···146
    8.1.4 阿根廷南极领土部分··147
8.2 各国反应照会和要点···149
    8.2.1 英国···149
    8.2.2 美国···150
    8.2.3 俄罗斯···150
    8.2.4 印度···150
    8.2.5 荷兰···150
    8.2.6 日本···151
    8.2.7 智利···151

8.3 委员会审议过程…………………………………………………………151
 8.3.1 成立小组委员会之前的委员会初步审议………………………151
 8.3.2 小组委员会审议……………………………………………………153
 8.3.3 委员会通过建议……………………………………………………154

8.4 委员会对阿根廷划界案的审议建议…………………………………155
 8.4.1 拉普拉塔河克拉通火山型被动大陆边缘………………………156
 8.4.2 火地岛大陆边缘……………………………………………………169

8.5 后续事宜（修订划界案）……………………………………………172
 8.5.1 阿根廷的主张………………………………………………………172
 8.5.2 委员会审议过程……………………………………………………173
 8.5.3 委员会建议要点……………………………………………………174

8.6 委员会审议建议评注…………………………………………………176
 8.6.1 委员会不审议的情况………………………………………………176
 8.6.2 相反证据的使用规则………………………………………………177

参考文献……………………………………………………………………………177

第9章 加纳外大陆架划界案委员会审议建议评注…………………181

9.1 加纳划界案的主张……………………………………………………182

9.2 各国反应照会和要点…………………………………………………185

9.3 委员会审议过程………………………………………………………186
 9.3.1 划界案陈述与委员会初步审议……………………………………186
 9.3.2 小组委员会审议……………………………………………………186
 9.3.3 委员会通过建议……………………………………………………187

9.4 委员会对加纳划界案的审议建议……………………………………188
 9.4.1 从属权利检验………………………………………………………188
 9.4.2 确定大陆坡脚………………………………………………………189
 9.4.3 公式线的运用………………………………………………………192
 9.4.4 限制线的运用………………………………………………………192
 9.4.5 外部界限及委员会建议……………………………………………192

9.5 后续问题 194

9.6 委员会审议建议评注 198

  9.6.1 典型的转换大陆边缘 198

  9.6.2 大陆架划界司法判例 198

参考文献 199

第 10 章 巴基斯坦外大陆架划界案委员会审议建议评注 201

10.1 巴基斯坦的主张 202

10.2 各国反应照会和要点 204

10.3 委员会审议过程 204

10.4 划界案陈述与委员会初步审议 204

  10.4.1 小组委员会审议 205

  10.4.2 委员会通过建议 205

10.5 委员会对巴基斯坦划界案的审议建议 205

  10.5.1 从属权利检验 205

  10.5.2 确定大陆坡脚 206

  10.5.3 公式线的适用 208

  10.5.4 限制线的适用 209

  10.5.5 外部界限及委员会建议 209

10.6 委员会审议建议评注 212

  10.6.1 委员会对于阿曼照会的处理 212

  10.6.2 巴基斯坦交存了最终界限 213

参考文献 214

第 11 章 挪威关于布韦岛和毛德皇后地外大陆架划界案委员会审议建议评注 217

11.1 挪威的主张 218

  11.1.1 毛德皇后地 218

11.1.2　布韦岛························218
11.2　各国反应照会和要点····························221
　　　11.2.1　美国··································222
　　　11.2.2　俄罗斯································222
　　　11.2.3　印度··································222
　　　11.2.4　荷兰··································222
　　　11.2.5　日本··································222
11.3　委员会审议过程································223
　　　11.3.1　划界案陈述与委员会初步审议················223
　　　11.3.2　小组委员会审议··························224
　　　11.3.3　委员会通过建议··························224
11.4　委员会对挪威划界案的审议建议··················225
　　　11.4.1　从属权利检验····························225
　　　11.4.2　确定大陆坡脚····························225
　　　11.4.3　公式线的适用····························231
　　　11.4.4　限制线的适用····························232
　　　11.4.5　外部界限及委员会建议·····················236
11.5　委员会审议建议评注····························236
　　　11.5.1　委员会不审议涉及南极陆地附属大陆架···········236
　　　11.5.2　该划界案建议并非委员会一致通过··············236
　　　11.5.3　洋脊上岛屿的 200 海里外大陆架权利问题········236
参考文献···237

第 12 章　南非关于南非大陆外大陆架划界案委员会审议建议评注·····················239

12.1　南非的主张····································240
12.2　各国反应照会和要点····························242
12.3　委员会审议过程································243
　　　12.3.1　划界案陈述与委员会初步审议················243

12.3.2	小组委员会审议	243
12.3.3	委员会通过建议	244

12.4 委员会对南非划界案的审议建议 ··········· 245
  12.4.1 区域地质概述 ··········· 245
  12.4.2 西海岸（大西洋陆缘）的审议 ··········· 247
  12.4.3 莫桑比克脊区域的审议 ··········· 252
  12.4.4 厄加勒斯脊区域的审议 ··········· 256
12.5 后续事宜 ··········· 257
12.6 委员会审议建议评注 ··········· 258
参考文献 ··········· 259

第 13 章 密克罗尼西亚、巴布亚新几内亚和所罗门群岛（翁通爪哇海台地区）外大陆架联合划界案委员会审议建议评注 ··········· 261

13.1 三沿海国的主张 ··········· 263
13.2 各国反应照会和要点 ··········· 264
13.3 委员会审议过程 ··········· 264
  13.3.1 成立小组委员会之前的初步审议 ··········· 264
  13.3.2 小组委员会审议 ··········· 266
  13.3.3 委员会通过建议 ··········· 268
13.4 委员会对翁通爪哇海台联合划界案的审议建议 ··········· 269
  13.4.1 从属权利检验 ··········· 269
  13.4.2 确定大陆坡脚 ··········· 277
  13.4.3 公式线的运用 ··········· 278
  13.4.4 限制线的运用 ··········· 279
  13.4.5 外部界限及委员会建议 ··········· 284
13.5 委员会审议建议评注 ··········· 286
  13.5.1 本划界案由委员会一致通过 ··········· 286
  13.5.2 联合划界案中限制规则的适用 ··········· 286

13.5.3 国家实践与相关评论 ··· 287
参考文献 ··· 287

第 14 章 塞舌尔关于北部海台外大陆架划界案委员会审议建议评注 ················ 289

14.1 塞舌尔的主张 ·· 290
14.2 各国反应照会和要点 ·· 292
14.3 委员会审议过程 ··· 292
  14.3.1 委员会初步审议 ··· 292
  14.3.2 小组委员会审议 ··· 292
  14.3.3 委员会通过建议 ··· 293
14.4 委员会对塞舌尔划界案的审议建议 ·· 294
  14.4.1 从属权利检验与确定大陆坡脚 ·· 294
  14.4.2 公式线的适用 ·· 297
  14.4.3 限制线的适用 ·· 297
  14.4.4 外部界限及委员会建议 ·· 298
14.5 委员会审议建议评注 ·· 299
参考文献 ··· 300

第1章

俄罗斯（鄂霍次克海）外大陆架划界案委员会审议建议评注

俄罗斯于 1982 年 12 月 10 日签署《公约》，并于 1997 年 2 月 26 日批准了《公约》，《公约》于 1997 年 4 月 11 日对俄罗斯生效。

2001 年 12 月 20 日，俄罗斯按照《公约》要求率先向委员会提交了第一份划界案，标志着各缔约国由此进入执行《公约》的另一阶段。此份划界案涉及以下区域：巴伦支海、白令海、鄂霍次克海和中北冰洋。2002 年 6 月 27 日，委员会通过了"大陆架界限委员会关于 2001 年 12 月 20 日俄罗斯外大陆架划界案的建议"：

（1）建议载有对俄罗斯所提交数据和资料的审查结果，其中特别提到俄罗斯对 200 海里以外大陆架的权利，以及是否按《公约》第七十六条规定适用公式线和限制线的问题。委员会就划界案内涉及 200 海里以外大陆架的 4 个地区向俄罗斯分别提出建议。这 4 个地区是巴伦支海、白令海、鄂霍次克海和中北冰洋；

（2）关于巴伦支海和白令海，委员会向俄罗斯建议如下：与挪威缔结的巴伦支海海洋界限划定协定以及与美国缔结的白令海海洋界限划定协定一旦生效，即向委员会提供划界线的海图和坐标，因为这些划界线将分别是俄罗斯在巴伦支海和白令海的 200 海里以外大陆架外部界限；

（3）关于鄂霍次克海，委员会建议俄罗斯就其在该海北部的延伸大陆架提交一份资料完备的部分划界案。委员会指出，该部分划界案不应影响南部相关国家的海洋界限划定问题。南部划界案可以在其后提出，虽然《公约》附件二第四条规定了 10 年期限。为提交这一部分划界案，委员会还建议俄罗斯尽最大努力，按照委员会《议事规则》附件一第 4 条与日本达成协定；

（4）至于中北冰洋，委员会建议俄罗斯根据建议所载的审查结果就其在该地区的延伸大陆架提交修订的划界案。[1]

俄罗斯于 2013 年 2 月 28 日提交鄂霍次克海部分修订划界案，于 2015 年 8 月 3 日提交北冰洋部分修订划界案。

1.1 俄罗斯的主张

1.1.1 2001 年有关鄂霍次克海的执行摘要 [2]

俄罗斯提交的折射地震数据显示，在俄罗斯 200 海里专属经济区以外，面积约 56 400 平方千米的鄂霍次克海区域为陆架，位于 1 000 米左右的陆坡上部边缘具有 15 000～18 000 米厚度的陆壳（地震速度 5.2～6.0 千米/秒）。根据《公约》第七十六条第 3 款，此有关区域无疑是俄罗斯陆块的自然延伸，属于鄂霍次克海的地理和地质大陆架范围。根据这些数据，可证明此区域应为俄罗斯的法律大陆架。

根据《公约》规定，俄罗斯在太平洋的大陆架外部界限从俄罗斯测算领海宽度的基线量起200海里的距离，划至千岛群岛和阿留申群岛以南的海域。在白令海，该线与1990年6月1日苏联与美国的协定界线重合（图1-1）。

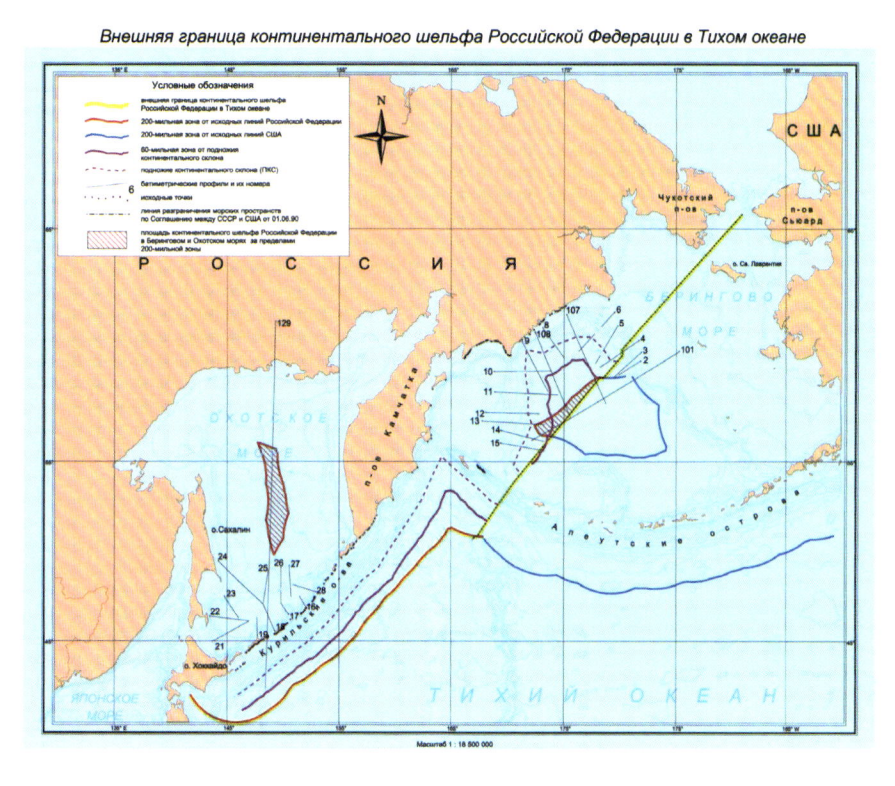

图1-1　俄罗斯在太平洋的大陆架外部界限

资料来源：联合国海洋事务和海洋法司网站

1.1.2　2013年有关鄂霍次克海的执行摘要[3]

委员会在第11届会议上通过的关于鄂霍次克海的建议指出：委员会认为，在鄂霍次克海，提交的内容需要得到更多数据和信息的支持。该区域的划界案可能要求适用《公约》第七十六条第4款和第5款所载的两个公式和两个限制因素。

委员会建议俄罗斯在鄂霍次克海北部提供详细资料。尽管有关《公约》附件二第四条规定的10年期限的规定，这一部分提交案不应妨碍与南方国家之间界限划定有关的问题。

俄罗斯于2013年2月28日通过联合国秘书长向委员会提交鄂霍次克海部分修订划界案。

鄂霍次克海海域范围内的海底和海床位于 50°42′—55°42′N，148°30′—150°44′E 之间。俄罗斯专属经济区的外部界线是距离领海基线 200 海里的官方合法线。俄罗斯主张，该线以外的"飞地"的海底和底土是俄罗斯陆地领土自然延伸的一部分，它是俄罗斯根据《公约》第七十六条第 3 款和第 4 款的规定扩展的大陆架（图 1-2）。

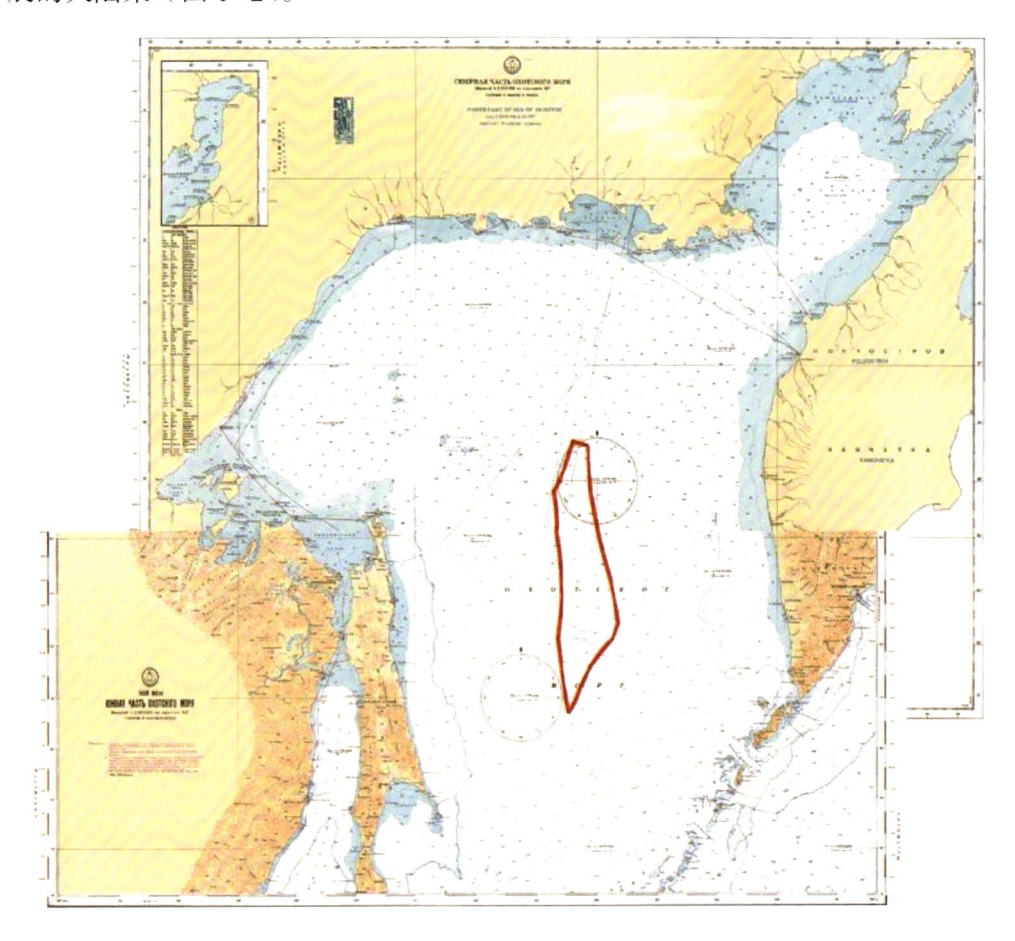

图1-2　俄罗斯拟在鄂霍次克海划定的大陆架外部界限
资料来源：俄罗斯鄂霍次克海外大陆架划界案执行摘要

"飞地"位于地貌和地质大陆架内，具有不规则的海底地形，由于构造过程而被重新改造和侵蚀。可以根据形态学和测深证据明确确定它完全位于大陆坡脚以内。坡脚位于鄂霍次克海飞地的南部，可以从北海道岛北部穿过萨哈林岛南部，向东延伸，可以在 2 500～3 000 米的水深处连续追踪到千岛（南鄂霍次克）盆地的北部边缘，直到堪察加半岛。

地质和地球物理数据为《公约》第七十六条第 3 款定义的大陆边缘的位置提

供了额外的证据,并支持在该地区找到大陆坡基部。俄罗斯主张的"飞地"完全位于 2 500 米等深线的向陆侧,距离领海基线量起 350 海里以内。

因此,根据《公约》第七十六条,所述"飞地"的海床和底土的整个区域超过 200 海里,是延伸大陆架的一部分。由于"飞地"完全位于大陆坡脚以内,不涉及外部界限问题,根据《公约》第七十六条,不需要相关坐标清单。

1.2 各国反应照会和要点

各国提交照会的时间见表 1-1。

表 1-1 各国所提交照会的时间表

序号	国家	时间
1	日本	2013-05-23

资料来源:联合国海洋事务和海洋法司网站。

1.2.1 日本[4]

日本表示,其不反对俄罗斯要求委员会审议鄂霍次克海部分划界案。但是,照会本身以及委员会就该划界案提出的建议,不应妨害日本视择捉岛(Etorofu)、国后岛(Kunashiri)、色丹岛(Shikotan)和齿舞群岛(Habomai)为日本固有领土的立场,也不应妨害日本和俄罗斯尚未商定的专属经济区和大陆架划界。

1.3 委员会审议过程

1.3.1 成立小组委员会之前的初步审议

在委员会第 10 届会议上,俄罗斯代表团应邀出席会议并向委员会介绍了划界案。俄罗斯自然资源部副部长伊万·格卢莫夫(Ivan Glumov)介绍了俄罗斯的划界案。介绍之后,会议主持人即委员会副主席朴永安(Yong Ahn Park)请俄罗斯代表说明其政府对加拿大、丹麦、日本、挪威和美国给联合国秘书长的来文的立场。格卢莫夫表示,俄罗斯认为这些来文均不妨碍审议划界案。俄罗斯准备派专家回答委员会或其小组委员会在随后审议划界案的过程中可能提出的问题,并且如果接到请求,愿意邀请委员会成员访问俄罗斯,以便在实地审查其有关数据库。

委员会经讨论决定审理划界案效率最高的一个办法是按照《公约》和委员会《议事规则》的规定设立一个小组委员会，并且为了确保程序尽可能完整，委员会成员如果是海岸相向或相邻的国家国民，或者是可能同提交划界案的国家有争端的国家的国民，均不应担任小组委员会成员。经过非正式协商，同时考虑到划界案的具体要素，并考虑到需要尽可能确保科学和地域方面的平衡分配，委员会下列 7 名成员得到任命：阿尔布克尔克（Alexandre Tagore Medeiros de Albuquerque）、阿沃西卡（Lawrence Folajimi Awosika）、卡雷拉（Galo Carrera Hurtado）、克罗克（Peter F. Croker）、汉斯（Karl H. F. Hinz）、拉蒙特（Iain C. Lamont）和朴永安。审议俄罗斯划界案的小组委员会的组成得到协商一致核可。卡雷拉为主席，汉斯为副主席，克罗克为报告员。此外，委员会商定设立负责审议俄罗斯划界案的小组委员会所遵循的程序应作为一种模式，供今后设立其他小组委员会比照使用。[5]

1.3.2　小组委员会审议

小组委员会在第 10 届会议上对俄罗斯划界案及其所附资料进行了初步审查。在本届会议期间，小组委员会成员汉斯和拉蒙特任期届满且未连任。

在委员会第 10 届会议期间，小组委员会在 2002 年 3 月 28 日成立后就简短审查了该划界案，并认为审议该划界案需要两个多星期，并于当日向委员会报告了这情况。小组委员会主席卡雷拉指出，2002 年 4 月 1 日，小组委员会重新开会，2002 年 4 月 1 日至 4 月 12 日期间共召开了 20 次会议。有 6 次在下午举行的会议专门用于问答式协商，由小组委员会成员提问，由俄罗斯代表团专家小组答复。在审议俄罗斯划界案期间，小组委员会提出 36 个问题，俄罗斯专家队提供了书面答复。卡雷拉还指出，会上提出了许多请俄罗斯代表团成员澄清的要点，并请他们提供补充数据和资料。一部分所要求的资料在协商会期间就已提交。2002 年 6 月 14 日，小组委员会通过建议草案，并将建议草案提交委员会审议。同时，小组委员会建议邀请汉斯和拉蒙特两名前任成员作为专家出席委员会第 11 届会议有关俄罗斯小组委员会工作的部分，以便他们可以在委员会审议小组委员会建议草案时答复问题和作出解释。[6]

1.3.3　委员会通过建议

2002 年 6 月 27 日，委员会通过"大陆架界限委员会关于 2001 年 12 月 20 日俄罗斯外大陆架划界案的建议"。[6]

1.3.4 委员会对鄂霍次克海修订划界案的初步审议

2013年2月28日，在委员会召开第31届会议期间，俄罗斯向委员会提交鄂霍次克海部分修订划界案。鉴于委员会成员自俄罗斯划界案建议通过以来发生了部分变化，委员会在第32届会议上首先着手填补负责审查该划界案的小组委员会的若干空缺。考虑到原小组委员会成员阿沃西卡、主席卡雷拉和副主席朴永安已再次当选为委员会成员，经过协商，委员会任命马东（Mazlan Bin Madon）、马克斯（Jair Alberto Ribas Marques）、雷斯特（Walter R. Roest）和乌兹诺维茨（Szymon Uścinowicz）填补4个空缺。小组委员会举行了会议，选举雷斯特为另一名副主席。

俄罗斯代表团团长、自然资源和环境部副部长丹尼斯·格纳迪耶维奇·赫拉莫夫（Denis Gennadyevich Khramov）就鄂霍次克海修订划界案向委员会做了陈述。代表团成员还包括副团长尤里·鲍里索维奇·卡兹明（Yuri Borisovitch Kazmin）、俄罗斯常驻联合国纽约副代表叶夫根尼·扎加伊诺夫（Evgeny T.Zagaynov）以及多名顾问。

除了阐述划界案的实质要点外，赫拉莫夫另告知委员会，委员会现任成员格卢莫夫曾以提供科学和技术咨询的方式协助俄罗斯。

赫拉莫夫表示，该划界案不妨碍与日本和俄罗斯在鄂霍次克海南部划定海洋边界有关的问题，而且日本也不反对委员会审议该划界案。

委员会随后转入非公开会议，根据第26届会议作出的关于修订划界案将优先审议而不考虑排序的决定，指派小组委员会审查该划界案。[9]

1.3.5 小组委员会对鄂霍次克海修订划界案的审议

小组委员会在第32届会议期间举行了会议，对修订划界案作了初步审查，并与代表团举行了两次会议，请代表团提供更多数据和资料。代表团表示将尽力在闭会期提供此类数据和资料，因此小组委员会决定，待收到相关数据和资料后再继续审议该划界案。[9]

在第33届会议上，小组委员会收到俄罗斯代表团提交的补充数据和资料，并与代表团举行了会议。根据委员会《议事规则》附件三第10.3段的规定，小组委员会全面陈述了其审议划界案过程中产生的观点和一般性结论。同时，根据《议事规则》附件三第 10.4 段的规定，代表团对陈述做了答复，并表示赞同小组委员会的观点。小组委员会就各项建议的实质内容达成一致意见。[10]2014 年 2 月 4 日，在第 34 届会议期间，小组委员会向委员会递交建议草案。[11]

1.3.6　委员会通过鄂霍次克海修订划界案建议

在第 34 届会议上，小组委员会主席向委员会介绍了经部分修订的俄罗斯鄂霍次克海划界案的建议草案。俄罗斯自然资源和环境部副部长赫拉莫夫按照委员会《议事规则》附件三第 15 条 1 之二的规定做了陈述。在陈述中，代表团赞同小组委员会审查划界案后得出的意见和一般性结论。

委员会随后以非公开方式继续进行审议。在审议了小组委员会拟订的建议草案和代表团作的陈述之后，委员会一致通过了"大陆架界限委员会关于 2013 年 2 月 28 日俄罗斯提交的经部分修订的鄂霍次克海划界案的建议"。[11]

1.4　委员会对俄罗斯（鄂霍次克海）外大陆架划界案的审议建议[12]

1.4.1　从属权利检验

根据委员会《议事规则》附件三第 5 条，小组委员会依据《公约》第七十六条和委员会《科技准则》对提交的材料进行了初步分析，结论如下。

（1）通过适用《公约》第七十六条第 4 款（a）项的规定，从鄂霍次克海地区的大陆坡脚点建立的大陆边外缘延伸至俄罗斯在鄂霍次克海 200 海里线范围之外。因此，俄罗斯可以在该地区划定 200 海里以外的大陆架外部界限（图 1-1）。特别是，小组委员会同意俄罗斯设定的前提和结论，即如果满足从属权利检验，则在限制线规则之下，位于鄂霍次克海 200 海里以外的整个"飞地"的海床和底土将成为俄罗斯大陆架的一部分；

（2）小组委员会注意到日本的相关照会，表示日本"不反对委员会审议俄罗斯修订的部分划界案"；

（3）拟划定的 200 海里以外大陆架区域是由以下 3 条线组成的向陆侧的"飞地"：①大陆坡脚外推 60 海里公式线；②350 海里距离限制线；③2 500 米等深线外推 100 海里深度限制线；

（4）不需要专家建议或与相关国际组织合作；

（5）需要额外的时间审查所有数据，并在委员会之后的会议期间编写建议草案。

小组委员会通过以下程序审查该划界案：

（1）详细审查支持每个大陆坡脚点的数据和信息；

（2）确定60海里公式线；

（3）确定350海里距离限制线；

（4）确定2 500米等深线外推100海里深度限制线；

（5）在必要时通过代表团与小组委员会之间的交流寻求澄清。特别是，小组委员会要求补充提供构建"飞地"的大地测量数据和信息，以及与确定鄂霍次克海陆坡基部和大陆坡脚点相关的数据和信息；

（6）在审议的后期，向俄罗斯代表团全面介绍小组委员会的意见和一般结论。

鄂霍次克海是亚洲大陆边缘海，具有宽阔的陆架。其大陆边缘为不同地质时代形成的复杂地质组合，以中生代（Verkhoyansk-Kolyma, Sikhote Alin, Koni-Taiganossk）和中生代－新生代（Hokkaido-Sakhalin, West Kamchatka-Koryak and East Kamchatka）太平洋构造带的褶皱系为代表。其中大部分褶皱系为东北走向或者向南发育（如Hokkaido-Sakhalin系统），只有Verkhoyansk-Kolyma褶皱系例外，呈西北走向。亚洲中部的古生代－中生代Mongol-Okhotsk褶皱系连接着鄂霍次克海西部的乌达湾区域。另外，Sikhote Alin与Okhotsk-Chukchi火成岩构造带位于鄂霍次克海的北部和西部内陆区域。

构造上，鄂霍次克海向陆与近海区域是一个年轻的中生代地台，具有不均匀的褶皱基底和新生代的沉积盖层。但是，与邻近的大陆区域不同，由于鄂霍次克海位于从亚洲大陆到太平洋的过渡带，经历了不同的破坏性改造作用。总体上来说，它们可以定义为洋壳的初始阶段（千岛盆地除外）。这些改造作用更可能是由于地幔挤入上拱引起，进而导致地壳拉张、厚度减薄至19～20千米（其中南部厚度更小），从而形成鄂霍次克海上拱带和周边新生代海槽带。在邻接鄂霍次克海的Verkhoyansk-Kolyma区的局部地方，复向斜区的地壳厚度为13～18千米，断层地块的地壳厚度为5～7千米。鄂霍次克海的新生代海槽地壳减薄至4～6千米。这可能是由融合地壳上层的剥蚀和拉张导致。但是，根据用于编绘声学基底分布图的拖网数据，鄂霍次克海周围褶皱系的岩石构造复合体仍可能在近岸区域发生。

"飞地"水深在300～1 400米之间（图1-2），位于鄂霍次克海地区与俄罗斯大陆边缘相关的陆坡基部和大陆坡脚点的向陆侧（图1-3）。

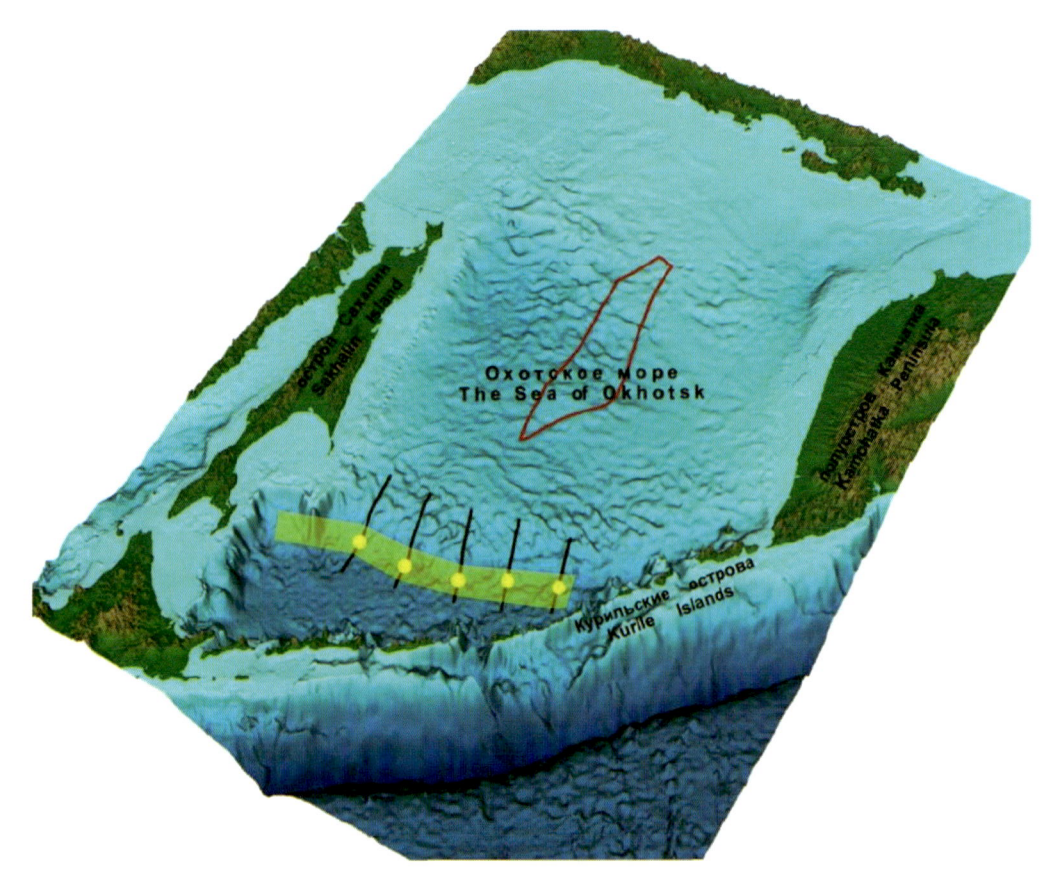

图1-3 鄂霍次克海南部的陆坡基部和大陆坡脚点

资料来源：委员会对俄罗斯（鄂霍次克海）外大陆架划界案的建议摘要

通过适用《公约》第七十六条第4款的规定，从这些大陆坡脚点建立的大陆边外缘超出了俄罗斯的200海里线。"飞地"是围绕鄂霍次克海的俄罗斯陆地水下自然延伸的一部分。依据补充提交的大地、水文数据和信息，"飞地"位于该地区大陆坡脚点的向陆侧（图1-3）。在此基础上，委员会认可俄罗斯有权在该地区建立超过200海里的大陆架外部界限。

1.4.2 确定大陆坡脚

通过对俄罗斯提交的材料中所载的科学和技术数据信息，以及其于2013年10月28日和11月13日提供的补充数据的审议，委员会同意俄罗斯已经确定的鄂霍次克海大陆边缘的陆坡基部以及大陆坡脚点的位置。

大陆坡脚点的包络以及由此而来的俄罗斯大陆边外缘位于"飞地"之外，因此，

"飞地"即东西伯利亚、堪察加半岛和萨哈林岛是俄罗斯陆地水下自然延伸的一部分（图 1-3）。

1.4.3 公式线的运用

"飞地"未超过大陆坡脚点的位置，因此，本划界案未涉及公式线的运用。

1.4.4 限制线的运用

限制标准的适用包括：(1) 构建距离限制线和深度限制线；(2) 根据《公约》第七十六条第 5 款和第 6 款的规定，将两条限制线组合形成一条单一的限制线。

本划界案涉及的深度限制线是依据在鄂霍次克海收集的所有水深数据和信息确定的。"飞地"位于深度限制线向陆侧。距离限制线即从测算俄罗斯领海宽度的基线量起 350 海里线。"飞地"位于距离限制线向陆侧。因此，委员会同意俄罗斯的观点，即"飞地"位于单一限制线的向陆侧。

1.4.5 外部界限及委员会建议

"飞地"是俄罗斯大陆架的一部分，委员会因此承认，本划界案不涉及"连接以经纬度坐标标出的各定点划出长度各不超过 60 海里的若干直线"划定的大陆架外部界限。

综上，委员会同意：

（1）俄罗斯已正确识别鄂霍次克海大陆边缘的陆坡基部，委员会同意俄罗斯确定的大陆坡脚点的位置；

（2）通过从属权利检验可以保证"飞地"是俄罗斯大陆架的一部分，但须受限制；

（3）"飞地"位于单一限制线的向陆侧；

（4）鉴于"飞地"位于以下三条线的向陆侧：① 60 海里公式线；② 350 海里距离限制线；③ 2 500 米等深线外推 100 海里深度限制线，以及不涉及"连接以经纬度坐标标出的各定点划出长度各不超过 60 海里的若干直线"划定的大陆架外部界限；

因此，委员会建议将"飞地"视为俄罗斯大陆架的一部分。

1.5 委员会审议建议评注

1.5.1 本划界案由委员会一致通过

2014年3月11日，委员会协商一致通过了"大陆架界限委员会关于2013年2月28日俄罗斯提交的经部分修订的鄂霍次克海划界案的建议"。

1.5.2 "飞地"的位置

在修订划界案中，俄罗斯补充提交了鄂霍次克海地区的大陆坡脚信息，从而证明其所主张的外大陆架区域即"飞地"完全位于大陆坡脚以内，是俄罗斯延伸大陆架的一部分，并且因未超过所确定的大陆坡脚点的位置，无需适用《公约》第七十六条的公式规则，只需判断"飞地"是否超过限制线范围。

1.5.3 国家实践与相关评论

俄罗斯划界案是委员会收到的第一个划界案，委员会由此开始统一审议的流程和标准并编写内部规则，因此在海洋法领域具有里程碑式的意义。

本划界案涉及的外大陆架区域即"飞地"面积约为52 000平方千米，与日本海域接壤，被称为"真正的阿里巴巴洞穴"，[1] 拥有丰富的矿物及自然资源，其中位于鄂霍次克海的俄罗斯马加丹港口附近的作为海底石油储量的碳氢化合物可能达到30亿桶。历史上，鄂霍次克海以近海渔业而闻名，海洋中盛产各种鱼类、贝类和螃蟹。自20世纪90年代苏联解体后，来自各国，特别是亚洲的偷捕者利用鄂霍次克海不是俄罗斯内海的漏洞主张捕鱼权，因此，俄罗斯不得不通过分发捕捞配额的方式防止在该海域的过度捕捞。委员会认可"飞地"位于俄罗斯大陆架范围之内，即稳固了俄罗斯在该海域的主权权利，为其大规模勘探石油和天然气开辟了道路。[13]

1　出自阿拉伯民间故事集《一千零一夜》（又名《天方夜谭》）里一篇故事《阿里巴巴和四十大盗》，阿里巴巴洞穴是指埋有宝藏的地方。

参考文献

[1] Oceans and the Law of the Sea Report of the Secretary-General. United Nations General Assembly. [EB/OL]. [2023-09-30]. https://documents-dds-ny.un.org/doc/UNDOC/GEN/N02/629/28/PDF/N0262928.pdf?OpenElement.

[2] 高健军，张海文. 200 海里外大陆架外部界限的划定——划界案的执行摘要和大陆架界限委员会的建议摘要 [M]. 北京：海洋出版社，2014:5.

[3] Executive Summary of the Partial Submission of the Russian Federation to the Commission on the Limits of the Continental Shelf related to the Continental Shelf in the Sea of Okhotsk. Commission on the Limits of the Continental Shelf [EB/OL]. [2023-09-30]. https://www.un.org/Depts/los/clcs_new/submissions_files/rus01_rev13/part_1_Rezume_MID_engl.pdf.

[4] Communication of Japan. Commission on the Limits of the Continental Shelf [EB/OL]. [2023-09-30]. https://www.un.org/Depts/los/clcs_new/submissions_files/rus01_rev13/2013_05_23_JPN_NV_UN_001.pdf.

[5] Statement by the Chairman of the Commission on the Limits of the Continental Shelf on the progress of work in the Commission - Tenth session. Commission on the Limits of the Continental Shelf [EB/OL]. [2023-09-30]. https://documents-dds-ny.un.org/doc/UNDOC/GEN/N02/327/68/PDF/N0232768.pdf?OpenElement.

[6] Statement by the Chairman of the Commission on the Limits of the Continental Shelf on the progress of work in the Commission - Eleventh session. Commission on the Limits of the Continental Shelf [EB/OL]. [2023-09-30]. https://documents-dds-ny.un.org/doc/UNDOC/GEN/N02/452/91/PDF/N0245291.pdf?OpenElement.

[7] Statement by the Chairman of the Commission on the Limits of the Continental Shelf on the progress of work in the Commission - Thirteenth session. Commission on the Limits of the Continental Shelf [EB/OL]. [2023-09-30]. https://documents-dds-ny.un.org/doc/UNDOC/GEN/N04/359/63/PDF/N0435963.pdf?OpenElement.

[8] Statement by the Chairman of the Commission on the Limits of the Continental Shelf on the progress of work in the Commission - Fourteenth session. Commission on the Limits of the Continental Shelf [EB/OL]. [2023-09-30]. https://documents-dds-ny.un.org/doc/UNDOC/GEN/N04/510/12/PDF/N0451012.pdf?OpenElement.

[9] Progress of work in the Commission on the Limits of the continental Shelf - Statement by the Chairperson - Thirty-second session. Commission on the Limits of the Continental Shelf [EB/OL]. [2023-09-30]. https://documents-dds-ny.un.org/doc/UNDOC/GEN/

N13/485/26/PDF/N1348526.pdf?OpenElement.

[10] Progress of work in the Commission on the Limits of the continental Shelf - Statement by the Chair - Thirty-third session. Commission on the Limits of the Continental Shelf [EB/OL]. [2023-09-30]. https://documents-dds-ny.un.org/doc/UNDOC/GEN/N13/621/29/PDF/N1362129.pdf?OpenElement.

[11] Progress of work in the Commission on the Limits of the continental Shelf - Statement by the Chair - Thirty-fourth session. Commission on the Limits of the Continental Shelf [EB/OL]. [2023-09-30]. https://documents-dds-ny.un.org/doc/UNDOC/GEN/N14/284/31/PDF/N1428431.pdf?OpenElement.

[12] Summary of the Recommendations of the Commission on the Limits of the Continental Shelf in regard to the Partial Revised Submission made by the Russian Federation in respect of the Sea of Okhotsk on 28 February 2013, Adopted by the Commission with amendments on 11 March 2014. Commission on the Limits of the Continental Shelf [EB/OL]. [2023-09-30]. https://www.un.org/depts/los/clcs_new/submissions_files/rus01_rev13/rusrevrec.pdf.

[13] Far East bonanza: Resource-rich Sea of Okhotsk all Russian, UN confirms. RT. [EB/OL]. [2023-09-30]. https://www.rt.com/news/okhotsk-sea-shelf-russia-038/.

第 2 章

巴西外大陆架划界案委员会审议建议评注

巴西于 1982 年 12 月 10 日签署《公约》，并于 1988 年 12 月 22 日批准《公约》。《公约》于 1994 年 11 月 16 日对巴西生效。

2004 年 5 月 17 日，巴西向大陆架界限委员会提交了划界案。巴西外大陆架划界案包括 5 个区域，分别是：北部和亚马孙扇形地区（Northern and Amazonas fan region）、巴西北部和费尔南多德诺罗尼亚洋脊区（Northern Brazilian and Fernando de Noronha ridges）、维多利亚特林达德洋脊区（Vitória-Trindade Ridge Region）、圣保罗海台区（São Paulo Plateau）和南部地区（Southern Region）。

巴西政府声明，它与任何国家均无涉及海域的领土争端。

在确定巴西大陆架外部界限和准备向大陆架界限委员会提交划界案的过程中，委员会成员亚历山大·塔戈雷·梅德罗斯·德阿尔布克尔克（Alexandre Tagore Medeiros de Albuquerque）曾向巴西政府提供咨询。

2.1 巴西的主张

巴西划界案主张的 5 个区域有完全不同的地形、地貌和地质构造特征，因此在划定 200 海里以外大陆架外部界限时运用的《公约》第七十六条条款不尽相同、十分复杂，审议时间拖得很长充满曲折。例如，其南部地区，委员会经审议后认为，尽管巴西提交的 1% 沉积岩厚度公式线突破了 350 海里距离限制线的范围，然而，委员会并不支持用于构建该区外部界限的陆坡基部的确定。[1]

2.1.1 2004 年执行摘要[2]

在该份执行摘要中，巴西拟划定的 200 海里以外大陆架的总面积为 911 847 平方千米（图 2-1）。

巴西将大陆架外部界限分成 5 段，其连接点分别标记为 OL1、OL2、OL3、OL4、OL5 和 OL6。

OL1 至 OL2 段，由定点 1 至定点 27 构成，确定的依据是 60 海里距离公式、沉积岩厚度公式和 350 海里距离限制；

OL2 至 OL3 段，与从测算巴西领海宽度的基线量起的 200 海里线重叠；

OL3 至 OL4 段，由定点 28 至定点 35 构成，确定的依据是 60 海里距离公式和沉积岩厚度公式；

OL4 至 OL5 段，与从测算巴西领海宽度的基线量起的 200 海里线重叠；

OL5 至 OL6 段，由定点 36 至定点 75 构成，确定的依据是 60 海里距离公式、沉积岩厚度公式和 350 海里距离限制。

其中，南部地区由 12 个定点及 11 段线构成。其中 10 个定点为 1% 沉积岩厚度公式点，一个定点在 350 海里线上，另外一个定点是巴西和乌拉圭的海上交界点。[1]

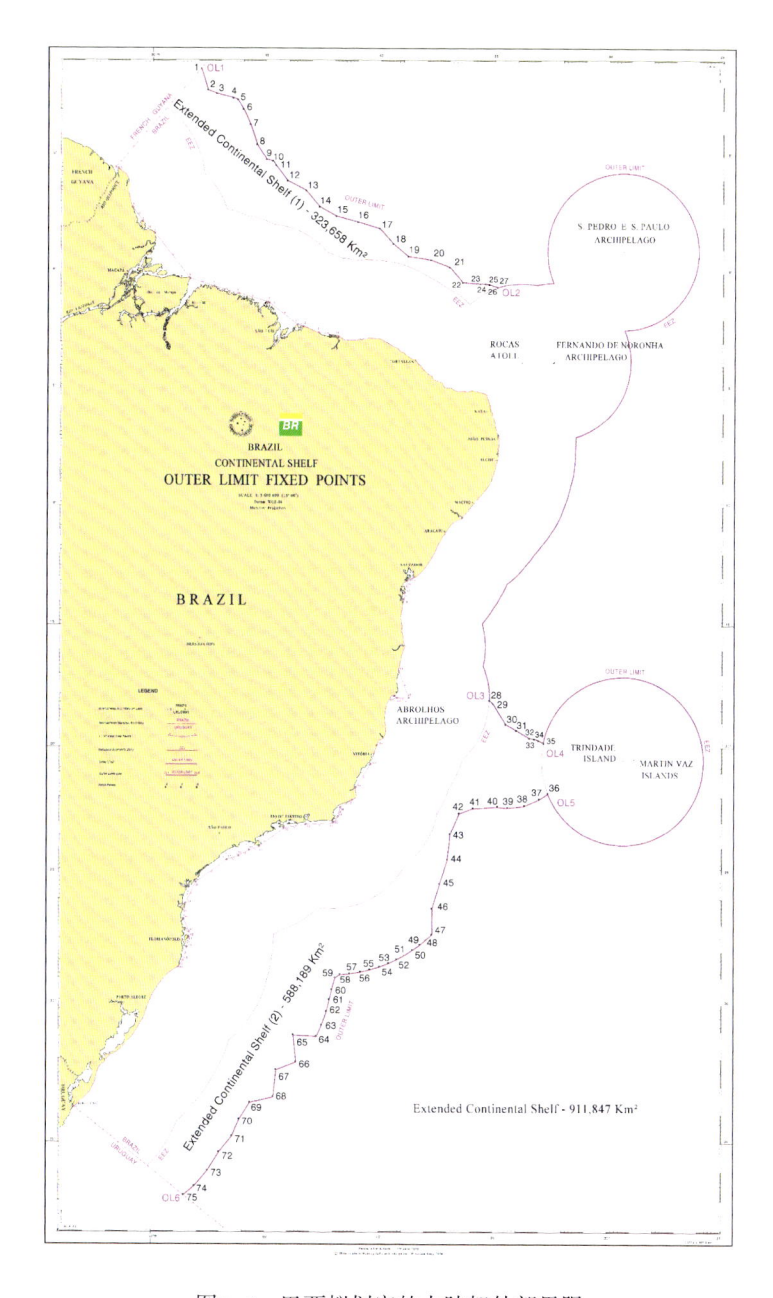

图2-1 巴西拟划定的大陆架外部界限

资料来源：巴西外大陆架划界案2004年执行摘要

2.1.2　补充材料执行摘要[3]

该补充材料是巴西政府按照委员会主席克罗克，根据 2005 年 8 月 25 日联合国法律顾问给委员会的法律意见，于 2005 年 9 月 9 日发出的信中所提要求而提交的。

在 2004 年 9 月 7 日至 17 日期间，巴西代表团应邀与审议巴西划界案的小组委员会举行了若干次会议。在此期间，小组委员会向巴西代表团提出了许多需要澄清的问题。虽然巴西代表团在纽约期间回答了大部分问题，但仍有一些问题的回答和澄清需要回到巴西进行补充。此后，巴西分别于 2004 年 10 月和 2005 年 2 月向小组委员会提供了补充资料。巴西代表团团长在 2005 年 3 月 24 日的信中向小组委员会主席提供了补充信息。2006 年 3 月 1 日，巴西正式通过秘书长送交委员会包括所有海图和坐标在内的执行摘要增编。

在此份摘要中，巴西拟划定的 200 海里以外大陆架的总面积为 953 525 平方千米。

补充修订后的巴西大陆架外部界限分为 11 段，其连接点分别标记为 OL1、OL2、OL3、OL4、OL5、OL6、OL7、OL8、OL9、OL10、OL11 和 OL12。

OL1 至 OL2 段，由定点 1 至定点 20 构成，确定的依据是 60 海里距离公式和沉积岩厚度公式；

OL2 至 OL3 段，由定点 20 至定点 116 构成，确定的依据是 350 海里距离限制；

OL3 至 OL4 段，由定点 116 至定点 151 构成，确定的依据是 60 海里距离公式和沉积岩厚度公式；

OL4 至 OL5 段，与从测算巴西领海宽度的基线量起的 200 海里线重叠；

OL5 至 OL6 段，由定点 152 至定点 165 构成，确定的依据是 60 海里距离公式和沉积岩厚度公式；

OL6 至 OL7 段，与从测算巴西领海宽度的基线量起的 200 海里线重叠；

OL7 至 OL8 段，由定点 166 至定点 201 构成，确定的依据是 60 海里距离公式和沉积岩厚度公式；

OL8 至 OL9 段，由定点 201 至定点 504 构成，确定的依据是 350 海里距离限制；

OL9 至 OL10 段，由定点 504 至定点 506 构成，确定的依据是沉积岩厚度公式；

OL10 至 OL11 段，由定点 506 至定点 535 构成，确定的依据是 350 海里距离限制；

OL11 至 OL12 段，由定点 535 至定点 538 构成，确定依据是沉积岩厚度公式。

第 2 章 巴西外大陆架划界案委员会审议建议评注

其中，南部地区由 174 个定点及 173 段线构成。其中 3 个定点为 1% 沉积岩厚度公式点，166 个定点在 350 海里线上，还有一个定点是巴西和乌拉圭的海上交界点。[1]

2.2 各国反应照会和要点

美国提交照会的时间见表 2-1。

表 2-1　各国所提交照会的时间表

序号	国家	时间
1	美国	2004-08-25
2	美国	2004-10-25

资料来源：联合国海洋事务和海洋法司网站，经作者整理。

2.2.1　美国

美国 2004 年 8 月 25 日的照会突出表达了对沉积物厚度和维多利亚特林达德地形性质的看法。

关于沉积岩厚度，美国检验了巴西提交的执行摘要图 2 中根据《公约》第七十六条第 4 款（a）项（1）目得出的部分沉积岩厚度公式线。美国将上述公式线与公开数据进行比较，例如通过"深海钻探计划"（Deep Sea Drilling Project）获得的数据，已发表的期刊文章，以及从美国商务部和国家海洋与大气管理局下设的国家地球物理数据中心建立的"世界海洋和边缘海所有沉积岩厚度数据库"获得的数据。在一些地方，美国注意到巴西执行摘要中的沉积岩厚度数据与公开渠道获得的数据之间存在差异。虽然美国认识到在这部分大陆边缘进行地震勘探获得的数据比中心数据库中的数据更为精确，但是美国还是建议委员会仔细审议巴西的沉积岩厚度数据。美国还指出，点 65 至点 69 段与沉积岩厚度公式线的其他部分相比，锯齿形的走势看起来并不稳定，可能需要格外审议。

关于维多利亚特林达德，美国审查了巴西称之为维多利亚特林达德洋脊（Vitória-Trindade ridge）的公开信息。美国认为，委员会应当知道国际水道测量组织政府间海洋学委员会海底地名分委会编制的通用大洋水深图称之为"维多利亚特林达德海山链"，之前则称为"脊"。美国官方称其为"维多利亚特林达德海山"。

根据巴西方面提交的信息，无法确定巴西使用了哪些数据和分析，以及巴西如何适用《公约》第七十六条的相关条款以支持有关该地形性质的结论，即在该地区，巴西的大陆边外缘从测算领海的基线量起超过 200 海里。美国在审查相关文献后认为，所涉地形有可能是经海洋热点作用形成的。由此美国质疑该地形是否构成巴西 200 海里以外大陆边缘的一部分。美国建议委员会对该地形采取审慎的方式审议。[5]

美国的第二份照会发生在委员会为巴西划界案设立小组委员会之后，美国对委员会的这一决定表示异议，希望委员会能够重新考虑。相关的主席声明有载，"关于美国的来信，委员会注意到，对于沿海国就 200 海里以外的大陆架的外部界限提出的数据和其他资料的审议，《公约》附件二和委员会《议事规则》规定其他国家只能发挥一项作用，即只有在海岸相向或相邻国家之间发生争端或在未决的陆地或海洋争端情况下，委员会才须审议提交国以外其他国家的来函。因此，委员会的结论是，委员会不应考虑美国来信的内容。委员会又指示小组委员会在审查巴西划界案时不必理会该信所载的评论。"

美国不同意委员会对《议事规则》的解读。《议事规则》附件三第 2 条（a）款（五）项规定，沿海国代表提出划界案的资料包括"对其他国家就秘书长依照第 50 条规定公布的执行摘要（包括所有海图和坐标）所反映的数据发出的普通照会的评论"。因此美国认为，这些规则明确规定其他国家应当有机会对"执行摘要所反映的数据"发表评论，并且委员会能够听取沿海国对这些评论的回应，以及在必要时，委员会能够同时考虑评论和沿海国的回应。美国认为，上述评论显然不限于与争端有关的资料，因为《议事规则》附件三第 2 条（b）款单独规定"审议任何与划界案有关的争端的资料"。因此美国认为，《议事规则》在事实上要求委员会和小组委员会审议"来自其他国家的有关执行摘要所反映的数据"的评论，而不仅仅是来自海岸相向或相邻国家之间的争端或其他争端的评论。即使有人得出结论认为，委员会的规则并不要求委员会考虑来自涉及未决争端国家之外的照会，附件二或者《议事规则》整体也并不禁止委员会审议这些照会。一般而言，委员会能够利用其专业知识，彻底审查每一份提案文件所涉领域的相关科学文献。既然委员会能够考虑科学文献，那么就没有理由不考虑其他国家的观点。当沿海国有明显意图最大限度扩展其大陆架时，其他国家（以及作为整体的国际社会）在此时拥有合法利益，能够阐释提案中可能未加考虑的方面。

综上，美国不同意委员会无视美国评论的决定，并要求委员会重新考虑其结论。[6] 但是，委员会仍决定不审议美国照会内容。

2.3 委员会审议过程

2.3.1 成立小组委员会之前的初步审议

在委员会第 14 届会议上，巴西国防部水文学和航海主任、海军中将卢西奥·佛朗哥·德萨费尔南德斯（Lu'cio Franco de Sa' Fernandes）在巴西代表团的陪同下提出划界案。代表团称，除德阿尔布克尔外，没有其他委员会成员以任何方式协助巴西的划界案工作。巴西与其邻国（北部的法属圭亚那和南部的乌拉圭）均缔结了划界协定，因此，在划界案方面没有未决的争端。在与委员会的交流中，巴西代表团特别提及划界案数据的保密，并专文函告委员会，要求在巴西根据委员会建议确定大陆架外部界限之后，委员会将划界案材料归还巴西。届时，由巴西公开其拟订划界案所用的科学技术数据和资料。

2004 年 8 月 25 日，美国致信联合国，对巴西划界案的执行摘要作出评论，并建议委员会注意有关沉积物厚度和维多利亚特林达德洋脊特征的某些问题。美国同时要求将该信分发给委员会成员和联合国所有会员国。

关于美国的来信，委员会注意到，对于沿海国就 200 海里以外的大陆架的外部界限提出的数据和其他资料的审议，《公约》附件二和委员会《议事规则》规定其他国家只能发挥一项作用，即只有在海岸相向或相邻国家之间发生争端或有未决的陆地或海洋争端的情况下，委员会才须审议提交国以外其他国家的来函。因此，委员会决定不考虑美国来函的内容，同时指示小组委员会在审查巴西划界案时不必理会该信所载的评论。

委员会接着处理审议划界案的方式。委员会决定，依照《公约》附件二第一条和委员会《议事规则》第 42 条的规定，将通过设立一个小组委员会的方式来处理巴西划界案。

主席提出一项设立委员会小组委员会的程序，同时考虑到《公约》条款和委员会《议事规则》，除其他事项外，必须取得科学和地域上的均衡。经过一番讨论后，委员会决定小组委员会成员的提名分两轮进行：①在第一轮提名期间，来自相同区域的每一组成员将提名一名小组委员会成员，以满足地域均衡的要求，同时又设法维持科学上的均衡；②主席将通过非正式协商方式协调此一进程；③将向委员会公布这些提名人选，并以鼓掌方式确认这些人选获任命为小组委员会成员。

同时委员会商定，在公布第一轮提名结果后，通过进行独立的第二轮提名，每一区域集团可再提名一位成员，同时必须考虑到特定划界案所需的特殊科学技能和小组委员会的构成。如果两轮的成员总数超过七人，那么委员会将就如何指派第二轮提名产生的所需成员人数进行协商。

根据这项程序，委员会提名以下成员作为审议巴西划界案的小组委员会成员：奥斯瓦尔多·佩德罗·阿斯蒂斯（Osvaldo Pedro Astiz）、劳伦斯·福拉吉米·阿沃西卡（Lawrence Folajimi Awosika）、加洛·卡雷拉·乌尔塔多（Galo Carrera Hurtado）、姆拉登·尤拉契奇（Mladen Juračić）、吕文正、朴永安和菲利普·亚历山大·西蒙兹（Philip Alexander Symonds）。委员会以鼓掌方式任命他们为小组委员会成员。小组委员会推选卡雷拉为主席，尤拉契奇和西蒙兹为副主席。

考虑到划界案内数据的性质，小组委员会决定依照《议事规则》附件三第10条第2款的规定，将征求委员会另一成员哈拉尔·布雷克（Harald Brekke）的意见。[7]

2.3.2 小组委员会审议

在委员会第15届会议上，小组委员会主席卡雷拉向委员会汇报了所收到的巴西政府在2004年10月和2005年2月闭会期间通过秘书处提交的补充材料，并汇报了小组委员会对巴西代表团团长2005年3月24日给小组委员会主席的信函中所传递的补充信息的审议情况。阿尔布克尔克要求将该信函向委员会全体成员分发。

小组委员会提出报告后，委员会决定征求联合国法律顾问关于涉及委员会《议事规则》与《公约》一些相关条款的可适用性的一个一般性问题的法律意见，即：

"依照《公约》和委员会《议事规则》的规定，是否准许已按照《公约》第七十六条向委员会提出划界案的沿海国在委员会审议该件划界案期间，向委员会提交有关显著异于联合国秘书长根据委员会《议事规则》第50条已妥为知照的原有界限和公式线的其大陆架或其大陆架主要部分的界限的补充材料和资料？"

关于上述问题，委员会一位成员指出，该类问题的提出应当关涉到已有的具体案件。然而委员会决定，为了获得指导，该项问题应当是一般性质的问题。委员会还决定，征求法律顾问发表法律意见的要求不应包括技术性或科学性议题。

此外，委员会一位成员指出，即使他不完全赞同征求法律顾问发表法律意见的要求和所拟具的问题的内容，但他并不正式反对它，以期使委员会就本事项可达成协商一致。

在第15届会议结束时，小组委员会在审议巴西提交的划界案方面取得了很大进展。针对小组委员会的问题和关于作出澄清的请求，巴西代表团在该届会议期间提供了更多材料。小组委员会还请该国代表团参加在 2005 年 4 月 20 日举行的一次会议。巴西代表团在这次会议上递交了就若干书面问题作出的书面答复，就审议的问题提供了介绍，并作出进一步澄清。[8]

在第 16 届会议上，联合国主管法律事务的副秘书长兼法律顾问尼古拉斯·米歇尔提到 2005 年 6 月巴西代表向他提交并转递给委员会主席的一份文件，题为《CLCS/44 号文件所载关于大陆架界限委员会协商向法律顾问作出的澄清》。他指出，这份文件提出了一个同法律意见直接有关的问题，即是否应当适当公布大陆架外部界限某些具体细节的重大变化。他请委员会顾及法律意见中对这个问题的考虑事项。

小组委员会决定在第 17 届会议全体会议前的闭会期间举行一次续会。关于联合国法律顾问的法律意见，卡雷拉指出，法律意见同审查巴西划界案的小组委员会的工作直接相关，需要在进一步审查划界案时加以考虑。

委员会随后审议了法律顾问提出的法律意见，表示注意到这份法律意见并决定采取相应行动。委员会还决定把法律意见转发给迄今已提出划界案的四个国家，在法律事务厅海洋事务和海洋法司（DOALOS）管理的委员会网站上张贴并作为委员会的文件分发。此外，由审议巴西划界案的小组委员会直接向巴西专家转达法律意见内容。

在讨论法律意见期间，委员会成员还商定必须适当公布划界案，并认为如果沿海国在委员会审议其划界案期间提出的新资料大大偏离原拟议的大陆架外部界限，这些资料也应予以适当公布。委员会成员也商定，沿海国应当以执行摘要增编或更正等形式提供要公布的信息内容。部分成员也认为应当给予其他国家充足的时间，对相关问题发表意见。他们还指出，各国应该认识到在审查划界案期间提出 200 海里之外大陆架外部界限的更改情况可能产生的实际影响。这些影响包括委员会将额外推迟有关建议的编写工作。

委员会按照法律意见审议了关于巴西划界案和 2005 年 3 月 24 日巴西代表团团长在给小组委员会主席的信中转递的巴西大陆架外部界限的新资料的行动方针。委员会商定由委员会主席写信给巴西常驻联合国代表团，请巴西编写一份执行摘要增编或更正，通过秘书长转交委员会，并抄送秘书长。然后由秘书长予以适当公布。

委员会注意到 2005 年 8 月 23 日巴西常驻联合国代表团的普通照会，其中请求让巴西代表参加有关会议的审议但无表决权。委员会指出，当时小组委员会还没有提出任何建议，而且根据委员会现行的《议事规则》附件三修正案，小组委员会从未设想让沿海国代表出席有关建议的审议会议。

在第 16 届会议后期，小组委员会与巴西专家举行了第三次会议。会上，小组委员会主席向巴西代表团转交了委员会主席给巴西代表团团长的信，委员会在信中请巴西编写一份执行摘要增编或更正。2006 年 3 月 1 日，巴西通过秘书长送交委员会包括所有海图和坐标在内的执行摘要增编。[9]

在第 17 届会议上，小组委员会主席卡雷拉报告了小组委员会在本届会议的工作情况，采用的工作方法和工作安排，概述了建议目录草稿，并着重介绍同巴西代表团协商的情况。卡雷拉指出，巴西对受邀参加会议作出积极回应。出席会议的有巴西代表团团长、巴西代理常驻联合国代表恩里克·罗德里格斯·瓦莱（Henrique R.Valle），副团长、国防部水文地理和航行局局长、海军中将保罗·塞萨·蒂亚斯·德利马（Paulo Cesar Dias de Lima），另有 12 名来自参与划界案工作的各国家机构和机关的代表团成员。

按照商定的议程，在第一周期间，小组委员会做第一轮陈述，其中每份陈述都涉及一个单独的区域。代表团在第二周作出初步答复。卡雷拉向委员会详细通报了小组委员会所做陈述的结构，突出强调了某些共同方面。卡雷拉告诉委员会，巴西代表团承诺至迟在 2006 年 7 月 31 日对小组委员会陈述中所提问题作出全面答复。卡雷拉还指出，巴西已告知小组委员会其将在上述日期前提供新的地震数据和测深数据。小组委员会将在下届会议上审议这些新的数据。

卡雷拉指出，小组委员会已同巴西就修订委员会《议事规则》附件三进行了第一次协商。在第 16 届会议期间，巴西、澳大利亚和爱尔兰划界案的 3 个小组委员会成员举行了会议，商定了关于划界案提交国和小组委员会之间根据新规则开展互动的一致做法。会议决定与提交国在小组委员会一级开展广泛互动，提交国和小组委员会均可为此主动召集会议。[10]

2006 年 7 月 26 日，巴西代表团按照承诺将其答复提交给小组委员会，小组委员会成员在第 18 届会议前的闭会期间已对提交的补充资料进行了分析。应巴西代表团的要求，小组委员会在第 18 届会议期间与之进行了三次会议。巴西代表团包括团长罗纳尔多·莫塔·萨登贝格（Ronaldo Mota Sardenberg）和 5 名团员。[11]

巴西在第 18 届会议之后提交了两份照会，即 2006 年 12 月 27 日要求委员会与巴西代表团举行半日会议的普通照会和 2007 年 2 月 6 日关于一致方法和做法以及关于一般技术问题的共同标准等问题的普通照会。关于这些问题，《公约》

和委员会《科技准则》都未作具体规定。小组委员会的一位成员针对第二份普通照会提出了问题。其他两位成员借此机会强调了该普通照会提到的一致性问题。第四位成员表示，委员会从拟定《科技准则》之时起就在处理一致性问题，因此，委员会不应再进一步处理这个事项。

小组委员会在第 19 届会议期间完成对巴西划界案的审议，并且拟定了建议草案。2007 年 3 月 27 日，小组委员会向委员会提交了其建议，小组委员会针对以下 4 个地理区域作了一系列陈述，以介绍这些建议：

（1）北部和亚马孙扇形地区，由姆拉登·尤拉契奇作陈述；
（2）巴西北部和费尔南多德诺罗尼亚洋脊区，由加洛·卡雷拉作陈述；
（3）维多利亚特林达德洋脊区，由劳伦斯·阿沃西卡作陈述；
（4）圣保罗海台区和南部地区，由菲利普·西蒙兹作陈述。[12]

2.3.3　委员会通过建议

应巴西代表团要求，并按照新修订的《议事规则》的规定，委员会于 2007 年 3 月 27 日与代表团举行了一次会议。按照新的程序规定，在小组委员会向委员会提出建议后并在委员会审议和通过建议之前，如果沿海国愿意，其可以就与其向委员会全体会议提交的划界案有关的任何事项作陈述，委员会可最多给予沿海国半天时间作陈述。但是，沿海国和委员会不得在会议上讨论划界案或委员会的建议。巴西代表团团长兼巴西常驻联合国代表萨登贝格做了介绍性发言。

首先，萨登贝格在发言中回顾，本次会议的目的是在委员会开始审议小组委员会的建议之际，向委员会着重指出巴西划界案中委员会可能特别感兴趣的一些方面。萨登贝格强调了巴西处理划定巴西大陆架外部界限问题的做法，并指出，巴西在划定巴西大陆架外部界限时严格遵守《公约》第七十六条阐述的标准和国际社会支持的其他科学和技术原则及要求，并且自 1999 年以来严格遵守委员会制定的《科技准则》。巴西海军和海军水文地理署、巴西石油（PETROBRAS）和巴西科学界为此进行了透彻的调查，这些调查获得了最可靠和最新的科学数据。

其次，萨登贝格提到小组委员会与巴西历届代表团之间的互动，并指出历届代表团都作出了一切努力，提出了必要的数据和资料，以支持划定巴西大陆架外部界限。他强调，巴西与毗邻的沿海国法国（法属圭亚那）和乌拉圭之间没有海洋边界争端。

第三，萨登贝格回顾，在 2006 年，巴西向委员会和小组委员会提供了补充资料和数据，包括一份执行摘要增编。巴西在考虑小组委员会的建议后对巴西划界案某些方面做了更改，这些更改仅使扩展大陆架总面积增加了 5.5%。

第四，巴西赞赏委员会讨论《公约》和《科技准则》都未作具体规定的一般技术问题的做法，这项工作虽然困难重重，但能因此确定共同的标准、方法和做法，也有利于维护和捍卫委员会的建议。他强调指出，这种标准可能关系到委员会将针对巴西划界案提出的建议。由于缺乏这些标准，巴西不得不要求委员会确认一致的方法和做法。他表示，巴西政府提出这项要求并不是要干涉委员会的工作方案，而是期待委员会妥善处理其要求。

最后，萨登贝格重申，巴西各小组收集的所有数据和资料以及巴西在其划界案中进行的分析和解释都具有一致性和有效性，他指出，巴西一向遵循最严格的科学准则，向委员会提交可靠、有科学依据和最新的数据。他还回顾了小组委员会和巴西代表团之间的合作程度。

在介绍性发言之后，巴西技术小组的成员就巴西划界案以下四个具体区域的某些方面做了陈述：

（1）亚马孙深海扇形地区（the Amazon deep-sea fan region），由马絮斯·戈里尼（Marcus Gorini）作陈述；

（2）巴西东部赤道地区（the eastern Brazilian Equatorial region），由若热·帕尔马（Jorge Palma）作陈述；

（3）维多利亚特林达德洋脊区，由雅伊罗·索萨（Jairo Souza）作陈述；

（4）圣保罗海台和巴西南部边缘区（São Paulo plateau and southern Brazilian margin），由伊萨贝尔·金·耶克（Izabel King Jeck）作陈述。

委员会接着审议了小组委员会的建议。期间有委员提出了若干修正案，委员会决定将其中一些修正案纳入建议。此后，委员会以 15 票赞成、2 票反对和 0 票弃权的表决结果，通过了"大陆架界限委员会关于 2004 年 5 月 17 日巴西就拟议的 200 海里以外大陆架外部界限所提资料的建议"。[12]

2.4 委员会对巴西外大陆架划界案的审议建议 [19]

2.4.1 亚马孙沉积扇

这一地区的外部界限由 12 个公式点组成的 11 段直线组成，限制线只用了 350 海里的距离限制线。

2.4.1.1 从属权利检验

亚马孙沉积扇是巴西大陆的水下自然延伸和大陆边缘的自然组成部分，从大陆坡脚量起1%的沉积厚度和60海里的距离公式点都超过200海里。因此巴西划界案在北方和亚马孙地区延伸大陆架满足从属权利检验。

2.4.1.2 确定大陆坡脚

巴西划界案这一地区确定大陆坡脚只用了《公约》第七十六条的一般规则，即陆坡基部坡度变化最大的点规则，没有使用地质和地球物理相反证据。巴西将亚马孙深海沉积扇地貌划分为上扇、中扇和下扇。认为陆坡基部位于中扇和下扇的交接部。所确定的大陆坡脚坡度都很小，小于 0.3°。

根据大量文献，小组委员会对此有不同认识，如 Damuth 等（1988），上扇和中扇的边界在 3 000 米左右，这儿在坡度变化上并没有出现突变。上扇的平均坡度 1∶70 或 0.8°。中扇的平均坡度 1∶200 或 0.3°，上扇的平均坡度（0.8°）比典型陆坡坡度要小（3°～6°）（Symonds et al., 2000）。中扇平均坡度也小于通常的陆基（小于典型的陆基 0.5°）（Symonds et al., 2000）。因此，小组委员会认为亚马孙深海沉积扇的陆坡基部应位于上扇和中扇的边界。3 000 米的深度也正好等于亚马孙沉积扇南、北边缘的大陆坡脚的深度。

表 2-1 小组委员会认可的陆坡基部

大陆坡脚点	剖面	水深（米）
	5030011A-syn1-5030001	−3 100～−3 300
18	5020421	−3 100～−3 200
19	5020419	−3 100～−3 300
20	5010024	−3 000～−3 200
21	5020417	−3 200～−3 300
	5020415～5030004	−3 200～−3 400
23	5010023A, 5010023B	−3 200～−3 400
24	5020413	−3 200～−3 300
25	5020411	−3 100～−3 400
27	5000535	−3 200～−3 400
28	5020408, 5020409	−3 300～−3 400
	5020408～5030011	−3 300～−3 400
29	5020406, 5020405	−3 200～−3 400

续表

大陆坡脚点	剖面	水深（米）
31	5020402, 5020403	−3 200 ~ −3 300
32	5020400, 5020499	−3 100 ~ −3 200
	5020496 ~ 5030010	−3 100 ~ −3 300
33	5020496, 5020497	−3 100 ~ −3 300
34	5020494, 5020493	−3 200 ~ −3 400
35	5020490, 5020491	−3 100 ~ −3 300
	5020490 ~ 5030008	−3 100 ~ −3 300
37	5020488, 5020487	−3 100 ~ −3 300
41	5020484, 5020485	−2 600 ~ −2 800
42	5020482	−2 800 ~ −3 100

巴西代表团认为亚马孙深海沉积扇不是通常的被动大陆边缘，它的上扇和中扇广泛发育沟槽和槽堤系统，这个槽堤系统一直发育到下扇的边缘。侵蚀作用在上扇和中扇都很发育。因此，陆坡一直延伸到下扇和中扇的边界处。

小组委员会认为上扇和中扇既有剥蚀又有沉积作用，上扇发育下切沟槽，浊流沉积在中扇和下扇都广泛发育，中扇的槽堤系统是发育在海底表面，下扇以沉积作用为主。因此，小组委员会认为上扇为陆坡，中扇和下扇为陆基。小组委员会基于水深剖面分析，上扇与中扇之间的过渡带水深范围为2 600 ~ 3 400米。

小组委员会同意代表团的观点，在亚马孙深海沉积扇地区识别陆坡、陆基、陆坡基部和大陆坡脚是困难的，幸运的是我们可以从地震剖面上看到沉积环境的变化，从而区分陆坡和陆基。

2.4.1.3 公式线的运用

巴西建立大陆边外缘使用了距离公式线和大陆坡脚+1%沉积厚度公式线的混合公式线。小组委员会认为必须根据新的大陆坡脚点重新定位公式线定点。

2.4.1.4 限制线的运用

巴西在北部和亚马孙深海沉积扇地区只使用了从基线量起350海里的距离限制线。

2.4.1.5 外部界限及委员会建议

委员会认可了上述限制线，认为可作为确定大陆边外部界限的基础。在重新确定大陆边外缘后，建立大陆边的外部界限。

2.4.2 北部海脊地区

巴西北部海脊区的 200 海里以外大陆架外部界限由 15 个定点、14 段直线组成，大陆边外缘的建立使用距离和沉积厚度混合公式线，限制线仅使用 350 海里距离限制线。

2.4.2.1 从属权利检验

根据《公约》第七十六条第 3 款：大陆边是沿海国陆块的水下自然延伸，由陆架、陆坡和陆基组成，它不包括深洋底和深洋洋脊。

根据国际科学文献，北巴西海脊是因白垩纪以来的构造和火山作用而产生的（Emery and Uchubi, 1984）。这些海脊并不是大陆坡的一部分（Palma et al., 1979; Palma, 1984; Chang et al., 1992; Cainelli and Mohrik, 1999）。

小组委员会查阅了与划界案提供数据相关的资料，用委员会《科技准则》第 5.4.5 段提供的二段分析法寻找陆坡基部的方法审查了每条水深剖面。审查是在数字滤波处理后的光滑地形剖面上进行的，小组委员会审查结果是陆坡基部水深约 3 000 米，它没有圈闭这些海脊。小组委员会也从一些沿水深剖面的地震剖面上得到证实，陆坡基部的地震特征和水深剖面的陆坡基部是相一致的。

这些分析确认：划界案确定的陆坡基部都位于海山的陆坡，而这些海山都位于深洋底的深海平原内。

在 2006 年 3 月的会议上，巴西代表团提出：

（1）巴西北部海脊构成了转换大西洋型大陆边缘的边缘海脊；

（2）由巴西北部海脊界定的大陆边缘是巴西陆地领土通过其沉积物的自然延伸；

（3）由于巴西北部海脊的隔断，由锥形海台及其沉积物构成的大陆边缘对塞阿拉深海平原的形成未起实质性作用；

（4）塞阿拉深海平原的沉积主要来源于亚马孙深海沉积扇。

2006 年 8 月 24 日，代表团在进一步陈述中补充道，巴西北部海脊是东西向的地槽地垒构造中的后期广泛岩浆活动形成的。委员会仔细审查了关于巴西认为北部海脊区是海底高原的锥形的争议，认为这可能是几百万年之后的事情，它与许多其他深洋洋脊没什么不同，并没有构成大陆边缘陆架和陆坡的一部分。

巴西提出的通过地貌和地质地球物理的方法确定的陆坡基部和大陆坡脚，委员会不接受，委员会认为陆坡基部在 3 000 米左右，建议可利用地质和地球物理资料做相反证据的进一步工作。

2.4.2.2 外部界限及委员会建议

由于巴西北部海脊区没有在法律上通过从属权利检验，因此也就无法继续讨论延伸大陆架的外部界限问题。

2.4.3 维多利亚海脊地区

维多利亚海脊区 200 海里以外大陆架的外部界限由 15 个定点 14 段直线组成。建立外部界限使用了距离和沉积厚度两种公式线、350 海里和 2 500 米加 100 海里混合限制线。

2.4.3.1 从属权利检验

巴西划界案在密涅瓦地区满足从属权利检验，密涅瓦海底高地是巴西大陆边缘的一部分，是巴西大陆的自然延伸。巴西建立 200 海里以外大陆边外缘使用的是 1% 沉积厚度点。

根据划界案提供的数据，委员会不能确定维多利亚脊的性质和 200 海里以外延伸的外部界限范围。

维多利亚脊是发育在陆基区的火山链，维多利亚脊由一系列平顶山组成。该地区岩浆活动发生于：(a) 距今 85～55 百万年前的南美大陆；(b) 在 55～45 百万年期间被动大陆边缘海岸外地壳断裂；(c) 40 百万年以来的洋壳形成。东西展布的维多利亚海山链年龄更新，是 40 百万年以后岩浆侵入形成的。

维多利亚脊从陆壳经过渡带到洋壳，陆洋边界在圣保罗地台和包括同生裂谷大陆边缘东端在 55～40 百万年期间形成蘑菇岛礁岩浆建造。

Meisling 质疑维多利亚热点火山链 40 百万年前就在现在的位置。另方面，一些研究学者发现了与热点活动有关的碱性岩浆岩，但东南部的测年和碱性岩浆岩的岩石学特征都未能确认这个假设。维多利亚脊的形成近来有人作为不连续岩浆作用解释。从地球化学的观点，这种海洋岛弧玄武岩和洋壳的岩浆作用是很难区分的。

国际文献认为很难理解这些海底高地形的性质和演化。

另一方面国际科学文献也不认为维多利亚脊，即蘑菇浅滩可以认作是《公约》第七十六条第 6 款中的海台、海隆、海峰、暗滩和坡尖等。

从地貌上看，维多利亚脊不连续的火山特征是有别于《公约》定义的海底高地（海台、海隆、海峰、暗滩和坡尖等）。

根据巴西提供的证据，委员会认为维多利亚脊是《公约》定义的海底洋脊，但是这个情形的定位和大陆架外部界限的位置保持不定性。

委员会认为维多利亚脊是《公约》定义的海底洋脊，因此，建议巴西提出这个地区的修正划界案和提供更多新的数据。

2.4.3.2 确定大陆坡脚

巴西划界案在密涅瓦海底高地确定的大陆坡脚点圈绕海脊闭围，基于这些坡脚点确定1%沉积厚度定点都超过200海里。但由于这些坡脚点的确定是基于合成测深剖面非实测数据，委员会对此不满意。

2.4.4 圣保罗海台地区

圣保罗海台地区的延伸大陆架外部界限由171个定点、170个线段组成。划界案提出的外部界限使用了两种公式线（沉积厚度公式线和距离公式线）的混合线（其中1个沉积公式点，6个距离公式点），仅使用了350海里距离限制线。

2.4.4.1 从属权利检验

圣保罗海台是巴西陆块水下自然延伸，巴西大陆边缘的自然组成部分。

从最外的坡脚点量起1%沉积厚度点的距离超过从领海基线量起200海里，委员会认为满足从属权利检验。

圣保罗海台为主体的圣保罗大陆边缘北东向延伸长达1 100千米，是一个水深1 500～3 000米的下陆坡台地，它连接上陆坡和位于4 000～4 500米的陆基之上。海台的宽度从北面的130千米到南面的500千米。

圣保罗海台里部水深2 000～2 500米，外部约3 000米，与南部海台连接（Mollo et al., 1992）。

根据文献，圣保罗海台一般认为是上陆坡和陆基之间的一个地貌单元，即下陆坡（Palma, 1984; Mille et al., 1992; Caineli and Mohriak, 1999）。

圣保罗海台的形成与早白垩纪冈瓦纳大陆破裂和大西洋的形成有关（Mohriak et al., 1995），它的基本构型是晚侏罗－早白垩期间构造、岩浆和沉积过程相互作用的结果（Emery and Uchupi, 1984; Mello et al., 1992）。海台下覆地壳被拉张、减薄和岩浆作用改造导致这一地区地壳的断裂、破裂和海底扩张（Davison, 1997; Karner & Driscoll, 1999; Karner, 2000）。

2.4.4.2 确定大陆坡脚

正如划界案 61～65 段所描述的巴西采用一般方法确定大陆坡脚。首先，巴西采用了地质和地球物理资料支持的一般地貌学方法确定大陆坡基部；然后对 LEPLAC 计划采集的单波束水深数据进行滤波和计算二阶导数，并选定坡度变化最大的点作为坡脚点。

巴西确定了 10 个坡脚点，坡脚点的水深范围从北面的 3 400～3 900 米到南面的约 4 500 米。

小组委员会将所有水深数据建立的 3D 水深模型补充了对大陆坡基部的认识，3D 模型显示在圣保罗海台北部的下陆坡有一个明显的坡度变化带。委员会同意根据这些大陆坡基部确定的大陆坡脚点。

2.4.4.3 公式线的运用

巴西在圣保罗海台地区建立大陆边外缘使用了 1 个坡脚 +60 海里的距离公式线点，和 51～57 号坡脚 +1% 沉积厚度的沉积厚度公式点组成的混合公式线。关于沉积厚度定点，其中 56 和 57 号位于 350 海里之外，外部界限需要作出修正。

2.4.4.4 限制线的运用

由于坡脚 +100 海里的距离限制线不超过 350 海里，巴西在圣保罗海台地区只使用了 350 海里限制线。

2.4.4.5 外部界限及委员会建议

巴西圣保罗地区使用混合公式线和 350 海里限制线建立外部界限。

2.4.5 南部地区[20]

巴西南部地区 200 海里以外大陆架外部界限由 12 个定点 11 段线组成，其中 10 个是 1% 沉积厚度点，1 个为 350 海里限制线点。

巴西划界案执行摘要中大陆架外部界限使用了 174 点组成的 173 段，沉积厚度点连接到 350 海里的限制线上，还有一个位于巴西和乌拉圭边界的参考点。

2.4.5.1 从属权利检验

巴西南部地区大陆边缘是一个岩浆活动强烈改造后的断裂大陆边缘，它是南大西洋岩浆省北部的表征（Mohriak et al., 2002）。它是大规模沉积，并被底流强烈改造控制的大沉积区（Mello et al., 1998）。

巴西南部地区南北延伸超过 1 000 千米，是巴西大陆的水下自然延伸。从大陆坡脚到 1% 的沉积厚度点和坡脚 +60 海里公式线都超过 200 海里。因此，委员会认为巴西南部地区满足从属权利检验。

2.4.5.2　确定大陆坡脚

巴西使用一般方法确定大陆坡脚。首先利用地质和地球物理资料确定大陆坡基部带，然后对单波束水深剖面数据用编程做滤波和二阶导数处理，寻找坡度变化最大点作为坡脚点。

在 2004 年 5 月 14 日原划界案中，巴西利用超过 30 条在 LEPLAC-Ⅺ航次调查采集的单波束和结合地震剖面数据确定了陆坡基部和《公约》第七十六条的大陆坡脚点。

这些水深剖面延伸约 250～300 千米、水深约 3 500 米。原划界案确定了 6 个坡脚点。

2004 年晚些时候，巴西在 620～750 千米的合成水深剖面上重新评估了南部地区的大陆坡基部和大陆坡脚。合成水深剖面是通过水深剖面和 LEPLAC-Ⅳh 航次地震剖面得到的。

巴西得出结论：通过对更长的合成水深剖面的区域分析，该地区大陆坡基部与坡脚和原先提出的位置应向海一侧移动［Annex 11（d），submitted 31 March 2005］。

新的大陆坡基部可以展现为是沿里约大沉积扇、边缘高地和圣保罗海台过渡带 3 个地貌单元的基部，一般位于水深 4 000～4 500 米，约 0.2°～0.4° 低区域坡度的基部处。

对结合地震剖面的长水深剖面的审议，小组委员会得出结论：

（1）原划界案向海一侧的低坡度带一般是锲型沉积的地震特征和与覆盖在洋壳上的锲型沉积相联系。显示为陆基和深海底流控制的搬运沉积特征；

（2）某些地震剖面上（即 500047，500052），原划界案陆坡基部下覆盖向海倾斜反射层（SDRS）与更外的洋壳相接。这个 SDRS 是典型的断裂火山大陆边缘，用相反证据确定的大陆坡脚；

（3）边缘高地基部外沿的地貌特征底流剥蚀作用在火山高外沿处有更多的影响而不是在边缘内结构特征的外沿。

这些反映在 2006 年 3 月的两周磋商会议中，巴西代表团陈述修订划界案和小组委员会审议对南部地区大陆坡基部位置的不同观点。巴西代表团对这一事项在文件"巴西政府关于巴西南部地区的声明"中作了特别回应：

（1）深海沉积环境（陆基和深海平原）沉积物的搬运过程通常与底流有关，在巴西南部地区上陆坡甚至在陆架上也可发现；

（2）小组委员会提出（2006年3月24日）应当注意在不止一条剖面上识别出SDRS的位置；

（3）构造基底图和地震剖面5000059显示的下覆基底高和大陆边缘的连接，为此可认为是巴西南部大陆边缘的自然延伸；

（4）巴西南部大陆边缘的3D数字地形显示（2006年3月24日小组委员会展示的幻灯31），巴西代表团的解释是它没有足够的尺度展示巴西南部边缘的特征，仅突出了上陆坡部分。

在巴西声明中最后强调：

"与巴西南部大陆边缘的大陆坡基部和大陆坡脚位置，巴西代表团保留巴西南部大陆架外部界限是2006年2月1日修订划界案执行摘要和2006年3月1日对委员会的陈述中的解释"。

小组委员会仔细地审议了巴西代表团的争议并得出结论：

（1）当底流的影响出现在陆坡和陆基时，这个地区一般地貌和地震剖面展示的特征发生在陆坡或陆基，是一个正在讨论中的问题；

（2）在5000047剖面的外SDRS是一般在火山型大陆边缘外沿过渡带和洋壳观察到的更典型短波长SDRS。在这条线更向陆方向的SDRS的特征与全球火山型大陆边缘过渡带内观察到的特征类似；

（3）大陆、海洋、岩浆基底高垂直于大陆边缘可在多种原因下发生，可以下覆陆基沉积，并影响陆基沉积特征和覆盖的陆基沉积的地貌；

（4）小组委员会"TIN"模型的垂直比例尺谨慎地使用了20倍，避免使边缘的形态出现戏剧般的变化。小组委员会建议如果巴西认为垂直比例尺太大，巴西可提出一个3D水深模型的合适垂直比例尺。

小组委员会仔细地审查了巴西代表团表达的在乌拉圭海洋边界剖面5000205/5000057大陆坡脚位置的观点。尽管这个坡脚点基于坡度变化最大，原划界案也支持这个点，但是这一坡脚点处的区域坡度变化大，坡度确定很困难。

划界案描述的确定大陆坡基部和大陆坡脚方法是基于地貌标准，加以地质和地球物理证据佐证。小组委员会维持这个观点，根据巴西提供的南部地区的数据和资料，原划界案确定大陆坡基部和大陆坡脚位置是最适宜的。

2.4.5.3 公式线的运用

小组委员会支持使用原划界案坡脚+60海里公式线，在某些地方超过了200海里。

原划界案的1%沉积厚度定点没有超过领海基线量起200海里，所以建立的大陆架外部界限沉积厚度公式线没有贡献。

修正划界案根据《公约》第七十六条第4款（a）项（1）目提供了7个南部地区沉积厚度点，第8个位于巴西与乌拉圭边界上。这些沉积厚度点都是在向海一侧移动后的大陆坡脚量起1%沉积厚度，它们中有5个超出350海里限制线或附近，造成大多数公式线点超过350海里。

2.4.5.4 限制线的运用

划界案仅使用了350海里距离限制线。

2.4.5.5 外部界限及委员会建议

委员会建议巴西南部地区建立200海里以外大陆架外部界限时使用原划界案确定的大陆坡脚点，并使用建立在这些坡脚点基础上确定的1%沉积厚度定点，用不超过60海里的连线构成巴西南部地区200海里以外大陆架外部界限。

2.5 南部地区修订划界案的初步审议

2.5.1 南部地区修订划界案执行摘要[4]

南部地区即原始执行摘要中所称的经线大陆边缘，北至圣保罗洋脊（São Paulo Ridge），南至巴西与乌拉圭的横向海洋边界线，西为陆地区域（图2-2）。巴西与乌拉圭之间不存在海洋争端。该部分修订划界案收到委员会成员 Jair Alberto Ribas Marques 提供的技术和科学意见。

在地质和地貌方面，南部地区的大陆边缘是典型的火山型大陆边缘，受到沉积作用的强烈影响，不断促进其生长与发育。南部边缘包括桑托斯（Santos）和佩洛塔斯（Pelotas）的边缘海沉积盆地，以及下述归入巴西大陆边缘组成部分或自然延长的地形：圣保罗洋脊、圣卡塔琳娜海台（Santa Catarina Plateau）、里奥格兰德台地（Rio Grande Terrace）、佩洛塔斯沉积堆积（Pelotas Sedimentary Drift）、里奥格兰德锥（Rio Grande Cone）、里奥格兰德沉积堆积（Rio Grande Sedimentary Drift）、舒伊沉积堆积（Chuí Sedimentary Drift）和舒伊滑坡（Chuí Slide）。

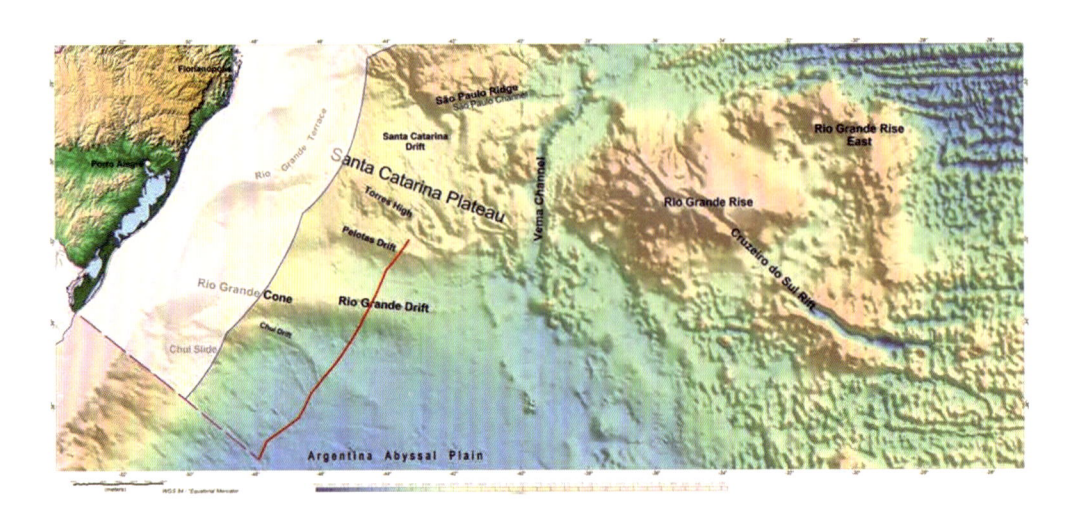

图2-2　巴西拟划定的南部地区大陆架外部界限
资料来源：巴西南部地区外大陆架划界案执行摘要

陆坡基部是一条宽度为15 000～120 000米、深度为3 650～4 600米的过渡带。本部分划界案的陆坡基部和外部界限位于31°59′—36°S之间。31°59′—27°S之间的陆坡基部和外部界限将在后续部分划界案中提交。

在委员会召开第38届会议前后，巴西向委员会提交了函文（分别于2015年4月10日和2015年7月29日），并在当届会议上就经部分修订的巴西南部地区划界案向委员会做了陈述。巴西代表团成员包括：巴西代表团团长、巴西常驻联合国副代表卡洛斯·塞尔吉奥·索布拉尔·杜阿尔特（Calos Sérgio Sobral Duarte）；临时代办小安东尼奥·雷希纳尔多·利马局长（Antonio Reginaldo Lima Junior）；巴西海军水文和航海局地质学家伊萨贝尔·金·耶克（Izabel King Jeck）以及其他多名顾问。

杜阿尔特指出，本次提交的是修订划界案中的第一个。委员会成员马克斯曾以提供科学和技术咨询的方式协助巴西。该部分涉及的大陆架区域不存在任何争端。

委员会随后转入非公开会议。鉴于经修订的划界案可以优先审议而不考虑排序，因此，委员会着手重新组建负责审查巴西划界案的小组委员会，除原小组成员阿沃西卡、卡雷拉和朴永安之外，另增补马丁·旺·海尼森（Martin Vang Heinesen）、马兹兰·本·马东（Mazlan Bin Madon）和伊萨克·奥乌苏·奥杜罗（Isaac Owusu Oduro）3名成员，第7名成员将在之后的阶段任命。卡雷拉仍为小组委员会主席，奥杜罗和朴永安为新当选的小组委员会副主席。[13]

2.5.2 小组委员会对南部地区修订划界案的审议

在委员会第 39 届会议期间，小组委员会对巴西修订划界案作了首次审查。小组委员会与巴西代表团举行了三次会议，会议期间，代表团向小组委员会介绍了划界案，并对小组委员会在该届会议期间提出的问题和澄清要求做了答复。小组委员会核对了部分订正划界案的格式和完整性，并做了初步分析，确认从属权利检验符合要求。[14]

巴西按照委员会《议事规则》附件二的规定将划界案的第二部分和第三部分归类为机密材料，因此，小组委员会成员无法在闭会期间继续审查该划界案。鉴于划界案的复杂性，小组委员会就主要科学和技术方面的审查从第 40 届会议一直持续至第 48 届会议。期间因委员会成员变动，在第 44 届会议上，小组委员会重新选举阿沃西卡为主席，海尼森和朴永安为副主席。小组委员会首先审议了第 43 届会议期间编写的"移交"文件，随后根据委员会《议事规则》附件三第四节开始对该划界案进行主要的科学和技术审查。小组委员会与巴西代表团举行了三次会议，期间代表团做了几次陈述，以回应小组委员会在第 43 届会议上所做的介绍。主席阿沃西卡报告了关于划界案的某些实质性事项。[15]

在委员会第 48 届会议期间，小组委员会依照《议事规则》附件三第 10.3 段向代表团全面介绍了其对划界案的审议意见和一般性结论。代表团根据《议事规则》附件三第 10.4 段向小组委员会做了陈述。小组委员会随后根据《议事规则》附件三第 10.5 段着手起草建议。[16]

在委员会第 49 届会议期间，小组委员会完成巴西南部地区修订划界案建议草案并转交委员会主席。[17]

2.5.3 委员会通过南部地区修订划界案建议

在第 49 届会议全会上，小组委员会主席阿沃西卡、副主席海尼森以及山崎和亚涅斯向委员会介绍了就巴西南部地区部分修订划界案撰写的建议草案。巴西代表团参加了委员会的审议，并按照《议事规则》附件三的相关规定做了陈述。除了阐述与部分修订划界案有关的科学和技术事项外，代表团还表示赞同小组委员会的意见及其根据划界案的审查情况得出的一般性结论。

经充分审议后，委员会于 2019 年 3 月 8 日未经表决核准了针对巴西于 2015 年 4 月 10 日提交的关于巴西南部地区的部分修订划界案提出的建议以及对建议所做的修正。[17]

2.5.4　剩余部分修订划界案的审议

继南部地区之后，巴西提交了赤道边缘地区的部分修订划界案。

在委员会第 46 届会议上，巴西常驻联合国代表、代表团团长毛罗·维埃拉（Mauro Vieira）、巴西常驻联合国代表团公使衔参赞菲利普·福克斯·高夫（Philip Fox D. Gough）、巴西海军水文和航行局地质学家耶克等一行代表就巴西赤道边缘地区的部分修订划界案做了陈述。除阐述划界案的实质性要点外，高夫还告知委员会，委员会现任成员马克斯协助了巴西的工作，提供了科学技术建议，并且划界案所涉大陆架区域无任何争议。

委员会随后转入非公开会议。在讨论该划界案的审议方式时，委员会回顾其第 26 届会议所做决定，即优先审议修订划界案而无论其排序先后，因此决定依据《公约》附件二第五条和委员会《议事规则》第 42 条，为审议巴西提交的划界案而设立的小组委员会在审查完关于巴西南部地区的部分修订划界案之后审议上述部分划界案。[18]

2.6　委员会审议建议评注

2.6.1　本划界案由委员会一致通过

2007 年 4 月 4 日，委员会协商一致通过了"大陆架界限委员会关于 2004 年 5 月 17 日巴西提交的 200 海里以外大陆架外部界限划界案的建议"。

2.6.2　南部地区修订划界案

自委员会通过巴西南部地区修订划界案之后，巴西政府已考虑开发桑托斯盆地油气资源。桑托斯盆地被认为有很大的待发现潜力，经勘探，该地区有总计约 420 亿桶油当量，其中约 386 亿桶油当量位于专属经济区，33 亿桶油当量位于 200 海里以外大陆架。

2.6.3　赤道边缘地区修订划界案

在委员会第 46 届会议上，巴西向委员会提交赤道边缘地区部分修订划界案。该案目前尚在审议阶段。

2.6.4 国家实践与相关评论

巴西政府十分重视对 200 海里以外大陆架的开发，早在 1989 年即开展了一次大陆架调查，以确定其大陆架的外缘。巴西划界案涉及的地质地理情况较为复杂，如北部海脊、维多利亚海脊的性质认定，代表团和委员会一直存有争议。北部海脊没有通过从属权利检验，而对于维多利亚海脊，虽然委员会认为属于《公约》定义的海底洋脊，但是仍需要巴西提出修正划界案和新的更多数据。

参考文献

[1] Summary of the Recommendations of the Commission on the Limits of the Continental Shelf in regard to the Submission made by Brazil on 17 May 2004 of Information on the Proposed Outer Limits of Its Continental Shelf beyond 200 Nautical Miles. Commission on the Limits of the Continental Shelf [EB/OL]. [2023-09-30]. https://www.un.org/Depts/los/clcs_new/submissions_files/bra04/Summary_Recommendations_Brazil.pdf.

[2] Brazilian Submission Executive Summary 2004. Commission on the Limits of the Continental Shelf [EB/OL]. [2023-09-30]. https://www.un.org/Depts/los/clcs_new/submissions_files/bra04/bra_exec_sum.pdf.

[3] Addendum to the Executive Summary. Commission on the Limits of the Continental Shelf [EB/OL]. [2023-09-30]. https://www.un.org/Depts/los/clcs_new/submissions_files/bra04/bra_add_executive_summary.pdf.

[4] Executive Summary of the Brazilian Partial Revised Submission to the Commission on the Limits of the Continental Shelf. Commission on the Limits of the Continental Shelf [EB/OL]. [2023-09-30]. https://www.un.org/Depts/los/clcs_new/submissions_files/bra02_rev15/Executive_Summary_Brazilian_Partial_Revised_Submission_SR.pdf.

[5] Note Verbale from the United States on the Brazilian Extended Continental Shelf Submission. Commission on the Limits of the Continental Shelf [EB/OL]. [2023-09-30]. https://www.un.org/Depts/los/clcs_new/submissions_files/bra04/clcs_02_2004_los_usatext.pdf.

[6] Note Verbale from the United States on the Brazilian Extended Continental Shelf Submission. Commission on the Limits of the Continental Shelf [EB/OL]. [2023-09-30]. https://www.un.org/Depts/los/clcs_new/submissions_files/bra04/clcs_2004_los_usatext_2.pdf.

[7] Statement by the Chairman of the Commission on the Limits of the Continental Shelf on the progress of work in the Commission - Fourteenth session. Commission on the Limits

of the Continental Shelf [EB/OL]. [2023-09-30]. https://documents-dds-ny.un.org/doc/UNDOC/GEN/N04/510/12/PDF/N0451012.pdf?OpenElement.

[8] Statement by the Chairman of the Commission on the Limits of the Continental Shelf on the progress of work in the Commission - Fifteenth session. Commission on the Limits of the Continental Shelf [EB/OL]. [2023-09-30]. https://documents-dds-ny.un.org/doc/UNDOC/GEN/N05/330/62/PDF/N0533062.pdf?OpenElement.

[9] Statement by the Chairman of the Commission on the Limits of the Continental Shelf on the progress of work in the Commission - Sixteenth session. Commission on the Limits of the Continental Shelf [EB/OL]. [2023-09-30]. https://documents-dds-ny.un.org/doc/UNDOC/GEN/N05/540/75/PDF/N0554075.pdf?OpenElement.

[10] Statement by the Chairman of the Commission on the Limits of the Continental Shelf on the progress of work in the Commission - Seventeenth session. Commission on the Limits of the Continental Shelf [EB/OL]. [2023-09-30]. https://documents-dds-ny.un.org/doc/UNDOC/GEN/N06/345/20/PDF/N0634520.pdf?OpenElement.

[11] Statement by the Chairman of the Commission on the Limits of the Continental Shelf on the progress of work in the Commission - Eighteenth session. Commission on the Limits of the Continental Shelf [EB/OL]. [2023-09-30]. https://documents-dds-ny.un.org/doc/UNDOC/GEN/N06/558/82/PDF/N0655882.pdf?OpenElement.

[12] Statement by the Chairman of the Commission on the Limits of the Continental Shelf on the progress of work in the Commission - Nineteenth session. Commission on the Limits of the Continental Shelf [EB/OL]. [2023-09-30]. https://documents-dds-ny.un.org/doc/UNDOC/GEN/N07/322/77/PDF/N0732277.pdf?OpenElement.

[13] Progress of work in the Commission on the Limits of the continental Shelf - Statement by the Chair - Thirty-eighth session. Commission on the Limits of the Continental Shelf [EB/OL]. [2023-09-30]. https://documents-dds-ny.un.org/doc/UNDOC/GEN/N15/297/39/PDF/N1529739.pdf?OpenElement.

[14] Progress of work in the Commission on the Limits of the continental Shelf - Statement by the Chair - Thirty-ninth session. Commission on the Limits of the Continental Shelf [EB/OL]. [2023-09-30]. https://documents-dds-ny.un.org/doc/UNDOC/GEN/N15/445/92/PDF/N1544592.pdf?OpenElement.

[15] Progress of work in the Commission on the Limits of the Continental Shelf - Statement by the Chair - Forty-fourth session. Commission on the Limits of the Continental Shelf [EB/OL]. [2023-09-30]. https://documents-dds-ny.un.org/doc/UNDOC/GEN/N17/303/94/PDF/

N1730394.pdf?OpenElement.

[16] Progress of work in the Commission on the Limits of the Continental Shelf - Statement by the Chair - Forty-eighth session. Commission on the Limits of the Continental Shelf [EB/OL]. [2023-09-30]. https://documents-dds-ny.un.org/doc/UNDOC/GEN/N18/433/93/PDF/N1843393.pdf?OpenElement.

[17] Progress of work in the Commission on the Limits of the Continental Shelf - Statement by the Chair - Forty-ninth session. Commission on the Limits of the Continental Shelf [EB/OL]. [2023-09-30]. https://documents-dds-ny.un.org/doc/UNDOC/GEN/N19/090/97/PDF/N1909097.pdf?OpenElement.

[18] Progress of work in the Commission on the Limits of the Continental Shelf - Statement by the Chair - Forty-sixth session. Commission on the Limits of the Continental Shelf [EB/OL]. [2023-09-30]. https://documents-dds-ny.un.org/doc/UNDOC/GEN/N18/098/12/PDF/N1809812.pdf?OpenElement.

[19] Summary of the Recommendations of the Commission on the Limits of the Continental Shelf in regard to the Submission made by Brazil on 17 May 2004 of Information on the Proposed Outer Limits of Its Continental Shelf beyond 200 Nautical Miles. Commission on the Limits of the Continental Shelf [EB/OL]. [2023-09-30]. https://www.un.org/Depts/los/clcs_new/submissions_files/bra04/Summary_Recommendations_Brazil.pdf.

[20] Summary of Recommendations of the Commission on the Limits of the Continental Shelf in regard to the Partial Revised Submission made by Brazil in respect of the Brazilian Southern Region on 10 April 2015. Commission on the Limits of the Continental Shelf [EB/OL]. [2023-09-30]. https://www.un.org/Depts/los/clcs_new/submissions_files/bra02_rev15/2019_03_08_COM_REC_BRAREV_summary.pdf.

第 3 章

澳大利亚（5个地区）外大陆架划界案委员会审议建议评注

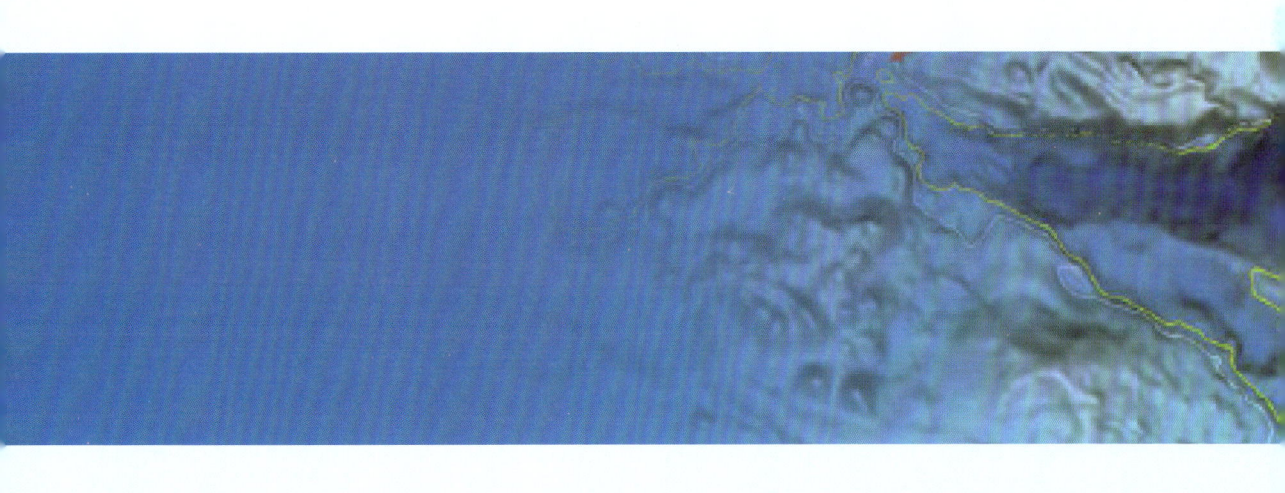

澳大利亚于《公约》开放签署当日即签署加入《公约》，并于 1994 年 10 月 5 日批准《公约》，1994 年 11 月 16 日生效。

依据《公约》第七十六条第 8 款及附件二第四条的相关规定，澳大利亚于 2004 年 11 月 15 日向委员会提交了自其领海基线量起 200 海里以外大陆架外部界限划界案。

澳大利亚在划界案执行摘要中主张其大陆边外缘在以下 10 个不同海域大陆架从领海基线量起超过 200 海里：①阿尔戈（Argo）；②澳大利亚南极领土（Australian Antarctic Territory）；③大澳大利亚湾（Great Australian Bight）；④凯尔盖朗海台（Kerguelen Plateau）；⑤豪勋爵海隆（Lord Howe Rise）；⑥麦夸里洋脊（Macquarie Ridge）；⑦博物学家海台（Naturaliste Plateau）；⑧南塔斯曼海隆（South Tasman Rise）；⑨三王洋脊（Three Kings Ridge）；⑩沃勒比和埃克斯茅斯海台（Wallaby and Exmouth Plateaus）。

关于南极领土主张，澳大利亚在照会后说明，澳大利亚忆及《南极条约》和《公约》中规定的原则，及南极体系和《公约》在维护南极地区的安全与稳定方面的重要性，考虑到 60°S 以南地区的情形及《南极条约》框架下南极大陆特殊的法律及政治地位，请求委员会暂不就本划界案中有关附属于南极大陆的大陆架的资料采取任何行动。此外，有关凯尔盖朗海台、豪勋爵海隆、麦夸里洋脊和三王洋脊 4 个地区的外大陆架划界委员会审议建议评注，已在《沿海国 200 海里以外大陆架外部界限划界案大陆架界限委员会建议评注》（第一卷）中，故此卷不再赘述。

3.1 澳大利亚的主张

3.1.1 阿尔戈地区

阿尔戈地区包括邻接阿尔戈深海平原的澳大利亚大陆边的西北部分，包括罗利阶地和斯科特海台。该大陆边形成于冈瓦纳在侏罗纪中晚期的解体、扩张和岩浆过程中，是西北澳大利亚陆块的水下延伸。

澳大利亚在阿尔戈地区扩展大陆架的外部界限所包围的领海基线 200 海里外的区域为 4 736 平方千米。扩展大陆架的外部界限由 3 个定点确定（图 3-1），其中：

第一个点是 1997 年《澳大利亚政府和印度尼西亚政府关于建立专属经济区边界和某些海床边界的条约》所确立的海床边界的终点（A82）。该点距离澳大利亚大陆坡脚不足 60 海里［《公约》第七十六条第 4 款（a）项（2）目］，并位于从印度尼西亚群岛基线量起的 200 海里的线上；

第3章 澳大利亚（5个地区）外大陆架划界案委员会审议建议评注

第二个点是根据距离大陆坡脚60海里的弧所确定的[《公约》第七十六条第4款（a）项（2）目]；

第三个点是扩展大陆架的外部界限与从澳大利亚领海基线量起的200海里线的交点，后者构成该区域以南的澳大利亚大陆架外部界限的有关部分（《公约》第七十六条第1款）。

每一组定点之间都按顺序用不超过60海里的直线连接。

引用了《公约》第七十六条第4款（a）项（2）目的规定以及第4款（b）项和第7款，来支持在阿尔戈地区扩展大陆架外部界限的划界案。

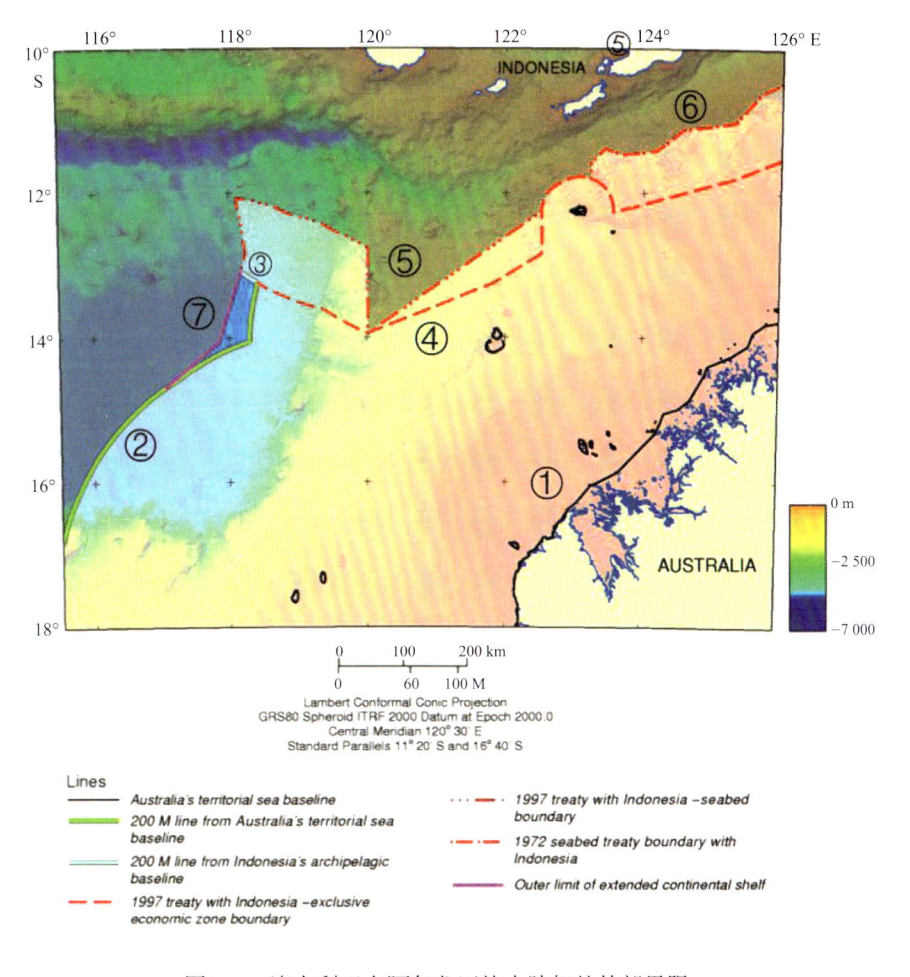

图3-1　澳大利亚在阿尔戈区块大陆架的外部界限

①为澳大利亚领海基线；②为距澳大利亚领海基线200海里线；③为据印度尼西亚群岛基线200海里线；④为澳大利亚与印度尼西亚1997年专属经济区界限条约线；⑤为澳大利亚与印度尼西亚1997年海底界限条约线；⑥为澳大利亚与印度尼西亚1972年海底界限条约线；⑦为澳大利亚拟扩展大陆架外部界限线

资料来源：澳大利亚外大陆架划界案执行摘要

3.1.2 大澳大利亚湾地区

大澳大利亚湾地区包括澳大利亚大陆的南部大陆边，邻近位于所谓的"大澳大利亚湾"的海岸线之中的广阔海湾，包括艾尔和塞杜纳阶地。该大陆边是由澳大利亚和南极自白垩纪晚期开始的扩张和非岩浆活动解体发展而来的，是南澳大利亚陆块的水下延伸。

澳大利亚在大澳大利亚湾地区扩展大陆架的外部界限所包围的领海基线200海里外的区域为68 837平方千米。扩展大陆架的外部界限由89个定点确定（图3-2），其中：

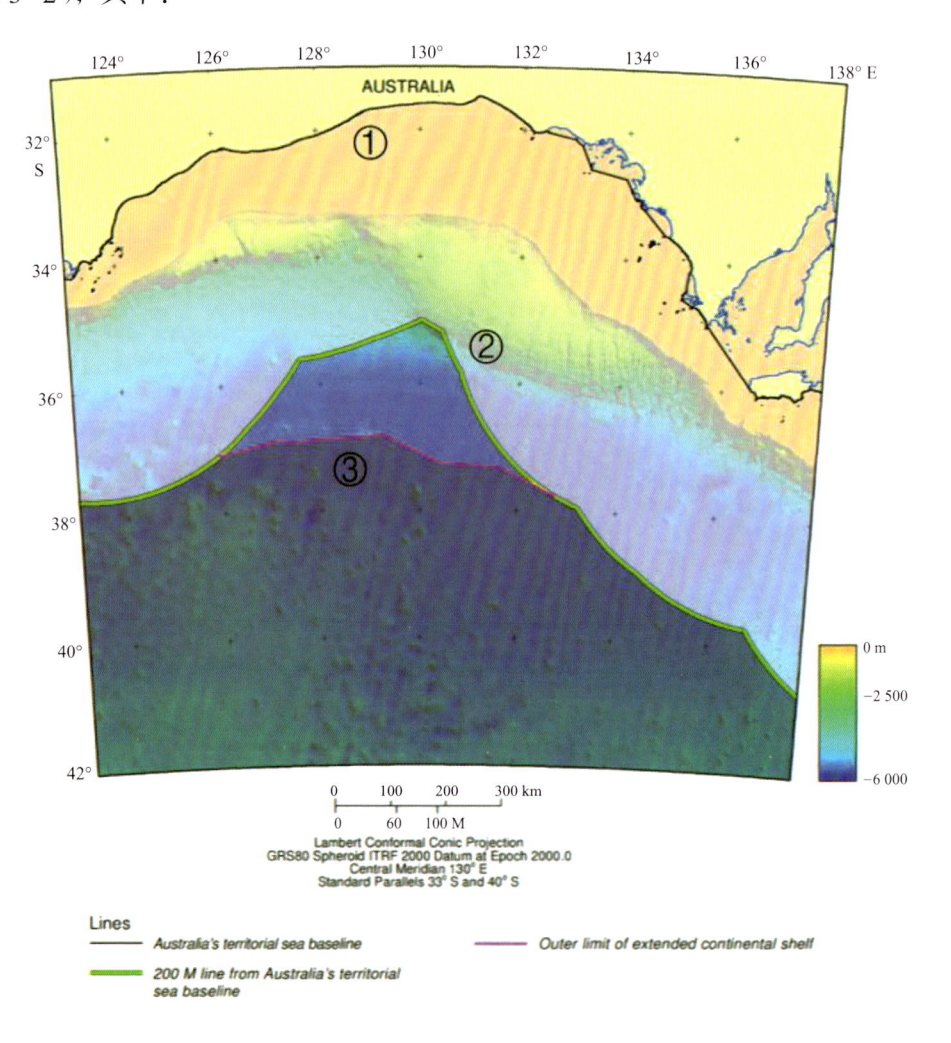

图3-2　澳大利亚在大澳大利亚湾区块大陆架的外部界限
①为澳大利亚领海基线；②为距澳大利亚领海基线200海里线；
③为澳大利亚拟扩展大陆架外部界限线
资料来源：澳大利亚外大陆架划界案执行摘要

1个是根据沉积厚度公式确定的[《公约》第七十六条第4款（a）项（1）目]（点87）；

86个是根据距离大陆坡脚60海里的弧所确定的[《公约》第七十六条第4款（a）项（2）目]；

2个是扩展大陆架的外部界限与从澳大利亚领海基线量起的200海里线的交点，后者构成该区域以西和以东的澳大利亚大陆架外部界限的有关部分（第七十六条第1款）。

每一组定点之间都按顺序用不超过60海里的直线连接。

引用了《公约》第七十六条第4款（a）项（1）目和（2）目的规定以及第4款（b）项和第7款，来支持在大澳大利亚湾地区扩展大陆架外部界限的划界案。

3.1.3 博物学家海台地区

博物学家海台地区主要是博物学家海台，它是西南澳大利亚大陆边的一个巨大的大陆边高原，形成于澳大利亚、大印度和南极在白垩纪拉张解体的过程中。该海台是西南澳大利亚陆块水下延伸的一部分。

澳大利亚在博物学家海台地区扩展大陆架的外部界限所包围的领海基线200海里外的区域为154 331平方千米。扩展大陆架的外部界限是由424个定点确定的（图3-3），其中：

322个是根据距离大陆坡脚60海里的弧所确定的[《公约》第七十六条第4款（a）项（2）目]；

10个是根据从领海基线量起350海里的限制线确定的（《公约》第七十六条第5款）；

90个是根据2 500米等深线外100海里的限制线确定的（《公约》第七十六条第5款）；

2个是扩展大陆架的外部界限与从澳大利亚领海基线量起的200海里线的交点，后者构成该区域以北和以南澳大利亚大陆架外部界限的相关部分（《公约》第七十六条第1款）。

每一组定点之间都按顺序用不超过60海里的直线连接。

引用了《公约》第七十六条第4款（a）项（1）目和（2）目、第5款的规定以及《公约》第4款（b）项和第7款，来支持在博物学家海台地区扩展大陆架外部界限的划界案。

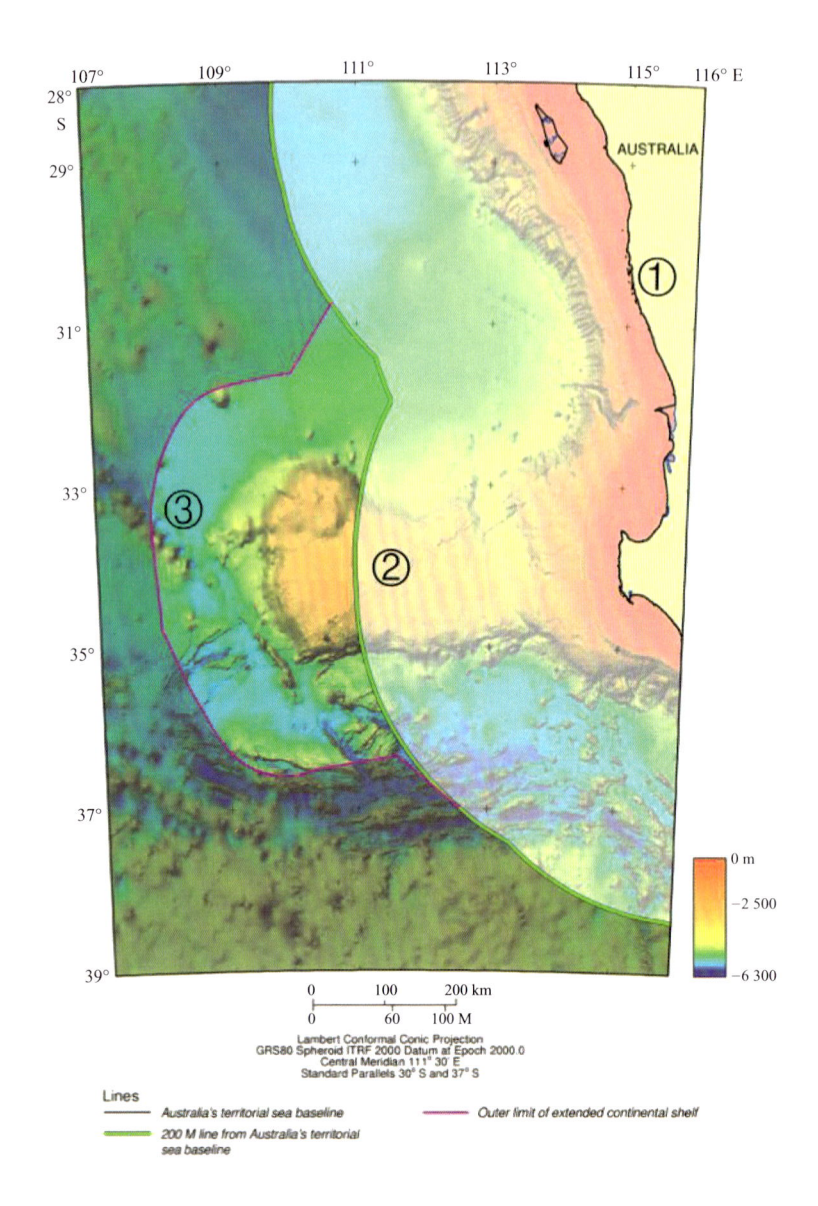

图3-3 澳大利亚在博物学家海台区块大陆架的外部界限

①为澳大利亚领海基线；②为距澳大利亚领海基线200海里线；
③为澳大利亚拟扩展大陆架外部界限线

资料来源：澳大利亚外大陆架划界案执行摘要

3.1.4 南塔斯曼海隆地区

南塔斯曼海隆地区包括两个巨大的大陆边高原：南塔斯曼海隆和东塔斯曼海台，分别从澳大利亚塔斯马尼亚州向南和向东南延伸。它们由澳大利亚、南极和新西兰在白垩纪解体过程中形成于东南澳大利亚大陆边，是东南澳大利亚陆块水

第3章 澳大利亚（5个地区）外大陆架划界案委员会审议建议评注

下延伸的一部分。

澳大利亚在南塔斯曼海隆地区扩展大陆架的外部界限所包围的领海基线200海里外的区域为311 640平方千米。扩展大陆架的外部界限是由647个定点确定的（图3-4），其中：

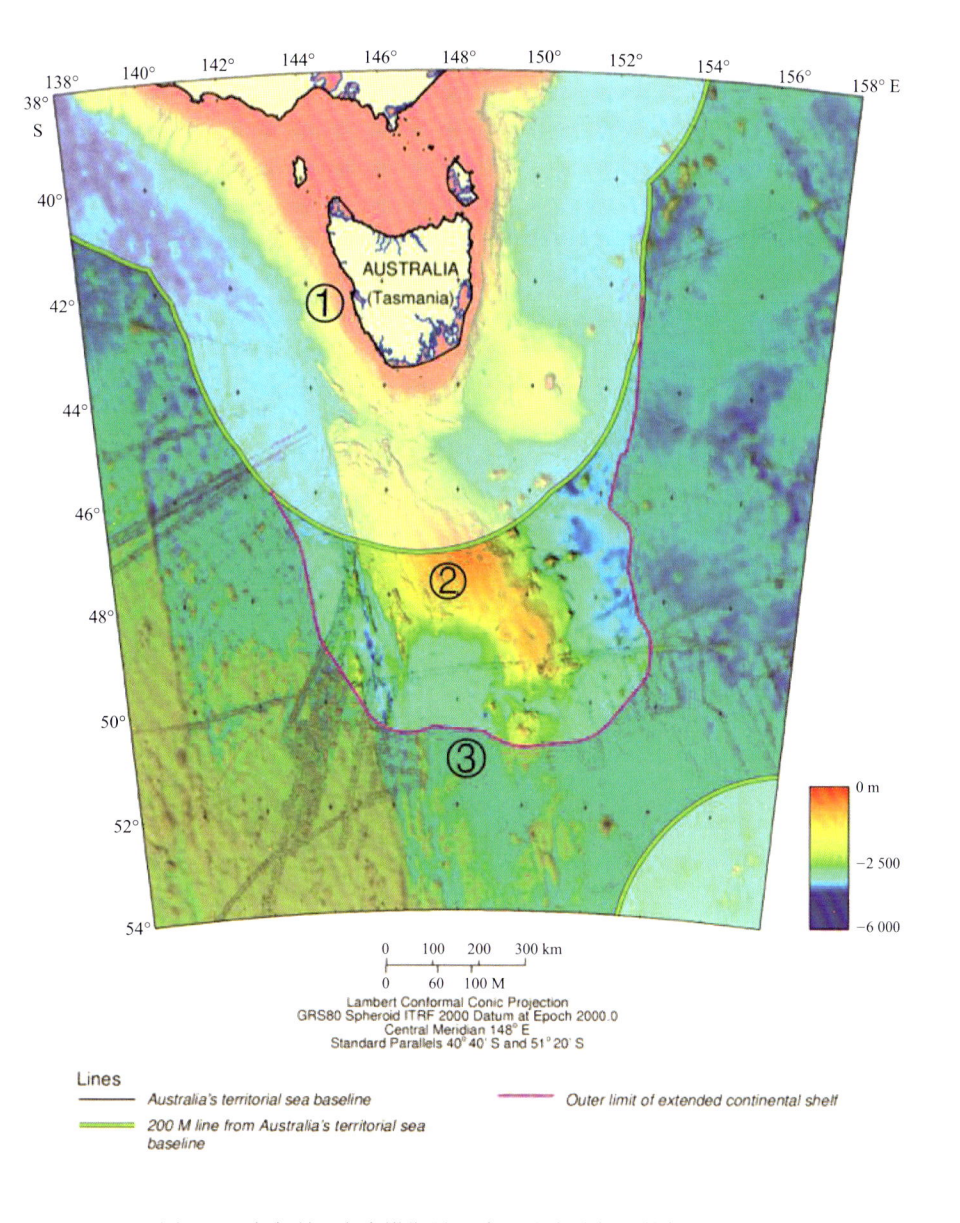

图3-4 澳大利亚在南塔斯曼海隆区块大陆架的外部界限
①为澳大利亚领海基线；②为距澳大利亚领海基线200海里线；
③为澳大利亚拟扩展大陆架外部界限线
资料来源：澳大利亚外大陆架划界案执行摘要

| 49

4个是根据沉积厚度公式确定的[《公约》第七十六条第4款（a）项（1）目]；

641个是根据距离大陆坡脚60海里的弧所确定的[《公约》第七十六条第4款（a）项（2）目]；

2个是扩展大陆架的外部界限与从澳大利亚领海基线量起的200海里线的交点，后者构成该区域以外的澳大利亚大陆架外部界限的相关部分（《公约》第七十六条第1款）。

每一组定点之间都按顺序用不超过60海里的直线连接。

引用了《公约》第七十六条第4款（a）项（1）目和（2）目的规定以及第4款（b）项和第7款，来支持在南塔斯曼海隆地区扩展大陆架外部界限的划界案。

3.1.5　沃勒比和埃克斯茅斯海台地区

沃勒比和埃克斯茅斯海台是巨大的大陆边海台，在澳大利亚和大印度在侏罗纪晚期到白垩纪早期的扩展和岩浆活动解体过程中在西澳大利亚大陆边形成。该海台是西澳大利亚陆块水下延伸的一部分。

澳大利亚在沃勒比和埃克斯茅斯海台地区扩展大陆架的外部界限所包围的领海基线200海里外的区域为564 731平方千米。扩展大陆架的外部界限是由966个定点确定的（图3-5），其中：

190个是根据距离大陆坡脚60海里的弧所确定的[《公约》第七十六条第4款（a）项（2）目]；

231个是根据从领海基线量起350海里的限制线确定的（《公约》第七十六条第5款）；

543个是根据2 500米等深线外100海里的限制线确定的（《公约》第七十六条第5款）；以及

2个是扩展大陆架的外部界限与从澳大利亚领海基线量起的200海里线的交点，后者构成该区域以北和以南的澳大利亚大陆架外部界限的相关部分（《公约》第七十六条第1款）。

每一组定点之间都按顺序用不超过60海里的直线连接。

引用了《公约》第七十六条第4款（a）项（2）目的规定以及第4款（b）项和第7款，来支持在沃勒比和埃克斯茅斯海台地区扩展大陆架外部界限的划界案。

第3章　澳大利亚（5个地区）外大陆架划界案委员会审议建议评注

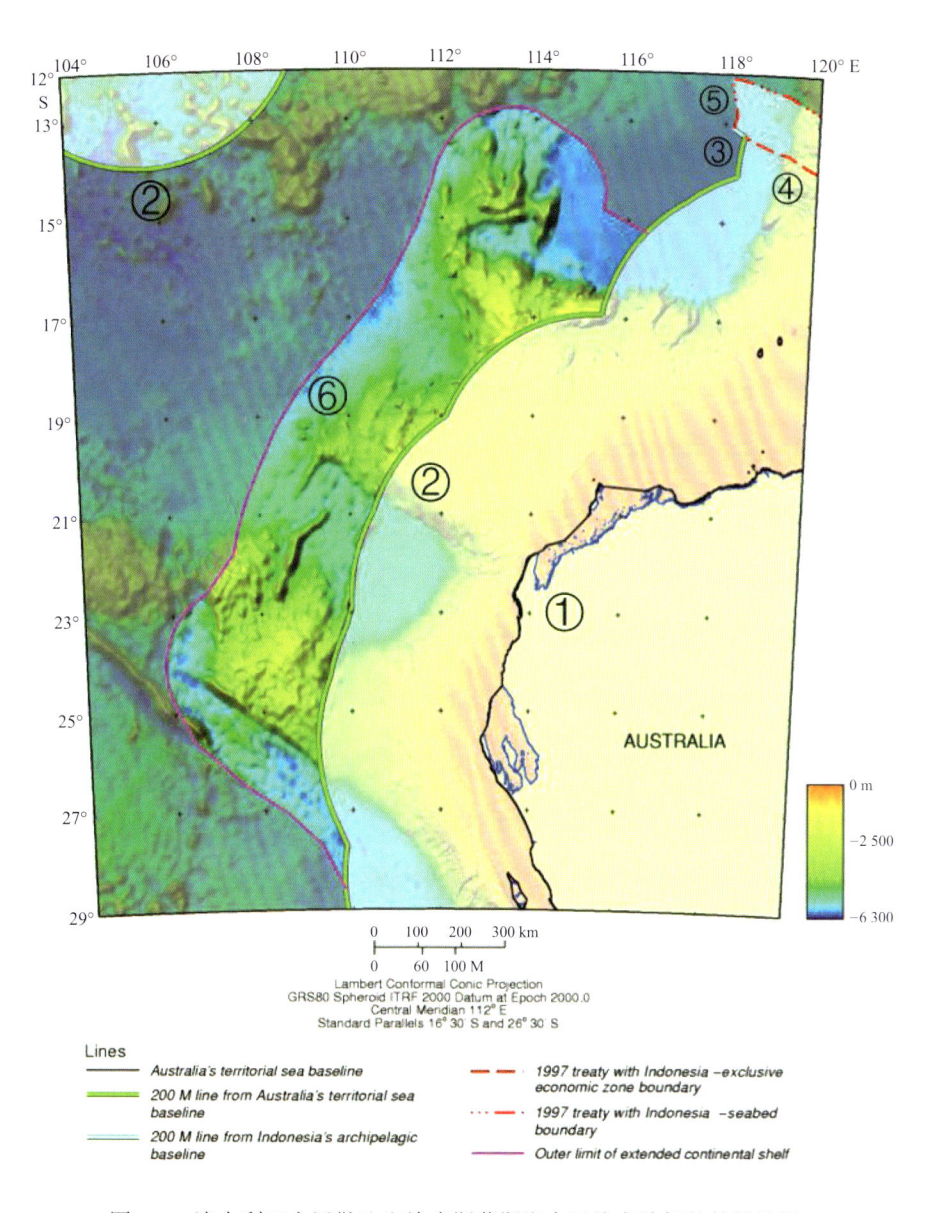

图3-5　澳大利亚在沃勒比和埃克斯茅斯海台区块大陆架的外部界限

①为澳大利亚领海基线；②为距澳大利亚领海基线200海里线；③为距印度尼西亚群岛基线200海里线；④为澳大利亚与印度尼西亚1997年专属经济区界限条约线；⑤为澳大利亚与印度尼西亚1997年海底界限条约线；⑥为澳大利亚拟扩展大陆架外部界限线

资料来源：澳大利亚外大陆架划界案执行摘要

3.2 各国反应照会和要点

见评注第一卷。

3.3 委员会审议过程

见评注第一卷。

3.4 委员会对澳大利亚（5个地区）外大陆架划界案的审议建议

3.4.1 阿尔戈地区

3.4.1.1 从属权利检验

阿尔戈地区位于埃克斯茅斯海台以北，构成澳大利亚大陆边的最西北部分。该地区不包含任何大的水下高地。尽管大陆坡地形不规则，但整体上可以被清晰地确定。

通过适用《公约》第七十六条第4款的规定，阿尔戈地区大陆坡脚所产生的大陆边外缘超过了澳大利亚的200海里界限。基于此，委员会确认澳大利亚在该地区于200海里界限外建立大陆架的法律权利。

3.4.1.2 确定大陆坡脚

委员会认为，在阿尔戈地区，澳大利亚所列的大陆坡脚点符合《公约》第七十六条和《科技准则》第5章的标准，出于《公约》的目的，这些大陆坡脚点应当构成在阿尔戈地区建立澳大利亚大陆边外缘的基础（图3-6）。

3.4.1.3 公式线的运用

在阿尔戈地区，澳大利亚用"海德堡公式"，即从大陆坡脚点构建60海里弧上的点，并且用长度不超过60海里的直线段连接，构成公式线（图3-6）。委员会同意构建该公式线的方法，并建议将其用作确立该地区大陆架外部界限的基础。

3.4.1.4 限制线的运用

在阿尔戈地区，澳大利亚采用了距离标准限制线，即由从领海基线量起350海里的弧所构建（图3-6）。委员会同意澳大利亚在构建该限制线过程中所使用的方法。

第3章 澳大利亚（5个地区）外大陆架划界案委员会审议建议评注

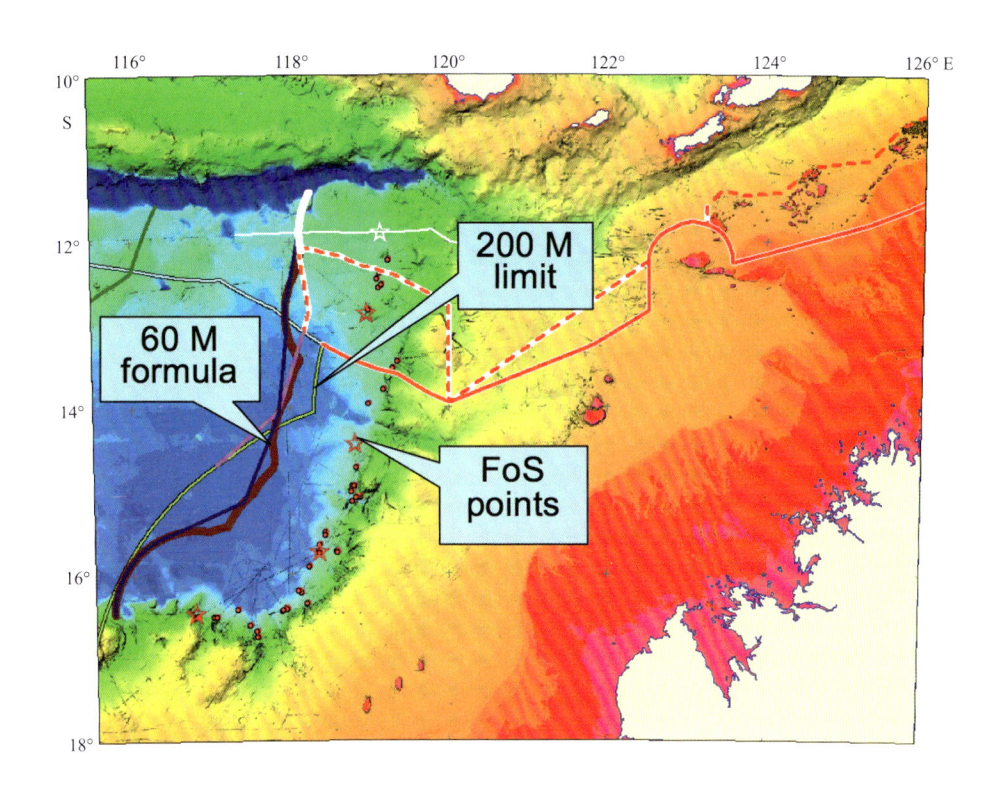

图3-6 阿尔戈地区200海里界限、大陆坡脚点和符合第七十六条第4款（a）项的公式线之间的关系
图中蓝色线为大陆架外部界限，紫色线为距离公式线，绿色线为澳大利亚350海里限制线，黄色线为澳大利亚200海里限制线，白色线为印度尼西亚200海里限制线，红色实线和虚线为澳大利亚—印度尼西亚划界条约线
资料来源：委员会对澳大利亚外大陆架划界案的建议摘要

3.4.1.5 外部界限及委员会建议

澳大利亚所提交的阿尔戈地区大陆架外部界限，由被长度不超过60海里的直线连接起来的定点构成。其中有3个关键定点，定点ARG-ECS-1与印度尼西亚—澳大利亚划界条约所确定的海床边界的点A82重合，而且完全位于大陆边外缘线（紫色线）之内；定点ARG-ECS-2是按照《公约》第七十六条第4款（a）项的规定所产生的公式点，与界定大陆边外缘的定点重合；定点ARG-ECS-3位于200海里线上。所有定点都位于距离标准限制线的向陆一侧（图3-7）。

其中，委员会不同意澳大利亚所提交的连接200海里外大陆架外部界限点（点ARG-ECS-2）与200海里界限线上的点ARG-ECS-3的方法，因为该方法产生了位于按照《公约》第七十六条第4款和第7款所确定的大陆边之外的大陆架区域。委员会建议，用一个点和一条符合大陆边外缘的线替代点ARG-ECS-3和其连接线。

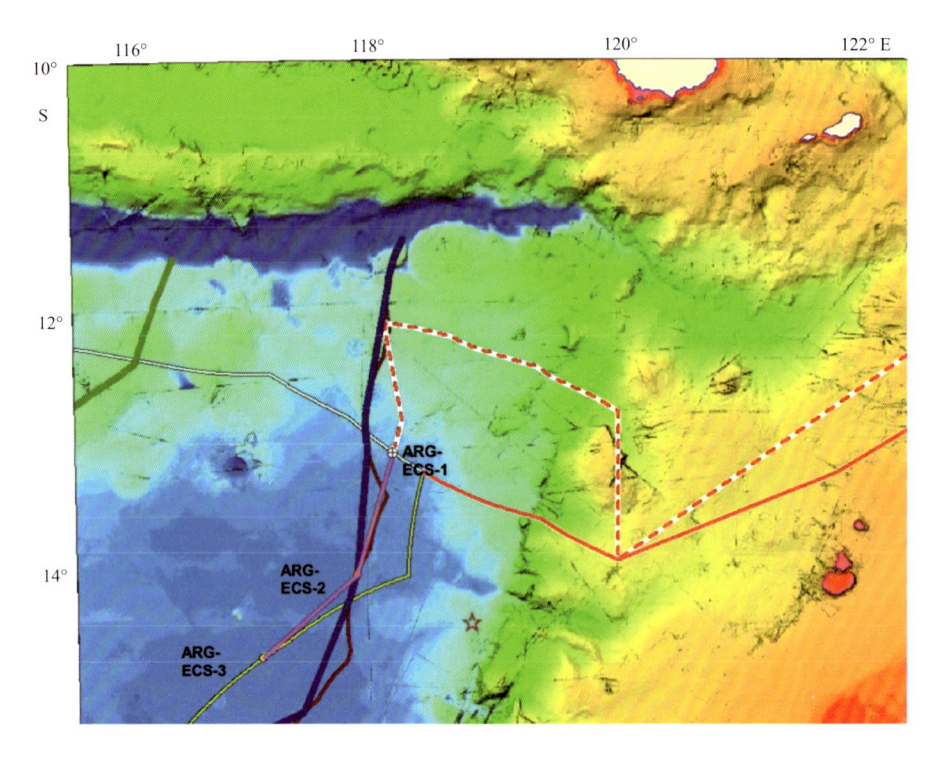

图3-7　澳大利亚提交的阿尔戈地区的最终大陆架外部界限

资料来源：委员会对澳大利亚外大陆架划界案的建议摘要

除点 ARG-ECS-3 外，委员会同意建立阿尔戈地区大陆架外部界限过程中所适用的原则，包括澳大利亚在附件中所列的公式定点的确定以及连接这些点的直线段的构建。委员会建议澳大利亚由此建立在阿尔戈地区大陆架的外部界限。

3.4.2　大澳大利亚湾地区

3.4.2.1　从属权利检验

澳大利亚在划界案中界定为大澳大利亚湾的地区是一个宽阔的凹形湾状物，构成澳大利亚南部大陆边的很大一部分。

通过适用《公约》第七十六条第4款的规定，大澳大利亚湾地区大陆坡脚所产生的大陆边外缘超过了澳大利亚的200海里界限。基于此，委员会确认澳大利亚在该地区于200海里界限外建立大陆架的法律权利。

3.4.2.2　确定大陆坡脚

委员会认为，在大澳大利亚湾地区，澳大利亚所列的大陆坡脚点符合《公约》第七十六条和《科技准则》第5章的标准，出于《公约》的目的，这些大陆坡脚点应当构成在大澳大利亚湾地区建立澳大利亚大陆边外缘的基础（图3-8）。

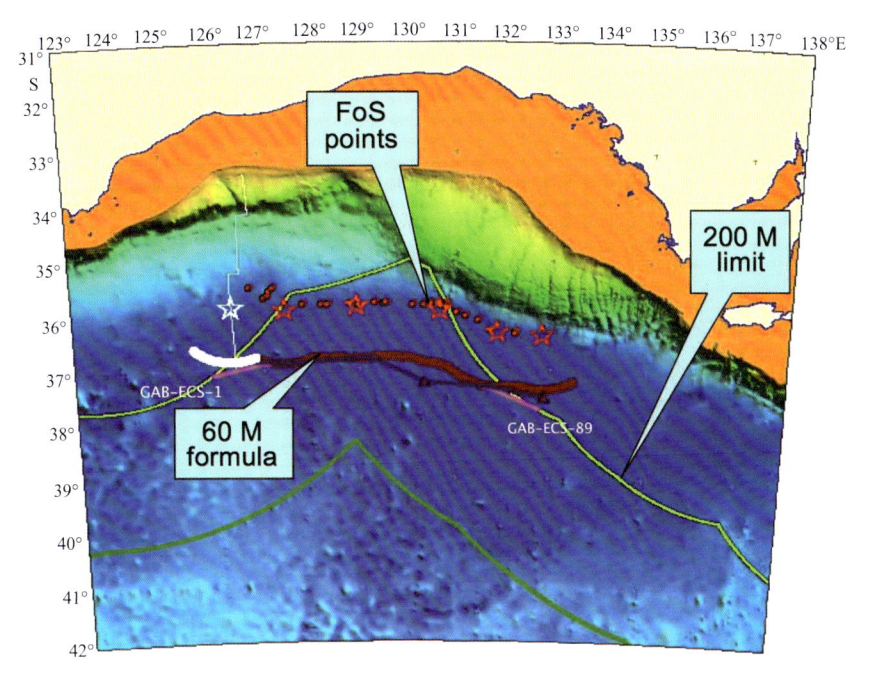

图3-8　大澳大利亚湾地区200海里界限、大陆坡脚点和符合第七十六条第4款（a）项的
公式线之间的关系

蓝色线为沉积公式线，紫色线为距离公式线，浅绿色线为澳大利亚200海里线，
深绿色为350海里限制线，从200海里限制线外的第一个定点开始，混合公式线与
大陆架外部界限线大致重合。白色线为特殊坡脚点产生的距离公式线
资料来源：委员会对澳大利亚外大陆架划界案的建议摘要

3.4.2.3　公式线的运用

在大澳大利亚湾地区，澳大利亚用"海德堡公式"，即从大陆坡脚点构建60海里弧上的点，并且用长度不超过60海里的直线段连接，构成公式线。委员会同意构建该公式线的方法，并建议将其用作确立该地区大陆架外部界限的基础。

此外，澳大利亚还提交了2个基于"爱尔兰公式"，即沉积厚度规定的定点：点GAB-SED-1和点GAB-SED-4。澳大利亚最终划定的大陆边外缘线是一条混合公式线（图3-8）。

3.4.2.4　限制线的运用

在大澳大利亚湾地区，澳大利亚采用了距离标准限制线，即由从领海基线量起350海里的弧所构建（图3-8）。委员会同意澳大利亚在构建该限制线过程中所使用的方法。

3.4.2.5　外部界限及委员会建议

如图 3-8 所示，委员会不同意澳大利亚所提交的连接 200 海里外大陆架外部界限点与 200 海里界限线上的点 GAB-ECS-1 和点 GAB-ECS-89 的方法，因为该方法产生了位于按照《公约》第七十六条第 4 款和第 7 款所确定的《公约》意义上的大陆边之外的大陆架区域。委员会建议，用符合大陆边外缘的点和线替代点 GAB-ECS-1 和点 GAB-ECS-89 及其连接线。

除点 GAB-ECS-1 和点 GAB-ECS-89 外，委员会同意建立大澳大利亚湾地区大陆架外部界限过程中所适用的原则，包括澳大利亚在附件中所列的公式定点的确定以及连接这些点的直线段的构建。委员会建议澳大利亚由此建立在大澳大利亚湾地区大陆架的外部界限。

3.4.3　博物学家海台地区

3.4.3.1　从属权利检验

博物学家海台是一个从澳大利亚大陆的西南海岸向西扩展的海台。该海台通过一个名为博物学家海槽的略深的鞍部地区与澳大利亚的亚林加普陆架相连。该海台平均深度为 2 400 米，而博物学家海槽只比海台外围部分深 200～300 米。这样，博物学家海台在北部和南部分别比深海平原高出 2 500 米和 3 000 米（图 3-9）。

3.4.3.2　确定大陆坡脚

在博物学家海台地区，除了 5 个大陆坡脚点（NAT-FOS-72、NAT-FOS-11、NAT-FOS-121、NAT-FOS-73 和 NAT-FOS-84）之外，委员会大致同意澳大利亚确立该大陆坡脚的方法。在 2006 年 9 月 1 日提交的 AUS-CLCS-DOC-43 中，澳大利亚相应地修改了这些大陆坡脚点。随后委员会认为，澳大利亚所列的大陆坡脚点符合《公约》第七十六条和《科技准则》第 5 章的标准，出于《公约》的目的，这些大陆坡脚点应当构成在博物学家海台地区建立澳大利亚大陆边外缘的基础（图 3-10）。

3.4.3.3　公式线的运用

在博物学家海台地区，澳大利亚用"海德堡公式"，即从大陆坡脚点构建 60 海里弧上的点，并且用长度不超过 60 海里的直线段连接，构成公式线（图 3-10）。委员会同意构建该公式线的方法，并建议将其用作确立该地区大陆架外部界限的基础。

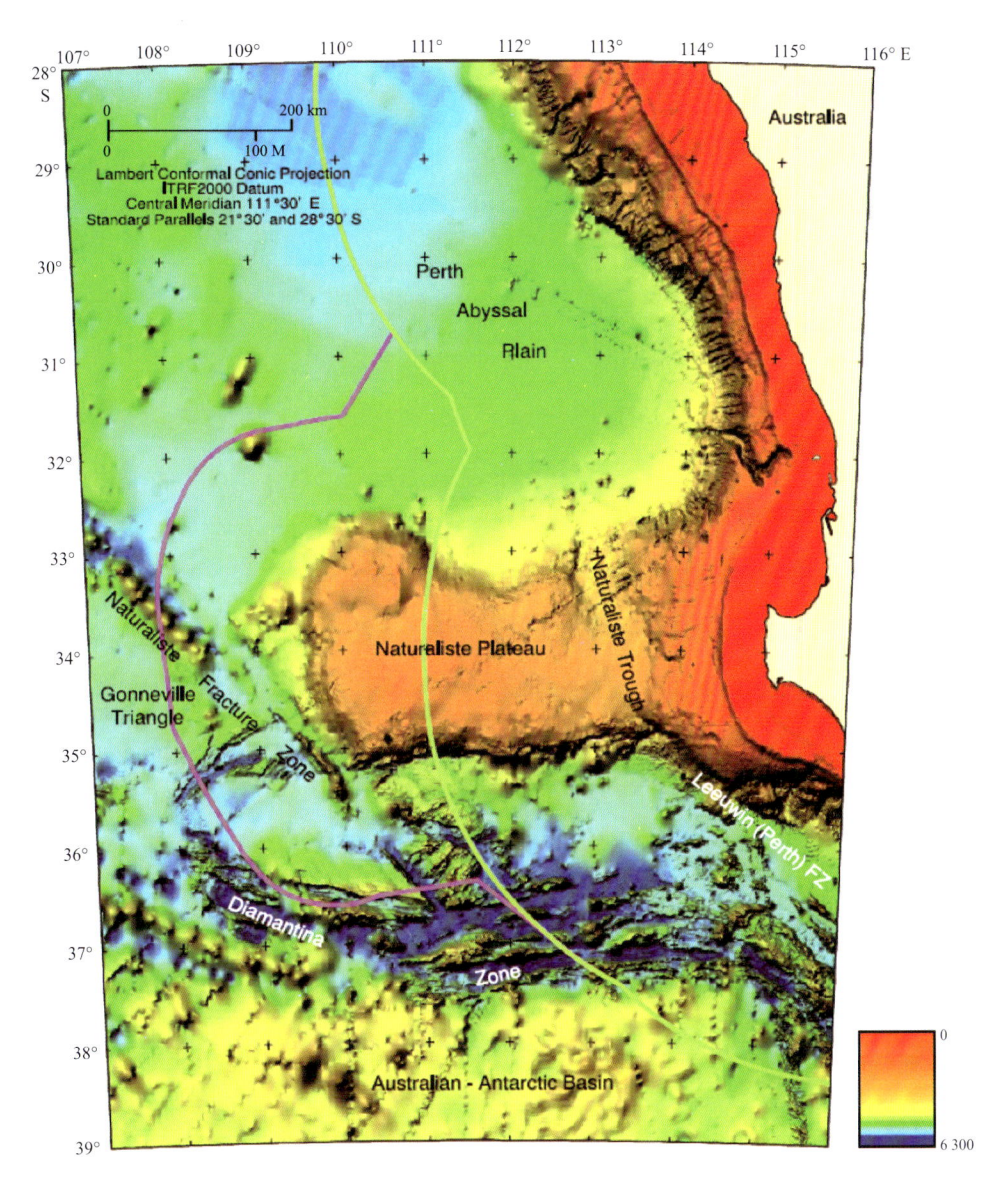

图3-9 博物学家海台地区地理要素

资料来源：委员会对澳大利亚外大陆架划界案的建议摘要

3.4.3.4 限制线的运用

在博物学家海台地区，澳大利亚适用了一条同时基于《公约》第七十六条第5款所规定的距离和深度标准的混合限制线（图3-10）。委员会同意构建该混合限制线的方法。

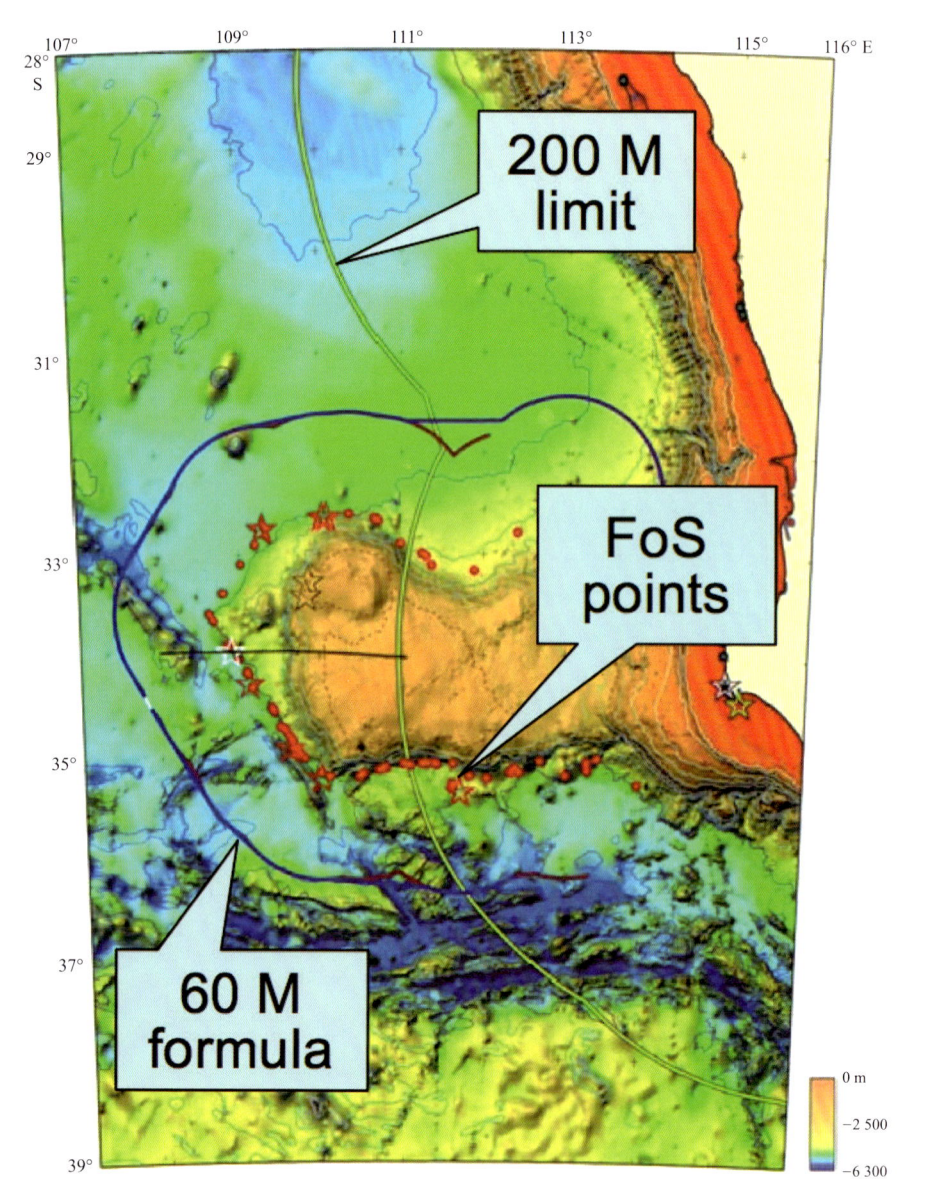

图3-10 根据澳大利亚2004年11月15日提交的，后经2006年9月1日AUS-CLCS-DOC-44修改的大陆坡脚点，由按照第七十六条第4款（a）项和第7款所建立的公式线所确定的博物学家海台地区大陆边的外缘

资料来源：委员会对澳大利亚外大陆架划界案的建议摘要

3.4.3.5 外部界限及委员会建议

委员会不同意澳大利亚所提交的连接 200 海里外大陆架外部界限点与 200 海里界限线上的点 NAT-ECS-1 和 NAT-ECS-138 的方法，因为该方法产生了位于按照《公约》第七十六条第 4 款和第 7 款所确定的大陆边之外的大陆架区域。

除此以外，委员会同意建立博物学家海台地区大陆架外部界限过程中所适用的原则，包括澳大利亚在附件中所列的公式定点的确定以及连接这些点的直线段的构建。委员会建议澳大利亚由此建立在博物学家海台地区大陆架的外部界限。

3.4.4 南塔斯曼海隆地区

3.4.4.1 从属权利检验

澳大利亚在划界案中界定为南塔斯曼海隆的地区包括两个巨大的地貌结构单元：南塔斯曼海隆和东塔斯曼海台（图 3-11）。

南塔斯曼海隆是一个巨大的北北西—南南东走向的拉长了的海台，从澳大利亚塔斯马尼亚州向南扩展约 700 千米。在东北，拉塔兰地凹陷将南塔斯曼海隆和东塔斯曼海台分隔。在北部，南塔斯曼海隆通过南塔斯曼鞍部与澳大利亚大陆的其他部分相连，南塔斯曼鞍部的海底深度约为 3 000 米。

东塔斯曼海台是一个几乎等维的海台，约为南塔斯曼海隆大小的 1/3。连接东塔斯曼海台澳大利亚大陆的其他部分的鞍部区域没有南塔斯曼鞍部明显，比周围的深海平原高出 1 000 多米。

南塔斯曼海隆是一个构成澳大利亚大陆在水下延伸的地貌学特征。鞍部区域—南塔斯曼鞍部比东西两侧的深海平原高出 1 000 多米。在委员会看来，这意味着南塔斯曼海隆在地貌学上与澳大利亚大陆是连续的。澳大利亚已经证明，通过适用《公约》第七十六条第 4 款的规定，南塔斯曼海隆的大陆坡脚所产生的大陆边外缘超过了从澳大利亚领海基线量起的 200 海里界限。基于此，委员会确认澳大利亚在该地区于从基线量起 200 海里界限外建立大陆架的法律权利。

东塔斯曼海台构成大陆在水下的延伸。通过适用《公约》第七十六条第 4 款的规定，东塔斯曼海台大陆坡脚所产生的大陆边外缘超过了澳大利亚的 200 海里界限。基于此，委员会确认澳大利亚在该地区于 200 海里界限外建立大陆架的法律权利。

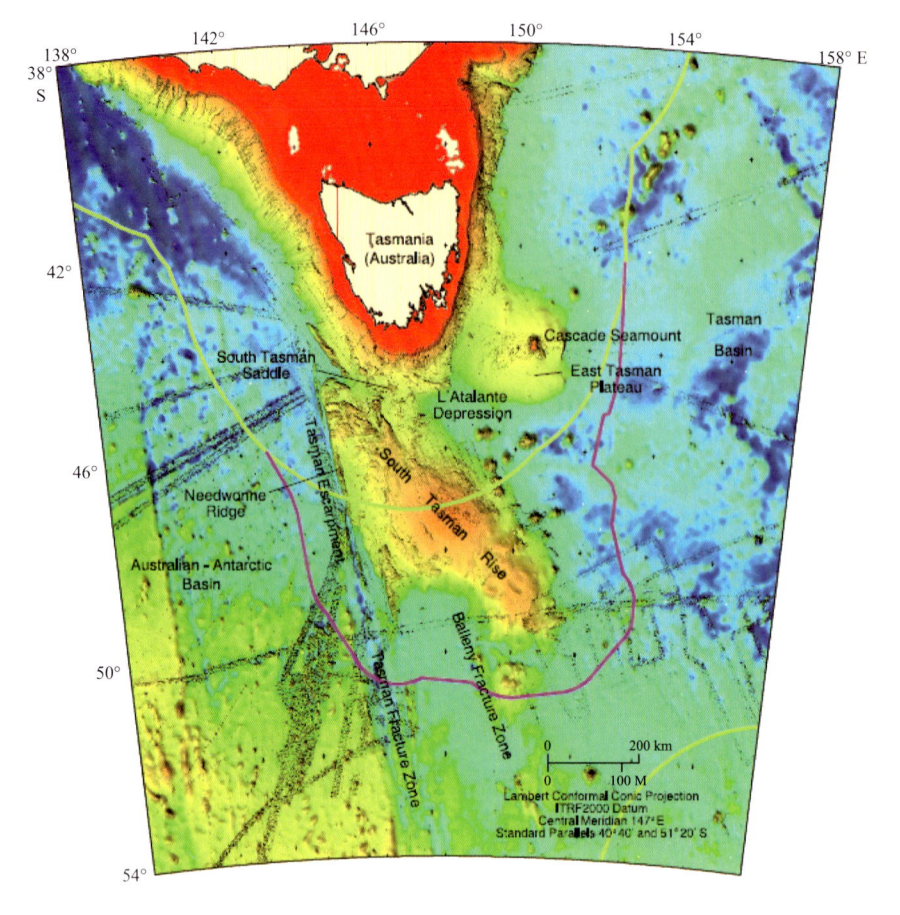

图3-11 南塔斯曼海隆地区地理要素

资料来源：委员会对澳大利亚外大陆架划界案的建议摘要

3.4.4.2 确定大陆坡脚

南塔斯曼海隆周围的大陆坡整体上很陡峭，终止于陆基消失的深洋洋底处。大陆坡坡底的位置，即从大陆坡到深洋洋底的过渡很明显，基于地貌学大致很容易识别。由此，使用其大陆坡脚的包络很容易划出南塔斯曼海隆。除4个点（STR-FOS-37、STR-FOS-254、STR-FOS-255和STR-FOS-258）之外，委员会大致同意澳大利亚所使用的确立大陆坡脚的方法。在2006年9月1日提交的AUS-CLCS-DOC-44中，澳大利亚相应地修改了这些大陆坡脚点。随后委员会认为，澳大利亚所列的大陆坡脚点符合《公约》第七十六条和《科技准则》第5章的标准，出于《公约》的目的，这些大陆坡脚点应当构成在南塔斯曼海隆地区建立澳大利亚大陆边外缘的基础（图3-12）。

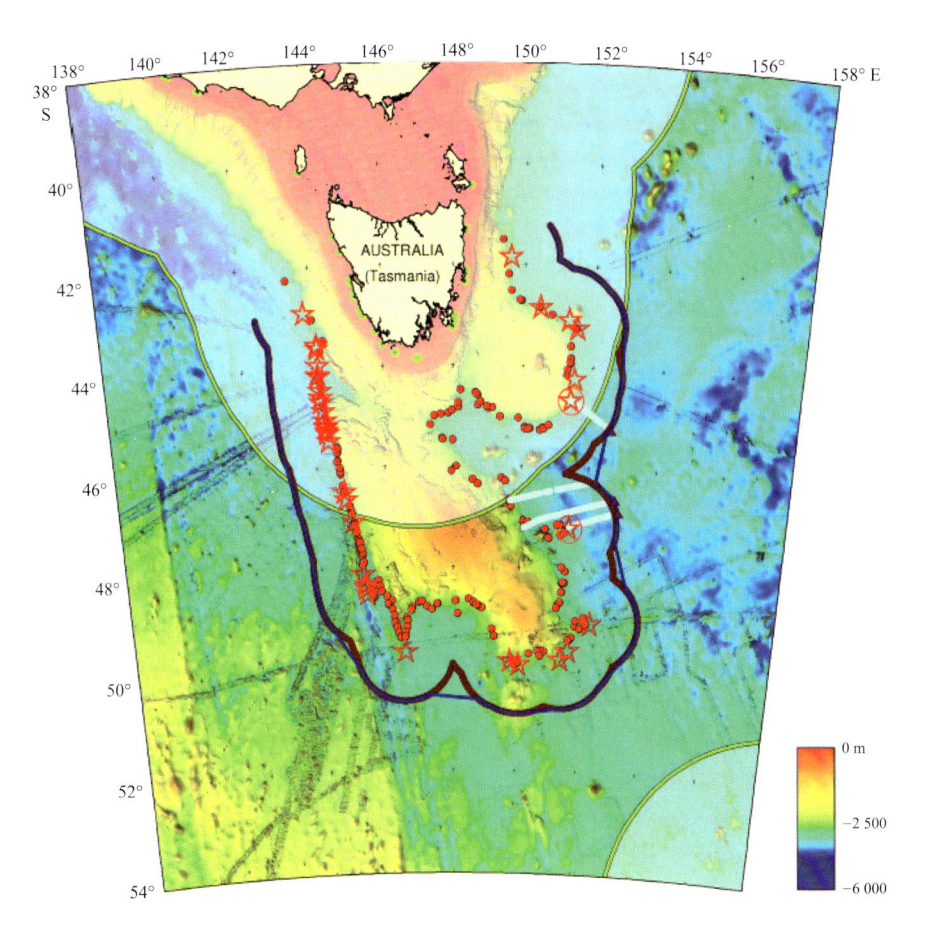

图3-12 南塔斯曼海隆地区200海里界限、大陆坡脚点和符合第七十六条第4款（a）项的公式线之间的关系

资料来源：委员会对澳大利亚外大陆架划界案的建议摘要

3.4.4.3 公式线的运用

在南塔斯曼海隆地区，澳大利亚用"海德堡公式"，即从大陆坡脚点构建60海里弧上的点，并且用长度不超过60海里的直线段连接，构成公式线。此外，澳大利亚还提交了4个基于"爱尔兰公式"，即沉积厚度规定的定点。澳大利亚最终划定的大陆边外缘线是一条混合公式线。委员会同意构建该公式线的方法，并建议将其用作确立该地区大陆架外部界限的基础（图3-12）。

3.4.4.4 限制线的运用

在南塔斯曼海隆地区，澳大利亚适用了一条同时基于《公约》第七十六条第5款所规定的距离和深度标准的混合限制线（图3-12）。委员会同意适用该混合限制线的方法。

3.4.4.5 外部界限及委员会建议

委员会不同意澳大利亚所提交的连接 200 海里外大陆架外部界限点与 200 海里界限线上的点 STR-ECS-1 和点 STR-ECS-647 的方法，因为该方法产生了位于按照《公约》第七十六条第 4 款和第 7 款所确定的大陆边之外的大陆架区域。委员会建议用符合大陆边外缘的点和线替代点 STR-ECS-1 和点 STR-ECS-647 及其各自的连接线（图 3-13）。

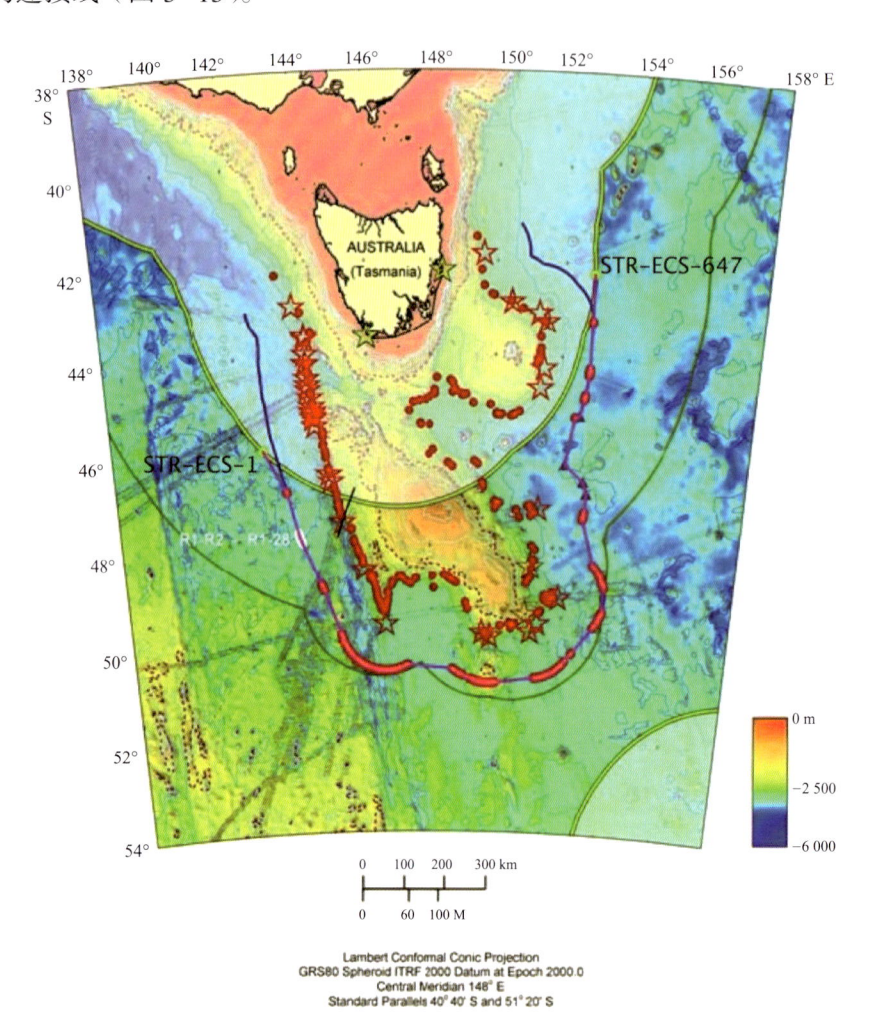

图3-13 澳大利亚提交的南塔斯曼海隆地区大陆边的外缘

蓝色线是根据澳大利亚2004年11月15日提交的，后经2006年9月1日AUS-CLCS-DOC-44修改的大陆坡脚点，按照第七十六条第4款（a）项和第7款所建立的混合公式线。从200海里界限线（带框的浅绿线）外的第一个定点开始，蓝色的公式线与提交的大陆架外部界限线（紫罗兰色线）重合

资料来源：委员会对澳大利亚外大陆架划界案的建议摘要

除此以外，委员会同意建立南塔斯曼海隆地区大陆架外部界限过程中所适用的原则，包括澳大利亚在附件中所列的公式定点的确定以及连接这些点的直线段的构建。委员会建议澳大利亚由此建立在南塔斯曼海隆地区大陆架的外部界限。

3.4.5 沃勒比和埃克斯茅斯海台地区

3.4.5.1 从属权利检验

在划界案中被澳大利亚界定为沃勒比和埃克斯茅斯海台的地区包括两个主要的地貌结构单元：沃勒比海台和埃克斯茅斯海台，两者是从澳大利亚大陆西北海岸扩展的显著的水下高地。

沃勒比海台是一个复合构造高地的一部分，该高地从浅的卡那封阶地向陆一侧开始扩展，包括较深的沃勒比鞍部、沃勒比海台以及西北的阔卡海脊（图3-14）。

埃克斯茅斯海台构成一个复合水下高地，位于居维叶深海平原以北。旺柏特海台、普拉蒂普斯坡尖和乔伊海隆位于埃克斯茅斯海台北部陆架上。

沃勒比复合高地是一个构成大陆在水下的延伸的形态学特征。通过适用《公约》第七十六条第4款的规定，沃勒比复合高地的大陆坡脚所产生的大陆边的外缘超过了澳大利亚的200海里界限。埃克斯茅斯海台是一个构成大陆在水下的延伸的等尺寸的地貌学特征。通过适用《公约》第七十六条第4款的规定，埃克斯茅斯海台的大陆坡脚所产生的大陆边的外缘超过了澳大利亚的200海里界限。基于此，委员会确认澳大利亚在200海里界限外建立大陆架的法律权利。

3.4.5.2 确定大陆坡脚

沃勒比复合高地周围的大陆坡整体上很陡峭，终止于陆基消失的深洋洋底处。大陆坡坡底的位置，即从大陆坡到深洋洋底的过渡，可以很明显地基于形态学识别。由此，使用其大陆坡脚的包络很容易划出沃勒比复合高地，而委员会同意澳大利亚所使用的确立大陆坡脚的方法。

埃克斯茅斯海台周围的大陆坡整体上很陡峭，终止于陆基消失的深洋洋底处。大陆坡坡底的位置，即从大陆坡到深洋洋底的过渡，可以很明显地基于形态学识别。由此，使用其大陆坡脚的包络很容易划出埃克斯茅斯海台。除2个大陆坡脚点外，委员会大致同意澳大利亚所使用的确立大陆坡脚的方法。委员会的建议是，在该地区应沿着邻接加斯科因湾的海台的主陆坡坡底确定大陆坡脚点。

在2006年12月21日提交的AUS-CLCS-DOC-52中，澳大利亚相应地修改了这些大陆坡脚点。随后委员会认为，澳大利亚所列的大陆坡脚点符合《公约》

第七十六条和《科技准则》第 5 章的标准，出于《公约》的目的，这些大陆坡脚点应当构成在沃勒比和埃克斯茅斯海台地区建立澳大利亚大陆边外缘的基础。

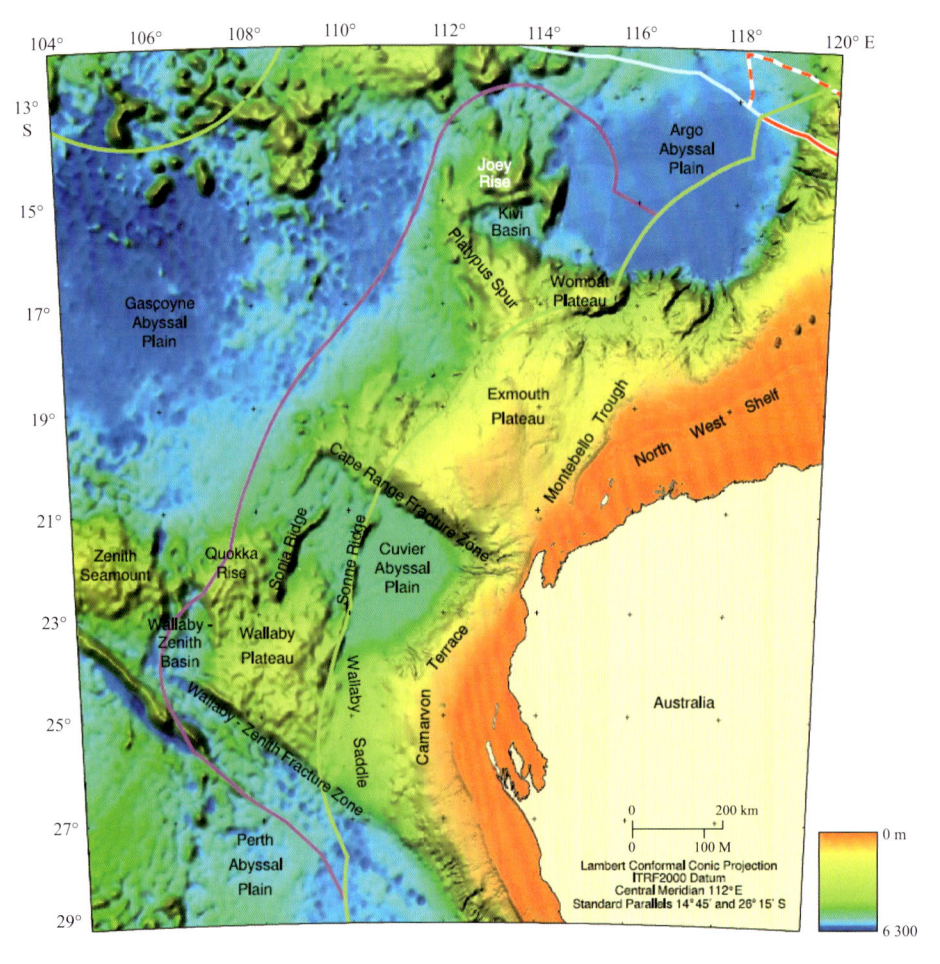

图3-14　沃勒比和埃克斯茅斯海台地区地理要素
资料来源：委员会对澳大利亚外大陆架划界案的建议摘要

3.4.5.3　公式线的运用

在沃勒比和埃克斯茅斯海台地区，澳大利亚用"海德堡公式"，即从大陆坡脚点构建 60 海里弧上的点，并且用长度不超过 60 海里的直线段连接，构成公式线。委员会同意构建该公式线的方法，并建议将其用作确立该地区大陆架外部界限的基础（图 3-15）。

3.4.5.4　限制线的运用

委员会审查了沃勒比复合高地和乔伊海隆的性质。在沃勒比复合高地，澳大利亚仅仅基于地貌学就认为其不是海脊，是按照《科技准则》第 7.3.1 段 b 项，

第3章　澳大利亚（5个地区）外大陆架划界案委员会审议建议评注

由大陆断裂形成的。委员会认为，基于所提供的数据和情报，该高地的地质起源尚未解决，但就所提供的形态学和地质学证据整体而言，委员会同意将沃勒比复合高地视为大陆边的自然组成部分，可以适用深度限制（图3-15）。

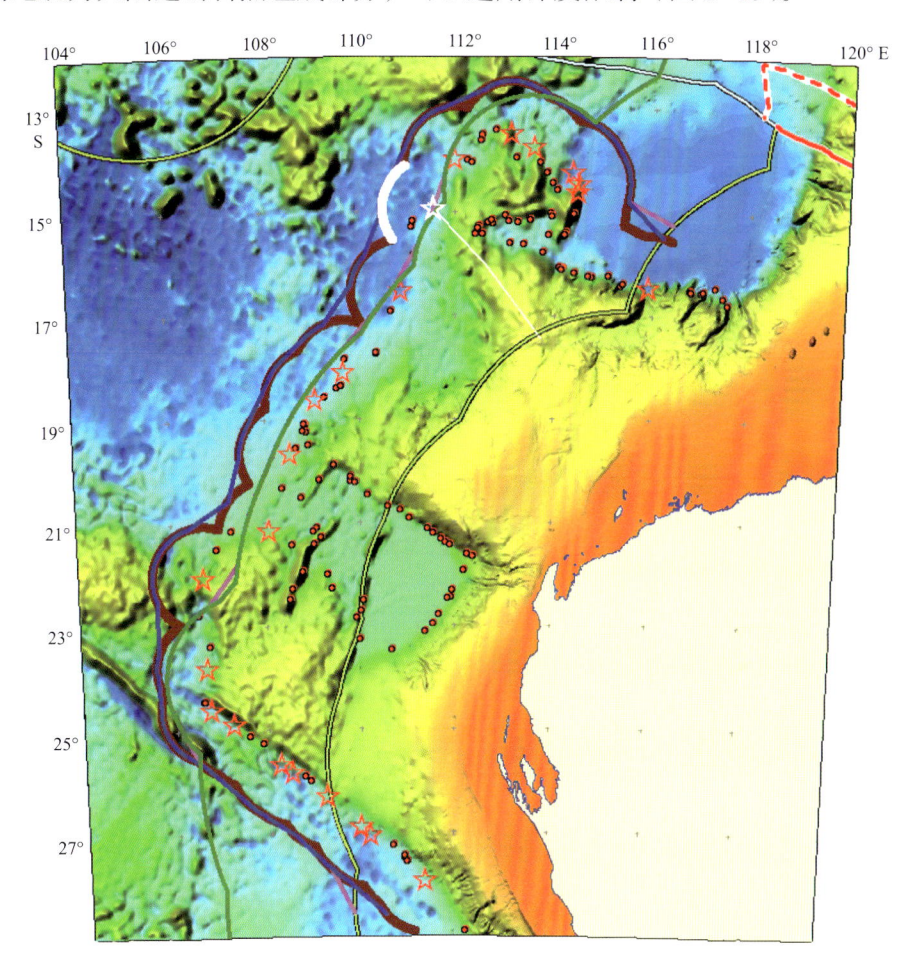

图3-15　沃勒比和埃克斯茅斯海台地区200海里界限、大陆坡脚点和符合第七十六条第4款（a）项的公式线之间的关系

资料来源：委员会对澳大利亚外大陆架划界案的建议摘要

乔伊海隆与普拉蒂普斯坡尖相连，构成埃克斯茅斯海台最西北的扩展。澳大利亚仅仅基于地貌学就认为其不是海脊，是按照《科技准则》第7.3.1段b项，由大陆断裂形成的。但是委员会认为，其所提供的关于乔伊海隆起源的数据太少，不能得出结论。委员会承认，通过大陆坡脚包络和形态学，乔伊海隆可以被视为大陆边的组成部分，但不是自然组成部分，不能适用深度限制。

基于所提供的地质学和地球物理学数据，委员会的看法是，埃克斯茅斯海台，包括旺柏特海台和普拉蒂普斯坡尖,在起源上是大陆性的,构成澳大利亚大陆陆块的自然延伸,可以适用深度标准限制。

在沃勒比和埃克斯茅斯海台地区,澳大利亚适用了一条同时基于距离和深度标准的混合限制线,委员会建议其修改乔伊海隆的部分,因该水下高地的性质尚未被证明。

3.4.5.5 外部界限及委员会建议

委员会不同意适用定点 WEP-ECS-150 至定点 WEP-ECS-413 的正当性,因为这些点是基于 2 500 米的深度限制标准适用于乔伊海隆之上的(图 3-16)。委员会建议进一步证明确定这些定点的基础,或者用按照距离标准限制确定的定点替代。

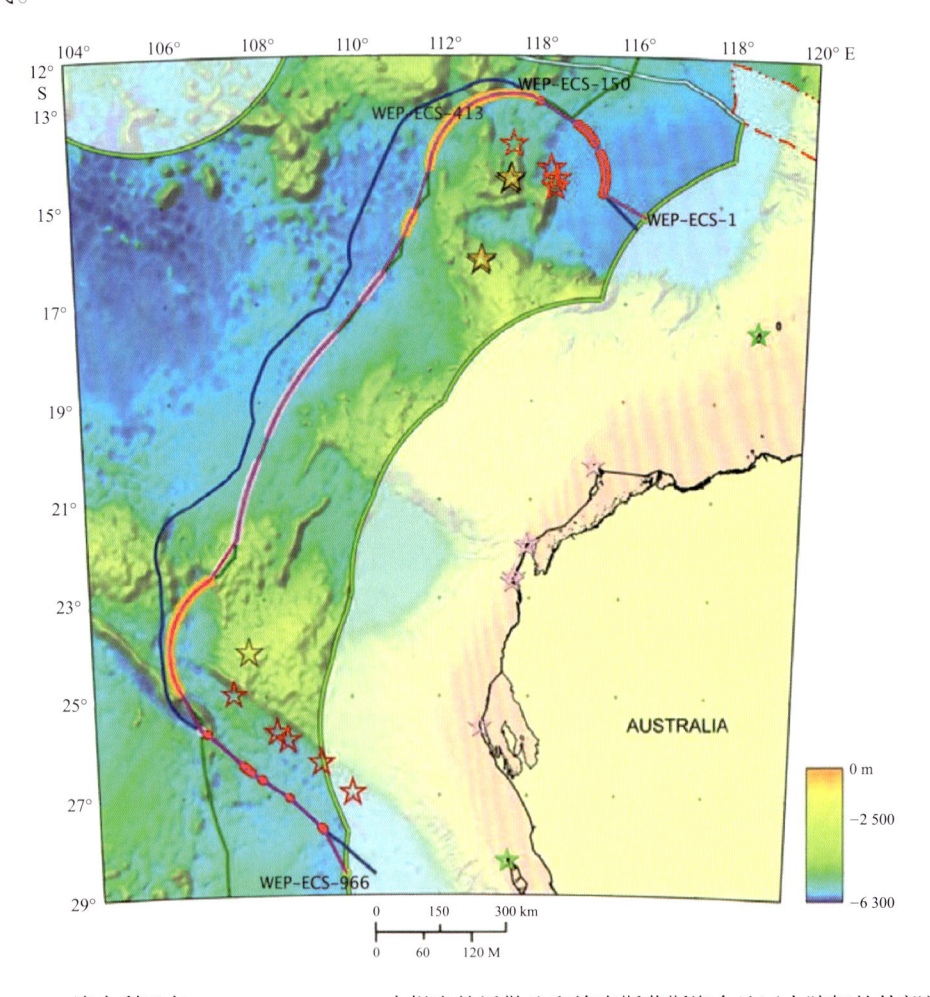

图3-16 澳大利亚在AUS-CLCS-DOC-52中提出的沃勒比和埃克斯茅斯海台地区大陆架的外部界限,大陆边缘线呈红色,混合限制线呈蓝色

资料来源:委员会对澳大利亚外大陆架划界案的建议摘要

同时，委员会也不同意澳大利亚所提交的连接 200 海里外大陆架外部界限点与 200 海里界限上的点 WEP-ECS-1 和 WEP-ECS-966 的方法，因为该方法产生了位于按照《公约》第七十六条第 4 款和第 7 款所确定的大陆边之外的大陆架区域（图 3-16）。委员会建议用符合大陆边外缘的点和线替代点 WEP-ECS-1 和 WEP-ECS-966 及其各自的连接线。

除此以外，委员会同意建立沃勒比和埃克斯茅斯海台地区大陆架外部界限过程中所适用的原则，包括澳大利亚在附件中所列的公式定点的确定以及连接这些点的直线段的构建。委员会建议澳大利亚由此建立在沃勒比和埃克斯茅斯海台地区大陆架的外部界限。

3.5　委员会审议建议评注

有关澳大利亚外大陆架划界委员会审议建议的评注，已在《沿海国 200 海里以外大陆架外部界限划界案大陆架界限委员会建议评注》（第一卷）中，故此卷不再赘述。

第4章

墨西哥（墨西哥湾西部多边形）外大陆架划界案委员会审议建议评注

墨西哥在《公约》开放签署期间即签字加入,《公约》于1994年11月16日开始对其生效。

依据《公约》第七十六条第8款及附件二第四条的相关规定,墨西哥于2007年12月13日向委员会提交了自其领海基线量起200海里以外大陆架外部界限划界案。

从测算墨西哥领海宽度的基线量起超过200海里的大陆架区域是两个多边形,即西部多边形和东部多边形。其中,西部多边形是由墨西哥和美国的200海里专属经济区外部界限确定的。东部多边形是由墨西哥、美国和古巴的200海里专属经济区外部界限确定的(图4-1)。

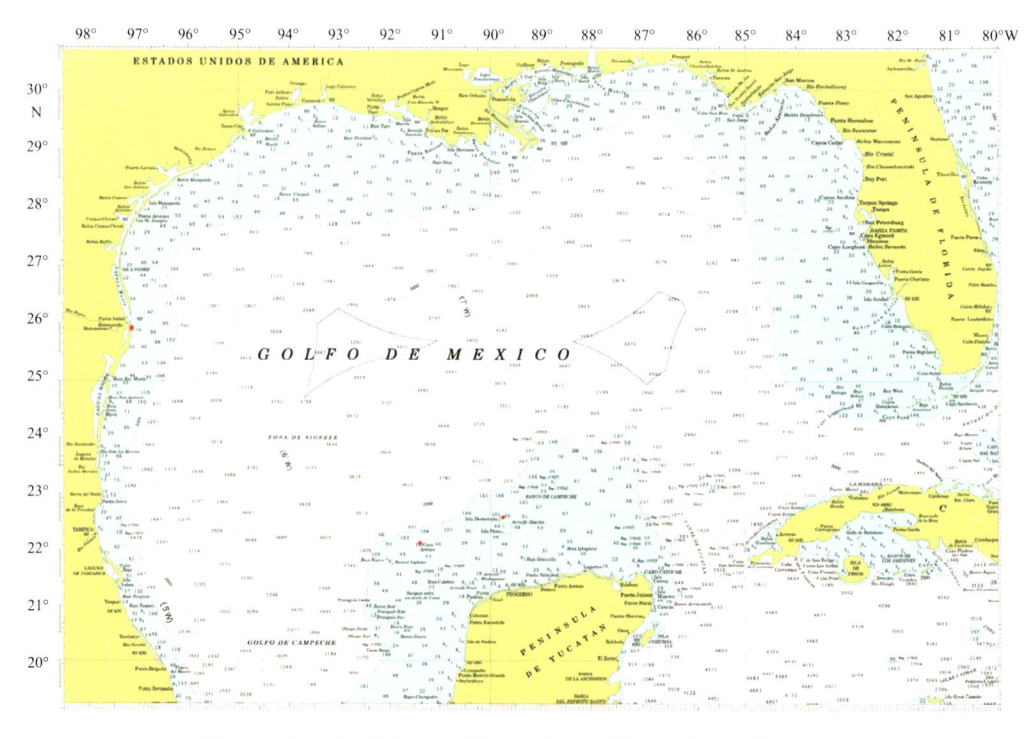

图4-1 位于墨西哥湾的西部多边形和东部多边形(蓝线显示)
资料来源:墨西哥(墨西哥湾西部多边形)外大陆架划界案执行摘要

就西部多边形而言,墨西哥和美国已分别于1978年5月4日和2000年6月9日签署了两个海洋边界协定,即《墨西哥和美国在加勒比海和太平洋的海洋边界条约》和《美国和墨西哥关于墨西哥湾西部200海里以外大陆架划界条约》,分别对两国的200海里范围内的国家管辖重叠海域和200海里范围外的重叠大陆架进行了划分(图4-2)。墨西哥声明,按照《公约》第83条的相关规定,无论

第4章　墨西哥（墨西哥湾西部多边形）外大陆架划界案委员会审议建议评注

墨西哥还是美国都不能将其在西部多边形中的大陆架延伸至2000年6月9日协定所规定的边界之外。

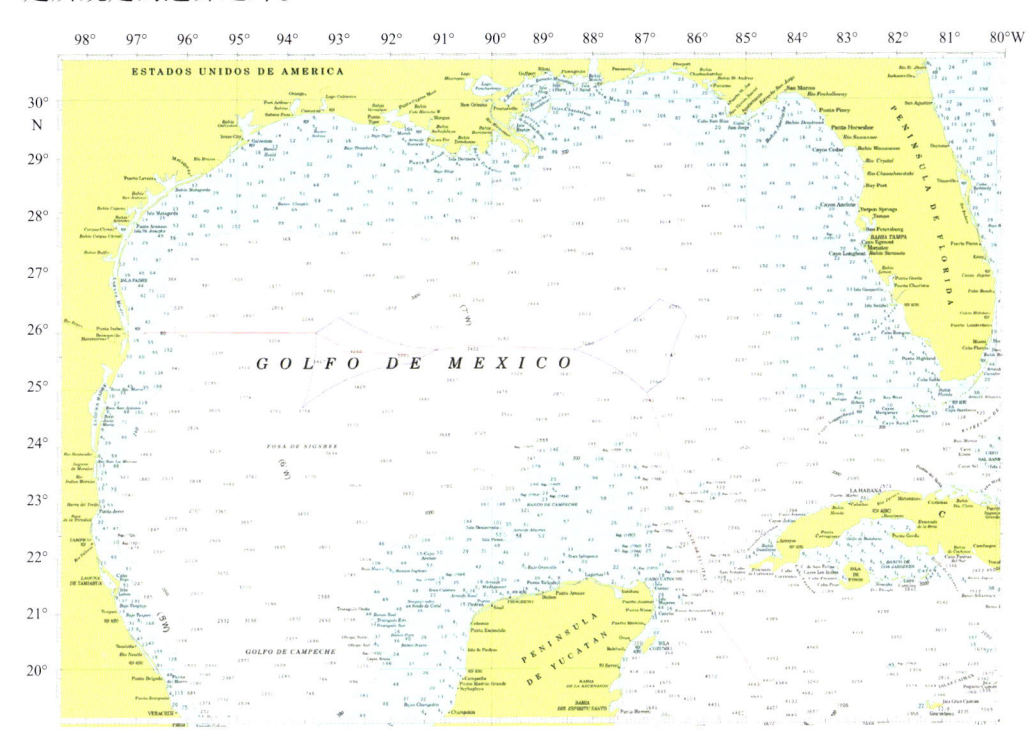

图4-2　墨西哥和相关国家在墨西哥湾已按协定划分的海洋边界（红线显示）

资料来源：墨西哥（墨西哥湾西部多边形）外大陆架划界案执行摘要

就东部多边形而言，墨西哥和古巴之间已于1976年7月26日签署了一个海洋边界协定，对两国相关的200海里范围内的国家管辖重叠海域进行了划分（图4-2）。然而就该地区200海里范围外的重叠大陆架，相关沿海国之间目前尚无任何协定。

因此，为避免所提划界案影响甚至妨害与相关国家之间未来的划界，以及鉴于一国对其大陆架外部界限的确定不影响与海岸相向或相邻国家之间已有边界协定的效力，墨西哥的首个划界案只包括墨西哥湾的西部多边形（图4-3）。该划界案为部分划界案。墨西哥收到了加洛·卡雷拉·乌尔塔多（Galo Carrera Hurtado）以委员会成员的官方身份所提的建议。

小组委员会在第23届会议上向委员会提交了划界案建议草案，委员会在同届会议上以协商一致的方式通过了划界案建议。

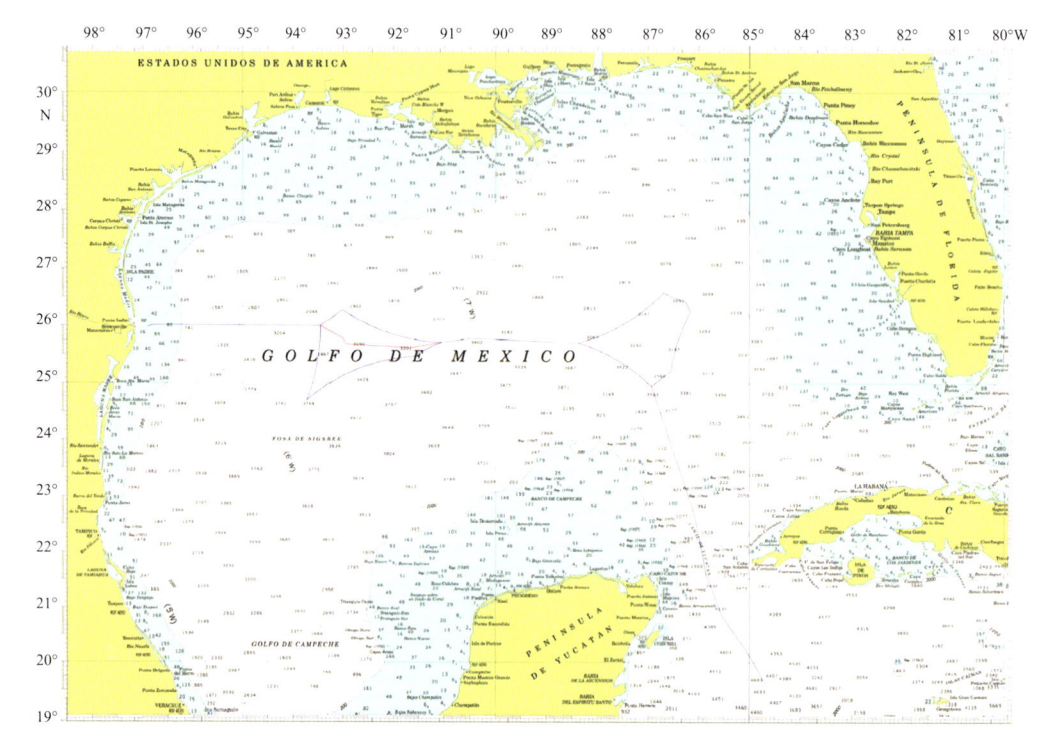

图4-3 墨西哥主张的在西部多边形的200海里以外大陆架区域（蓝色阴影区）
资料来源：墨西哥（墨西哥湾西部多边形）外大陆架划界案执行摘要

4.1 墨西哥的主张[1]

墨西哥提出西部多边形内的 200 海里以外大陆架外部界限应通过沉积岩厚度公式和距离限制来确定。

4.1.1 沉积岩厚度公式

墨西哥收集了地球物理信息以证明所主张的大陆边外缘构成其陆地领土的自然延伸，并为确定相应的 200 海里以外大陆架外部界限的坐标进行了地球物理探测。

在证明适用沉积岩厚度公式的过程中，墨西哥收集并编辑了地球物理数据，以确定西部多边形内 200 海里以外的沉积岩厚度，并确定最外缘各定点的位置为每一定点上沉积岩厚度至少为从该点至大陆坡脚最短距离的 1%。这些定点确定了墨西哥 200 海里以外大陆架的外部界限。

第 4 章　墨西哥（墨西哥湾西部多边形）外大陆架划界案委员会审议建议评注

4.1.2　距离限制

墨西哥收集了大地测量基准信息以确定在西部多边形内从测算领海宽度的基线量起的 350 海里限制线的位置，并确定按照沉积岩厚度公式划定的外部界限未超过该限制线，符合限制标准。

4.2　各国反应照会和要点

本划界案并无其他国家提交照会。

4.3　委员会审议过程

墨西哥划界案的建议仅在委员会三届会议之后即获通过。在第 21 届会议上，委员会成立小组委员会审议该案。在第 23 届会议上，委员会通过建议。

4.3.1　成立小组委员会之前的初步审议

在第 21 届会议上，墨西哥外交部法律顾问若埃尔·埃尔南德斯·加西亚（Joel Hernández García）、国家统计、地理和技术研究所地质学主任马里奥·阿尔韦托·雷耶斯·伊瓦拉（Mario Alberto Reyes Ibarra）、海军部水文地理主任马里奥·阿尔韦托·贡戈拉·比利亚雷亚尔（Mario Alberto Góngora Villareal）以及墨西哥石油公司专家协调员丽贝卡·纳瓦罗·埃尔南德斯（Rebeca Navarro Hernández）对墨西哥划界案进行了说明。墨西哥代表团中还有几位科学、法律和技术顾问。

埃尔南德斯表示，墨西哥提出的划界案是一个部分划界案，仅涉及西部多边形。有关东部多边形的划界案将在以后提出。本部分划界案所涉地区无边界争议，墨西哥已考虑到了其与美国在 2000 年 6 月 9 日签署的划界条约。至于其他周边国家，墨西哥已同古巴和美国就本划界案进行了协商。埃尔南德斯同时提及保密问题，特别指出划界案第二部分（主要案文）和第三部分（科学和技术佐证数据）是机密材料，虽然第二部分可由委员会成员在总部以外进行审议，以便进行仔细研究，但根据委员会《议事规则》附件二条款，第三部分是绝密材料，透露范围不得超出指定的地理信息系统实验室。墨西哥代表团随后详细解释了本划界案的科学和技术层面的问题。

委员会随后进行了非公开会议，决定按照《公约》附件二第五条以及委员会《议事规则》第 42 条的规定，设立一个小组委员会来审议墨西哥划界案。委员会设立的小组委员会成员如下：奥斯瓦尔多·佩德罗·阿斯蒂斯（Osvaldo Pedro Astiz）、彼得·克罗克（Peter F. Croker）、尤里·鲍里索维奇·卡兹明（Yuri Borisovitch Kazmin）、费尔南多·曼努埃尔·马亚·皮门特尔（Fernando Manuel Maia Pimentel）、西瓦拉玛克里什南·拉詹（Sivaramakrishnan Rajan）、迈克尔·安塞尔姆·马克·罗塞特（Michael Anselme Marc Rosette）和玉木贤策（Kensaku Tamaki）。小组委员会选举玉木贤策为主席，阿斯蒂斯和皮门特尔为副主席。秘书处指定肖恩·斯坦利（Shawn Stanley）担任小组委员会秘书。[2]

4.3.2 小组委员会审议

小组委员会在第 22 届会议之后开始审议墨西哥划界案，并成立 3 个工作小组，即水文地理学工作组、地质学工作组和地球物理学工作组，以求对划界案进行更为详细的审议。[3]

在第 23 届会议委员会全会上，小组委员会向委员会提交并介绍了划界案的建议草案。

4.3.3 委员会通过建议

在第 23 届会议期间，应墨西哥代表团的要求，并根据委员会《议事规则》附件三第 15 条的相关规定，墨西哥代表团与委员会举行了一次会议。墨西哥常驻联合国代表、代表团团长克劳德·埃列尔（Claude Heller）表示，墨西哥代表团接受小组委员会的工作结果，希望委员会迅速通过建议。此外，墨西哥声明保留提交第二个部分划界案的权利。

在审议小组委员会提交的建议草案之后，委员会于 2009 年 3 月 31 日以协商一致的方式通过了"大陆架界限委员会关于 2007 年 12 月 13 日墨西哥（墨西哥湾西部多边形）外大陆架划界案的建议"。[4]

4.4 委员会对墨西哥外大陆架划界案的审议建议 [5]

4.4.1 从属权利检验

西部多边形地区位于墨西哥湾盆地西部地区的中心，水深 3 000 ~ 3 700 米。

第 4 章　墨西哥（墨西哥湾西部多边形）外大陆架划界案委员会审议建议评注

西部多边形地区以西，海盆以塔毛利帕斯大陆坡（Tamaulipas continental slope）为界，东南部则以犹卡坦半岛（Yucatan Peninsula）的坎佩切陡坡（Campeche Escarpment）为界。

委员会确认，通过适用《公约》第七十六条第 4 款的规定，西部多边形地区大陆坡脚所产生的大陆边外缘超过了墨西哥的 200 海里界限，墨西哥在该地区 200 海里界限外享有建立大陆架的法律权利。

4.4.2　确定大陆坡脚

以形态学为基础，塔毛利帕斯海岸和坎佩切陡坡的大陆坡基部的位置极为明显，易于识别。墨西哥提供了位于坎佩切陡坡的 8 个测深剖面和位于塔毛利帕斯海岸的 3 个测深剖面。这些剖面用于确定坎佩切陡坡上的 6 个大陆坡脚点（FOS 1 至 FOS 6）和塔毛利帕斯海岸上的 3 个大陆坡脚点（FOS 7 至 FOS 9）。

委员会认同上述剖面以及得出这些剖面的原始数据可有效地用于依照第七十六条第 4 款（b）项，确定大陆坡脚点以使用沉积岩厚度公式。此外，委员会大体上同意确定大陆坡脚点的方法，并接受了墨西哥提交的 9 个大陆坡脚点。

基于对 2007 年 12 月 13 日墨西哥提交的划界案中包含的科学和技术证据的审议，委员会认为，在西部多边形地区，墨西哥所列的大陆坡脚点符合《公约》第七十六条和委员会《科技准则》第 5 章的标准，这些大陆坡脚点应当构成在西部多边形地区建立墨西哥大陆边外缘的基础。此外，仅有位于坎佩切陡坡的大陆坡脚点 FOS 6（图 4-4）和位于塔毛利帕斯海岸的大陆坡脚点 FOS 9（图 4-5）对划定墨西哥大陆架外部界限起关键作用。

4.4.3　公式线的运用

根据《公约》第七十六条第 4 款（a）项（2）目的规定，墨西哥提交了在距离大陆坡脚点 60 海里处构建的弧线（图 4-6）。委员会认可墨西哥确定这些弧线时采用的方法，并建议将这些弧线应用于确定大陆外边缘和大陆架外部界限。

适用距离公式时，无论是从坎佩切陡坡的大陆坡脚点还是从塔毛利帕斯海岸的大陆坡脚点延伸的大陆边缘均未超过 200 海里，无法满足从属权利检验。因此，墨西哥只考虑适用沉积岩厚度公式。

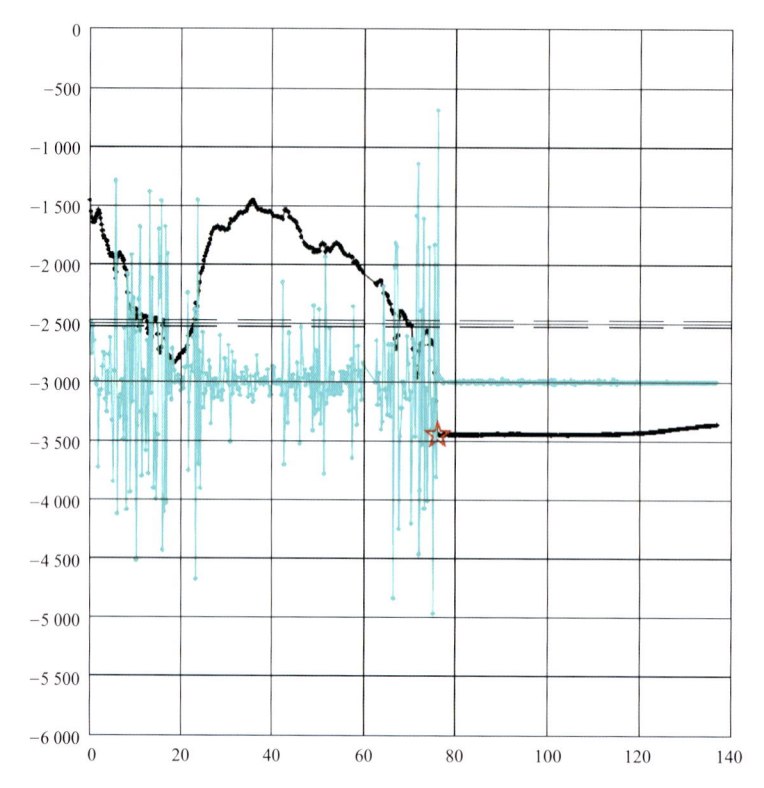

图4-4 大陆坡脚点FOS 6（红星显示）的位置（蓝色线和点表示二阶导数）

资料来源：委员会对墨西哥（墨西哥湾西部多边形）外大陆架划界案的建议摘要

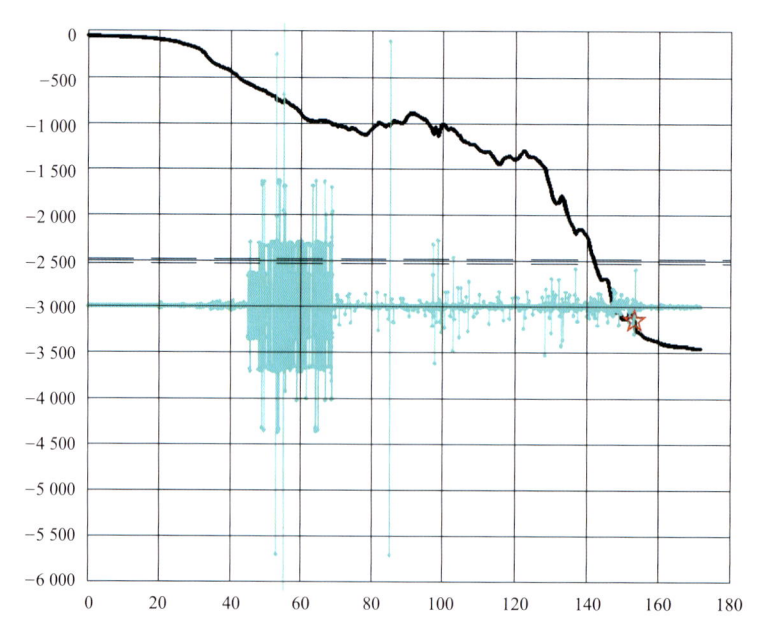

图4-5 大陆坡脚点FOS 9（红星显示）的位置（蓝色线和点表示二阶导数）

资料来源：委员会对墨西哥（墨西哥湾西部多边形）外大陆架划界案的建议摘要

第4章 墨西哥（墨西哥湾西部多边形）外大陆架划界案委员会审议建议评注

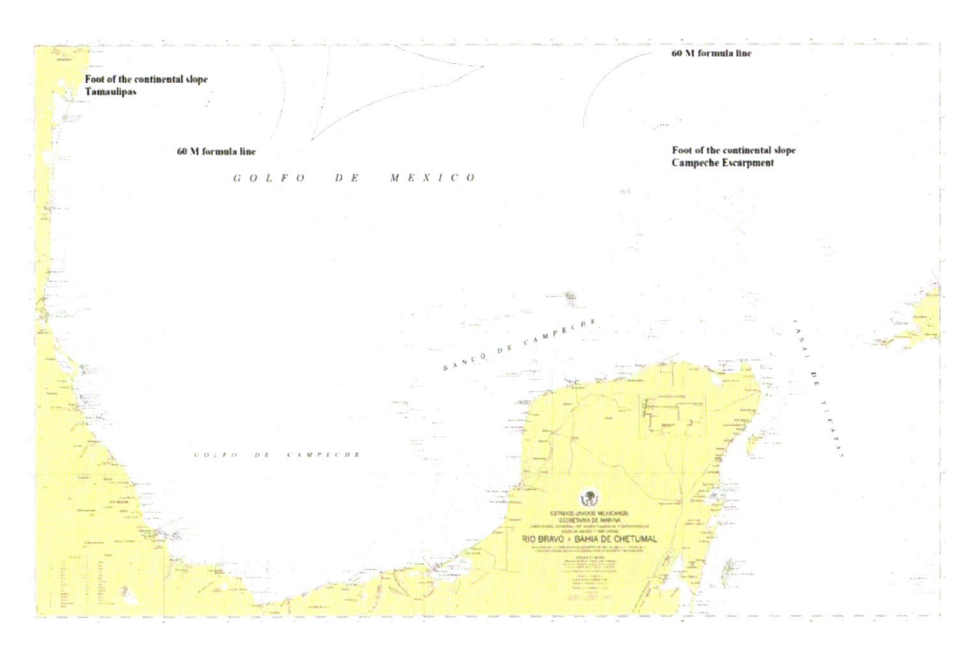

图4-6 大陆坡脚点（红点显示）和距离公式线的位置（黑色弧线显示）

资料来源：委员会对墨西哥（墨西哥湾西部多边形）外大陆架划界案的建议摘要

墨西哥已经得出其在与美国的条约线上的16个连接点的沉积岩厚度值（图4-7）。考虑到墨西哥湾这部分可观的沉积岩厚度（9~10千米），不难证明这些沉积岩厚度值大大超出确定卡地纳点（Gardiner points）（2%~5%）所需的值。经过验证，关于沉积岩厚度的输入数据、方法、计算和输出值都符合小组委员会的要求。

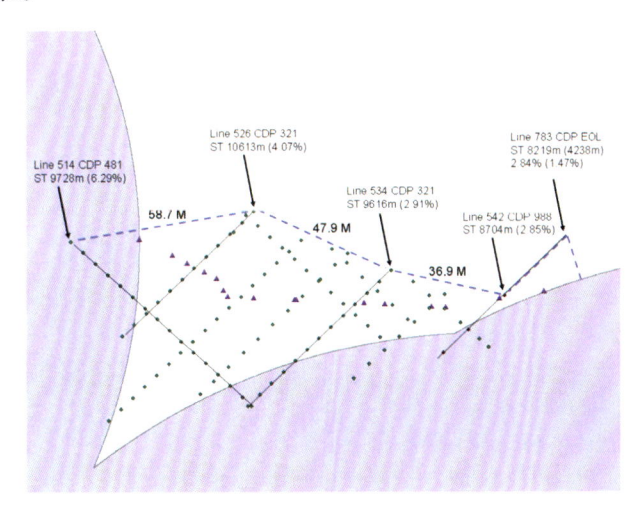

图4-7 共深度点（CDP）、转向点和沉积岩厚度公式点的位置（绿色和红色点表示地震线上的CDP，转向点和沉积岩厚度公式点以紫色三角形表示）

资料来源：委员会对墨西哥（墨西哥湾西部多边形）外大陆架划界案的建议摘要

基于以上内容，小组委员会达成一致意见：条约线上的 16 个连接点均位于依照沉积岩厚度公式划定的大陆边外缘的范围内。这些点可用作划定该地区大陆架外部界限的基础。

4.4.4 限制线的运用

在西部多边形地区，墨西哥适用了 350 海里距离限制线。委员会同意墨西哥构建该限制线过程中所使用的方法。

对于墨西哥而言，深度限制线所依照的 2 500 米等深线沿着塔毛利帕斯海岸和坎佩切沙洲定位（图 4-8）。由于所有的等深线都是大陆坡脚向陆位置的，可以认为这些等深线符合大陆边的总体构造。因此，将这些等深线作为深度限制的基础符合委员会《科技准则》第 4.4.1 段和第 4.4.2 段的规定。委员会建议，墨西哥大陆边缘的深度限制线按照墨西哥提案中的方式构建。

图4-8　深度限制线（以红色表示）

资料来源：委员会对墨西哥（墨西哥湾西部多边形）外大陆架划界案的建议摘要

在西部多边形地区，在应用《公约》第七十六条第 5 款的距离标准的基础上（见上述第 6.1.1 段和 6.1.2 段），墨西哥应用了一条限制线（图 4-9）。委员

第 4 章　墨西哥（墨西哥湾西部多边形）外大陆架划界案委员会审议建议评注

会大体认同应用该组合限制线的方式，并注意到 2000 年 6 月 9 日签署的《墨西哥—美国划界条约》中界定的 16 个点都位于最终组合限制线的向陆位置。

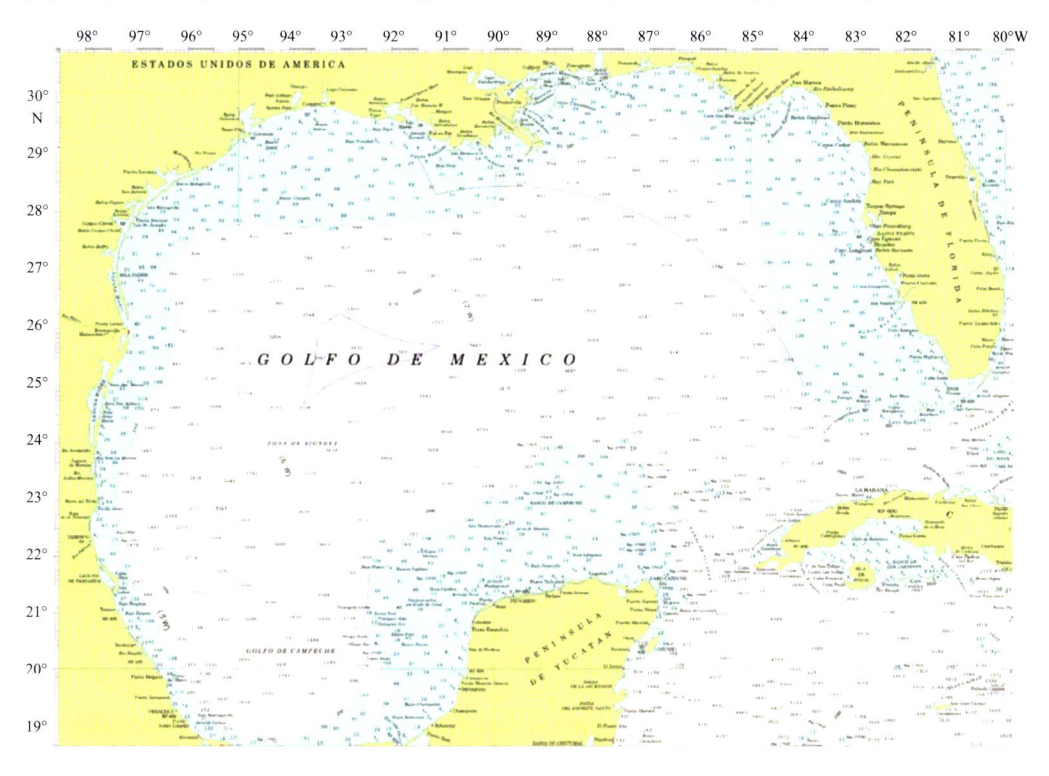

图4-9　距离限制线（以红色表示）

资料来源：委员会对墨西哥（墨西哥湾西部多边形）外大陆架划界案的建议摘要

4.4.5　外部界限及委员会建议

墨西哥于 2007 年 12 月 13 日提交的划界案中包含的西部多边形地区的大陆架外部界限由 16 个定点组成。这些定点由长度不超过 60 海里的直线连接（图 4-10）。这些定点是根据《公约》第七十六条第 4 款和第 10 款的规定确定的。依照 2000 年 6 月 9 日签署的《大陆架条约》，这些定点位于墨西哥—美国的条约线上。

委员会同意所列定点的确定方式，这些定点划定了墨西哥在西部多边形地区的大陆外边缘。墨西哥在该地区大陆架的最终外部界限的确定取决于将点 1 和点 16 与墨西哥提交的基线点起的 200 海里线连接。委员会建议墨西哥由此建立在西部多边形地区大陆架的外部界限。

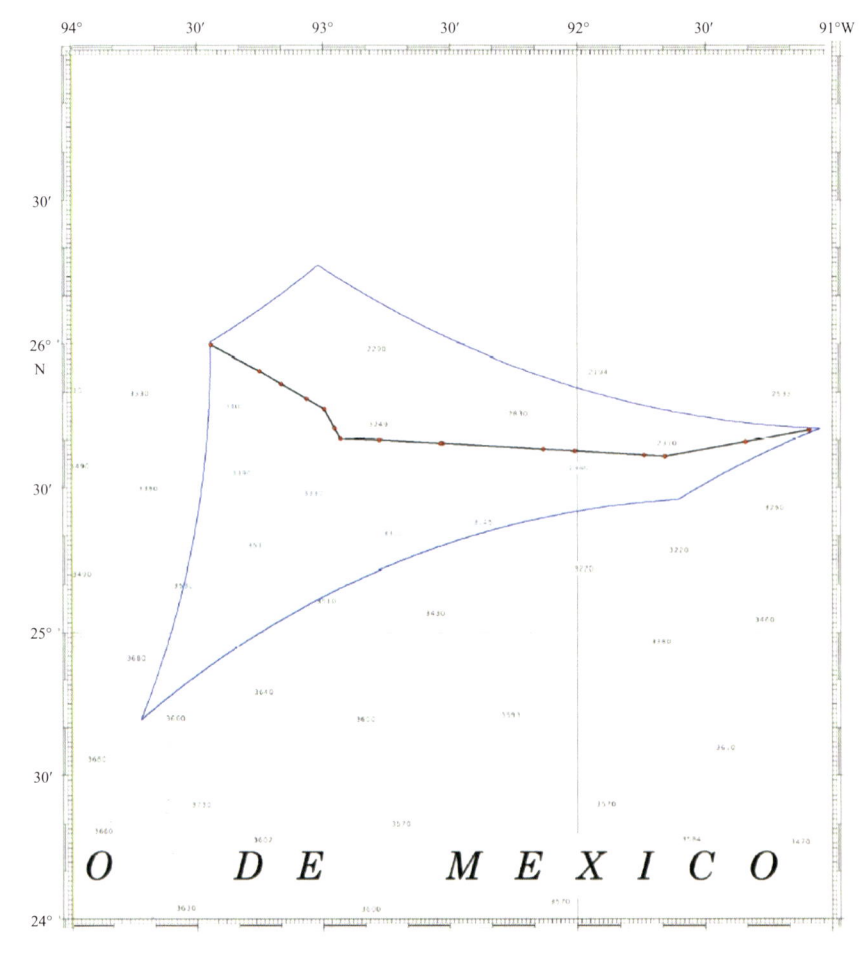

图4-10 委员会建议的墨西哥（墨西哥湾西部多边形）大陆架外部界限

资料来源：委员会对墨西哥（墨西哥湾西部多边形）外大陆架划界案的建议摘要

4.5 委员会审议建议评注

4.5.1 本划界案由委员会一致通过

2009年3月31日，委员会协商一致通过了"大陆架界限委员会关于2007年12月13日墨西哥（墨西哥湾西部多边形）外大陆架划界案的建议"。

4.5.2 东部多边形地区划界案

2011年12月19日，墨西哥向委员会提交了墨西哥湾东部多边形地区的外大陆架划界案。该案因与美国古巴还未达成协议，尚在等待审议阶段。

4.5.3 国家实践与相关评论

1978年5月4日，美国和墨西哥签订了一项有关专属经济区边界的条约，即《墨西哥和美国在加勒比海和太平洋的海洋边界条约》。该条约以中间线原则为基础，在墨西哥湾西部确立了4个边界点，在墨西哥湾东部确立了3个边界点，在太平洋确立了4个边界点。[6]但仍有两个地区存在主张重叠。这两个地区被称为西部多边形和东部多边形，别称为"甜面圈洞"（Doughnut Holes）。这两个地区位于200海里之外。西部多边形的面积约为17 467平方千米。东部多边形的面积约为20 000平方千米，并部分与古巴的专属经济区重叠。

2000年6月9日，美国和墨西哥签订《美国和墨西哥关于墨西哥湾西部200海里以外大陆架划界条约》，以16个连接点作为边界点划分了其在墨西哥湾西部多边形的200海里以外大陆架。鉴于可能存在跨界流动的石油或天然气储层，双方特别约定在条约生效后的10年内，各自距离边界线1.4海里（共2.8海里）的范围作为保留区，禁止勘探开发活动。[7]然而因美墨双方的科技实力悬殊，事实上该条约并无法杜绝美国的石油公司利用其优越的深水技术，在保留区外的美方一侧抽取来自墨西哥方储层的石油或天然气，比如有墨西哥记者将其描述成"巨大的吸吮声"（Giant sucking sound）[2]。

2010年4月发生的墨西哥湾漏油事故促使美国和墨西哥两国政府优先考虑就其共同边界附近的石油和天然气活动进行联合立法。次月，时任美国总统奥巴马和墨西哥总统卡尔德龙达成临时协议，同意将西部多边形的石油勘探钻井行动暂停至2014年1月，以便双方有足够的时间就达成永久协议进行讨论，讨论的范围不仅限于深水采油，还包括在浅水的与石油和天然气等资源有关的行动。[8]

在此背景下，委员会的审议建议为美墨两国在墨西哥湾西部的石油和天然气勘探开发活动做了"合法性背书"，不仅证明了两国拥有合法的200海里以外的大陆架权利，而且该权利从原先的条约效力上升至更高层面的公约效力，对第三国及国际社会亦有拘束力。

---

2 1992年美国总统候选人罗斯·佩罗（Ross Perot）在评论北美自由贸易协定时的用词。罗斯·佩罗认为，一旦签订北美自由贸易协定，墨西哥会发出巨大的吸吮声，把美国人的工作给吸去。

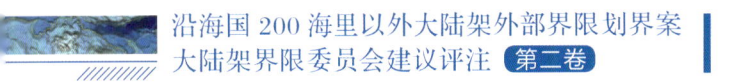

参考文献

[1] Executive Summary of the Mexico's Extended Continental Shelf Submission. Commission on the Limits of the Continental Shelf [EB/OL]. [2023-09-30]. https://www.un.org/Depts/los/clcs_new/submissions_files/mex07/part_i_executive_summary.pdf.

[2] Statement by the Chairman of the Commission on the Limits of the Continental Shelf on the progress of work in the Commission - Twenty-first session. Commission on the Limits of the Continental Shelf [EB/OL]. [2023-09-30]. https://documents-dds-ny.un.org/doc/UNDOC/GEN/N08/319/06/PDF/N0831906.pdf?OpenElement.

[3] Statement by the Chairman of the Commission on the Limits of the Continental Shelf on the progress of work in the Commission - Twenty-second session. Commission on the Limits of the Continental Shelf [EB/OL]. [2023-09-30]. https://documents-dds-ny.un.org/doc/UNDOC/GEN/N08/523/33/PDF/N0852333.pdf?OpenElement.

[4] Statement by the Chairman of the Commission on the Limits of the Continental Shelf on the progress of work in the Commission - Twenty-third session. Commission on the Limits of the Continental Shelf [EB/OL]. [2023-09-30]. https://documents-dds-ny.un.org/doc/UNDOC/GEN/N09/307/58/PDF/N0930758.pdf?OpenElement.

[5] Recommendation of the Commission on the Limits of the Continental Shelf in regard to the Submission made by Mexico in respect of the Western Polygon in the Gulf of Mexico on 13 December 2007. Commission on the Limits of the Continental Shelf [EB/OL]. [2023-09-30]. https://www.un.org/Depts/los/clcs_new/submissions_files/mex07/mex_rec.pdf.

[6] Treaty on Maritime Boundaries between the United Mexican States and the United States of America(Caribbean Sea and Pacific Ocean). United Nations. [EB/OL]. [2023-09-30]. https://www.un.org/Depts/los/LEGISLATIONANDTREATIES/PDFFILES/TREATIES/MEX-USA1978MB.PDF.

[7] Treaty between the Government of the United States of America and the Government of the United Mexican States on the Delimitation of the Continental Shelf in the Western Gulf of Mexico. United Nations. [EB/OL]. [2023-09-30]. https://www.un.org/Depts/los/LEGISLATIONANDTREATIES/PDFFILES/TREATIES/USA-MEX2000CS.PDF.

[8] RHODA R, BURTON T. Geo-Mexico: The Geography and Dynamics of Modern Mexico[M]. Mexico: Sombrero Books, 2010: 198.

第 5 章

苏里南外大陆架划界案委员会审议建议评注

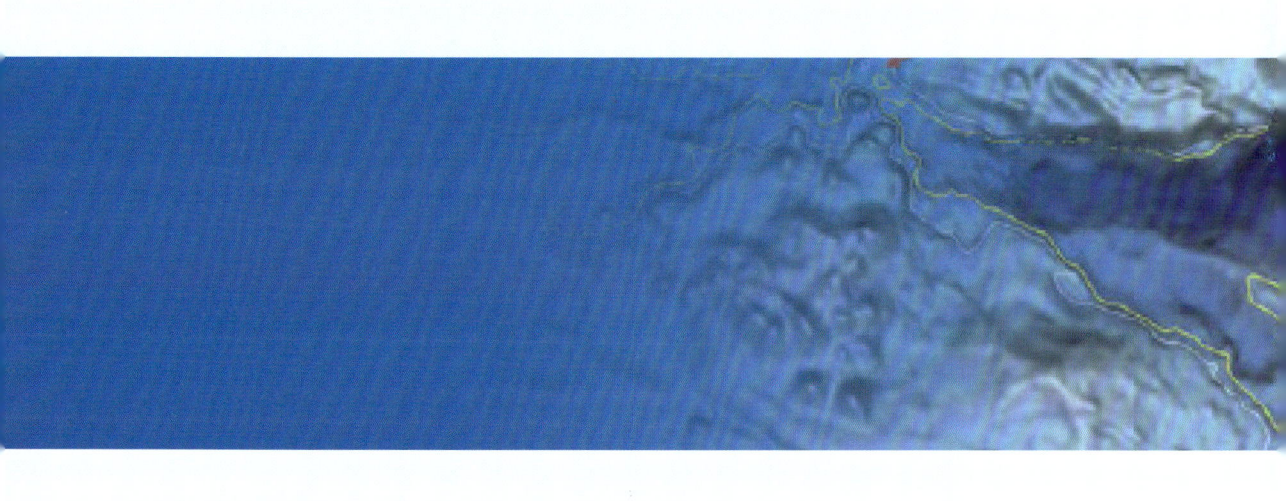

苏里南在《公约》开放签署之日即签署了《公约》，并于 1998 年 7 月 9 日批准生效。

本划界案履行了苏里南根据《公约》第七十六条及其附件二第四条所承担的义务，将其从测算领海宽度的基线量起 200 海里外的大陆架外部界限的情报提交给委员会。

本划界案处理的是苏里南在大西洋的大陆架外部界限。苏里南的大陆架位于大西洋大陆边缘。该地区主要的地形单元是苏里南—圭亚那陆缘海盆、德梅拉拉海台和苏里南—圭亚那深水海盆（图 5-1）。

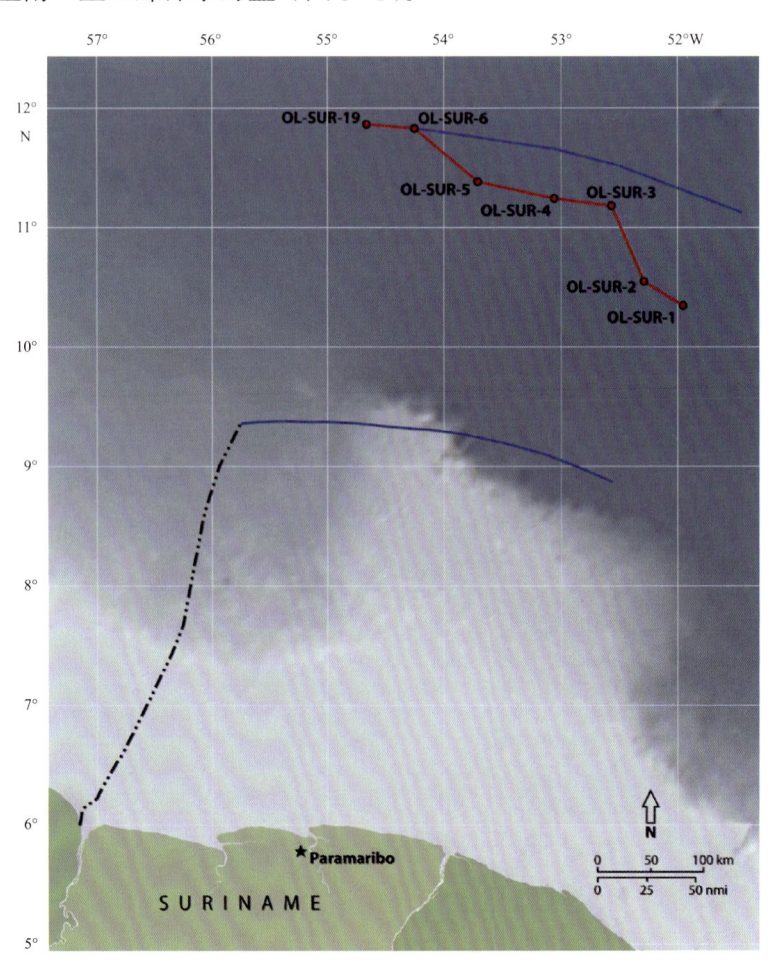

图5-1 苏里南拟划定的大陆架外部界限（大陆架外部界限以红色线表示，黑色线为经仲裁的苏里南和圭亚那海洋边界线，蓝色线分别为从测算苏里南的领海基线量起的200海里线和350海里线）

资料来源：苏里南外大陆架划界案执行摘要

根据《公约》第七十六条第 3 款、第 4 款（a）项（1）目和第 4 款（b）项，确定了从测算领海宽度的基线量起 200 海里外的大陆边的外缘。

按照《公约》第七十六条第 7 款，以连接各定点划出的长度各不超过 60 海里的若干直线，划定了从测算领海宽度的基线量起 200 海里外的大陆架外部界限。

按照《公约》第七十六条第 5 款，所有构成苏里南大陆架外部界限线的定点都没有超过从测算苏里南领海宽度的基线量起 350 海里。

除委员会前成员卡尔·汉斯（Karl Hinz）之外，没有现任成员在本划界案准备过程中向苏里南提供建议。

5.1　苏里南的主张[1]

苏里南和其邻国存在着一些尚未解决的双边大陆架划界问题。苏里南已经和其邻国按照《公约》第七十六条第 10 款和委员会《议事规则》第 46 条和附件一考虑了这些问题。根据《公约》第七十六条第 10 款和《公约》附件二第九条，本划界案以及委员会就本划界案所提的建议不妨害各国之间的海洋划界。

苏里南和其东边邻国——法国有一条直到大陆架外部界限的共同海洋边界。苏里南已经就苏里南向委员会提交划界案一事与法国进行了协商。法国政府同意不反对委员会审议本划界案。苏里南向委员会提交划界案一事不妨害与法国之间的海洋划界。

苏里南和其西侧近邻——圭亚那的海洋边界已经划定，直至两国专属经济区的外部界限。苏里南专属经济区外部界限以外的大陆架边界仍待确立。

苏里南已经就苏里南向委员会提交划界案一事与其西侧邻国进行了协商。这事关巴巴多斯、圭亚那、特立尼达和多巴哥以及委内瑞拉。巴巴多斯、圭亚那、特立尼达和多巴哥以及委内瑞拉均已同意不反对委员会审议苏里南的划界案。

按照委员会《议事规则》附件一第 2 条（a）项，苏里南希望通知委员会，关于本划界案没有任何争端。苏里南向委员会保证，对本划界案的处理不妨害与邻国之间的大陆架划界事宜。

沿苏里南—圭亚那海盆和德梅拉拉海台地区的大陆边共选择了 7 个大陆坡脚点。从这些大陆坡脚点出发，共确立了 5 个具有足够沉积厚度证明可以适用《公约》第七十六条第 4 款（a）项（1）目的沉积厚度公式的点。按照《公约》第七十六条第 7 款，这 5 个点（OL-SUR-1，OL-SUR-2，OL-SUR-3，OL-SUR-4 和 OL-SUR-5）作为定点。此外，14 个确定外部界限的定点位于从测算苏里南领海宽度的基线量起 350 海里线上。

5.2 各国反应照会和要点

各国提交照会的时间见表 5-1。

表 5-1 各国所提交照会的时间表

序号	国家	时间
1	法国	2008-12-22
2	特立尼达和多巴哥	2009-04-29
3	巴巴多斯	2009-07-31

资料来源：联合国海洋事务和海洋法司网站，经作者整理。

5.2.1 法国[2]

法国在照会中表示，其不反对委员会就大陆架外部界限的划定向苏里南提出建议，只要这些建议不妨害法国和苏里南之间大陆架的最终划定。目前，两国正在进行关于最终划定的协商。

5.2.2 特立尼达和多巴哥[3]

特立尼达和多巴哥在照会中表示，其与苏里南的大陆架可能存在重叠区域。苏里南已按照《公约》第七十六条第 10 款做出声明，苏里南划界案不妨害邻国间海洋边界的划分。两国已签订临时协议，相互承诺不反对另一国家向委员会提交的划界案。

5.2.3 巴巴多斯[4]

巴巴多斯在照会中表示，其与苏里南的大陆架可能存在重叠区域。巴巴多斯的立场是：苏里南提交的划界案和委员会的建议不应妨害巴巴多斯的划界案，也不应妨害巴巴多斯和苏里南之间的划界。

5.3 委员会审议过程

苏里南划界案贯穿了委员会第 24 届会议至第 27 届会议。

5.3.1 成立小组委员会之前的初步审议

在委员会第 24 届会议上,苏里南常驻联合国代表、代表团团长亨利·莱昂纳德·麦克唐纳(Henry Leonard MacDonald)、社会研究所的扩展大陆架协调员富兰克林·麦克唐纳(Franklyn MacDonald)和国家石油公司勘探地质学家诺哈尔·坡克蒂(Nohar Poeketie)就本划界案向委员会做了陈述。

富兰克林·麦克唐纳表示,没有任何委员会委员就苏里南划界案提供科学和技术咨询。关于《议事规则》附件一第 2 条(a)项,他告知委员会,对该划界案不存在任何争端,并指出苏里南已与邻国,即巴巴多斯、法国、圭亚那、特立尼达和多巴哥及委内瑞拉进行了协商。他指出,这些国家对委员会审议该划界案没有异议。在这方面,巴巴多斯、法国和特立尼达和多巴哥已通过普通照会确认这一立场。

委员会随后转入非公开会议。关于该划界案的审议方式,委员会决定,根据《公约》附件二第五条和委员会《议事规则》第 42 条的规定,将由在今后某次届会上设立的一个小组委员会依照《议事规则》第 51 条 4 之三的规定对该划界案加以审议。[5]

在第 25 届会议上,委员会设立小组委员会。小组委员会由阿斯蒂斯、卡兹明、拉詹、罗塞特、朴永安和皮门特尔组成。拉詹担任主席,朴永安和罗塞特担任副主席。[6]

5.3.2 小组委员会审议

在第 26 届会议期间,小组委员会与代表团举行了两次会议,并在会上就一些问题作出了澄清。[7]

在第 27 届会议上,小组委员会与代表团举行了一次会议,代表团在会上做了发言并提供了更多资料。代表团告知小组委员会,鉴于小组委员会和代表团已经就外部界限基本达成一致,因此在会上不希望小组委员会根据《议事规则》附件三第 10.3 段的规定,综合介绍对划界案的审查意见和一般性结论。小组委员会向代表团提供了一份综合反映小组委员会意见和一般性结论的文件。小组委员会之后重点介绍了最终确定的建议。2011 年 3 月 23 日小组委员会一致通过了建议草案,并于 2011 年 3 月 25 日将建议草案转交给委员会主席。[8]

5.3.3 委员会通过建议

2011 年 3 月 29 日,小组委员会向委员会陈述,介绍了划界案的建议草案。

另一方面，苏里南放弃了

根据委员会《议事规则》附件三第 15 条 1 之二的规定向委员会做陈述。

2011 年 3 月 30 日，委员会一致通过了经修正的"大陆架界限委员会关于 2008 年 12 月 5 日苏里南外大陆架划界案的建议"。委员会一名成员指出，尽管小组委员会不认可，但他认为，苏里南提供的证据和有关该区域的已有科学信息和文献支持其根据相反的证据确定的 2 个大陆坡脚点。但是，他不反对委员会建议的通过，因为苏里南明确表示接受小组委员会提出的建议，即在划定 200 海里以外的大陆架外部界限时不考虑这些因素。[8]

5.4　委员会对苏里南划界案的审议建议 [9]

5.4.1　从属权利检验

苏里南的大陆边包括：①将近 150 千米宽的陆架；②向海的深水洼陷（"苏里南—圭亚那边缘海盆"），向北逐渐加深；③显著的德梅拉拉海隆及其陡峭的向海侧翼以及④苏里南-圭亚那深海海盆，水深 4 000 米以上。德梅拉拉海隆沿苏里南和东部邻近的法属圭亚那陆架延伸了约 380 千米，其大部分位于相对较浅的水深处（约 700 米），但是西北边缘是坡度较缓的斜坡，水深在 3 000～4 000 米之间。德梅拉拉海隆位于苏里南-圭亚那边缘海盆的东部终端，其北部是苏里南-圭亚那深海海盆（图 5-2）。

苏里南-圭亚那边缘海盆南接前寒武纪圭亚那地块。该边缘海盆属于被动边缘海盆，其形成大概开始于晚侏罗纪中期，与大西洋中部裂谷阶段相关，而沿苏里南和圭亚那海岸形成的裂谷地堑造成了该裂谷。德梅拉拉海隆是该边缘海盆的隆起部分。德梅拉拉海隆及其共轭的西非几内亚高原的形成归因于南大西洋裂谷和漂移阶段期间非洲相对于南美的逆时针旋转引起的压缩。普遍认为，德梅拉拉海隆形成于前寒武纪和早中生代开裂的大陆地壳之上，该大陆地壳被 2～3 千米的沉积物覆盖，而沉积物在东北部的陆坡地区变薄。向海倾斜的陡峭的德梅拉拉陡坡与德梅拉拉海隆相接，使其与苏里南-圭亚那深海海盆分离。

从地貌角度，德梅拉拉海隆（高原）属于苏里南陆块没入水中的延伸部分。

通过应用《公约》第七十六条第 4 款的规定，苏里南在大陆坡脚确定的大陆边外缘扩展至 200 海里界限以外。据此，委员会认为苏里南在该地区拥有确定 200 海里界限以外大陆架的法定权利。

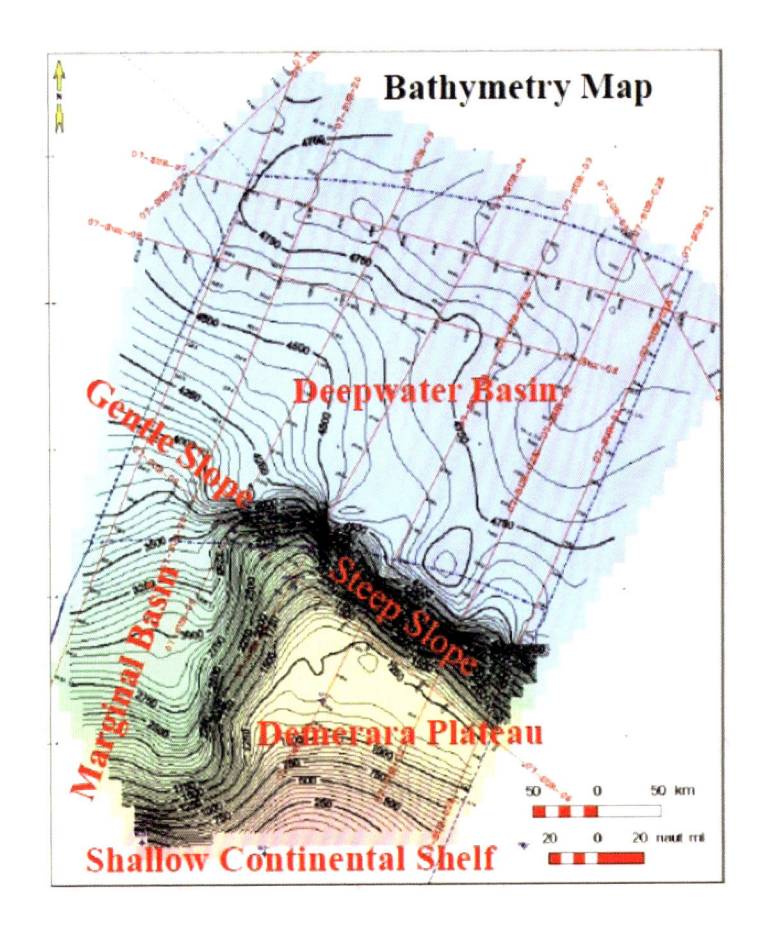

第5章　苏里南外大陆架划界案委员会审议建议评注

图5-2　苏里南划界区域的主要地形地貌和地质特征
资料来源：委员会对苏里南外大陆架划界案的建议摘要

5.4.2　确定大陆坡脚

为了寻找大陆坡坡底和大陆坡脚，苏里南在德梅拉拉海隆和苏里南–圭亚那边缘海盆这两个地貌特征地区进行了分析。

初始划界案包括7个大陆坡脚关键点（FOS-SUR-1～7）。其中5个大陆坡脚关键点（FOS-SUR-1～5）是基于一般规则（底部最大坡度变化）确定的，位于德梅拉拉海隆（高原）的底部；另外两个（FOS-SUR-6～7）大陆坡脚关键点是基于相反证据确定的，位于边缘海盆内。苏里南使用了所有这些大陆坡脚点用于确定大陆架外部界限。

苏里南通过相反证据确定了大陆坡脚点FOS-SUR-6和FOS-SUR-7的位置，正与掩埋的德梅拉拉陡坡和苏里南–圭亚那深海海盆的大洋基底面相接的位置对应。但是，小组委员会认为，为支持该论断而提供的地质/地球物理证据并不明确，因此要求代表团提供该地区的补充证据，以支持大陆坡脚的位置。

作为回复，在于 2010 年 8 月 31 日向小组委员会的演示和《苏里南共和国关于确定苏里南大陆架外部界限的划界案附录增编》中，代表团以自由空间重力图的形式提供了该地区的补充地球物理资料，用于支持援用相反证据确定两个大陆坡脚点的位置。小组委员会审查了补充资料并得出结论：依然不同意提议的两个大陆坡脚点的位置。小组委员会在于 2010 年 9 月 2 日传达的《关于苏里南划界案中某些问题的初步审议》文件中表达了这一观点。

在 2010 年 12 月 16 日和 2011 年 2 月 4 日传达的两份文件中，苏里南以重力数据的形式提供了补充资料和沿剖面 SUR-20 和 SUR-21（大陆坡脚点 FOS-SUR-6 和 FOS-SUR-7 所在的位置）展开的重力模型的结果。小组委员会审查了补充资料和沿这些线的地震数据，但是没有发现可以支持 FOS-SUR-6 和 FOS-SUR-7 所在地区的过渡地壳和洋壳之间存在边界的证据。

小组委员会注意到，苏里南为支持援用相反证据确定大陆坡脚点 FOS-SUR-6 和 FOS-SUR-7 的位置而提供的地球物理数据并不充分。小组委员会在 2011 年 3 月 3 日发送的信函和在 2011 年 3 月 15 日与代表团召开的会议期间向代表团表达了这一观点。

根据对苏里南划界案包含的技术和科学证据以及上述文件中提供的补充资料进行审议后，委员会得出以下结论：大陆坡脚点 FOS-SUR-1、FOS-SUR-2、FOS-SUR-3、FOS-SUR-4 和 FOS-SUR-5 符合《公约》第七十六条和《科技准则》第 5 章的要求。

5.4.3 公式线的运用

通过应用《公约》第七十六条第 4 款（a）项（1）目，苏里南 200 海里外的大陆边外缘基于从大陆坡脚确定的沉积岩厚度点。在对 2008 年 12 月 5 日提交的划界案中包含的技术与科学证据和代表团于 2010 年 8 月 31 日，2010 年 9 月 1 日和 2011 年 3 月 14 日传达的文件中提供的补充资料进行审议后，小组委员会同意苏里南确定从大陆坡脚点 FOS-SUR-1 至 FOS-SUR-5 根据 1% 沉积岩厚度公式测量的 5 个点时采用的方法和从 FOS-SUR-5 根据同一公式测量的两个补充点的位置。

委员会建议将这 7 个点作为在该地区划定大陆架外部界限的基础。

第 5 章　苏里南外大陆架划界案委员会审议建议评注

5.4.4　限制线的运用

大陆架外部界限应以确定的大陆边外缘为基础，并将《公约》第七十六条第 5 款和第 6 款提出的限制考虑在内。小组委员会同意苏里南应用依照《公约》第七十六条第 5 款中的距离限制构建的限制线的方式。

5.4.5　外部界限及委员会建议

委员会建议从定点 OL-SUR-01 至 OL-SUR-19 确定大陆架外部界限（图 5-3）。同时，界限的划定应遵循《公约》第七十六条第 7 款，即连接以经纬度坐标标出的各定点划出长度各不超过 60 海里的若干直线。苏里南大陆架最终外部界限可由国家间的划界决定。

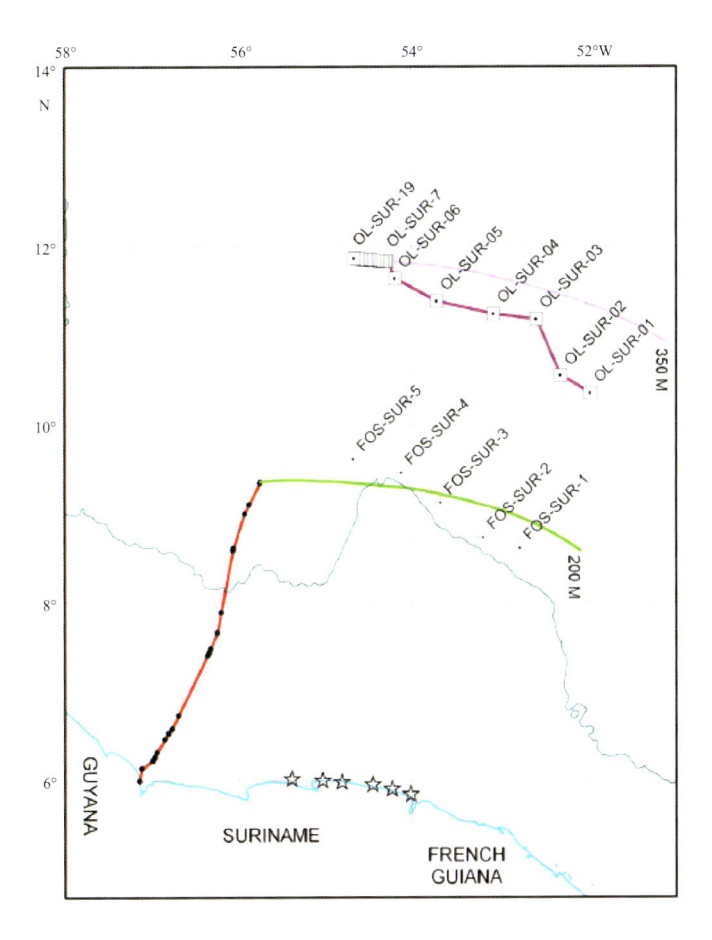

图 5-3　委员会建议的苏里南大陆架外部界限
资料来源：委员会对苏里南外大陆架划界案的建议摘要

5.5 委员会审议建议评注

5.5.1 本划界案由委员会一致通过

2011年3月30日，委员会一致通过了经修正的"大陆架界限委员会关于2008年12月5日苏里南外大陆架划界案的建议"。

5.5.2 部分划界案

法国就法属圭亚那和新喀里多尼亚（2007）提交了一个划界案，来自苏里南的普通照会回应指出，谈判正在进行，法国的划界案将不妨害苏里南未来提交的新划界案。

5.5.3 圭亚那和苏里南海洋划界仲裁案

圭亚那和苏里南是位于南美洲的海岸相邻的国家，曾分别为英国和荷兰的殖民地。在殖民统治期间，英荷多次试图划定两国之间的海洋边界。最终，基于保护荷属苏里南的航行和对港口的控制等利益，确立了苏里南对界河科兰太因河及河口区域的权利，并将双方界限的起始点确定在科兰太因河河口附近西岸上的一个点。英荷未进一步就具体界限达成一致，也因此留下了划界争议。2004年2月24日，圭亚那就其与苏里南的海洋划界以及苏里南在争议海域内违反国际法的问题，向海牙常设仲裁法院提起《公约》附件七项下的仲裁程序。2004年6月，各方组成附件七项下的仲裁庭，请求仲裁庭就其间的海洋划界争端作出裁决。

圭苏双方请求仲裁庭以一条单一界限划定其间包括领海的200海里以内的海洋边界。圭亚那主张这条线应该是一条沿北偏东34°的线，苏里南则主张这条线应该是一条沿北偏东10°的线。双方的主张形成一个面积约为31 600平方千米的重叠区。

经过审理，仲裁庭于2007年9月17日作出裁决，划分了圭亚那和苏里南的领海界限，以及专属经济区和大陆架的单一海洋边界。圭苏之间的海洋界限由三部分构成：第一部分划分了两国3海里之内的领海，从位于科兰太因西岸的历史起点到3海里之间是一条沿着北偏东10°的线；第二部分从北偏东10°线在3海里的向海终点出发，划一条距离最短的对角线，与划分各方大陆架和专属经济区的线相连。第三部分是两国专属经济区和大陆架的单一海洋边界，是一条等距离线（图5-4）。[10]

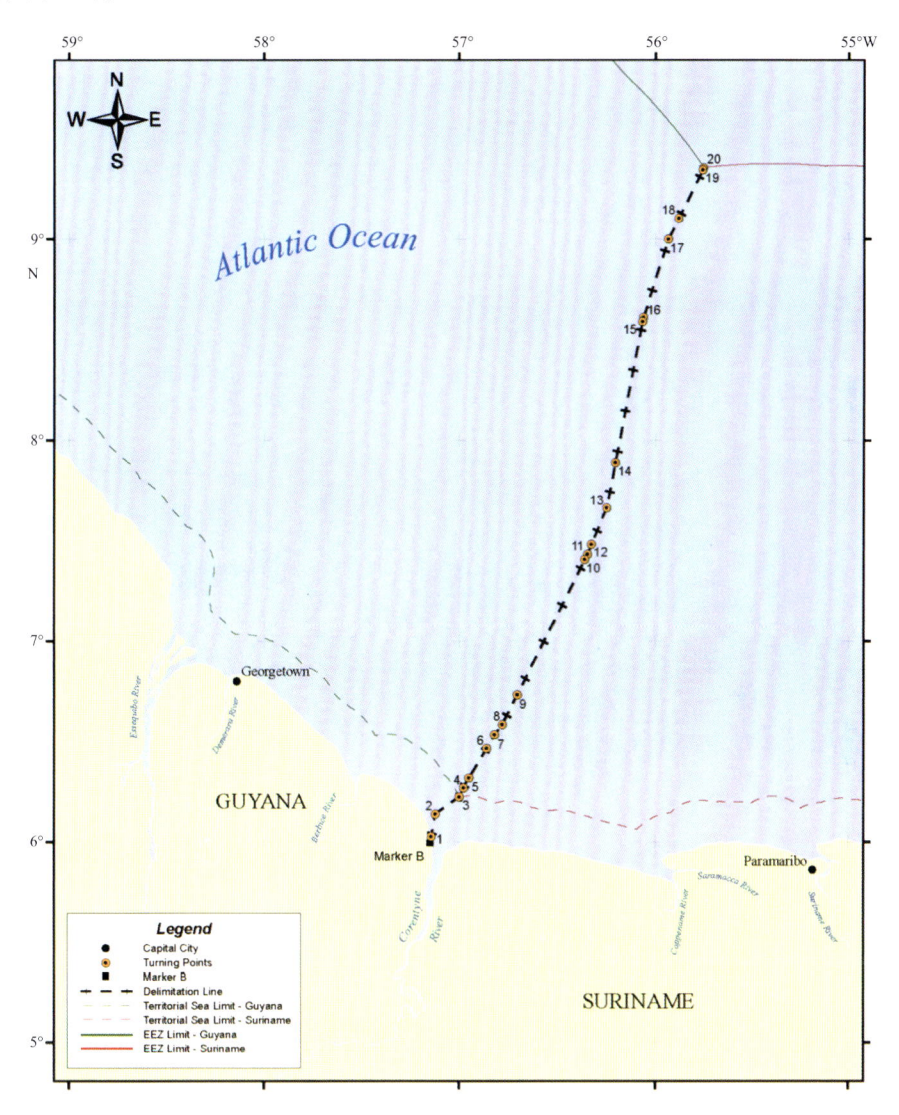

图5-4　经仲裁的苏里南和圭亚那海洋边界线

5.5.4　国家实践与相关评论

2017年4月7日，苏里南颁布新的海域法令，以国内法的形式将委员会建议中的19个点作为确立其最终大陆架外部界限的正式定点（图5-5）。[11]

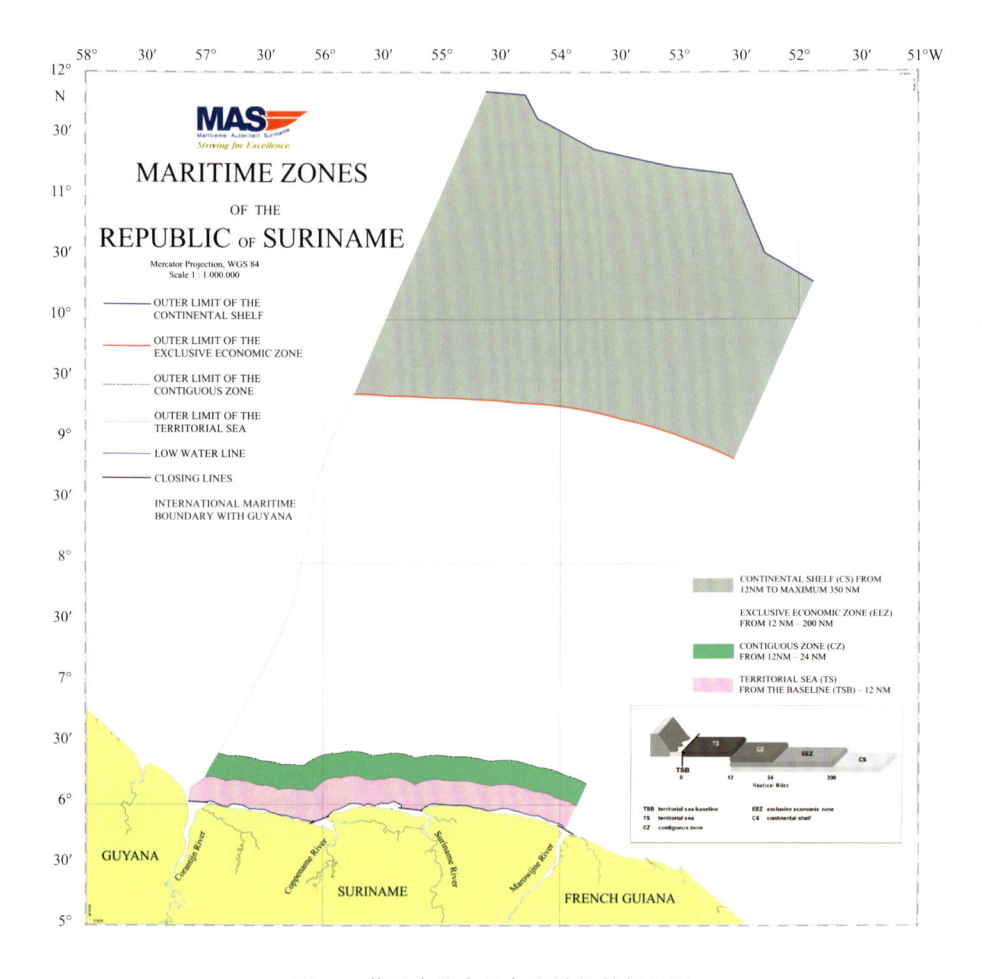

图5-5 苏里南公布的各海域的外部界限

资料来源：联合国海洋事务和海洋法司网站

参考文献

[1] Executive Summary of the Suriname's Extended Continental Shelf Submission. Commission on the Limits of the Continental Shelf [EB/OL]. [2023-09-30]. https://www.un.org/Depts/los/clcs_new/submissions_files/sur08/suriname_executive_summary.pdf.

[2] Note Verbale from France on the Suriname's Extended Continental Shelf Submission. Commission on the Limits of the Continental Shelf [EB/OL]. [2023-09-30]. https://www.un.org/Depts/los/clcs_new/submissions_files/sur08/clcs_15_2008_los_fra_f.pdf.

[3] Note Verbale from Trinidad and Tobago on the Suriname's Extended Continental Shelf Submission. Commission on the Limits of the Continental Shelf [EB/OL]. [2023-09-30]. https://www.un.org/Depts/los/clcs_new/submissions_files/sur08/tto_re_sur_2009.pdf.

[4] Note Verbale from Barbados on the Suriname's Extended Continental Shelf Submission. Commission on the Limits of the Continental Shelf [EB/OL]. [2023-09-30]. https://www.un.org/Depts/los/clcs_new/submissions_files/sur08/brb_re_sur_clcs15.pdf.

[5] Statement by the Chairman of the Commission on the Limits of the Continental Shelf on the progress of work in the Commission - Twenty-fourth session. Commission on the Limits of the Continental Shelf [EB/OL]. [2023-09-30]. https://documents-dds-ny.un.org/doc/UNDOC/GEN/N09/536/21/PDF/N0953621.pdf?OpenElement.

[6] Statement by the Chairperson of the Commission on the Limits of the Continental Shelf on the progress of work in the Commission - Twenty-fifth session. Commission on the Limits of the Continental Shelf [EB/OL]. [2023-09-30]. https://documents-dds-ny.un.org/doc/UNDOC/GEN/N10/337/97/PDF/N1033797.pdf?OpenElement.

[7] Statement by the Chairperson of the Commission on the Limits of the Continental Shelf on the progress of work in the Commission - Twenty-sixth session. Commission on the Limits of the Continental Shelf [EB/OL]. [2023-09-30]. https://documents-dds-ny.un.org/doc/UNDOC/GEN/N10/540/08/PDF/N1054008.pdf?OpenElement.

[8] Statement by the Chairperson of the Commission on the Limits of the Continental Shelf on the progress of work in the Commission - Twenty-seventh session. Commission on the Limits of the Continental Shelf [EB/OL]. [2023-09-30]. https://documents-dds-ny.un.org/doc/UNDOC/GEN/N11/318/87/PDF/N1131887.pdf?OpenElement.

[9] Recommendation of the Commission on the Limits of the Continental Shelf(CLCS) in regard to the Submission made by Suriname on 5 December 2008. Commission on the Limits of the Continental Shelf [EB/OL]. [2023-09-30]. https://www.un.org/Depts/los/clcs_new/submissions_files/sur08/surrec.pdf.

[10] 吴世存. 国际海洋法最新案例精选 [M], 北京：中国民主法制出版社, 2016：158-160.

[11] ACT of 7 April 2017 Act regulating the Maritime Zones of the Republic of Suriname and amending the Offshore Fisheries Act 1980 and the Mining Decree. United Nations. [EB/OL]. [2023-09-30]. https://www.un.org/Depts/los/LEGISLATIONANDTREATIES/PDFFILES/DEPOSIT/sur_mzn131_2018.pdf.

第6章

乌拉圭外大陆架划界案委员会审议建议评注

乌拉圭依照《公约》第七十六条及附件二第 4 条，于 2009 年 4 月 7 日向委员会提交从测算领海宽度的基线量起 200 海里以外大陆架外部界限划界案。乌拉圭于 1982 年 12 月 10 日签署《公约》，随后以第 16287 号法律通过，并于 1992 年 12 月 10 日批准《公约》。

在准备本划界案的过程中，乌拉圭得到委员会委员加洛·卡雷拉的咨询指导，还获得了其他非委员顾问以及德国、巴西、葡萄牙和挪威等国相关机构的帮助。

乌拉圭执行机关在 1996 年 8 月 20 日成立了"乌拉圭划定大陆架外部界限执行机关咨询委员会（COALEP）"，负责划定乌拉圭 200 海里以外大陆架外部界限的任务。它由以下国家机关组成：外交部，国防部（乌拉圭海军司令部），家畜、农业和渔业部（水生资源局），工业、能源和矿产部（矿产和地质局，燃料、酒精和硅酸盐水泥局）。

乌拉圭于 1998 年通过的第 17033 号法律（海上领土法）将 1994 年对乌拉圭生效的《公约》纳入国内立法。根据该法第 18 条的规定，乌拉圭海军承担确定乌拉圭大陆架外部界限的研究工作。乌拉圭海军成立了"大陆架调查项目协调办公室（OCPLA）"，得到乌拉圭海军不同部门以及其他国家机构的技术帮助。

6.1 乌拉圭的主张[1]

乌拉圭的大陆边缘位于 33°—40°S 和 46°—56°W 之间。该区的构造背景、岩浆活动、沉积过程等地质演化及其地质特征，与侏罗纪以来西冈瓦纳大陆的裂解以及随后大西洋的扩张作用有关。

从地形上来看，乌拉圭大陆边缘包括一个宽阔的、容易识别具标准特征的陆架和陆坡，但从陆坡向深海扇过渡则缺少沿整个乌拉圭大陆边缘展布的陆基。

从地质上来看，由于大陆的破裂、裂解、分离等构造运动，导致乌拉圭大陆边缘表现为宽阔、离散、分段式的火山型大陆边缘，且在中生代—新生代发育了各期的沉积中心。这些沉积中心厚度不一，最厚可达 12 千米，并被盆地内部的隆起或断层系统等不同的构造单元所替代和分隔。在这些沉积中心中，有一个呈西北西—东南东向分布的裂陷槽成因的埃斯特角盆地，其北部是佩洛塔斯盆地，东南是水深更大的东拉普拉塔河盆地（图 6-1）。

第6章　乌拉圭外大陆架划界案委员会审议建议评注

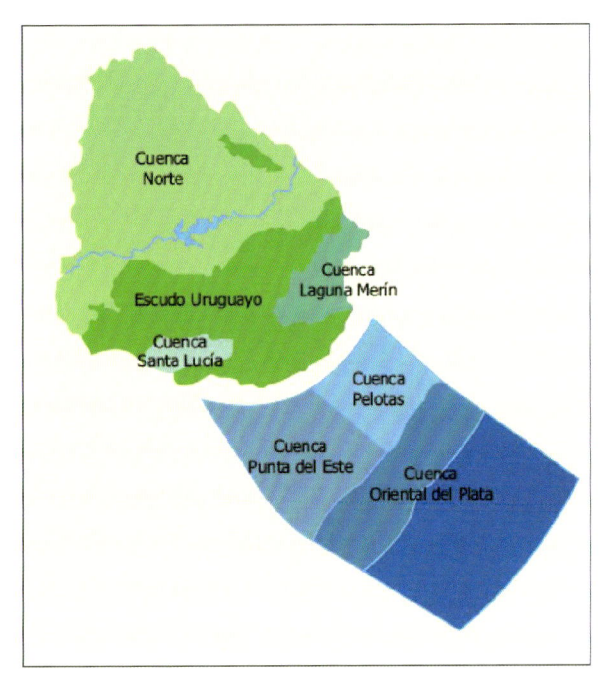

图6-1　乌拉圭大陆边缘的主要地质单元分布

Cuenca Punta del Este：埃斯特角盆地，Cuenca Pelotas：佩洛塔斯盆地，
Cuence Oriental del Plata：东拉普拉塔河盆地

资料来源：乌拉圭外大陆架划界案执行摘要

本划界案中，用来研究乌拉圭沿海沉积盆地的地层层序和沉积结构的数据主要来自油气勘探得到的钻井和地球物理数据。根据乌拉圭划定大陆架外部界限咨询委员会收集的数据，乌拉圭大陆边缘的沉积物具有连续性，可连续延伸至350海里以外，其沉积厚度大于2 000米。埃斯特角盆地发育于波洛尼奥隆起的南面，其东北是沿巴西大陆架伸展的佩洛塔斯盆地，并一直延伸至弗洛里亚诺波利斯隆起。从南大西洋大陆边缘全貌也可以发现，乌拉圭大陆边缘显示出由拉普拉塔河转换断裂体系所控制的构造分割，这在上述构造格架的南北两侧的海底形态中都有所反映。乌拉圭依照《公约》第七十六条划定了其大陆边外缘。首先在与巴西的北部界线和与阿根廷的南部界线之间的范围内确定了4个大陆坡脚点，基于这4个关键大陆坡脚点，使用大陆坡脚外推60海里的距离公式线来扩展其大陆架范围。在划定《公约》第七十六条第5款规定的限制线时，乌拉圭采用了更向海的350海里限制线，并认为其距离公式线全部都超出了350海里限制线（图6-2），因此，依照《公约》第七十六条第7款，乌拉圭大陆架外部界限由长度不超过60海里的直线线段连接从基线量起350海里处的45个定点划定。

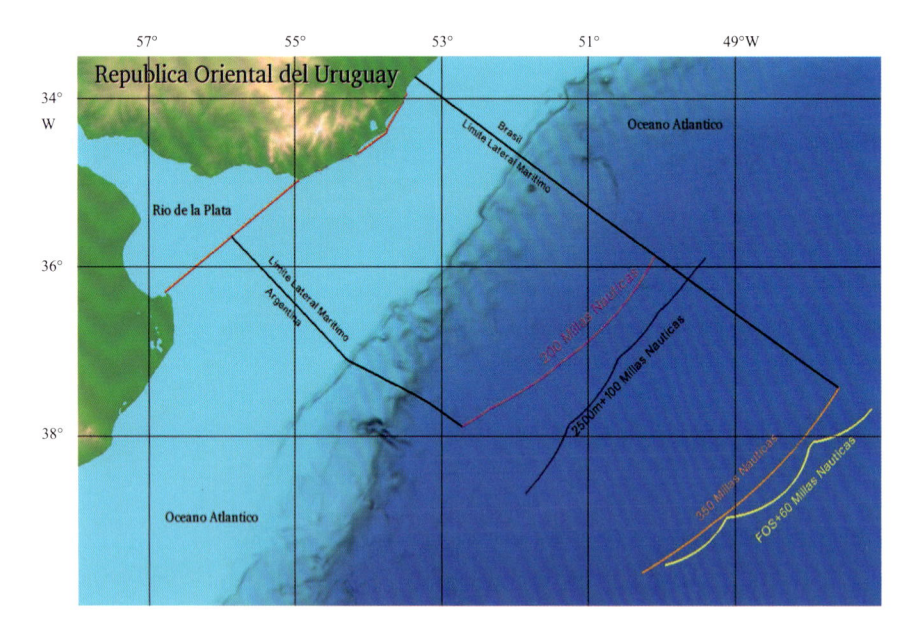

图6-2 乌拉圭大陆边外缘及大陆架外部界限

由北向南,红色线为乌拉圭领海基线,品红色线为200海里线,蓝色线为2 500米等深线外推100海里限制线,橙色线为350海里限制线,黄色线为大陆坡脚外推60海里公式线

资料来源:乌拉圭外大陆架划界案执行摘要

6.2 各国反应照会和要点

阿根廷于2009年8月21日向联合国秘书长和委员会提交了照会,请求委员会根据《议事规则》附件一第4条(a)项款提出建议,且无需考虑国家间划界问题。

6.3 委员会审议过程

6.3.1 委员会初步审议

乌拉圭代表团于2009年8月25日委员会第24届会上做了划界案初次陈述。乌拉圭代表团团长、外交部副部长佩德罗·瓦兹·拉梅拉(Pedro Vaz Ramela)、大陆架勘测项目协调办公室主任卡洛斯·梅特·普拉特斯(Carlos Mate Prates)、乌拉圭海军总参谋长曼努埃尔·劳尔·布尔贡斯·莱扎马(Manuel Raul Burgons Lezama)上将介绍了划界案。随后,委员会决定,依照《公约》附件二第五条和委员会《议事规则》第42条的规定,将由今后某次届会上设立的小组委员会依照《议事规则》第51条4之三的规定审议该划界案。[2]

委员会在第 27 届会议上设立了审议乌拉圭划界案的小组委员会，由查尔斯（Charles）、克罗克（Croker）、卡尔恩吉（Kalngui）、卡兹明（Kazmin）、吕文正、拉詹（Rajan）和西蒙兹（Symonds）先生组成，查尔斯先生为小组委员会主席，拉詹先生和西蒙兹先生担任副主席。[3]

6.3.2 小组委员会审议

小组委员会对乌拉圭划界案的审议贯穿了第 27 届至第 39 届会议。在第 27 届会议上小组委员会核查了乌拉圭划界案相关资料的格式和完整性，并对划界案进行初步分析，草拟了向乌拉圭代表团提出的初步意见和问题。

第 28 届会议上，小组委员会与代表团进行了多次交流，代表团在回答小组委员会提出的问题的同时提供了新的数据和资料。[4]

第 29 届会议上，考虑到委员会面临换届，小组委员会确定了移交给下届小组委员会的工作，并应委员会的请求，向委员会全体会议介绍了划界案审议的情况。委员会委员在 2012 年换届后的第 30 届会议上，选举霍沃斯先生为小组委员会副主席，拉詹先生继续担任副主席。小组委员会与代表团进行了会晤，就代表团提交新的数据和资料的时间以及工作计划达成了一致意见。[5]

在第 31 届至第 33 届会议中，小组委员会继续审议划界案，并与代表团举行若干次会议进行交流。

在第 34 届会议上，委员会任命雷斯特先生担任小组委员会成员，以填补因霍沃斯先生转到为审议法国和南非联合划界案而设立的小组委员会后产生的空缺，但霍沃斯先生仍以地球物理学专家身份为小组委员会提供帮助。小组委员会选举了乌兹诺维奇先生为副主席以接替拉詹先生，雷斯特先生当选为小组委员会副主席，以取代霍沃斯先生。小组委员会继续审议划界案并与代表团多次沟通。[6]

第 35 届会议上，委员会指定拉温德拉先生为小组委员会第 7 位成员，第 35 届至第 36 届会议期间，代表团提交了补充数据和资料，并按小组委员会的要求进行澄清。[7]

代表团在第 37 届会议上告知小组委员会，乌拉圭进行了新的地震调查，将在 2015 年 7 月 10 日前向小组委员会提供经过处理和解释的新地震数据。[8]

第 38 届会议上，小组委员会向代表团提出了对划界案的一般性结论。小组委员会在第 39 届会议上确定了建议草案，并协商一致核准后提交给委员会。[9]

6.3.3 委员会通过建议

小组委员会在第 40 届全会上向委员会介绍了建议草案。乌拉圭代表团参加了委员会的审议，并由乌拉圭外交部国际法司司长卡洛斯·马塔·普拉特斯向委员会做了介绍。乌拉圭代表团在介绍中对小组委员会成员所做的工作表示赞赏，并赞同小组委员会审查划界案后得出的意见和一般性结论。委员会随后转入非公开会议审议建议草稿。

最终，委员会经过全面审议，在 2016 年 8 月 19 日的第 41 届会议上未经表决核准了经修正的"大陆架界限委员会关于乌拉圭东岸共和国于 2009 年 4 月 7 日提交的划界案的建议"。并于 2016 年 8 月 26 日将建议（包括摘要）递交乌拉圭和联合国秘书长。[10]

6.4 委员会对乌拉圭划界案的审议建议[11]

6.4.1 从属权利检验

乌拉圭陆缘为火山型被动陆缘，早白垩世时期由冈瓦纳大陆裂解及大西洋海底扩张形成。它由两个主要的沉积盆地构成，即佩洛塔斯盆地和埃斯特角城盆地，且被西北—东南向被称为拉普拉塔河转换断裂体系（RPTS）的转换断层所分隔（图 6-3）。

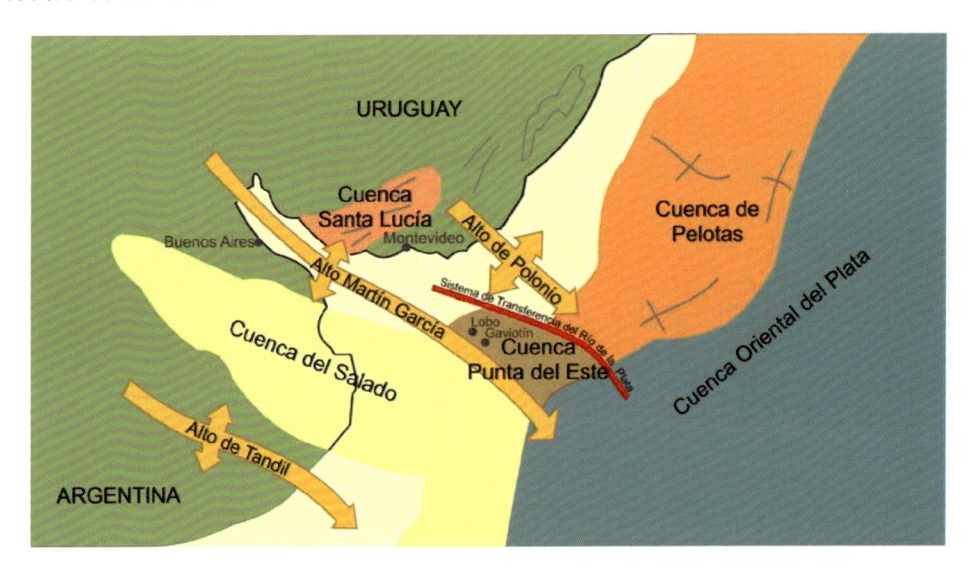

图6-3 乌拉圭陆缘盆地的构造环境

资料来源：委员会对乌拉圭外大陆架划界案的建议摘要

第 6 章　乌拉圭外大陆架划界案委员会审议建议评注

在洋－陆过渡带（COT）的地震剖面上，可发现楔形的大型向海倾斜反射层和缓倾的玄武岩熔流。乌拉圭划界案认为，在乌拉圭陆缘中可划分出两个被拉普拉塔河转换体系所分隔的构造单元，其中一个北东向延伸，另一个南西向延伸。拉普拉塔河转换体系改造或影响了其陆缘的一些地质特征，尤其是向海倾斜反射层。

小组委员会依照《公约》第七十六条和委员会《科技准则》对划界案进行初步分析，认为根据代表团提供的资料和信息，该区域满足从属权利检验。

6.4.2　确定大陆坡脚

乌拉圭于2009年4月7日提交的划界案中确定了18个大陆坡脚。其中4个（FOS_0001、FOS_0008、FOS_0011和FOS_0017）为关键点。使用关键大陆坡脚划定的60海里距离公式线超出350海里限制线，因此，乌拉圭认为，可以用350海里限制线划定200海里以外大陆架外部界限（图6-4）。乌拉圭依照委员会《科技准则》第5.4.4段、第5.4.5段和第6.2.1段认为，陆坡基部区为陆坡下降到深海平原的区域。

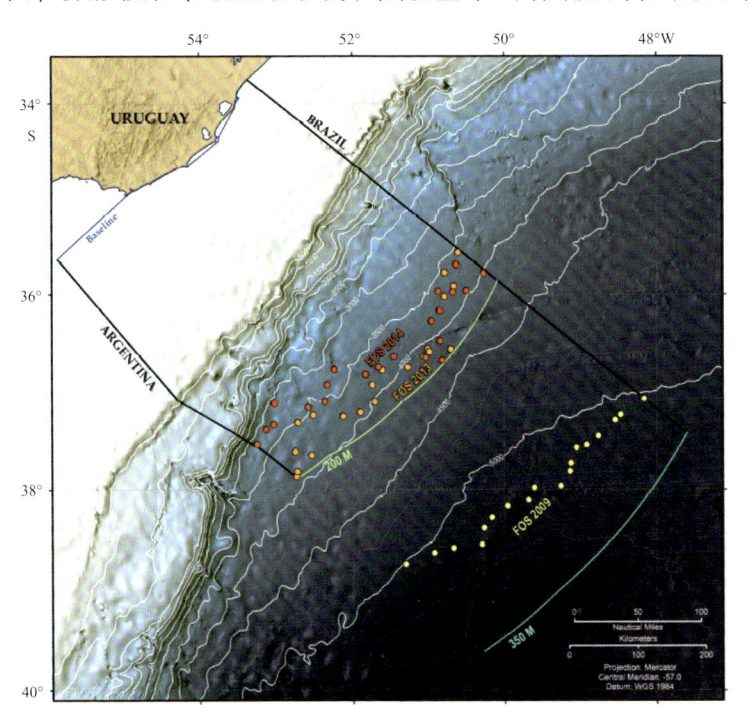

图6-4　乌拉圭划界案大陆坡脚位置

黄色点为乌拉圭于2009年提交划界案中确定的大陆坡脚点，橙色点为乌拉圭根据委员会审议过程中的建议于2013年提交的修订大陆坡脚点，红色点为乌拉圭于2014年提交的进一步修订的大陆坡脚点

资料来源：委员会对乌拉圭外大陆架划界案的建议摘要

小组委员会不赞同乌拉圭提交的陆坡基部区及大陆坡脚的位置，建议乌拉圭在陆坡基部区寻找更加向陆的具有明显坡度变化的大陆坡脚。

乌拉圭代表团认为，沉积作用的影响及其陆缘形态导致无法区分陆坡和陆基，陆坡和陆基无法分离，所以陆坡基部区应位于与深洋洋底的交汇处。但小组委员会认为，虽然对沿着陆缘某些区域延伸的陆坡和陆基进行区分存在一定难度，但是依照《公约》第七十六条，陆基不可能被包含在陆坡中。此外，沿着陆缘其他区域延伸的陆坡和陆基实际上是可以识别的。小组委员会建议，当确定大陆坡脚的形态学方法不可靠时，代表团可使用相反证据，或至少应该尝试利用相反证据原则来确定大陆坡脚。

基于此，乌拉圭于2013年2月提交了修订的大陆坡脚（图6-4）。小组委员会随后提出更加向陆的位置和识别陆坡基部区域的方法。

乌拉圭在2013年10月的技术报告中，试图证明其陆坡基部区确定方法的合理性，乌拉圭认为其陆缘被拉普拉塔河转换体系（RPTS）分隔成两个构造盆地，即埃斯特角城盆地和佩洛塔斯盆地。乌拉圭指出，由于存在陆坡平行流及大型块状搬运沉积（MTDs），在陆缘北部的陆基不发育，因此，陆坡基部区应位于与下陆坡的MTDs/碎屑流相关的位置。而陆缘南部陆坡基部区应根据下陆坡发育的等深流阶地特征来确定。

小组委员会不接受乌拉圭基于块状搬运沉积在陆缘北部确定的陆坡基部区。小组委员会认为，这些沉积复合体也位于陆基内，且没有充足证据支持其仅在陆坡的沉积输运作用。

乌拉圭随后于2014年2月，根据陆缘海底地形形态的分析情况（图6-4），提交了修订文件，重新确定了21个新的大陆坡脚。乌拉圭表示他们在确定大陆坡脚时已经考虑过使用相反证据的情况，但仍决定仅根据形态特征确定陆坡基部区和大陆坡脚。因此，确定的所有大陆坡脚均基于一般规则，即陆坡基部区坡度变化最大的点。

小组委员会认可乌拉圭陆缘南部地区基于形态学方法的陆坡基部区和大陆坡脚的位置。但是，对于陆缘北部地区则要求乌拉圭做进一步澄清，以支持其陆缘形态特征。小组委员会不接受一些向海的大陆坡脚，包括OCPLA009测线上的关键坡脚点FOS-09。小组委员会的理由是这些大陆坡脚所在处坡度平缓、坡度变化小于0.5°。小组委员会建议，陆坡基部区坡度变化最大的点应位于更加向陆，并且能被小组委员会所接受的位置。值得指出的是，小组委员会是基于测深数据的剖面分析和表面坡度计算得出上述结论的。

第 6 章　乌拉圭外大陆架划界案委员会审议建议评注

乌拉圭使用 FOS-08 和 FOS-16 代替关键点 FOS-09，并基于这两个大陆坡脚适用沉积物厚度公式。小组委员会接受乌拉圭确定的陆坡基部区位置，并且同意乌拉圭在 2014 年 2 月的修订文件中确定的关键性大陆坡脚 FOS-08 和 FOS-16（图 6-5），这两个点符合《公约》第七十六条和委员会《科技准则》第 5 章的规定，故委员会建议，将这两个大陆坡脚（表 6-1）作为确定乌拉圭大陆边外缘的依据。

表 6-1　大陆坡脚经纬度

大陆坡脚	经度 /（°W）	纬度 /（°S）
FOS-08	50.8419	36.479977
FOS-16	52.36248	37.106172

图 6-5　关键性大陆坡脚位置

资料来源：委员会对乌拉圭外大陆架划界案的建议摘要

6.4.3　公式线的适用

乌拉圭在 2009 年 4 月 7 日提交划界案中，依照《公约》第七十六条第 4 款（a）项（ii）目在确定大陆边外缘时仅使用 60 海里距离公式。小组委员会建议，乌拉圭可以考虑使用《公约》第七十六条第 4 款（a）项（1）目的沉积物厚度公式来划定大陆边外缘。乌拉圭依照建议，于 2013 年 2 月提交了修订文件，使用沉积物厚度公式对大陆边外缘进行确定。

小组委员会就证明沉积物厚度公式点合理性的方法与代表团进行交流，并基于委员会《科技准则》的规定，审查了基底顶部的识别、地震数据的时深转换，以及沉积物厚度公式点上沉积物与大陆坡脚沉积物之间的连续性问题。乌拉圭于 2014 年 10 月提供了第一组沉积物厚度公式点。

随后，乌拉圭于 2015 年 1 月又提供了一组修订的沉积物厚度公式点，并对最新收集的 COALEP14 地震数据进行分析。于 2015 年 8 月 3 日根据沉积物厚度公式提交了 6 个定点（图 6-6）。乌拉圭基于多道地震线 COALEP14-01、LEPLAC_S32A、COALEP12-01、LEPLAC_S30、COALEP12-02 和 BGR04-01sa，确定这些沉积物厚度公式点（GP01 至 GP06）。

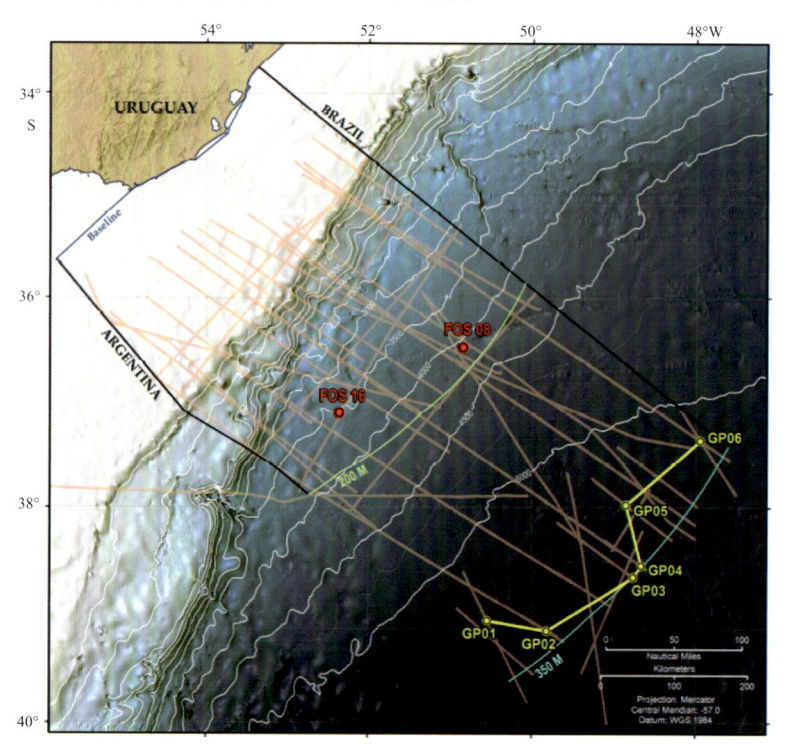

图 6-6　公式点与相应的地震测线位置

黄色点为乌拉圭 2015 年新提交的 6 个沉积物厚度公式点

资料来源：委员会对乌拉圭外大陆架划界案的建议摘要

小组委员会对沉积物定点间沉积层序的连续性和与大陆坡脚沉积物的连续性进行审查。乌拉圭提供组合地震剖面，把沉积物厚度定点与关键大陆坡脚点的区域连接起来。小组委员会认为这些剖面能够显示出沿其大陆边缘连续展布的沉积裙,符合沉积物连续性的规定。此外,基于地震数据的解释,乌拉圭提供了乌拉圭大陆边缘沉积物厚度图(图6-7)。结果显示,在整个陆缘区所有沉积物公式点处沉积物均与大陆坡脚处沉积物通过同一连续的沉积裙相连,小组委员会对此表示非常满意。

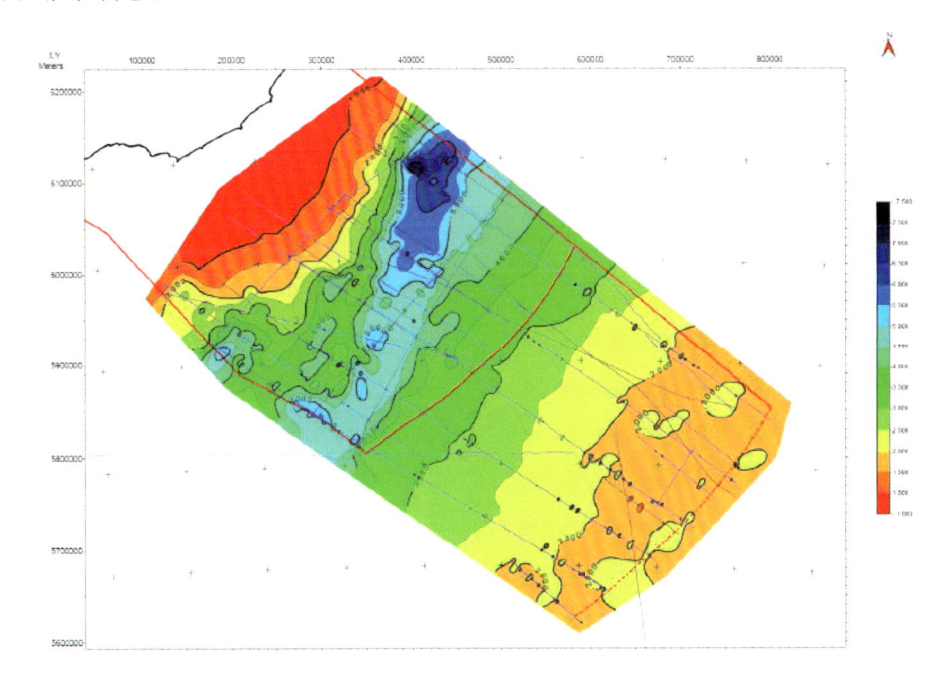

图6-7 乌拉圭大陆边缘的沉积物厚度

资料来源:委员会对乌拉圭外大陆架划界案的建议摘要

小组委员会还审查了乌拉圭计算沉积物公式点上的沉积物厚度所采用的方法。乌拉圭使用基于多道地震反射数据获得的均方根(RMS)叠加速度计算的层速度。这些层速度是利用行业标准算法计算获得的,并最终用来计算沉积物厚度。

沿着乌拉圭大陆边外缘,洋壳基底被熔岩流和沉积物互层覆盖。委员会《科技准则》第8.2.18段规定,如果基底顶部的地震信号被层间熔岩屏蔽,则沿海国在该区域可以通过速度结构解释识别基底顶部。对于每个沉积物公式点,小组委员会都要求且均收到乌拉圭提供的定点附近的地震数据的速度分析,包括选定CDP道集和速度谱。小组委员会将地震层序底部的地震速度显著增加,作为对乌拉圭提交的基底顶部的验证证据。小组委员会根据所提供的资料和信息,核准了乌拉圭确定的基底顶部和与沉积物厚度公式点有关的沉积物厚度计算。小组委员会同意乌拉圭基于大陆坡脚FOS-08和FOS-16确定沉积物公式点(GP01至GP06)的程序。

6.4.4 限制线的适用

依照《公约》第七十六条第 5 款的规定,乌拉圭在其大陆架外部界限的确定过程中仅使用了距离限制。

乌拉圭提交的距离限制线通过从测算乌拉圭领海宽度的基线量起 350 海里的弧线划定。委员会同意乌拉圭划定限制线的方法。

6.4.5 外部界限及委员会建议

乌拉圭大陆架外部界限由距离公式线和 350 海里限制线划定。划界案仅使用了一个领海基点(点 p-10,如图 6-8 所示)确定大陆架外部界限上的定点。根据代表团于 2015 年 8 月 3 日提供的修订文件,乌拉圭大陆架外部界限依照《公约》第七十六条使用长度不超过 60 海里的直线连接定点(OL-URY-01 至 OL-URY-27)划定(图 6-8)。这些定点不包括 200 海里界限上的点,也不包括与其他沿海国相关的边界线上的点。

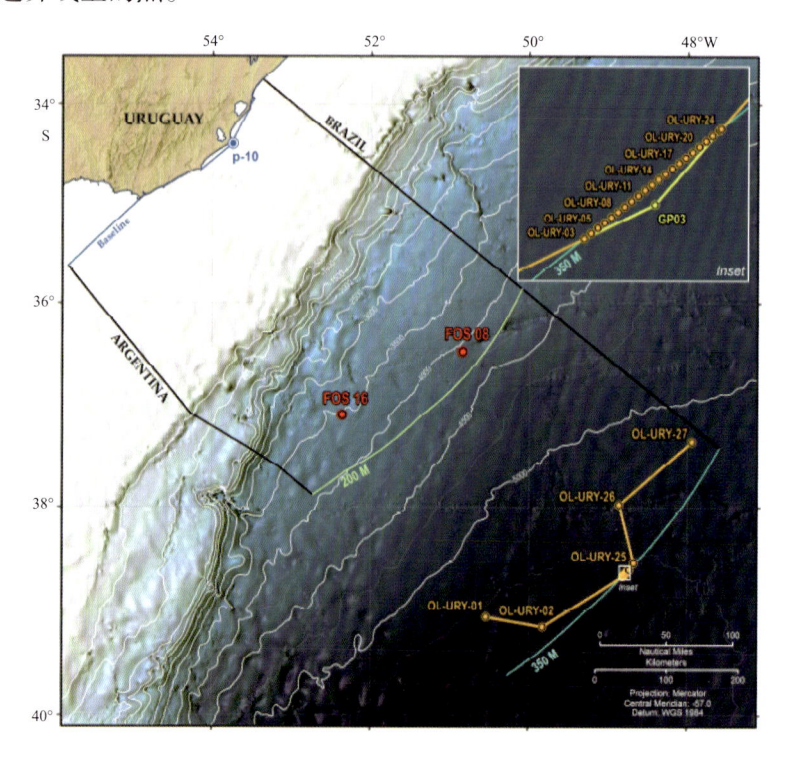

图6-8 乌拉圭大陆架外部界限

由陆地向海方向,蓝色线为领海基线,红色点为关键性大陆坡脚点,绿色线为200海里线,橙色线为200海里外大陆架外部界限,蓝绿色线为350海里限制线

资料来源:委员会对乌拉圭外大陆架划界案的建议摘要

委员会同意乌拉圭划定大陆边外缘的定点，并建议依照《公约》第七十六条第 7 款，用长度不超过 60 海里的直线线段连接经纬度坐标确定的定点划定大陆架外部界限。委员会同意乌拉圭划定大陆架外部界限所采用的方法和精度，包括定点及连接定点的直线线段。因此，委员会最终建议乌拉圭继续根据定点（OL-URY-01 至 OL-URY-27）确定大陆架外部界限。

6.5　委员会审议建议评注

乌拉圭南部陆地领土与阿根廷北部接壤，对两国划界案委员会建议的比较，可看出委员会对不同国家划界案的审议秉承相同的原则和标准，经委员会审议修订后的乌拉圭大陆坡脚更具合理性。乌拉圭在其原划界案主张中将大陆坡脚定位于远离陆地的向海侧，经过小组委员会与乌拉圭代表团的交流后不断修改，使大陆坡脚大幅度向陆移动，从最终的大陆坡脚位置图可以看出两个相邻国家在相同地质背景区域中确定的大陆坡脚的走势是相同的，并且基于这些大陆坡脚使用沉积物厚度公式所确定的外部界限走势也是相同的。

乌拉圭最初确定的大陆坡脚之所以位于远离陆地的向海侧，主要是乌拉圭认为其陆坡基部区为陆坡下降到深海平原的区域。乌拉圭认为其大陆边缘的形态由于受沉积作用强烈影响导致无法区分陆坡和陆基，甚至可以说其陆基是与陆坡合为一体的，所以陆坡基部区应位于陆坡与深洋洋底的交汇处。但小组委员会不同意该观点，小组委员会认为，虽然对沿着陆缘某些区域延伸的陆坡和陆基进行区分存在一定的难度，但是根据《公约》第七十六条，陆基不可能被包含在陆坡中。

由于乌拉圭陆缘北部地区陆基不发育，并且乌拉圭提供的沉积证据也不能明确指出陆坡基部区，委员会建议可使用相反证据来判断陆坡基部区。而乌拉圭陆缘的南部地区则可以基于形态学确定陆坡基部区。最后根据陆坡基部区的坡度变化最大的一般规则，确定大陆坡脚的位置。

参考文献

[1] Executive Summary of Submission of Oriental Republic of Uruguay to the Commission on the Limits of the Continental Shelf Pursuant to Provisions of Article 76 Paragraph 8 of the United Nations Convention on the Law of the Sea. Commission on the Limits of the Continental Shelf [EB/OL]. [2023-09-30]. https://www.un.org/Depts/los/clcs_new/submissions_files/ury09/ury_esummary.pdf.

[2] Statement by the Chairman of the Commission on the Limits of the Continental Shelf on the progress of work in the Commission - Twenty-fourth session. Commission on the Limits of the Continental Shelf [EB/OL]. [2023-09-30]. https://documents-dds-ny.un.org/doc/UNDOC/GEN/N09/536/21/PDF/N0953621.pdf?OpenElement.

[3] Statement by the Chairperson of the Commission on the Limits of the Continental Shelf on the progress of work in the Commission - Twenty-seventh session. Commission on the Limits of the Continental Shelf [EB/OL]. [2023-09-30]. https://documents-dds-ny.un.org/doc/UNDOC/GEN/N11/318/87/PDF/N1131887.pdf?OpenElement.

[4] Progress of work in the Commission on the Limits of the continental Shelf - Statement by the Chairperson - Twenty-eighth session. Commission on the Limits of the Continental Shelf [EB/OL]. [2023-09-30]. https://documents-dds-ny.un.org/doc/UNDOC/GEN/N11/501/39/PDF/N1150139.pdf?OpenElement.

[5] Progress of work in the Commission on the Limits of the continental Shelf - Statement by the Chairperson - Twenty-ninth session. Commission on the Limits of the Continental Shelf [EB/OL]. [2023-09-30]. https://documents-dds-ny.un.org/doc/UNDOC/GEN/N12/326/32/PDF/N1232632.pdf?OpenElement.

[6] Progress of work in the Commission on the Limits of the continental Shelf - Statement by the Chair - Thirty-fourth session. Commission on the Limits of the Continental Shelf [EB/OL]. [2023-09-30]. https://documents-dds-ny.un.org/doc/UNDOC/GEN/N14/284/31/PDF/N1428431.pdf?OpenElement.

[7] Progress of work in the Commission on the Limits of the continental Shelf - Statement by the Chair - Thirty-fifth session. Commission on the Limits of the Continental Shelf [EB/OL]. [2023-09-30]. https://documents-dds-ny.un.org/doc/UNDOC/GEN/N14/547/71/PDF/N1454771.pdf?OpenElement.

[8] Progress of work in the Commission on the Limits of the continental Shelf - Statement by the Chair - Thirty-seventh session. Commission on the Limits of the Continental Shelf [EB/OL]. [2023-09-30]. https://documents-dds-ny.un.org/doc/UNDOC/GEN/N15/112/55/PDF/

N1511255.pdf?OpenElement.

[9] Progress of work in the Commission on the Limits of the continental Shelf - Statement by the Chair - Thirty-eighth session. Commission on the Limits of the Continental Shelf [EB/OL]. [2023-09-30]. https://documents-dds-ny.un.org/doc/UNDOC/GEN/N15/297/39/PDF/N1529739.pdf?OpenElement.

[10] Progress of work in the Commission on the Limits of the continental Shelf - Statement by the Chair - Fortieth session. Commission on the Limits of the Continental Shelf [EB/OL]. [2023-09-30]. https://documents-dds-ny.un.org/doc/UNDOC/GEN/N16/108/88/PDF/N1610888.pdf?OpenElement.

[11] Summary of Recommendations of the Commission on the Limits of the Continental Shelf in Regard to the Submission Made by the Oriental Republic of Uruguay on 7 April 2009. Commission on the Limits of the Continental Shelf [EB/OL]. [2023-09-30]. https://www.un.org/Depts/los/clcs_new/submissions_files/ury09/2016_08_18_COM_URY_SUMREC.pdf.

第 7 章

库克群岛关于马尼希基海台外大陆架划界案委员会审议建议评注

库克群岛位于西太平洋 8°—23°S，156°—167°W，由众多岛屿构成，覆盖海域面积超过 200 万平方千米。库克群岛分为北部群岛和南部群岛。北部包括马尼希基（Manihiki）、拿骚（Nassau）、彭林（Penryhn）、普卡普卡（Pukapuka）、拉卡杭阿（Rakahanga）和苏沃罗夫（Suwarrow）等岛屿，除彭林岛外，其他都位于以马尼希基岛命名的马尼希基海台复合体。南部包括首都拉罗汤加（Rarotonga），以及艾图塔基（Aitutaki）、阿蒂乌（Atiu）、马努瓦埃（Manuae）、毛凯（Mauke）、米蒂亚罗（Mitiaro）和帕默斯顿（Palmerston）等岛屿。

库克群岛在其 1964 年颁布的《大陆架法》中规定了大陆架，该法于 1977 年进行了修订，明确了将根据《公约》的相关规定划定大陆架外部界限。库克群岛是《公约》的缔约国，于 1982 年 12 月 10 日签署《公约》，随后于 1995 年 2 月 15 日批准《公约》。依照《公约》附件二第四条，以及《公约》缔约国第 11 次和第 18 次会议决议对 10 年期限的决定，《公约》1999 年 5 月 13 日之前对其生效的缔约国应在 2009 年 5 月 13 日之前将大陆架外部界限的信息，及支撑的科学和技术数据提交大陆架界限委员会。库克群岛划界案的提交就是履行了这一义务。

7.1　库克群岛划界案主张[1]

库克群岛于 2009 年 4 月 16 日提交划界案，其支撑数据证明，库克群岛的大陆边外缘在马尼希基海台地区（彭林、普卡普卡、拉卡杭阿）超过从领海基线量起 200 海里。库克群岛政府将在委员会依照《公约》第七十六条第 8 款提出建议后最终确定其大陆架的外部界限。马尼希基海台区的主体是马尼希基海台，它是一个巨大的海底火成岩省，覆盖了赤道太平洋西部面积约 80 万平方千米的海底区域。马尼希基海台比周围海底高大约几千米，由 3 个主要海底隆起组成，它们被认为形成于早白垩系（大约 120 Ma）的热点作用，随后为正断层和转换断层所改造。马尼希基海台的北部和东北部岛屿是库克群岛领土的一部分。海台及与之相关的陆地在海底地形上是一整体，其地质演化过程与陆地是密切相关的。因此，

第 7 章　库克群岛关于马尼希基海台外大陆架划界案委员会审议建议评注

马尼希基海台及其所包含的海底隆起是库克群岛陆地领土的自然延伸，是其大陆架的自然组成部分。

马尼希基海台 200 海里以外大陆架面积达 41.3 万平方千米，分北区和东区两个区域，其外部界限由相邻两点之间不超过 60 海里的 306 个定点的直线连线构成，其中：

73 个定点由大陆坡脚外推 60 海里的弧确定；

173 个定点由 2500 米等深线外推 100 海里的限制线确定；

63 个定点由从领海基线量起 350 海里的限制线确定；

3 个定点为基于基里巴斯领海基线的 200 海里界限点，分别为北区的起点（CI_ECS-FP1）和终点（CI_ECS-FP257），以及东区的起点（CI_ECS-FP258）；

1 个定点为基于库克群岛领海基线的 200 海里界限点，即东区的终点（CI_ECS-FP 306）。

依照《公约》第七十六条第 7 款的规定，每一对相邻的《公约》第七十六条定点，包括外部界限的起点和终点，都由长度不超过 60 海里的测地线连接（图 7-1）。

在库克群岛划界案小组审议过程中，库克群岛根据小组委员会第 29 届会议期间提出的要求，补充与划界案有关的多波束资料，并于 2012 年 9 月 11 日提交了划界案的补充材料，对其大陆架外部界限进行了修订（图 7-2）。

7.2　各国反应照会和要点

在 2009 年 6 月 29 日的普通照会 UN/7/12/1A 中，新西兰告知联合国秘书长，库克群岛划界案中所提及的区域与托克劳群岛扩展大陆架的潜在区域存在重叠现象，如新西兰于 2009 年 5 月 11 日提交的初步信息所述。新西兰还指出，针对扩展大陆架的重叠区域，可能存在未解决的潜在划界问题。但在这份普通照会中，新西兰表示，它不反对委员会根据《公约》第七十六条第 10 段对库克群岛提交的划界案进行审议和提出相关建议。[2]

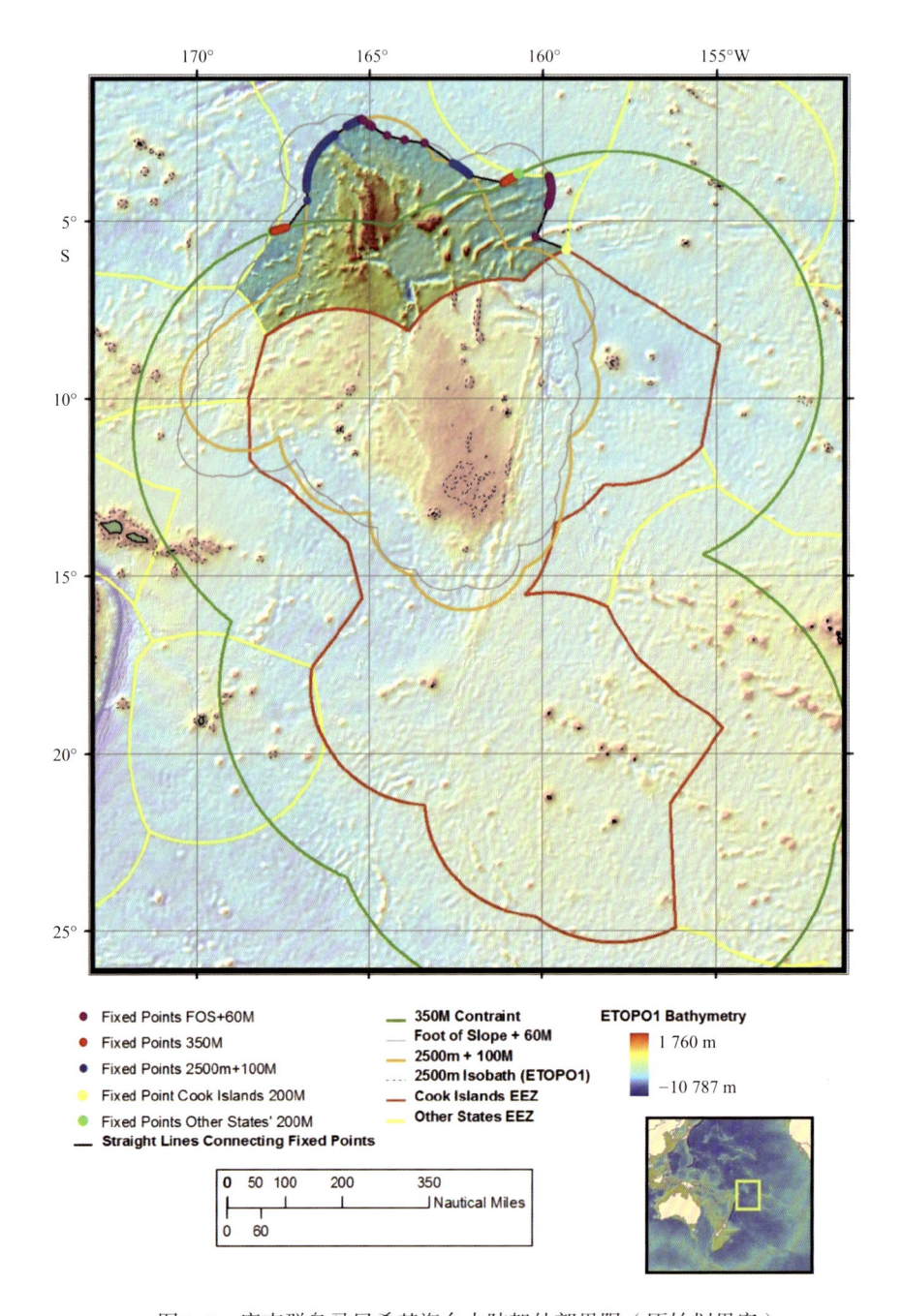

图7-1 库克群岛马尼希基海台大陆架外部界限（原始划界案）

图例按顺序，紫色点为大陆坡脚外推60海里定点，红色点为350海里定点，蓝色点为2 500米等深线外推100海里定点，黄色点为库克群岛200海里线定点，绿色点为其他国家200海里线定点，黑线为定点间直线连线，绿色线为350海里限制线，灰色线为大陆坡脚外推60海里公式线，橙色线为2 500米等深线外推100海里线，虚线为2 500米等深线，红色线为库克群岛专属经济区外部界限，黄色线为其他国家的专属经济区外部界限

资料来源：库克群岛关于马尼希基海台的外大陆架划界案执行摘要

第7章　库克群岛关于马尼希基海台外大陆架划界案委员会审议建议评注

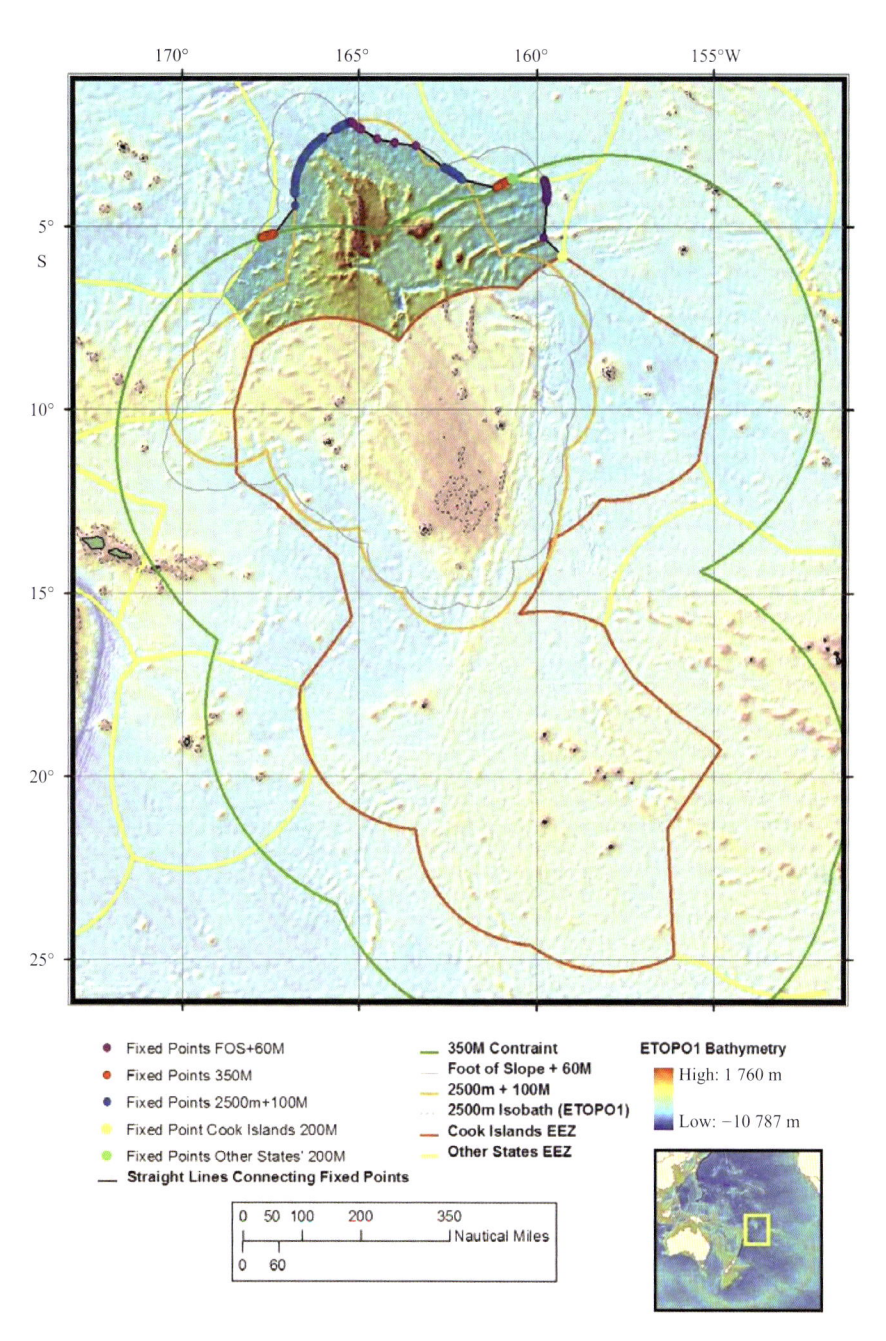

图7-2　库克群岛马尼希基海台大陆架外部界限（补充资料）

图例同图7-1

资料来源：库克群岛关于马尼希基海台的外大陆架划界案执行摘要补充资料

7.3 委员会审议过程

7.3.1 成立小组委员会之前的委员会初步审议

2009 年 8 月 26 日，在委员会第 24 届会议期间，库克群岛副总理、代表团团长 Terepai Maoate、外交移民部秘书 Michael Mitchell、基础设施和规划部执行主任 Keu Mataroa 和地理信息系统负责人 Vaipo Mataora 向委员会介绍了划界案。库克群岛代表团中还包括几位科学、法律和技术顾问。Mitchell 先生指出，委员会成员西蒙兹先生就本划界案对库克群岛给予了协助，提供了科学和技术咨询意见。关于《议事规则》附件一第 2 条（a）项，他确认，对划界案所述扩展大陆架地区与任何国家都不存在争端。关于新西兰的普通照会，Mitchell 先生回顾说，虽然在划界案所涉及的某一地区可能存在未决的划界问题，但新西兰表示不反对委员会审议库克群岛的划界案并对之提出建议。

委员会随后转入非公开会议。关于该划界案的审议方式，委员会决定，根据《公约》附件二第五条和委员会《议事规则》第 42 条的规定，将由今后某次届会上设立的小组委员会依照《议事规则》第 51 条 4 之三的规定进行审议。[3]

在第 28 届会议期间，委员会设立了审议库克群岛划界案的小组委员会，任命布雷克（Brekke）、卡雷拉（Carrera）、加法尔（Jaafar）、卡尔恩吉（Kalngui）、奥杜罗（Oduro）、朴永安（Park）和浦边彻郎（Urabe）为小组委员会成员，小组委员会选举卡雷拉为主席，浦边彻郎和布雷克为副主席。[4]

7.3.2 小组委员会审议

小组委员会于第 28 届会议期间开始审议库克群岛划界案，核查了材料的格式和完整性，随后着手对划界案进行初步分析，认为需要更多时间审查所有数据，并向库克群岛代表团提出了一批初步问题。

在第 29 届会议期间，小组委员会与库克群岛代表团举行了 2 次会议，双方就与划界案相关的事项做了陈述。代表团在陈述中指出，它已按小组委员会的建议从公开来源获取补充数据。库克群岛对这些数据进行分析后，修正了划界案中一个区块的 200 海里以外大陆架公式线和外部界限。[5]

在第 30 届至第 31 届会议期间，小组委员会继续审议库克群岛划界案，应代表团的请求，小组委员会与代表团进行了会晤。代表团请求澄清关于划界案审查工作目前达到的阶段，并就划界案审议工作指示性时间表提出询问，包括就实质

第 7 章　库克群岛关于马尼希基海台外大陆架划界案委员会审议建议评注

性问题同小组委员会开始对话。小组委员会做了答复，进一步澄清了小组委员会到目前为止所做的工作，并向沿海国要求提供补充数据。[6,7]

在第 32 届会议期间，小组委员会书面通知代表团，表示已决定在对划界案进行科学和技术审查时，处理与从属权利检验有关的问题。并表示了迄今为止对划界案若干方面的意见，并要求提供补充数据和资料。随后，代表团向小组委员会转交了近期勘测获得的补充数据和资料。[8]

在第 33 届会议期间，小组委员会根据委员会《议事规则》附件三第 10.3 段的规定向代表团陈述了审议划界案过程中的观点和一般性结论，代表团则根据委员会《议事规则》附件三第 10.4 段的规定做了答复。代表团向小组委员会表示，库克群岛以后将对陈述作全面答复。[9]

在第 34 届会议期间，小组委员会与代表团举行了 1 次会议，代表团提供了其对小组委员会根据委员会《议事规则》附件三第 10.3 段的规定所做陈述的第二次初步答复，包括补充数据和资料。[10]

在第 35 届会议期间，小组委员会与代表团举行了 3 次会议。小组委员会针对代表团在第 34 届会议上所做陈述，向该国代表团全面介绍了其对该划界案的审议情况。小组委员会的陈述还包括对代表团提供的对小组委员会主席在第 34 届会议上的发言的书面材料所做答复。代表团还做了另外 2 个陈述，作为其对小组委员会根据委员会《议事规则》附件三第 10.3 段的规定所做陈述的初步答复的一部分，并提交了补充数据和资料。[11]

在第 36 届会议期间，小组委员会与代表团举行了 1 次会议，根据委员会《议事规则》附件三第 10.4 段对代表团在第 35 届会议上提交的补充数据和资料做了陈述。小组委员会还答复了代表团提出的一些程序性问题。会议期间，小组委员会表示，它已经完成审议可以起草建议草案。小组委员会请代表团考虑小组委员会的答复，包括根据委员会《议事规则》附件三第 10.4 段向小组委员会做进一步陈述的可能性。代表团在 2014 年 10 月 29 日的普通照会中确认，代表团和小组委员会的意见不一，并表示不同意小组委员会的结论。[12]

在第 37 届会议期间，小组委员会着手拟订建议草案。[13]

在第 38 届会议期间，小组委员会最后确认了建议草案，并于 2015 年 7 月 31 日以多数票获得通过，随后转递给委员会主席。库克群岛代表团应要求参加了委员会的审议，按照委员会《议事规则》附件三第 15.1 段之二的规定作陈述。库克群岛的陈述出自下列人士：代表团团长、财政、海床矿物和自然资源部长马克·布朗（Mark Brown），外交部联合国和条约司司长乔舒亚·米切尔（Joshua

Mitchell)、法律顾问乔什·布里安（Josh Brien），和技术顾问阿兰·墨菲（Alain Murphy）。在陈述中，布朗先生认可委员会正在开展的重要工作，并认识到工作量日益繁重以及委员会的资源和时间面临重大的挑战和制约。布朗先生接着说，库克群岛深切关注委员会的状况，特别是委员会在审议库克群岛提交的划界案过程中采用的方法。他强调鉴于委员会的独特性质及其根据《公约》发挥的作用，当务之急是委员会以公平、没有偏见和基于科学的方式，在没有预先判断以及符合既定做法和委员会规则的情况下，对每一个划界案进行评估。他对小组委员会给予库克群岛代表团的待遇表示不满，并说，如果委员会赞同建议草案，将损害缔约国对委员会的信任。他还表示，库克群岛政府期望委员会以适当方式讨论库克群岛代表团提出的问题。在这方面，库克群岛代表团提出了一些可能的行动供委员会审议。代表团还谈到了与划界案有关的科学和技术事项，以及小组委员会审议划界案之后提出的意见和一般性结论。委员会随后转入非公开审议。委员会表示注意到代表团所表达的关切以及提供的资料。在讨论代表团提出的非技术关切之后，委员会回顾了其独立地位以及《议事规则》在审议该建议草案时为其提供了指导。委员会随后要求主席向代表团发文说明情况。考虑到代表团和小组委员会所做的陈述，为了让其成员有充足的时间审议划界案和建议草案，委员会决定依照《议事规则》第53条第1款，将对建议草案的进一步审议推迟至第40届会议。[14]

在第40届会议期间，委员会继续审议小组委员会拟订的建议草案。[15]

7.3.3　委员会通过建议

委员会于2016年8月19日第41届会议期间未经表决核准了经修正的"大陆架界限委员会关于库克群岛于2009年4月16日提交的关于马尼希基海台的划界案的建议"。[16]

根据《公约》附件二第六条第3款，委员会于2016年8月26日以书面形式将委员会建议（包括摘要）递交给库克群岛和联合国秘书长。

7.4　委员会对库克群岛划界案的审议建议[17]

7.4.1　地理及地质背景概述

马尼希基海台展现为面积约55万平方千米的水下地貌单元，比其周围深海

第7章　库克群岛关于马尼希基海台外大陆架划界案委员会审议建议评注

平原高出 1 000~3 000 米。通过全球数字高程模型（DEM）可以看出，具有高地形特征的马尼希基海台与西南太平洋周围其他相似的海底高地一起组成一个大火成岩省（LIP）。马尼希基海台被周边深海盆地所包围：西北部是托克劳盆地，东北部是中太平洋盆地，东南部是彭林盆地，南部是萨摩亚盆地（图7-3）。

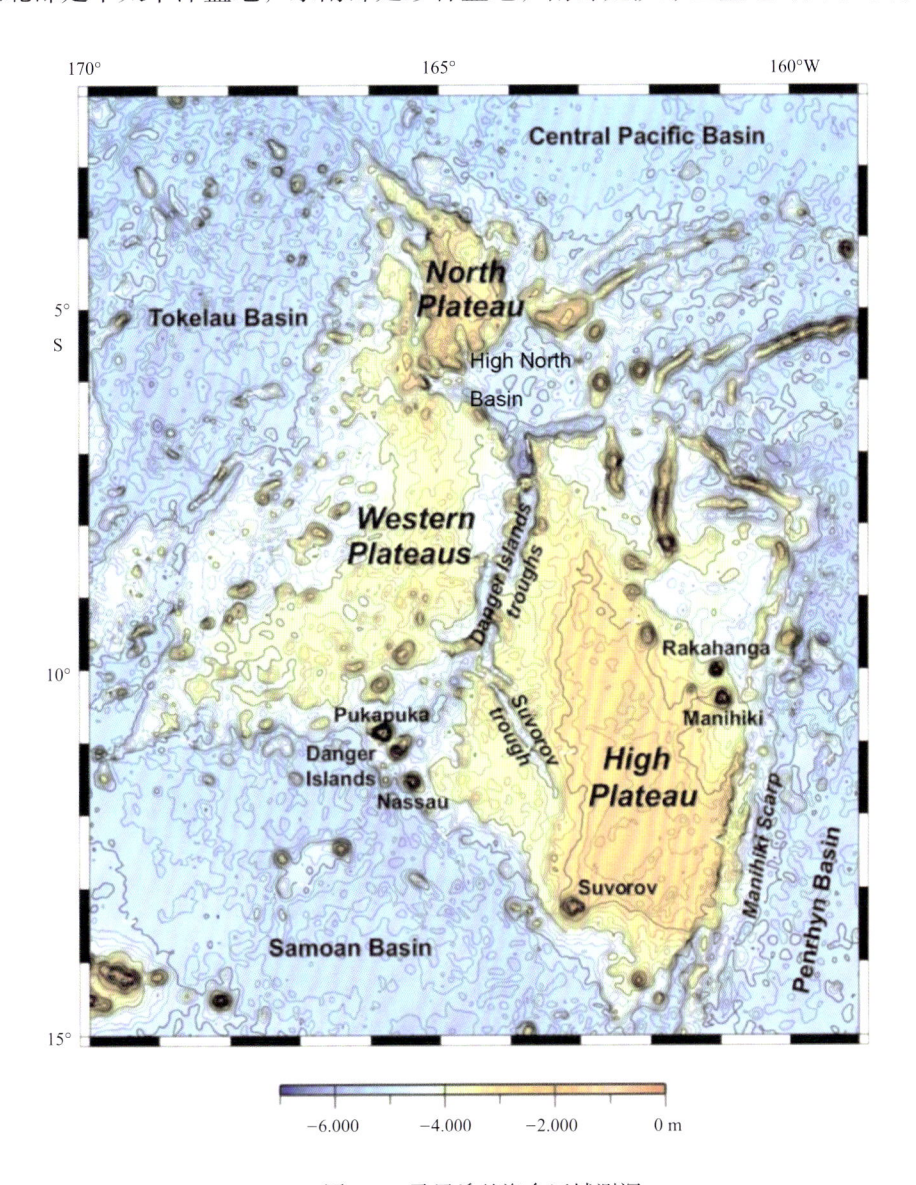

图7-3　马尼希基海台区域测深

Tokelau Basin：托克劳盆地，Central Pacfic Basin：中央太平洋盆地，Penrhyn Basin：彭林盆地，Samoan Basin：萨摩亚盆地，North Plateau：北部海台，Western Plateau：西部海台，High Plateau：高位海台，Danger Islands Troughs：危险岛海槽，Suvorov Through：苏瓦若海槽

资料来源：委员会对库克群岛关于马尼希基海台外大陆架划界案的建议摘要

马尼希基海台复合体由 3 个主要地貌单元组成：高位海台、西部海台和北部海台（图 7-3），并分别被危险岛海槽和苏瓦若海槽所分隔，这两个海槽系统可能为裂谷构造或者断层伴生的地堑。危险岛海槽被认为是残留裂谷系统，是雁式断层伴生的洼地，其最大水深可达 6 200 米，沿南北向延伸超过 350 千米。马尼希基海台复合体上的 3 个岛屿，即拉卡罕加岛、马尼希基岛和苏瓦若岛均位于高位海台上，而复合体中的拿索岛和普卡普卡岛则位于危险岛海槽的最南端。

在马尼希基海台的东部边缘，分布沿南北走向的转换断层系统，该系统形成马尼希基陡崖。这个 750 千米长的陡崖系统由多个平行的线形陡坡组成，每个陡坡的垂向位移为几百米，将高位海台与彭林盆地的海底平原分隔开。这些陡坡、交叉的脊、海槽和海山被认为是大型转换断层作用的结果。名为北高盆地的宽阔的洼地，把高位海台与北部海台分隔开，而另一个未命名的海槽将西部海台与北部海台分隔开。此外，马尼希基海台地区北部的一些狭窄、细长且未命名的海底地形特征已在划界案中进行标注，它们被命名为唐加罗瓦和爱瓦塔坡尖（位于北部海台外）以及奈加拿奥坡尖（位于高位海台外）。

7.4.2　从属权利检验

7.4.2.1　数据资料的收集和使用

小组委员会指出划界案中所涉及的测深数据没有包含有助于对从属权利检验进行审议的足够多的多波束和单波束数据以及公开的可利用的其他资料。在第 30 届至第 32 届会议期间，小组委员会对从属权利检验进行了审查，提出需要参考马尼希基海台北部及其周围海底高地区域与地球科学调查项目有关的特定科学参考资料及其他出版物。

划界案提供的单波束数据调查范围很大，但小组委员会认为数据分布稀疏。划界案中提到的"太阳号"科考船 SO-193 航次中仅有的多波束调查数据并没有用于确定划界案中所述陆坡基部区和大陆坡脚。

划界案以 ETOPO1 数字高程模型（DEM）方式提供了区域性地貌数据和信息。小组委员会注意到库克群岛仅仅基于该模型，构建了用于支持从属权利检验的多条长测线剖面。而委员会《科技准则》第 4.2.6 段和第 5.2.3 段阐述了通过卫星测高技术预测水深确定 2 500 米等深线和寻找陆坡基部区及大陆坡脚这一做法存在局限性。

小组委员会已对马尼希基海台地区的 18 份多波束调查资料进行鉴别。尽管

第 7 章　库克群岛关于马尼希基海台外大陆架划界案委员会审议建议评注

在 2009 年划界案形成之前已获得这些资料，但是其中 16 份多波束调查资料在最初的划界案中并未曾提及。此外，划界案提交之后，"太阳号"科考船实施完成的 SO-223 和 SO-224 航次又获得了相关资料。小组委员会对可能与划界案有关的大量单波束调查资料也进行收集识别。这些单波束调查数据的范围覆盖很广，似乎与划界案中使用的少量数据在采集年限和/或质量方面没有什么不同。代表团根据小组委员会的建议，于 2012 年 3 月 19 日提交了一部分小组委员会推荐的多波束数据以及修订后的 GIS 项目，并于 2012 年 4 月 24 日对修订后的划界案做了介绍。修订划界案还增加了大陆坡脚的数量。小组委员会对修订后的陆坡基部区和大陆坡脚进行了审议。应小组委员会 2013 年 2 月 19 日的要求，代表团于 2013 年 7 月 26 日还提供了"太阳号"科考船 SO-224 和 SO-225 两个航次的资料。

7.4.2.2　关于自然延伸的审查

库克群岛在划界案主体案文中特别强调了地貌学在确定陆坡基部区的作用。还强调了地质学和地球物理学在确定陆坡基部区的作用。库克群岛确定大陆坡脚使用的是一般规则，即陆坡基部区坡度变化最大的点。

为此，小组委员会对与自然延伸有关的下述关键性问题进行审查：

（1）从地貌和地质的角度出发，是否可以确定划界案中提出的从岛屿到陆坡基部区的自然延伸？

（2）针对将马尼希基海台复合体划分成高位海台、西部海台和北部海台的海槽的形态和结构特征，提出了哪些是与自然延伸有关的问题？

（3）划界案中提及的唐加罗瓦、爱瓦塔和奈加拿奥坡尖等海底高地形表现为哪些地貌特征？

（4）如何确定岛屿周围陆坡基部区？

小组委员会同意库克群岛代表团进一步强调的两种地貌学观点：

（1）在危险岛海槽地区，鞍状高地形起到了桥梁作用，被认为是高位海台与西部海台之间区域地貌连续的证据；

（2）马尼希基海台周围的洋底深度为 5 200 米，和《公约》第七十六条定义的深洋洋底的 5 500 米相似。

小组委员会注意到，代表团并没有针对西部海台与北部海台之间区域，或高位海台与北部海底高地之间区域，提供与地貌连续性有关的信息和额外的数据资料。

小组委员会根据《公约》第七十六条和委员会《科技准则》第 5.4.5 段，寻找陆坡基部区，并得出如下结论：

（1）沿着穿过危险岛海槽桥梁（即前述鞍状高地形）之间的多波束测深剖面无法证实从高位海台到西部海台的自然延伸（图 7-4 和图 7-5）；

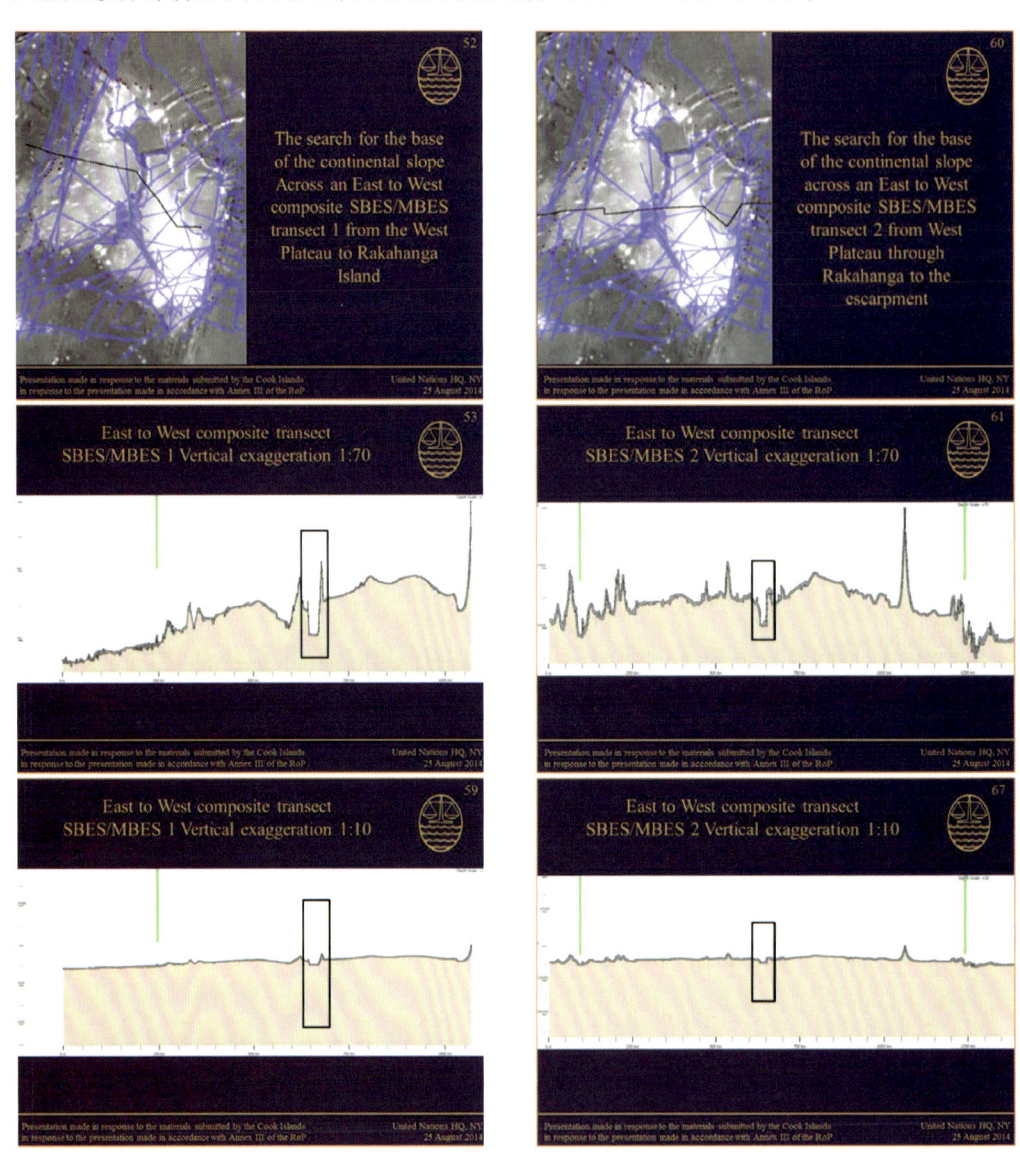

图7-4　西部海台和高位海台的地貌连续性（1）　　图7-5　西部海台和高位海台的地貌连续性（2）

资料来源：委员会对库克群岛关于马尼希基海台外大陆架划界案的建议摘要

（2）沿着危险岛海槽桥梁顶部的多波束测深剖面无法证实从高位海台到西部海台的自然延伸（图 7-6 和图 7-7）；

第 7 章　库克群岛关于马尼希基海台外大陆架划界案委员会审议建议评注

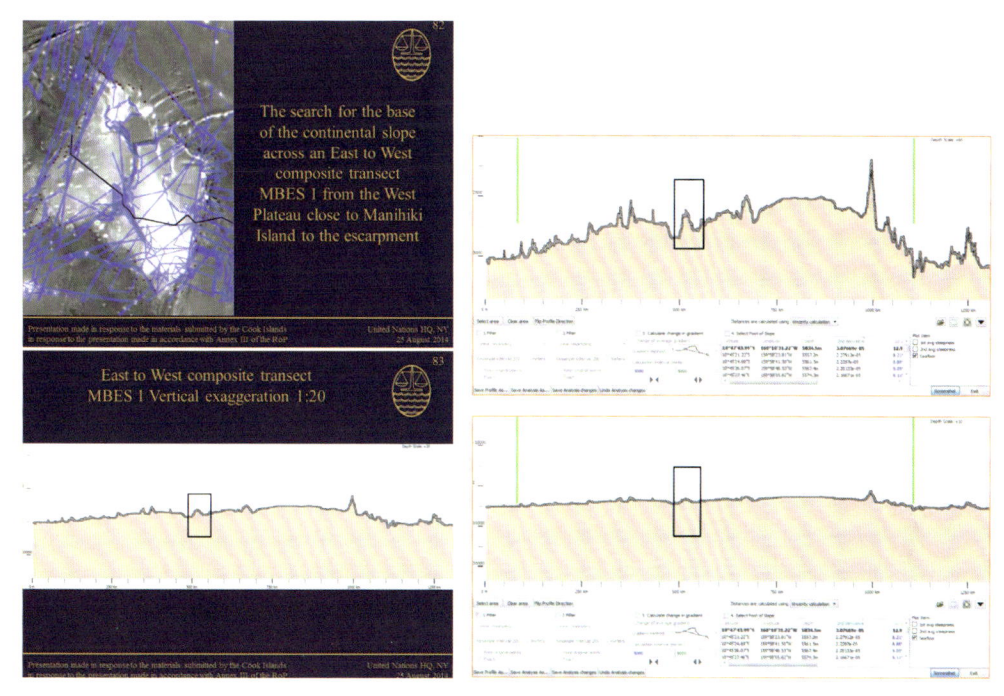

图7-6　仅使用MBES数据的西部海台和高位海台的地貌连续性（1）
资料来源：委员会对库克群岛关于马尼希基海台外大陆架划界案的建议摘要

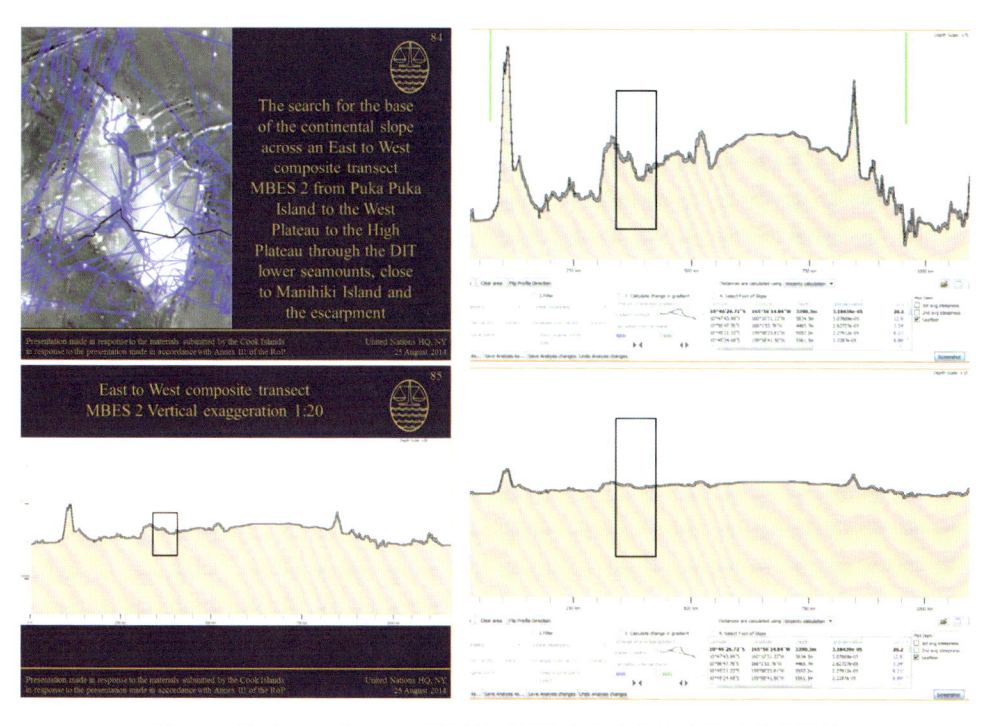

图7-7　基于SBES和MBES数据的西部海台和高位海台的地貌连续性
资料来源：委员会对库克群岛关于马尼希基海台外大陆架划界案的建议摘要

沿着危险岛海槽桥梁顶部的多波束测深剖面无法证实从北部海台到西部海台再到高位海台的自然延伸（图 7-8）。

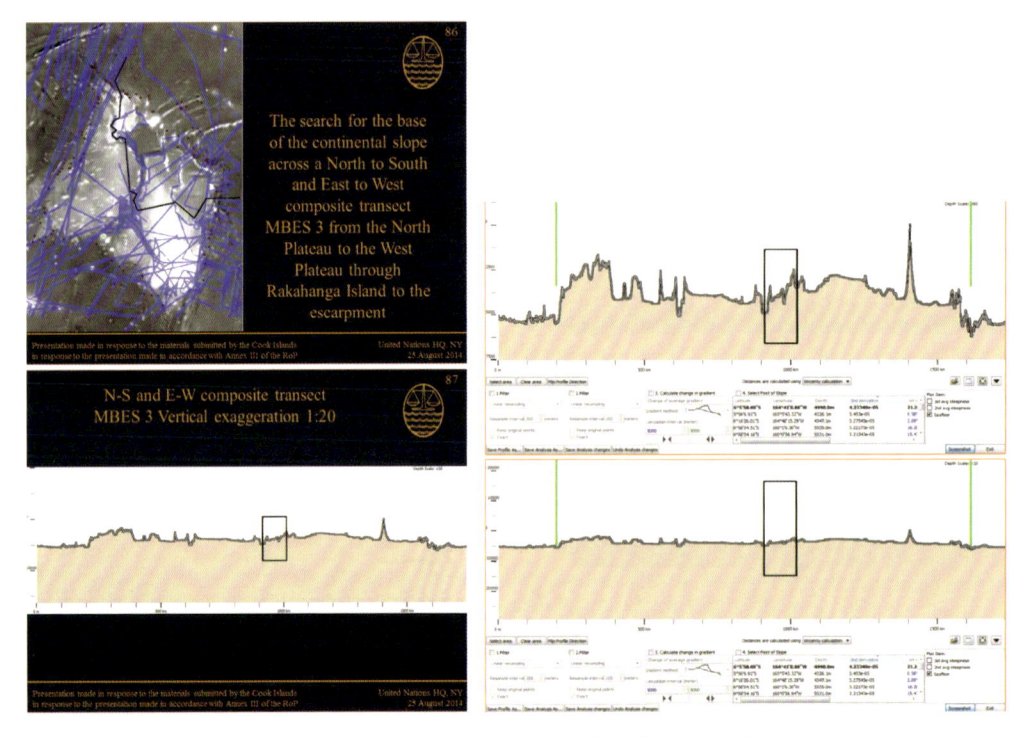

图7-8　仅使用MBES数据西部海台和高位海台的地貌连续性（2）

资料来源：委员会对库克群岛关于马尼希基海台外大陆架划界案的建议摘要

小组委员会通过可利用的多波束及单波束数据对北部海底高地进行了审查，并得出如下结论：北部海台的爱瓦塔和唐加罗瓦坡尖，以及高位海台的奈加拿奥坡尖所表现的地貌连续性和自然延伸情况并未得到充分证明。

在划界案中，库克群岛将马尼希基海台视为太平洋区域早白垩世时期形成的几个大火成岩省之一，是地幔柱或热点露出地表的位置。库克群岛认为，大火成岩省主要代表铁镁质岩石的巨大侵位，并认为是在较短的地质时期发生的，与海底扩张过程无关。大火成岩省的地壳厚度和结构展现出与正常海洋地壳明显不同的特征。

小组委员会注意到了科学文献中与马尼希基海台起源有关的主流假设。基于这些前提假设条件，马尼希基海台构成海洋大火成岩省的组成部分，被认为是以前拼接在一起被称为翁通爪哇环礁的"超级大火成岩省"的残余地块。该超级大火成岩省还包含希库兰吉和翁通爪哇海台。根据构造模型，马尼希基海台于巴列

第7章　库克群岛关于马尼希基海台外大陆架划界案委员会审议建议评注

姆期时期（约 127～121 Ma）在太平洋板块、南极板块和法拉隆板块三联点处发生裂谷作用的构造演化导致了马尼希基海台与翁通爪哇海台分离，随后在西北部的奥斯本海槽处分开（图 7-9）。

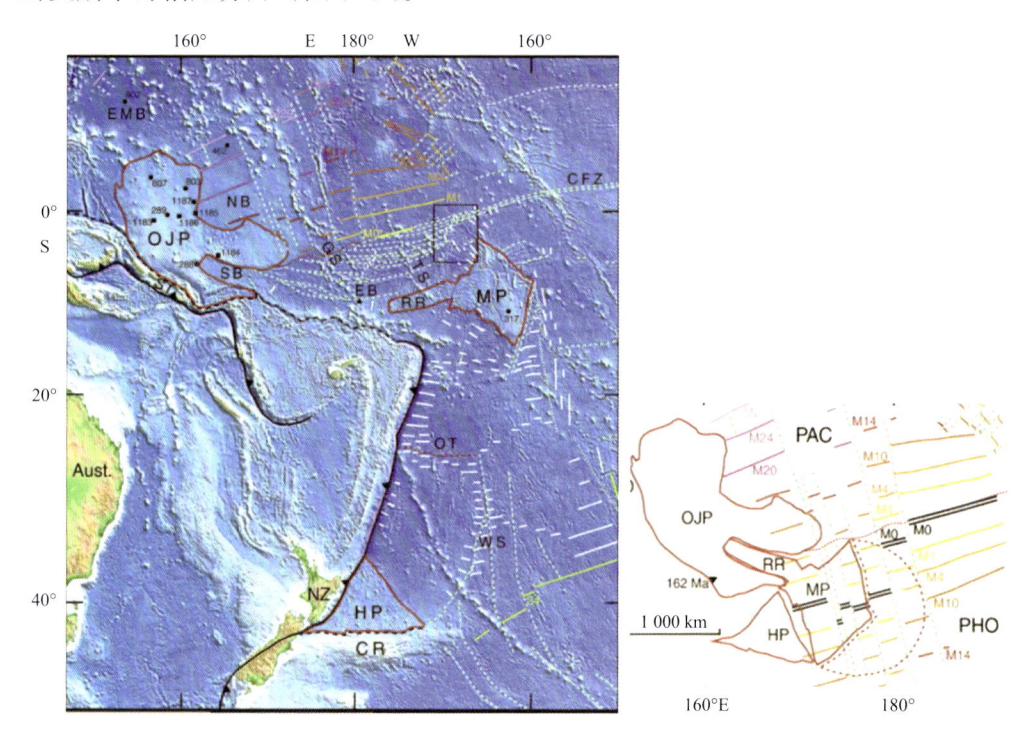

图7-9　翁通爪哇海台（OJP）-马尼希基海台（MP）-希库兰吉海台（HP）及其他海底地形单元区域位置，及这3个海台裂解前的模型示意

资料来源：委员会对库克群岛关于马尼希基海台外大陆架划界案的建议摘要

小组委员会还注意到，马尼希基海台随后拉张裂离导致海台碎片化和主要构造的不连续（如危险岛海槽），并使得高位海台、西部海台和位于高位海台东南地区的苏瓦若海槽分开。

在划界案中，库克群岛将深海槽和盆地（即危险岛海槽、苏瓦若海槽及北高盆地）视为是后形成的"裂谷构造"。划界案所提到的其他后成结构包括马尼希基陡崖："由于这些（马尼希基）陡崖把高位海台截断，被认为是马尼希基海台的后成构造"。库克群岛提交的 Coffin 等人的构造模型（2007 年）为这些海槽和盆地的起源提供了可能的解释（图 7-10）。库克群岛还指出，位于高位海台北部的高位盆地表明了北高盆地与引起高位海台盆地的拉张活动之间存在起源关系。因此，北高盆地被认为是马尼希基海台的内部盆地，并非深洋洋底。当前的地貌特征可能是古裂谷活动或后成海台拉张改造的结果。

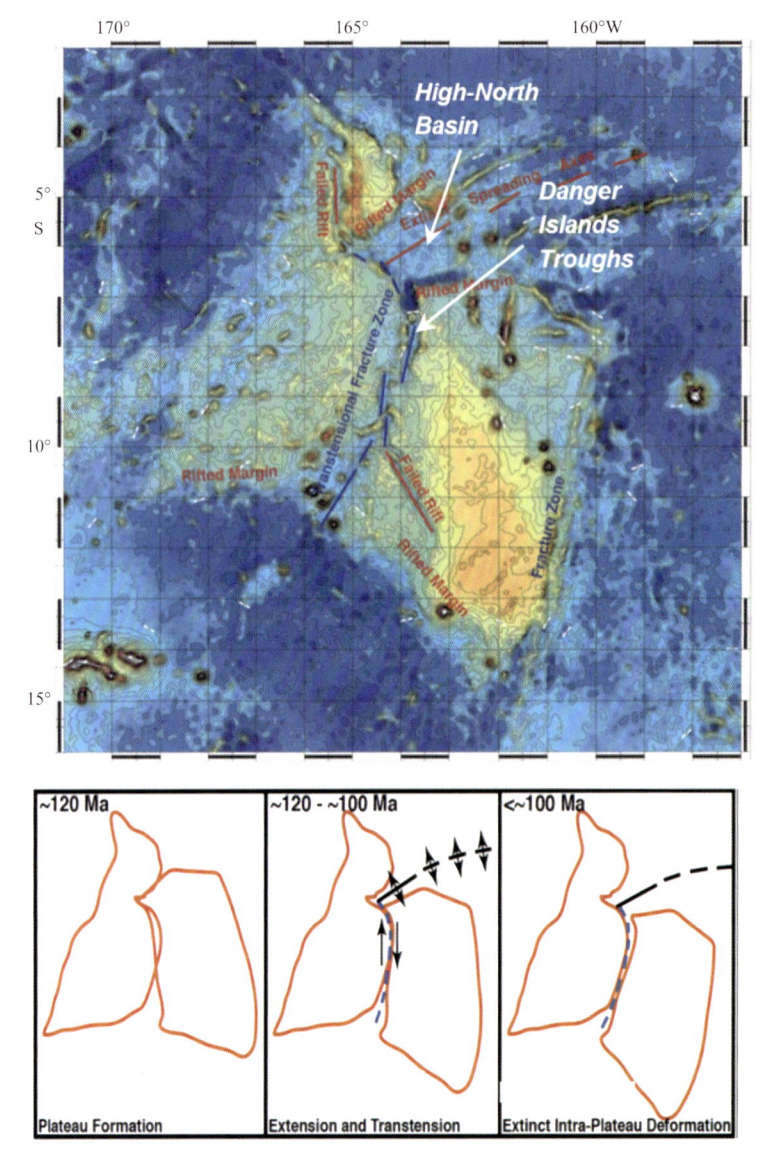

图7-10 马尼希基海台后成裂谷活动构造模型

资料来源：委员会对库克群岛关于马尼希基海台外大陆架划界案的建议摘要

针对马尼希基海台北部的海底特征，库克群岛指出，目前，还没有与其形成原因有关的文章发表，但其地貌和走向表明可能存在地堑-地垒构造。这种正常断层可能与裂谷阶段的拉张事件或者海底抬升有关的拉张，再或与海台形成的后期的岩浆底侵作用有关。马尼希基海台北部坡尖的起源在文献中并未被论及。无论这些地貌特征是否代表了火山作用和构造活动起源，仍然是一个不确定的问题，需要获得更多的资料并对其进行研究。这些地貌特征与现今马尼希基海台复合体

第 7 章　库克群岛关于马尼希基海台外大陆架划界案委员会审议建议评注

的形成存在内在联系。

小组委员会赞同马尼希基海台起源是由于大火成岩省的解体而形成的这一主流观点（图 7-10）。然而小组委员会指出晚期侵位的裂谷活动导致马尼希基海台被分裂和分割成几部分（高位海台、西部海台和北部海台）（图 7-11）。位于马尼希基海台复合体东北部且已被识别的北高盆地和海底高地可能是由于晚期侵位的裂谷事件有关的海底扩张形成的。图 7-10 中的构造模型对此进行了解释。然而，由于缺少确凿的地质及地球物理数据和信息以及构造假说中的不确定因素，小组委员会认为，现有的地质和地球物理资料很难对高位海台以外陆块的自然延伸情况进行验证。

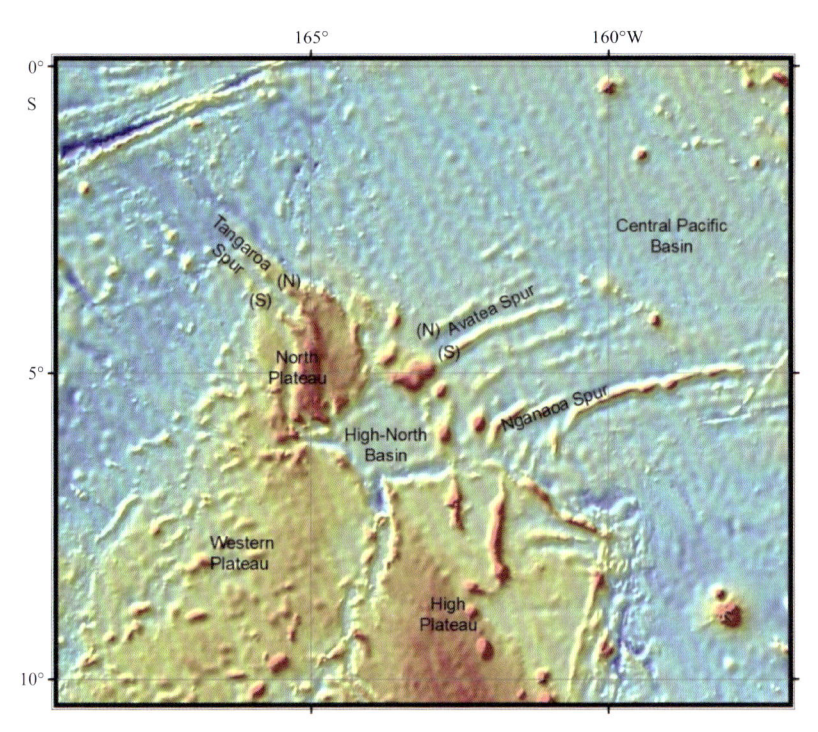

图7-11　划界案中涉及的坡尖等海底地形单元

资料来源：委员会对库克群岛关于马尼希基海台外大陆架划界案的建议摘要

为了回应小组委员会的看法和一般结论，代表团做了多次陈述，并提交了附加资料和信息，尤其为了证实存在由高位海台经过危险岛海槽到西部海台之间地质连续性这一观点。对于危险岛海槽，库克群岛政府得出如下结论，"地质连续性在经过危险岛海槽时并未因晚期侵位（~115 Ma）的裂谷事件而中断"。

小组委员会承认科学文献中的危险岛海槽是残留裂谷系统这一观点。根据地质学资料和信息，小组委员会认为，"残留裂谷"事件实际造成了马尼希基海台复合体的破裂，从而导致出现复杂的、地貌明显不连续的水深变化特征。

根据地质年代学和地球化学数据，并参考近期科学调查航次资料及相关文献，库克群岛认为，危险岛海槽两侧的地质年代学和地球化学资料表明了高位海台与西部海台之间存在地质上的连续性。

然而，小组委员会认为，到目前为止可供使用的地质年代学和地球化学信息都是以样品为基础，这些样品主要是沿着危险岛海槽和北高盆地边缘区域采集的（图7-12），还有一些附加样品来自海山。与主要的海台形成阶段相比，这些海山被认为与次级阶段的火山活动有关。这些样品不一定能代表西部海台以及高位海台的地质属性特征。根据与马尼希基海台有关的最新航次报告："然而，在主要海台形成阶段，分布广泛的大量火山活动的成因和时空演化尚不清楚，且不能通过现有的样品集进行重建"（Werner et al., 2013）。

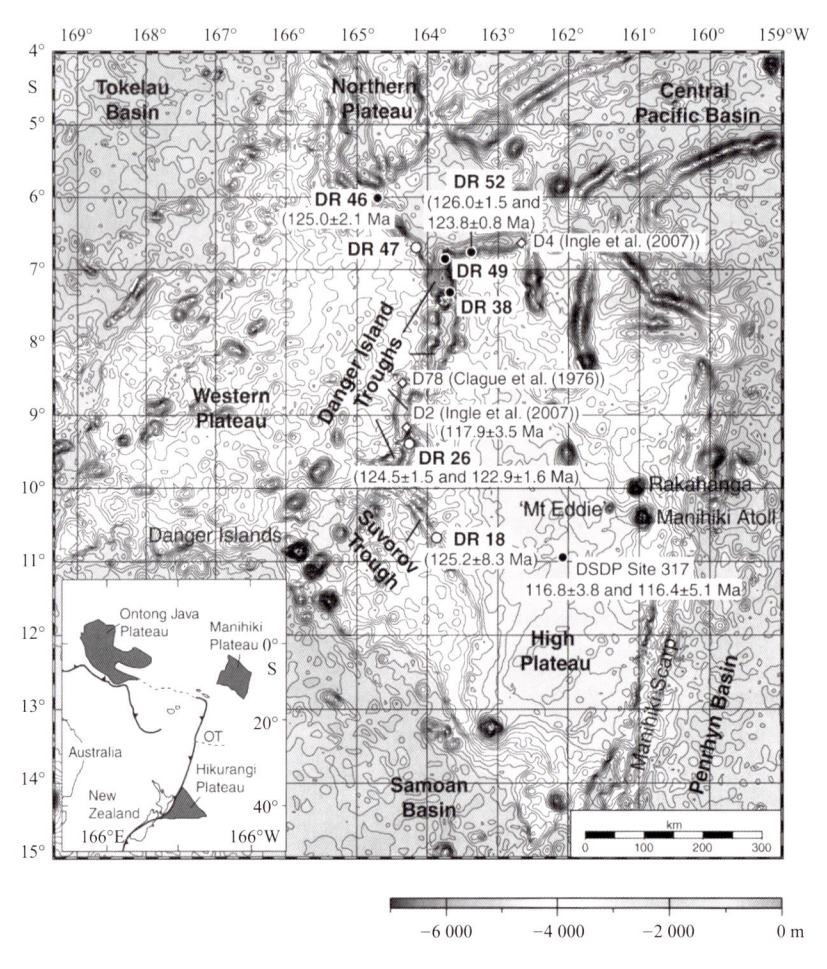

图7-12　标有地质年龄岩石样品分布（Timm et al., 2011）

资料来源：委员会对库克群岛关于马尼希基海台外大陆架划界案的建议摘要

第 7 章　库克群岛关于马尼希基海台外大陆架划界案委员会审议建议评注

库克群岛还提交了"太阳号"调查船执行的 SONNE-193 和 SONNE-225 航次报告有关的更多信息，报告中显示许多玄武岩样品都是来自马尼希基海台地区。小组委员会强调它已经了解了这些取样地点，并指出那些样品大部分用于岩石学分析，仅有小部分用于地质年代学分析，正如 Timm 等（2011）论文中的图件所示（图 7-12）。

针对马尼希基海台的地壳厚度，小组委员会指出，初始划界案中所述的地壳厚度存在不确定因素。库克群岛参考了高位海台和西部海台的深层地震横剖面的结果（图 7-13 和图 7-14），得出如下结论："折射地震数据显示了马尼希基海台具有增厚的地壳三层结构，这是大火成岩省具有的典型特征。整个马尼希基海台区域都具有大火成岩省的下地壳高速层特征。在高位海台和西部海台，上地壳特征存在差异，可能与晚期火山活动历史有关，但中、下地壳展示出地壳连续性。"

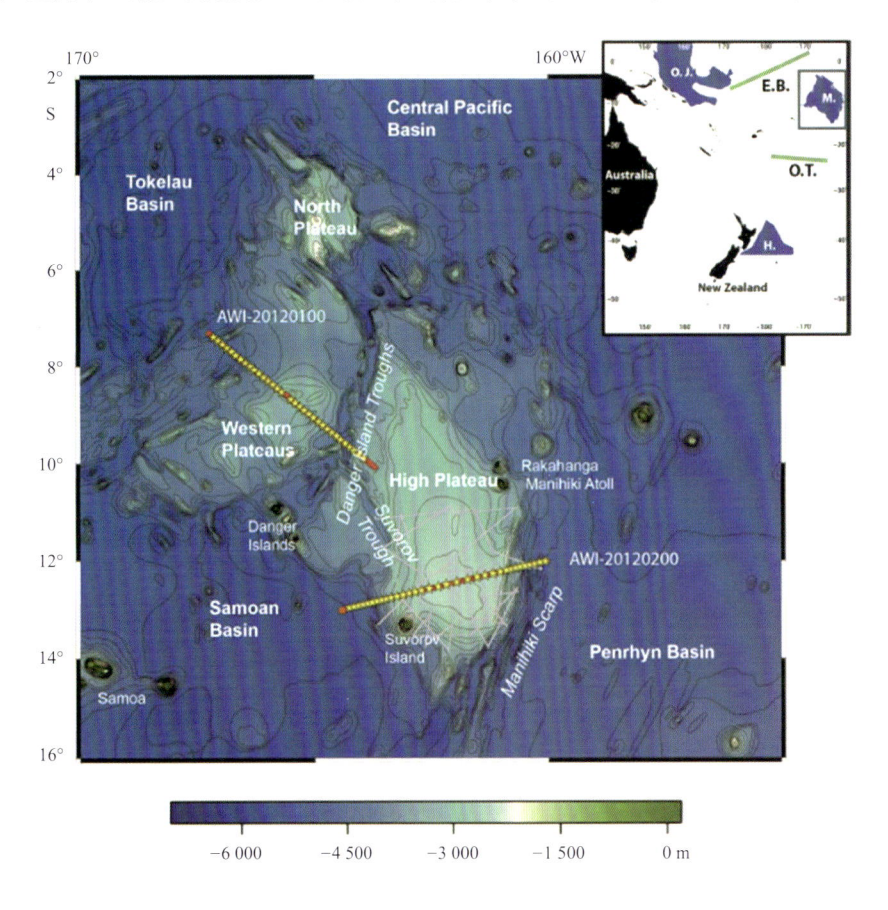

图7-13　构建P波速度模型的两条深部地壳折射/广角反射地震剖面位置（2012年的SO-224航次）
资料来源：委员会对库克群岛关于马尼希基海台外大陆架划界案的建议摘要

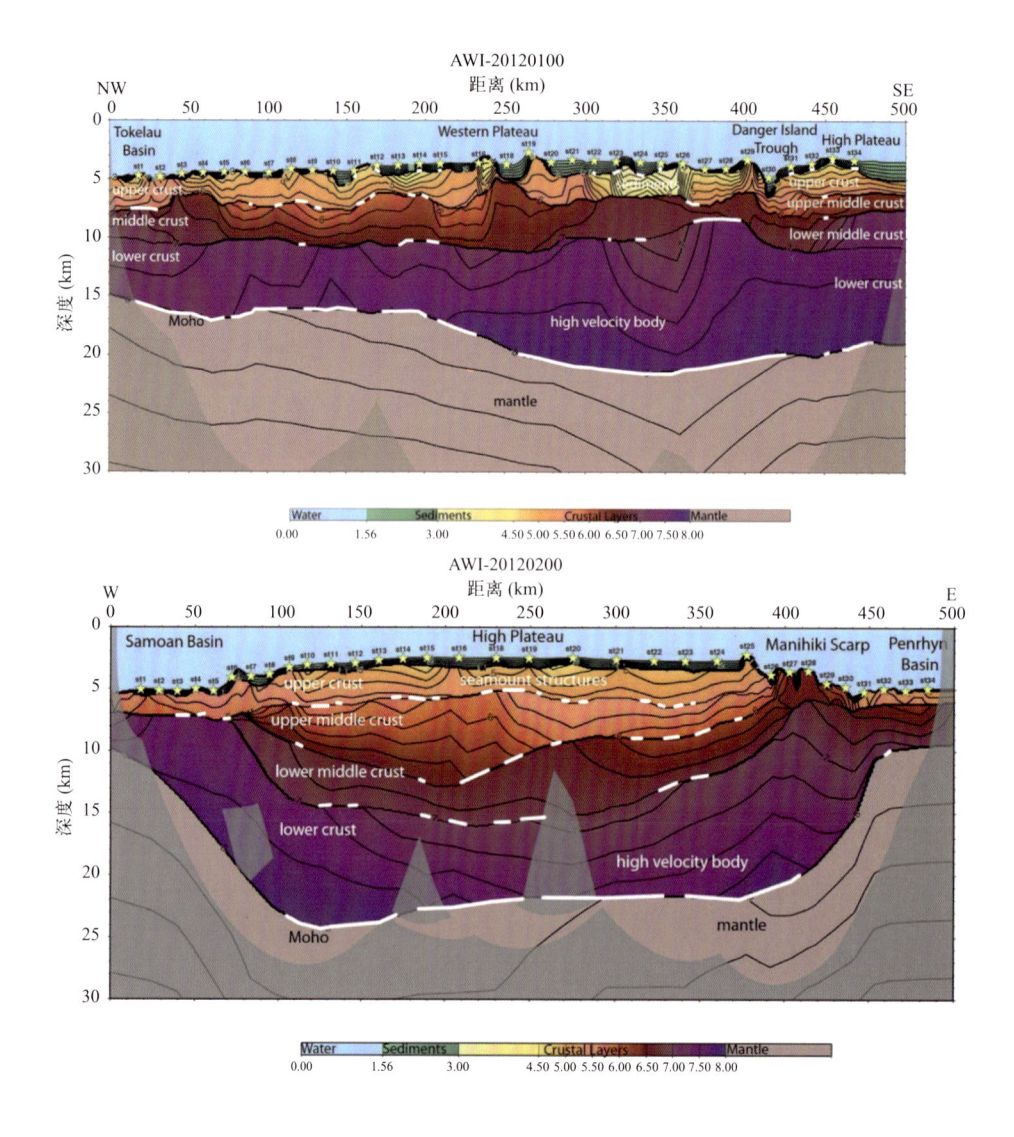

图7-14 基于深部地壳折射/广角反射地震剖面构建的P波速度模型（2012年的SO-224航次）

资料来源：委员会对库克群岛关于马尼希基海台外大陆架划界案的建议摘要

小组委员会认为马尼希基海台和"正常"洋壳之间的地壳厚度和结构方面存在差异性。高位海台的地壳厚度大于20千米，西部海台西部区域的地壳厚度减小到10千米以内。小组委员会还指出，高位海台与西部海台在其他方面也存在许多差异。在库克群岛引用的一项研究报告中，该作者认为在一些方面西部海台具有大火成岩省的"非典型特征"，特别是下述方面：①地壳结构，②缺少相关地质特征，如中上地壳中的铁镁质侵入体，及上地壳中的玄武岩流，③与高位海台不同，西部海台形成过程缺乏次级岩浆阶段。

第 7 章　库克群岛关于马尼希基海台外大陆架划界案委员会审议建议评注

根据上述内容，小组委员会认为危险岛海槽的存在就意味着高位海台与西部海台之间地质和构造上具不连续性。然而，少数几个委员认为，根据代表团按照小组委员会要求提供的危险岛海槽区域最新多波束测深数据，高位海台与西部海台之间存在显著过渡地形可以支持其连续性。

7.4.2.3　海底高地形的认定

库克群岛政府认为，马尼希基海台的 3 个主要地貌单元被断裂构造的深海槽和盆地所分隔，尽管马尼希基海台表现出碎片结构，但马尼希基海台地区内的所有地貌单元，包括海槽、鞍状地形和坡尖等地物所处位置的深度，明显浅于中太平洋深洋洋底的深度。

小组委员会认为，比深洋洋底浅的海底高地形单元，包括但不限于深洋洋脊，并不满足《公约》第七十六条及委员会《科技准则》的相关规定，因此，它们不能被认为是大陆边缘的一部分，而是属于深洋洋底的一部分。小组委员会指出，只有那些能清楚地证明在地貌和地质上都与高位海台是连续的海底高地形才能证明属于库克群岛大陆边缘的一部分。换句话说，小组委员会认为，虽然马尼希基海台属于复杂且具有碎片特征的海底高地形，并且一些海底特征单元高于深洋洋底的较深区域，这并不能够直接认定这些海底特征单元是库克群岛大陆边缘的组成部分。小组委员会还告诉代表团，沿着那些地貌单元所显示出来的地貌的连续性似乎是依据视觉感知判断的。委员会《科技准则》重点阐述了划界案中所提及的感知元素，如地图投影、垂直标度和水平标度、等值线间距、单位、颜色和符号。第 5.4.7 段特别指出，不鼓励单独依据视觉判断来确定陆坡基部区和大陆坡脚。

对于被称为马尼希基海台地区北部"坡尖"的海底高地形，小组委员会注意到，划界案中并没有提及与这些海底高地形的地质特征有关的证据，且没有证据来证明这些地质特征与马尼希基海台的形成存在内在联系。小组委员会的观点认为，那些海底特征很可能是因海底扩张而形成，在地质上与海台没有任何关联。

7.4.2.4　200 海里线和限制线的适用

划界案中的 200 海里线和 350 海里线都是基于弧线包络法使用大地测量手段进行构建的。然而，彭林岛的 200 海里线对确定 200 海里外大陆架宽度具有重要作用，小组委员会注意到，库克群岛政府同样利用该岛屿的基线来确定 350 海里限制线（图 7-15）。小组委员会认为，空间位置上来看，彭林岛并不在马尼希基海台复合体上，因此不享有在该区域的 200 海里外大陆架权利。根据以往的实践，委员会并不建议使用彭林岛 350 海里限制线。

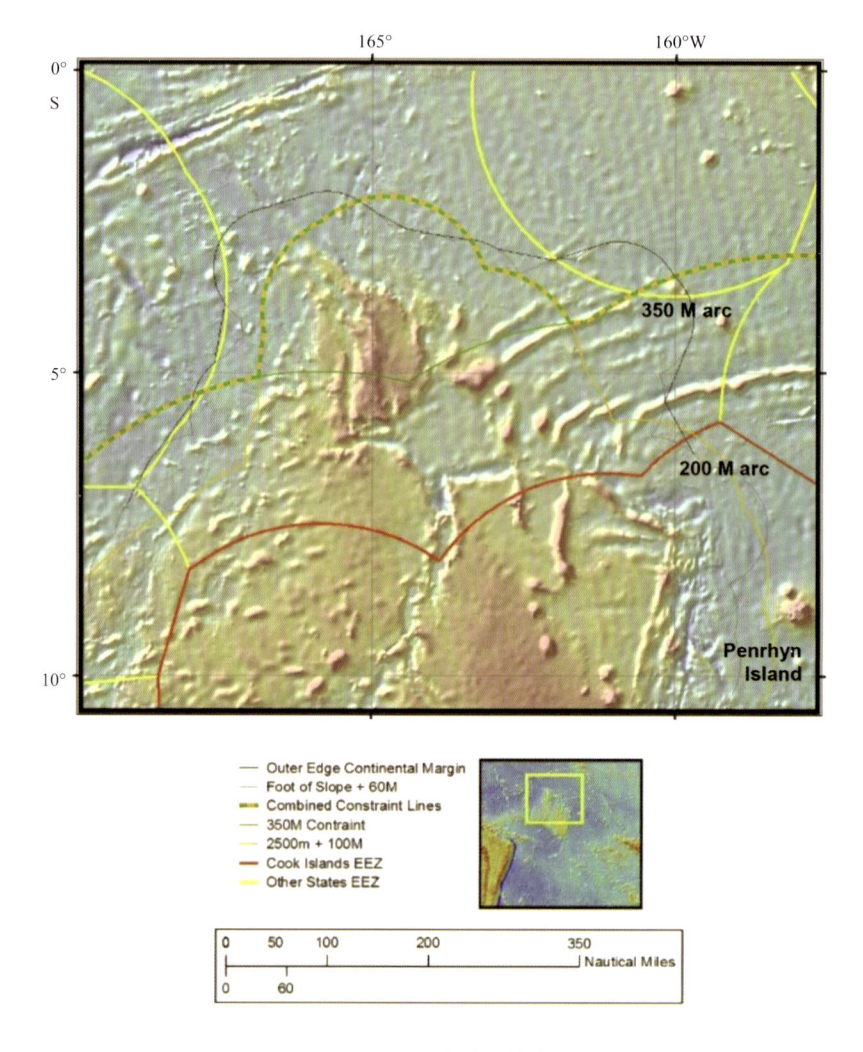

图7-15　大陆边外缘

图例由上至下，灰色线为大陆边外缘，黄绿色细线为大陆坡脚外推60海里线，黄绿虚线为组合限制线，绿线为350海里限制线，橙色细线为2 500米等深线外推100海里线，红色线为库克群岛专属经济区外部界限，黄色线为其他国家专属经济区外部界限

资料来源：委员会对库克群岛关于马尼希基海台外大陆架划界案的建议摘要

小组委员会还对所提交的深度限制线的构建情况进行审查。库克群岛基于ETOPO1网格数据确定2 500米等深线。《科技准则》第4.2.6段和第5.2.3段阐述了使用卫星测高技术获得的水深数据确定2 500米等深线和寻找陆坡基部区及大陆坡脚这一做法存在局限性。

小组委员会认为，划界案中使用深度限制线的方法，即通过单波束测深数据与基于ETOPO1测深数据集的2 500米等深线交叉的方法，不满足《科技准则》

要求，特别是其第 4.2.1 段中所述要求。

此外，小组委员会认为，沿海国必须证明，测量得到的 2 500 米等深线符合《科技准则》第 4.4.2 段中所规定的符合大陆边缘基本地形和构造特征的要求。

7.4.3 委员会建议

划界案中提及的科学与技术资料和信息，以及代表团提供的附加资料和信息，并不能支持在划界案中被称为"坡尖"的西部海台及北部海台周围的陆坡基部区和大陆坡脚位置。

小组委员会认为，350 海里限制线必须依据实测的岛屿领海基线并具有相同自然延伸的岛屿来确定。因此，彭林岛领海基线不适用于本划界案。

2 500 米等深线外推 100 海里限制线必须通过实测数据进行确定，且必须符合《科技准则》中所述大陆边的基本地形。

考虑到这些结论，小组委员会不接受划界案中所述大陆架外部界限的位置。根据对划界案中科学与技术资料和信息的分析情况，以及代表团所提供的附加资料和信息，委员会无法对马尼希基海台地区大陆架外部界限的精确位置提供建议。委员会认为，库克群岛政府应该考虑建议书中的分析结果和结论重新提交新的或者修改过的划界案。

7.5　后续问题[18]

库克群岛于 2016 年 11 月 30 日致联合国秘书长一封普通照会，声称对委员会建议所述各种原因而不能批准库克群岛提交的马尼希基海台大陆架外部界限表示失望。

库克群岛强调，尽管其政府计划提交包含其他科学材料的修订划界案，但它不会根据委员会建议中提出的科学和技术分析或结论进行修改。因为库克群岛认为委员会通过该建议是对小组委员会的妥协。小组委员会本应该基于委员会的委托，公平公正地审议划界案，而不该忽略库克群岛代表团在整个过程中就重要的实质性和程序性问题传达的关切。

库克群岛代表团于 2015 年 8 月 26 日根据委员会《议事规则》附件三第 15.1 段向委员会做了陈述，表达了其对委员会审查划界案期间采取的行动以及库克群岛在这种情况下为防止不可弥补的损害和保护其作为《公约》缔约国的权利而采取的行动表示关切。

此外,库克群岛政府对委员会核准建议的程序表示严重关切,回顾《公约》附件二第六条第 2 款的规定,小组委员会的建议应由委员会以出席并参加表决的委员三分之二多数核准。《议事规则》第 37 条也强调了,在不能达成一致的情况下,以及在实质性问题上,委员会批准建议应由出席并投票的委员三分之二多数通过。库克群岛认为,委员会核准建议应当是一个实质性问题。

委员会《建议》第 21 段说明,委员会于 2016 年 8 月 19 日未经表决通过建议,但未说明达成了一致。事实上,建议摘要第 87 段反映出委员会并未达成一致。在这种情况下,应该进行投票,如果没有任何投票记录,就会引发一些与委员会审议透明度有关的麻烦,进一步削弱对委员会程序的信心。

导致的结果就是委员会核准的建议是基于一系列事实错误和误传,这些错误和误传由于小组委员会错误的科学分析而加剧。遗憾的是,正如委员会建议所反映的,小组委员会的行动已经被证明有损于对划界案的客观评估。鉴于委员会在《公约》第七十六条下的作用以及库克群岛作为《公约》缔约国对该机构的信任,这个结果没有很好地反映出来。

为此,库克群岛政府不接受委员会的建议,并保留此后提交对委员会建议的科学问题更加实质性拒绝的权利。

7.6 委员会审议建议评注

7.6.1 否认不相关岛屿在划界案中的作用

本划界案中,库克群岛在生成 350 海里限制线时,将彭林岛的领海基点作为起算点,委员会审议时认为彭林岛并不在划界案涉及的马尼希基海台复合体上,不享有在该区域的 200 海里外大陆架权利,因此不建议使用彭林岛的 350 海里限制线。在其他划界案的审议中,委员会也坚持相同的标准,比如 2006 年法国、爱尔兰、西班牙和英国提交的联合划界案审议过程中,对于仅基于西班牙 350 海里限制线内,但位于其他所有国家 350 海里限制线外的定点,委员会也不予认可[19]。因此,对于沿海国使用与该区域不相关的岛屿的 200 海里线和 350 海里限制线,企图将大陆架外部界限延伸更远的行为,委员会严格遵守《公约》大陆架制度的基本原则和相关规定,严格把关,这也是维护全人类共同继承财产的国际海底区域的表现。

7.6.2 海底高地的认定

本划界案中,库克群岛将西部海台、北部海台及高位海台认为是大陆边缘的组成部分。委员会一方面基于多波束测深数据认为高位海台到西部海台、北部海台到西部海台再到高位海台的自然延伸没有得到证实,另一方面又基于地质和地球物理数据证实高位海台和西部海台之间地质结构的不连续性。虽然库克群岛认为马尼希基海台区内的所有地貌单元,包括海槽、鞍状地形和坡尖明显浅于太平洋深洋洋底的深度,但委员会认为仅仅凭地貌并不能够证明自然延伸,并特别指出只有那些从地貌和地质上都连续的海底高地形才能证明属于库克群岛大陆边缘的部分。综上,库克群岛所指的"坡尖"等海底高地形是否能够认定为大陆边缘的自然组成部分,不但要求地貌上是连续的,在地质起源等方面也需要具有关联性。这也符合《公约》第七十六条和委员会《科技准则》对海底高地的法律定义和自然科学的认定。

参考文献

[1] Executive Summary of Submission by the Cook Islands to the Commission on the Limits of the Continental Shelf concerning the Manihiki Plateau. Commission on the Limits of the Continental Shelf [EB/OL]. [2023-09-30]. https://www.un.org/Depts/los/clcs_new/submissions_files/cok23_09/cok_2009_executive_summary.pdf.

[2] Note by New Zealand. Commission on the Limits of the Continental Shelf [EB/OL]. [2023-09-30]. https://www.un.org/Depts/los/clcs_new/submissions_files/cok23_09/cok23_nzl29jun09.pdf.

[3] Statement by the Chairman of the Commission on the Limits of the Continental Shelf on the progress of work in the Commission - Twenty-fourth session. Commission on the Limits of the Continental Shelf [EB/OL]. [2023-09-30]. https://documents-dds-ny.un.org/doc/UNDOC/GEN/N09/536/21/PDF/N0953621.pdf?OpenElement.

[4] Progress of work in the Commission on the Limits of the continental Shelf - Statement by the Chairperson - Twenty-eighth session. Commission on the Limits of the Continental Shelf [EB/OL]. [2023-09-30]. https://documents-dds-ny.un.org/doc/UNDOC/GEN/N11/501/39/PDF/N1150139.pdf?OpenElement.

[5] Progress of work in the Commission on the Limits of the continental Shelf - Statement by the Chairperson - Twenty-ninth session. Commission on the Limits of the Continental Shelf [EB/OL]. [2023-09-30]. https://documents-dds-ny.un.org/doc/UNDOC/GEN/

N12/326/32/PDF/N1232632.pdf?OpenElement.

[6] Progress of work in the Commission on the Limits of the continental Shelf - Statement by the Chairperson - Thirtieth session; Commission on the Limits of the Continental Shelf [EB/OL]. [2023-09-30]. https://documents-dds-ny.un.org/doc/UNDOC/GEN/N12/498/91/PDF/N1249891.pdf?OpenElement.

[7] Progress of work in the Commission on the Limits of the continental Shelf - Statement by the Chairperson - Thirty-first session. Commission on the Limits of the Continental Shelf [EB/OL]. [2023-09-30]. https://documents-dds-ny.un.org/doc/UNDOC/GEN/N13/275/74/PDF/N1327574.pdf?OpenElement.

[8] Progress of work in the Commission on the Limits of the continental Shelf - Statement by the Chairperson - Thirty-second session. Commission on the Limits of the Continental Shelf [EB/OL]. [2023-09-30]. https://documents-dds-ny.un.org/doc/UNDOC/GEN/N13/485/26/PDF/N1348526.pdf?OpenElement.

[9] Progress of work in the Commission on the Limits of the continental Shelf - Statement by the Chair - Thirty-third session. Commission on the Limits of the Continental Shelf [EB/OL]. [2023-09-30]. https://documents-dds-ny.un.org/doc/UNDOC/GEN/N13/621/29/PDF/N1362129.pdf?OpenElement.

[10] Progress of work in the Commission on the Limits of the continental Shelf - Statement by the Chair - Thirty-fourth session. Commission on the Limits of the Continental Shelf [EB/OL]. [2023-09-30]. https://documents-dds-ny.un.org/doc/UNDOC/GEN/N14/284/31/PDF/N1428431.pdf?OpenElement.

[11] Progress of work in the Commission on the Limits of the continental Shelf - Statement by the Chair - Thirty-fifth session. Commission on the Limits of the Continental Shelf [EB/OL]. [2023-09-30]. https://documents-dds-ny.un.org/doc/UNDOC/GEN/N14/547/71/PDF/N1454771.pdf?OpenElement.

[12] Progress of work in the Commission on the Limits of the continental Shelf - Statement by the Chair - Thirty-sixth session. Commission on the Limits of the Continental Shelf [EB/OL]. [2023-09-30]. https://documents-dds-ny.un.org/doc/UNDOC/GEN/N14/696/28/PDF/N1469628.pdf?OpenElement.

[13] Progress of work in the Commission on the Limits of the continental Shelf - Statement by the Chair - Thirty-seventh session. Commission on the Limits of the Continental Shelf [EB/OL]. [2023-09-30]. https://documents-dds-ny.un.org/doc/UNDOC/GEN/N15/112/55/PDF/N1511255.pdf?OpenElement.

[14] Progress of work in the Commission on the Limits of the continental Shelf - Statement by the Chair - Thirty-eighth session. Commission on the Limits of the Continental Shelf [EB/OL]. [2023-09-30]. https://documents-dds-ny.un.org/doc/UNDOC/GEN/N15/297/39/PDF/N1529739.pdf?OpenElement.

[15] Progress of work in the Commission on the Limits of the continental Shelf - Statement by the Chair - Fortieth session. Commission on the Limits of the Continental Shelf [EB/OL]. [2023-09-30]. https://documents-dds-ny.un.org/doc/UNDOC/GEN/N16/108/88/PDF/N1610888.pdf?OpenElement.

[16] Progress of work in the Commission on the Limits of the Continental Shelf - Statement by the Chair - Forty-first session. Commission on the Limits of the Continental Shelf [EB/OL]. [2023-09-30]. https://documents-dds-ny.un.org/doc/UNDOC/GEN/N16/294/97/PDF/N1629497.pdf?OpenElement.

[17] Summary of Recommendations of the Commission on the Limits of the Continental Shelf in Regard to the Submission Made by the Cook Islands in Respect of the Manihiki Plateau on 16 April 2009. Commission on the Limits of the Continental Shelf [EB/OL]. [2023-09-30]. https://www.un.org/Depts/los/clcs_new/submissions_files/cok23_09/2016_08_19_com_sumrec_cok.pdf.

[18] Note from the Government of the Cook Islands. Commission on the Limits of the Continental Shelf [EB/OL]. [2023-09-30]. https://www.un.org/Depts/los/clcs_new/submissions_files/cok23_09/2016_11_30_COK_NV_UN_037_16-00919.pdf.

[19] Summary of the Recommendations of the Commission on the Limits of the Continental Shelf in Regard to the Joint Submission Made by France, Ireland, Spain, and the United Kingdom of Great Britain and Northern Ireland in Respect of the Area of the Celltic Sea and the Bay of Biscay on 19 May 2006. Commission on the Limits of the Continental Shelf [EB/OL]. [2023-09-30]. https://www.un.org/Depts/los/clcs_new/submissions_files/frgbires06/fisu_clcs_recommendations_summary2009.pdf.

第 8 章

阿根廷外大陆架划界案委员会审议建议评注

阿根廷在20世纪初就提出了享有大陆架的主权权利。在《杜鲁门公告》发布之前的1916年，斯托尼将军就提出有利于承认对大陆架及其中所蕴藏资源的权利的理论。1944年，阿根廷将大陆架宣布为采矿保留区域。随后，阿根廷在1946年基于《杜鲁门公告》颁布了第14.708/46号法令，主张对"陆缘海"和大陆架海底的主权。该法令的依据是习惯法，其中还提到了领土自然延伸的概念。1966年阿根廷颁布第17.094号法令，与1958年的《日内瓦海洋法公约》总体上一致。重申了阿根廷对邻接其陆地领土的海底区域的海床和底土的主权，直到200米深度的位置，或超过该界限到允许开发其自然资源的深度的位置。在第三次联合国海洋法会议的谈判中，阿根廷成为"宽大陆边缘"国家集团的成员，支持"和平利用国家管辖范围以外海床和洋底特设委员会"于1973年提出的鼓励大陆架扩展到大陆边外缘的建议。

1991年，在《公约》生效前，阿根廷制定了第23.968号《海域法》，其中第6条规定阿根廷大陆架的外部界限直到大陆边的外缘，或当该外缘距离海岸不足200海里时到200海里。

《公约》于1995年12月31日对阿根廷生效，随后，阿根廷颁布了第24.815号法律，成立了"大陆架外部界限国家委员会"，作为准备划界案的专门机构，依照国际法和第23.968号国内法划定其大陆架的外部界限。阿根廷准备划界案耗时12年，并将划定最大范围的外部界限作为一项国家政策，持续支持该委员会。"大陆架外部界限国家委员会"为履行其使命专门聘请了一批专业人员，并依托于该问题有关的其他国家机构。阿根廷行政机关颁布第1541/99号法令，宣布"大陆架外部界限国家委员会"的任务是事关"国家利益"的，以表示其工作的重要性。随后，第752/2000号法令批准了"大陆架外部界限国家委员会"的职责和预算。该委员会制订了11年长期工作计划，以便完成本划界案所需要的所有研究。由此，阿根廷依照1982年《公约》确立了其大陆架的外部界限。

依据《公约》第七十六条，阿根廷于2009年4月21日提交了其200海里外大陆架外部界限划界案，并于2009年8月26日在大陆架界限委员会第24届会议上做了陈述。委员会于第30届会上设立了审议阿根廷划界案的小组委员会。鉴于距离此前的陈述已有相当长的时间，也为了新当选的委员了解情况，阿根廷于2012年8月8日再次向委员会陈述其划界案。委员会自第30届会议至第38届会议审议了划界案并于2016年3月11日通过了最终建议。

第 8 章　阿根廷外大陆架划界案委员会审议建议评注

8.1　阿根廷的主张[1]

阿根廷认为其大陆边缘是世界上最宽的大陆边缘之一。从地质学角度来看，依照委员会《科技准则》，它是包含不同类型大陆边缘的复杂大陆边缘。阿根廷陆地和岛屿的大陆边缘由3种不同的构造区域组成（图8-1），与《科技准则》里的三种大陆边缘类型都有关。从北向南，发育的第一个大陆边缘是拉张型大陆边缘，具体而言是火山型被动大陆边缘（《科技准则》中的类型E），它从拉普拉塔河延伸直到约48°S。在马尔维纳斯海台的北部边界，该大陆边缘变成剪切型大陆边缘（类型F），它的界限是马尔维纳斯断崖，向南直到北尤英浅滩/马尔维纳斯断裂区。从格兰德岛和埃斯塔多斯岛以南直到南乔治亚岛，发育了复合型大陆边缘，是增生会聚型大陆边缘和剪切型大陆边缘的组合（类型A和类型F组合），东与北斯科舍海岭或弧连接。阿根廷南极区域的大陆边缘宽约3 800千米，从74°W的别林斯高晋海的东大陆边缘直到25°W的威德尔海的最东边缘。

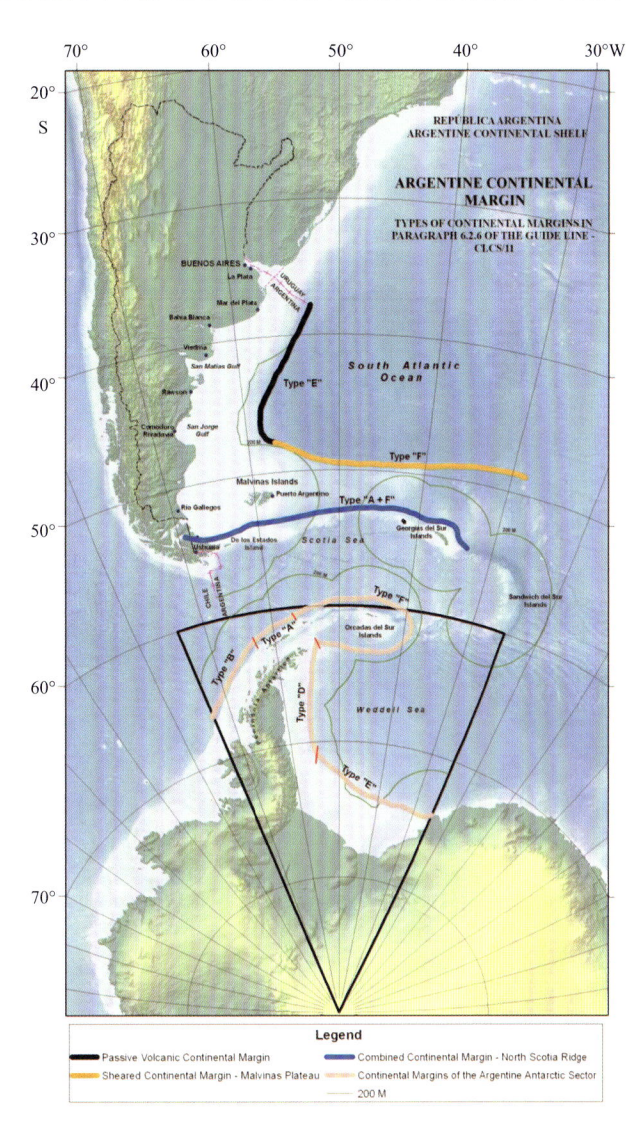

图8-1　阿根廷划界案涉及不同类型的大陆边缘

黑色粗线部分为火山型被动大陆边缘，蓝色粗线部分为复合型大陆边缘，橙色粗线部分为剪切型大陆边缘，粉色粗线部分为阿根廷南极领土，绿色细线为200海里线。考虑到所提供数据的复杂性和数量巨大，阿根廷对按照第七十六条适用的公式线和限制线的描述分为4个部分，与不同类型的大陆边缘相吻合

资料来源：阿根廷外大陆架划界案执行摘要

8.1.1 火山型被动大陆边缘

它位于与乌拉圭的边界到大约48°S之间。阿根廷在该区域的大陆边缘在本划界案中称为拉普拉塔河克拉通大陆边缘和帕塔哥尼亚大陆边缘。它包括37°S和48°S之间的区域，其中发现了较厚的沉积物。

阿根廷在该区域确定了16个大陆坡脚，并基于这些大陆坡脚利用多条地震剖面，计算确定了符合1%沉积厚度公式的外部界限定点（图8-2）。

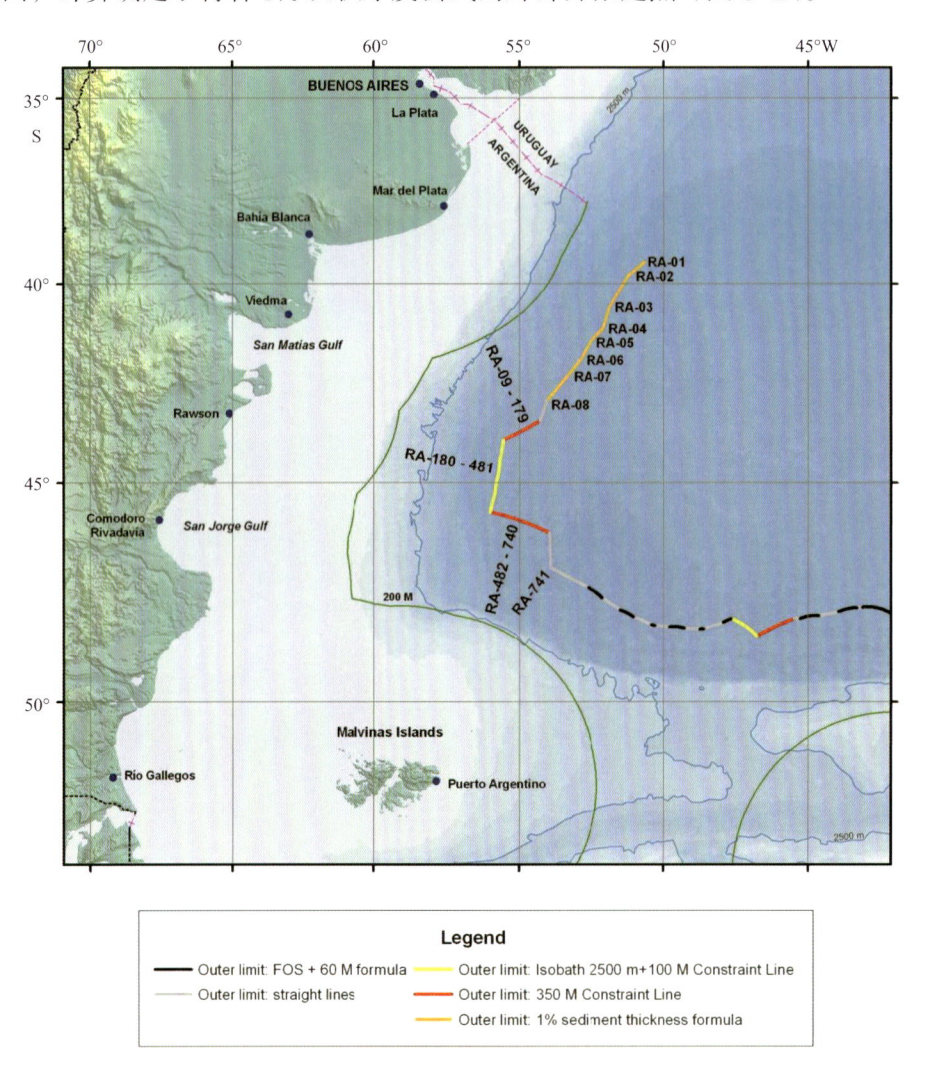

图8-2 阿根廷在火山型被动大陆边缘的大陆架外部界限定点

黑色线为大陆坡脚外推60海里公式线，灰色线为连接定点的直线，黄色线为2 500米等深线外推100海里限制线，红色线为350海里限制线，橙色线为1%沉积物厚度公式线

资料来源：阿根廷外大陆架划界案执行摘要

8.1.2 剪切型大陆边缘

沿着马尔维纳斯断崖，向南直到尤英浅滩/马尔维纳斯断裂区的北端。在其最西端，与火山型被动大陆边缘的界线由于巨厚的沉积而不清晰。阿根廷在这一大陆边缘选择了24个大陆坡脚点，从地震剖面ARG-38号线上的FOS17（马尔维纳斯海台西段）到地震剖面ARG-66号线上的FOS40（尤英浅滩以东）。阿根廷基于这些大陆坡脚点划出60海里的弧形包络线（图8-3）。

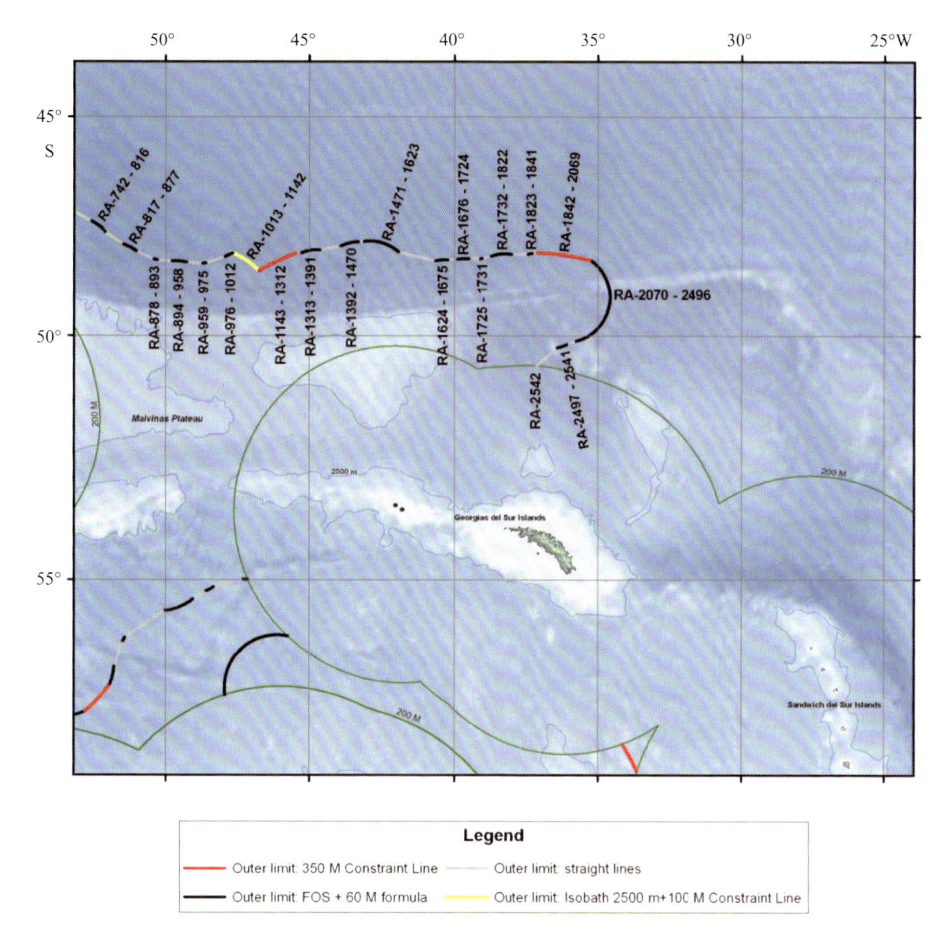

图8-3 阿根廷在剪切型大陆边缘的大陆架外部界限定点

红色线为350海里限制线，黑色线为大陆坡脚外推60海里公式线，灰色线为连接定点的直线，黄色线为2 500米等深线外推100海里限制线

资料来源：阿根廷外大陆架划界案执行摘要

8.1.3 复合型大陆边缘（增生会聚型大陆边缘和剪切型大陆边缘的组合）

该大陆边缘西起格兰德岛和埃斯塔多斯岛以南，东至南乔治亚岛。包含了北斯科舍海脊，代表了安第斯山脉向东的扩展。由于其不同的地质特点，该大陆边缘被称为"复合型大陆边缘—北斯科舍海岭"。阿根廷在该区域选择了9个大陆坡脚，从地震剖面ARG-67号线上的FOS41（北斯科舍海岭东段）到西面位于地震剖面ARG-87号线上的FOS49（火地岛陆架延伸）。阿根廷基于这些大陆坡脚划出60海里的弧形包络线（图8-4）。

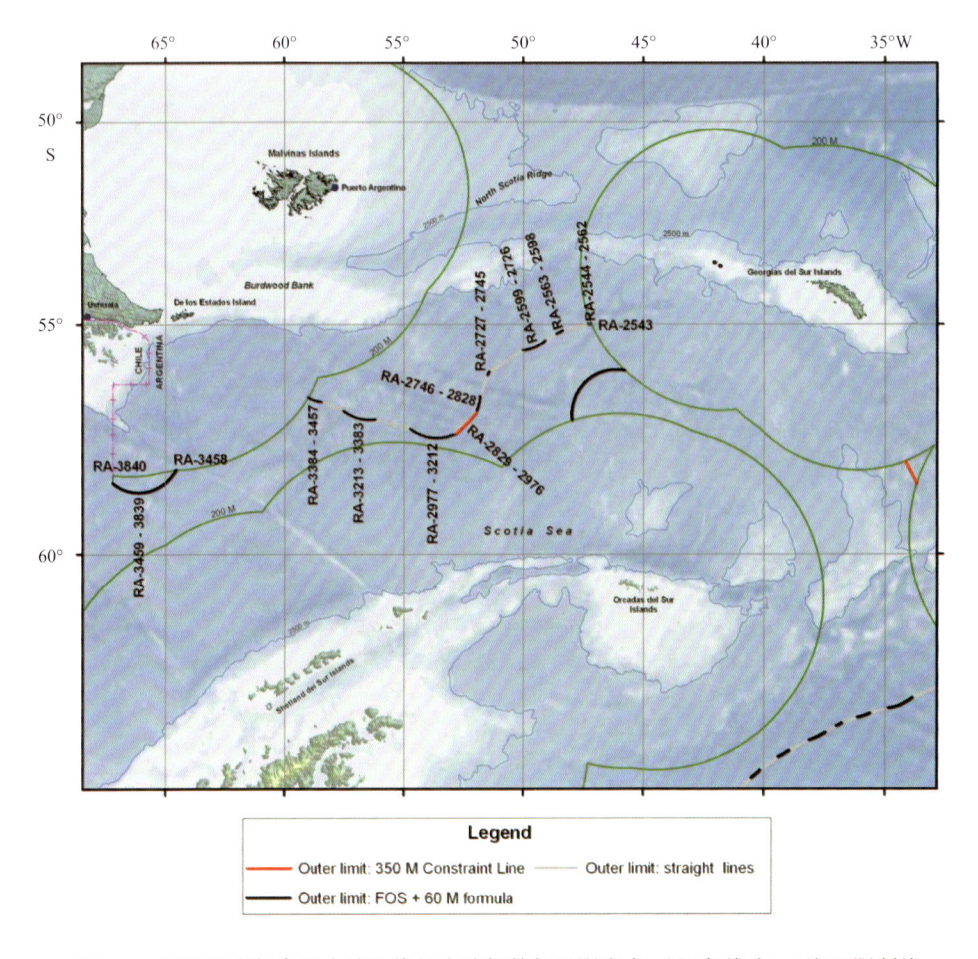

图8-4 阿根廷在复合型大陆边缘的大陆架外部界限定点（红色线为350海里限制线，黑色线为大陆坡脚外推60海里公式线，灰色线为连接定点的直线）

资料来源：阿根廷外大陆架划界案执行摘要

8.1.4 阿根廷南极领土部分

在斯科舍海以南,阿根廷同时选择了两种扩展公式。阿根廷在这一大陆边缘选择了 8 个大陆坡脚,分别为从地震剖面 ARG-300 号线上的 FOS50(斯科舍海中部,南奥克尼群岛以北)直到地震剖面 ARG-355 号线上的 FOS57(威德尔海中,上述岛屿以南)。在该区阿根廷基于这些大陆坡脚采用距离公式线划出 60 海里的弧形包络线,同时采用沉积物厚度公式线确定了 5 个外部界限定点。在威德尔海区域,阿根廷共选择了 12 个大陆坡脚:FOS68 到 FOS79,并基于这 12 个大陆坡脚确定了 1% 沉积物厚度点(图 8-5)。

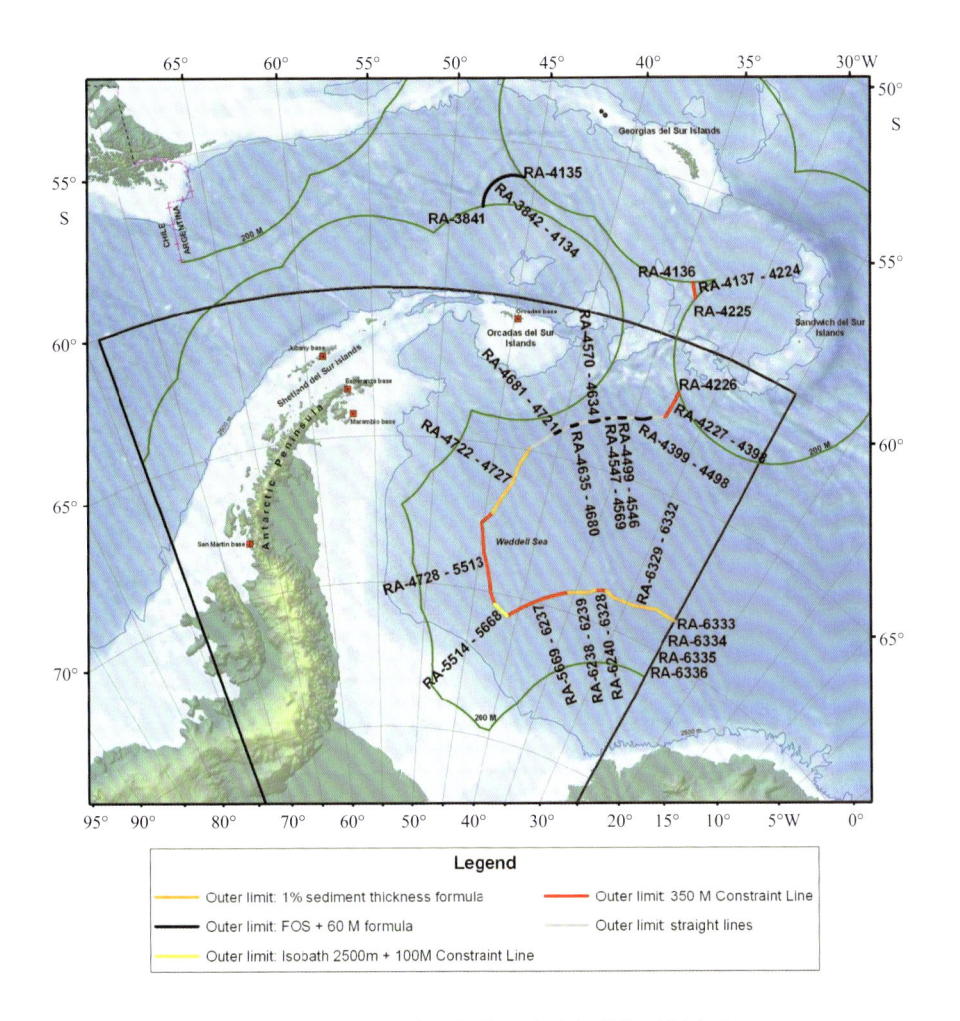

图8-5 阿根廷在南极部分的大陆架外部界限定点

橙色线为1%沉积物厚度公式线,黑色线为大陆坡脚外推60海里公式线,黄色线为2 500米等深线外推100海里限制线,红色线为350海里限制线,灰色线为连接定点的直线

资料来源:阿根廷外大陆架划界案执行摘要

阿根廷认为两种外部限制线在这3个区域均可适用，其中部分地方2500米等深线外推100海里的限制线要远于350海里限制线，因此，阿根廷依照《公约》第七十六条第5款适用了两种限制线的组合。

表8-1　阿根廷主张的大陆架外部界限定点情况

外部界限定点	依据	备注
RA-01 ~ RA-08 RA-741 RA-4722 ~ RA-4727 RA-6238 ~ RA-6239 RA-6329 ~ RA-6332	1%沉积物厚度公式	共21个点
RA-742 ~ RA-1012 RA-1313 ~ RA-1841 RA-2070 ~ RA-2541 RA-2544 ~ RA-2828 RA-2977 ~ RA-3456 RA-3459 ~ RA-3838 RA-3842 ~ RA-4134 RA-4399 ~ RA-4721	距离公式	共3033个点
RA-09 ~ RA-179 RA-482 ~ RA-740 RA-1143 ~ RA-1312 RA-1842 ~ RA-2069 RA-2829 ~ RA-2976 RA-4137 ~ RA-4224 RA-4227 ~ RA-4398 RA-4728 ~ RA-5513 RA-5669 ~ RA-6237 RA-6240 ~ RA-6328	350海里限制线	共2680个点
RA-180 ~ RA-481 RA-1013 ~ RA-1142 RA-5514 ~ RA-5668	2500米等深线+100海里	共587个点
RA-2542、RA-2543 RA3457、RA-3458 RA-3841、RA-4135 RA-4136、RA-4225 RA-4226、RA-6336	200海里线上的点	共10个点
RA-3839、RA-3840	阿根廷-智利边界	共2个点
RA-6333 ~ RA-6335	25°W经线	共3个点

8.2 各国反应照会和要点

阿根廷划界案执行摘要公布后，分别收到英国、美国、俄罗斯、印度、荷兰、日本和智利的反应照会（表8-2），照会主要表达了岛礁主权争端、对南极陆地附属大陆架问题的关切等。本小节简要介绍各国照会的要点。

表8-2 各国所提交照会的时间表

序号	提交照会的国家	提交照会的时间
1	英国	2009年8月6日 2012年8月23日
2	美国	2009年8月19日
3	俄罗斯	2009年8月24日
4	印度	2009年8月31日
5	荷兰	2009年9月30日
6	日本	2009年11月19日
7	智利	2016年5月25日

资料来源：联合国海洋事务和海洋法司网站，经作者整理。

8.2.1 英国[2]

英国2009年8月6日的照会除了表达对于福克兰群岛、南乔治亚岛和南桑威奇群岛的主权问题外，也针对阿根廷主张的南极陆地附属大陆架提出质疑。英国重申了《南极条约》和《公约》共同的原则和目标，以及南极条约体系与《公约》协调运行，从而确保南极地区持续的和平合作、安全和稳定的重要性。根据《南极条约》第4条的规定，英国不承认阿根廷在南极的领土主张，从而也不承认阿根廷享有南极附属海底区域的海床和底土的任何权利。它重申了其于2008年5月9日发布的文件，认为对于南极地区，沿海国提出划界案后，委员会暂时不会审议；或者可以在其后提交部分划界案。英国打算之后对其主张的南极区域提出部分划界案。英国请求委员会暂时对阿根廷南极附属大陆架部分不采取任何行动。

英国在阿根廷对委员会进行第二次陈述后，于2012年8月23日又提交一份照会，重申了2009年8月6日照会的观点，认为委员会不应审议划界案中关于福克兰群岛、南乔治亚岛和南桑威奇群岛区域和南极区域的部分。

8.2.2　美国[3]

美国声明了《南极条约》和《公约》共同的原则和目标，以及南极条约体系与《公约》协调运行，从而确保南极地区持续的和平合作、安全和稳定的重要性。根据《南极条约》第 4 条，美国不承认任何国家在南极的领土主张，也不承认任何国家基于南极陆地延伸的海床和底土权利主张。美国相信委员会不会对阿根廷南极附属大陆架部分采取任何行动。

8.2.3　俄罗斯[4]

俄罗斯认为，作为《公约》和《南极条约》缔约国，俄罗斯应促使全部缔约国完全地、无条件地遵从这些重要的国际条约及其包含的基本原则和目标。依照《南极条约》第 4 条，俄罗斯不承认条约范围内任何领土主张或者权利，并且这种主张也不能产生（大陆架）海床和底土的权利。俄罗斯希望委员会对阿根廷划界案中涉及南极附属大陆架的部分不采取任何行动。

8.2.4　印度[5]

印度强调了《南极条约》和《公约》共同的原则和目标以及南极条约体系与《公约》协调运行，从而确保南极地区持续的和平合作、安全和稳定的重要性。依照《南极条约》第 4 条，印度不承认任何国家在南极的领土主张，也不承认任何国家基于南极陆地延伸的海床和底土的权利。印度希望委员会对阿根廷划界案中关于南极附属大陆架部分不采取任何行动。

8.2.5　荷兰[6]

荷兰声明了其长久以来的立场，既不承认南极领土主张，也不承认南极领土能够产生诸如大陆架这种权利。荷兰认为，沿海国的大陆架权利是建立在对其自然资源勘探开发的目的之上，源于沿海国陆地领土的主权。所以荷兰不认为南极周边存在这种大陆架权利。并且荷兰声明阿根廷南极区域存在未决陆地争端。荷兰请求委员会依照《议事规则》附件一第 5 条（a）项的规定处理阿根廷南极附属大陆架部分的划界案。

8.2.6 日本[7]

日本表达了南极条约体系与《公约》协调运行，从而确保南极地区持续的和平合作以及安全和稳定的重要性。根据《南极条约》第 4 条，日本不承认任何国家在南极的领土主张，也不承认任何国家基于南极陆地延伸的海床和底土的权利主张。日本还强调了《南极条约》规定的权利和义务应保持平衡，不能被阿根廷提交划界案所影响。日本相信委员会不会对阿根廷南极附属大陆架部分采取任何行动。

8.2.7 智利[8]

智利在委员会对阿根廷划界案提出建议后，于 2016 年 5 月 25 日提交了照会，重申了《公约》和《南极条约》的义务，尤其是为区域和平合作和稳定的《南极条约》第 4 条。智利指出阿根廷的划界案和委员会的建议不能影响智利的主张，智利在南极享有外大陆架的主权权利。智利重申了委员会《议事规则》第 46 条关于存在陆地或海洋争端的划界案的处理，应适用于南极大陆架，正如委员会于 2009 年和 2012 年决定的，对争端区域不审议，不持立场。在此情况下，智利重申其于 2004 年的第 247 号照会中的立场，对于阿根廷、澳大利亚、法国、新西兰、挪威和英国关于南极大陆架划界案一致的立场。

8.3 委员会审议过程

阿根廷划界案的审议贯穿了委员会第 30 届会议至第 38 届会议。委员会在第 30 届会议上成立审议阿根廷划界案的小组委员会，在第 40 届会议上通过了建议。

8.3.1 成立小组委员会之前的委员会初步审议

在第 24 届会议上，阿根廷常驻联合国代表、代表团团长豪尔赫·阿圭略（Jorge Argüello）、外交部政治协调司司长拉斐尔·格罗斯（Rafael M. Grossi）、国家大陆架外部界限委员会总协调员弗里达·阿马斯·普佛特（Frida M. Armas Pfirter）和地球物理学家马塞洛·帕特里尼（Marcelo Paterlini）就划界案向委员会做了陈述。格罗斯先生指出，阿根廷提交的划界案涵盖了附属于阿根廷陆地、岛屿和阿根廷南极区块的自然延伸。他指出，阿根廷考虑到了 60°S 以南地区的情况，按照委员会的《议事规则》，委员会暂时不能针对划界案中涉及阿根廷南极区块附属大陆架的部分采取任何行动。关于《议事规则》附件一第 2 款（a）项，他告知委员会，有一个区域是属于《议事规则》第 46 条的范围。他还告知委员会，阿根廷确认"其对于马尔维纳斯群岛、南乔治亚岛和南桑威奇群岛拥有不可侵犯的合法主权，因为这些岛屿是阿根廷国土的一部分"。[9]

委员会随后转入非公开会议。关于该划界案的审议方式，委员会注意到 2009 年 8 月 6 日英国的普通照会。委员会还注意到阿根廷在介绍该国的划界案时针对上述普通照会所表述的观点。综上考虑，委员会决定按照《议事规则》，不审议划界案中存在争议的部分并发表意见。委员会随后决定，将在今后某次届会上按照《议事规则》51 条 4 款之三的规定设立小组委员会。委员会随后注意到关于南极附属地区问题的下列普通照会：2009 年 4 月 21 日阿根廷的普通照会；2009 年 8 月 6 日英国的普通照会；2009 年 8 月 19 日美国的普通照会；和 2009 年 8 月 24 日俄罗斯的普通照会。委员会还注意到阿根廷在介绍该国的划界案时针对上述普通照会所表述的观点。考虑到上述普通照会和阿根廷代表团所做的陈述，委员会决定按照其《议事规则》，不审议划界案中与南极附属大陆架有关的部分并发表意见。

在第 30 届会议上，委员会决定为审议阿根廷划界案设立小组委员会，并任命阿沃西卡（Awosika）、卡雷拉（Carrera）、奥杜罗（Oduro）、朴永安（Park）、海尼森（Heinesen）、马东（Madon）和马克斯（Marques）先生为成员。随后，小组委员会召开会议，推选卡雷拉先生为主席，奥杜罗先生和朴永安先生为副主席。

阿根廷政府在 2012 年 7 月 5 日的照会中请委员会给予该国就其划界案进行新的陈述的机会，原因是自从首次陈述以来已过去相当一段时间，同时也为了让新当选的委员会成员了解情况。2012 年 8 月 8 日，阿根廷常驻联合国临时代办兼代表团团长马特奥·埃斯特雷姆（Mateo Estrémé）和国家大陆架外部界限委员会总协调员弗里达·阿马斯·普佛特（Frida M. Armas Pfirter）以及国家大陆架外部界限委员会以下顾问做了陈述：胡安·包蒂斯塔·阿莱格里诺（Juan Bautista Allegrino）、亚宁娜·贝尔贝利亚（Yanina Berbeglia）、露西亚·达尔莫（Lucia Dalmau）、埃德加多·蒙特罗斯（Edgardo Monteros）和卡洛斯·玛丽亚·乌连（Carlos María Urien）。阿根廷代表团成员中还包括其他科学、法律和技术顾问，大陆架界限委员会前委员卡尔·欣茨（Karl Hinz）博士。埃斯特雷姆先生指出，尽管向第 30 届会议所做陈述包含新的内容，补充了 2009 年 4 月 21 日阿根廷提交的原划界案，但是对关于外部界限的关键点没有进行任何修改。他还重申了阿根廷在向委员会第 24 届会议所做的陈述中就其对于"马尔维纳斯群岛、南乔治亚岛和南桑威奇群岛以及相应岛屿和海区"的主张以及对英国2009年8月6日照会的保留意见。埃斯特雷姆先生指出，如阿根廷2009年4月21日的说明中所述，考虑到了60°S以南地区的情况。因此，他要求委员会按照《议事规则》暂不针对划界案中涉及阿根廷南极区块附属大陆架的部分采取任何行动。

委员会随后转入非公开会议。委员会回顾在第24届会议上注意到下列照会：2009年4月21日阿根廷的照会，2009年8月6日英国的照会，2009年8月19日美国的照会，2009年8月24日俄罗斯的照会。委员会还注意到在阿根廷作出第一次陈述后所收到的来文及下列照会：2009年8月31日印度的照会，2009年9月30日荷兰的照会，2009年11月19日日本的照会和2012年8月8日阿根廷的照会。考虑到上述照会和阿根廷代表团所做的两次陈述，委员会重申向小组委员会发出的指示，即按照《议事规则》，不审议划界案中存在争议的部分，也不发表意见；不审议划界案中与南极附属大陆架有关的部分，也不发表意见。[10]

8.3.2 小组委员会审议

小组委员会于第30届会议开始审议阿根廷划界案。在第30届会议期间，小组委员会与阿根廷代表团举行了4次会晤，小组委员会就所收到的资料发表了若干意见，并向代表团提出了第一组问题，得到了代表团的答复。

在第31届会议期间，小组委员会根据代表团的要求，同代表团举行了4次会晤。小组委员会向代表团提出了一系列新的问题，并要求提供补充数据。[11]

在第32届会议期间，小组委员会与阿根廷代表团举行了10次会议。在这些会议上，代表团做了陈述，并回答了小组委员会在委员会第31届会议上提出的一系列问题。小组委员会对若干问题发表了初步意见，并在代表团所提数据和资料的基础上指明了与代表团意见一致的领域。[12]

在第33届会议期间，小组委员会同阿根廷代表团举行了5次会议。代表团详细陈述了其划界案并就小组委员会在第32届会议上提出的问题提供了进一步数据和资料。小组委员会还对若干问题发表了初步意见，并在代表团所提数据和资料的基础上进一步指明了与代表团意见一致的领域。小组委员会决定由其成员在闭会期间继续就该划界案开展工作，将在第34届会议期间向代表团陈述其观点和一般性结论。[13]

在第34届会议期间，小组委员会与代表团举行了3次会议，其间代表团应小组委员会要求递交了补充数据和资料。代表团表示，它将提供更多的这方面数据和资料。代表团与小组委员会交流后，对大陆架外部界限进行了修改。小组委员会在收到并审议所有补充数据和资料后，依照委员会《议事规则》附件三第10.3段的规定，向代表团陈述其意见和一般性结论。[14]

在第35届会议期间，小组委员会与代表团举行了4次会议，听取了关于代表团在闭会期间提供的新的信息和数据的陈述。在这几次会后，小组委员会要求代表团提供更多的数据和资料，并预计于2015年举行的委员会第37届会议上提交建议草案。[15]

在第36届会议期间，代表团通知小组委员会，由于不可抗力因素，代表团无法提供小组委员会在第35届会议上要求提供的数据和资料，并表示在第36届会议期间提交部分数据和资料，其余的数据和资料将在第37届会议期间提交和陈述。小组委员会因此决定更改审议该划界案的时间，后来在本届会议期间小组委员会收到了其要求的部分数据和资料。小组委员会决定将在第37届会议期间继续审议该划界案，预计在委员会2015年第38届会议期间举行的全体会议上提交建议草案。[16]

在第37届会议期间，小组委员会与阿根廷代表团举行了4次会议，代表团根据小组委员会在第35届会议上提出的要求，对新资料和数据做了陈述，小组委员会就阿根廷大陆边缘北部地区外部界限发表了看法。会议商定，阿根廷代表团将在第38届会议开始时对该陈述提供一份完整答复。会议还商定，小组委员会将依据《议事规则》附件三第10.3段的规定，在第38届会议上向委员会做出陈述，代表团随后将有机会做出答复。之后，小组委员会将着手草拟建议，以期在第38届会议期间提交给委员会全体会议。[17]

在第38届会议期间，小组委员会与代表团举行了4次会议，代表团在会上就其提供的补充数据和资料做了陈述。随后，小组委员会根据委员会《议事规则》附件三第10.3段做了陈述，并要求代表团提供两项补充数据和资料。在第三次会议上，代表团对小组委员会的要求做了答复。在第四次会议上，代表团根据《议事规则》附件三第10.4段对建议要点做了陈述。在后一次会议上，小组委员会要求代表团提供关于大陆边外缘和大陆架外部界限的最后表格和数字。小组委员会最后确定了建议草案，于2015年8月21日以多数票通过，并于8月25日递交给委员会主席。[18]

8.3.3　委员会通过建议

2015年8月27日第38届会议期间，小组委员会主席卡雷拉先生与阿沃西卡先生、马东先生、马克斯先生、奥杜罗先生和朴永安先生一起做了陈述，向委员会介绍了小组委员会关于阿根廷划界案的建议草案。

同一天，阿根廷代表团按照《议事规则》附件三第 15 条 1 之二的规定做了陈述。会上，阿根廷常驻联合国代表兼代表团团长玛丽亚·克里斯蒂娜·佩瑟瓦尔（María Cristina Perceval）、国家大陆架外部界限委员会候补主席奥斯瓦尔多·马尔西科（Osvaldo Marsico）、国家大陆架外部界限委员会总协调员弗里达·阿马斯·普佛特、地球物理学家和国家大陆架外部界限委员会技术小组委员会协调员阿列尔·埃尔南·特罗伊西（Ariel Hernán Troisi）以及律师保拉·玛丽亚·韦内特（Paula María Vernet）和海洋学家露西拉·达尔茂（Lucila Dalmau）分别做了陈述。

在陈述中，阿根廷代表团表示感谢小组委员会主席和成员所做的工作，感谢委员会成员和秘书处给予的有益合作。代表团探讨了与其划界案有关的科学和技术事项。代表团指出了其赞同小组委员会审查划界案后得出的意见和一般性结论，另外还指出了代表团和小组委员会尚未达成一致意见的领域。

委员会随后转入非公开审议。考虑到代表团和小组委员会所做的陈述，为了让其成员有充足的时间审议划界案和建议草案，委员会决定依照《议事规则》第 53 条第 1 款，将对建议草案的进一步审议推迟到第 40 届会议。[18]

在第 40 届会议上，委员会继续审议和修改完善小组委员会在第 38 届会议上向委员会介绍的建议草稿。2016 年 3 月 11 日，委员会未经表决通过了"大陆架界限委员会关于阿根廷于 2009 年 4 月 21 日提交的划界案的建议"。委员会其中一名成员表示，他不反对未经表决核准此项建议，但阿根廷虽然在确定大陆坡脚时可以使用与一般规则不同的相反证据规则，但它也有义务向委员会充分证明，它在这种情况下无法或不能根据一般规则可靠地确定大陆坡脚的位置的理由。他认为，阿根廷划界案中关于相反证据规则的适用并未得到充分证明。根据《公约》附件二第六条第 3 款，委员会于 2016 年 3 月 28 日以书面形式将通过的建议（包括其摘要）递交该沿海国和联合国秘书长。[19]

8.4　委员会对阿根廷划界案的审议建议[20]

阿根廷划界案提出外大陆架主张一共包含 4 个部分，其中，剪切型大陆边缘区域和部分复合型大陆边缘区域由于与英国存在岛屿主权争端，委员会未审议，南极陆地区域由于涉及《南极条约》，委员会也未审议，因此最终通过的委员会建议只涉及阿根廷的两个区域：①拉普拉塔河克拉通火山型被动大陆边缘；②复合型大陆边缘最西部的火地岛大陆边缘。

8.4.1 拉普拉塔河克拉通火山型被动大陆边缘

8.4.1.1 从属权利检验

在拉普拉塔河克拉通火山型被动陆缘区域，陆壳基底构造受控于垂直和平行于陆缘伸展的断层；与倾斜断层正交的构造为消亡的裂谷体系或拗拉槽；陆壳基底受与陆缘垂直和倾斜的大型转换断裂带的影响。从地震剖面可以识别出表现为向海倾斜反射层（Seaward Dipping Reflectors，SDRs）的大片火山楔形物，它形成于拉张作用早期的大陆裂解和构造沉降过程中岩浆的侵入和喷出作用，岩浆通过底侵作用侵入到下地壳，形成了地震纵波速度为 7.2 ~ 7.6 千米/秒的下地壳高速体。最近的构造特征直接受到上述主要构造的控制，与之前的地球动力学演化有关，包括大陆裂解和海底扩张，以及岩浆活动和热流活动（图 8-6 和图 8-7）。

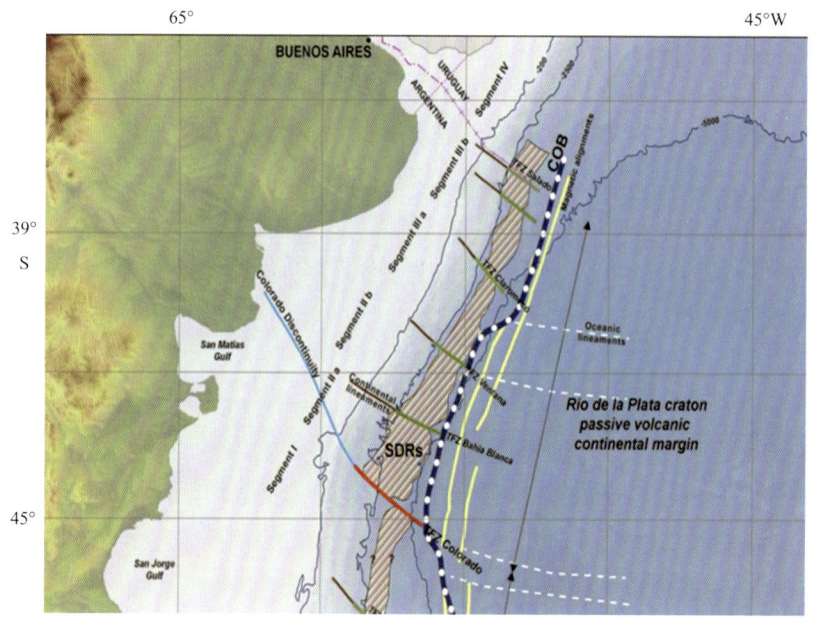

图 8-6　阿根廷拉普拉塔河克拉通火山型被动陆缘（黄线为磁异常条带）

资料来源：委员会对阿根廷外大陆架划界案的建议摘要

该区域陆缘的地形特征经历了一系列演化，发育有陆架、陆坡和陆基，陆坡和陆基上还发育有大量的海底峡谷系统。在该区域由转换断层分隔的不同陆缘区发育不同的局部地形沉积特征。与不同深度的南极洋流有关的沿陆坡的沉积作用在本区最南段形成了广泛且复杂的等深流沉积体系（图 8-8），从而导致阶梯状陆坡的形成及陆基的缺失。但在陆缘约 35°—44°S 之间的中央和北部区域跨陆坡的沉积过程占主导，形成边界清晰且浊流沉积发育的前积厚陆缘（图 8-9）。

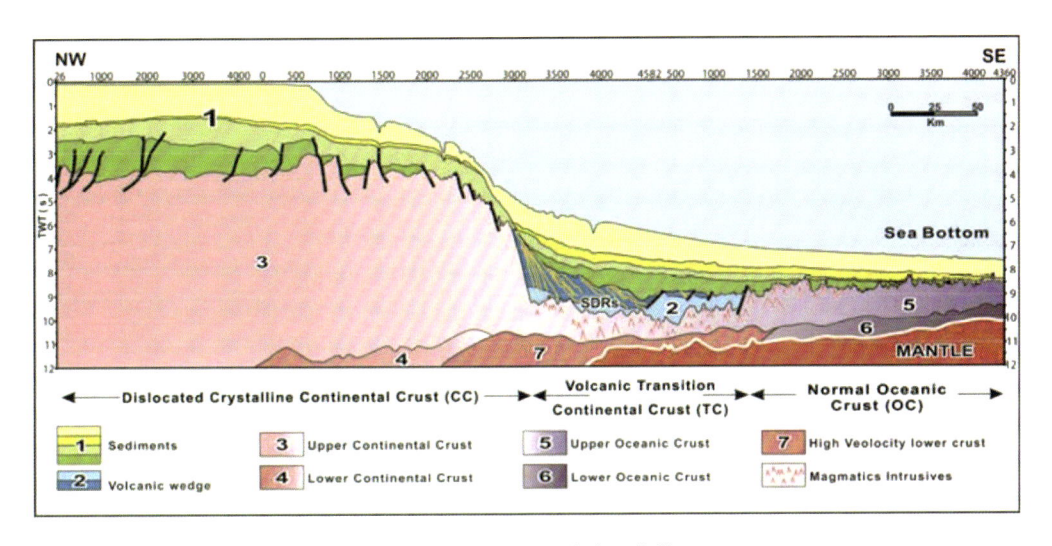

图8-7 火山型被动陆缘地壳模型

1.沉积物；2.火山楔；3.上地壳；4.下地壳；5.上洋壳；6.下洋壳；7.下地壳高速体

资料来源：委员会对阿根廷外大陆架划界案的建议摘要

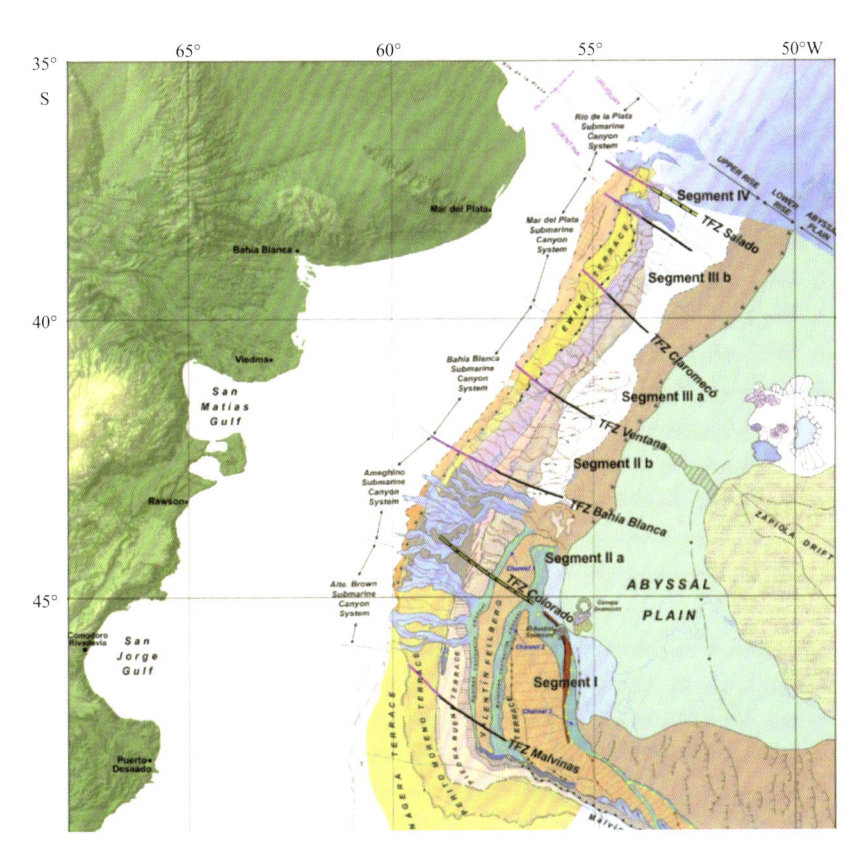

图8-8 拉普拉塔河克拉通火山型被动陆缘沉积

资料来源：委员会对阿根廷外大陆架划界案的建议摘要

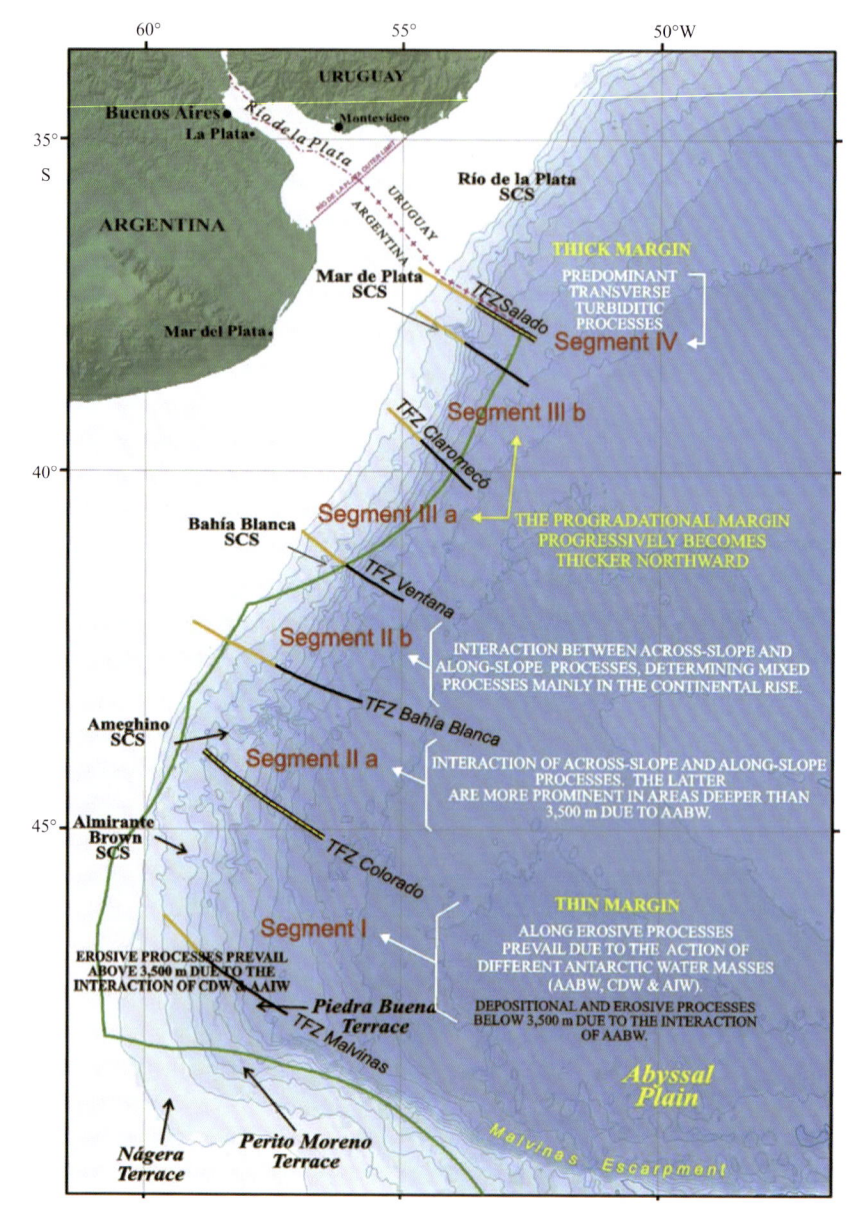

图8-9 拉普拉塔河克拉通火山型被动陆缘主要沉积过程

资料来源：委员会对阿根廷外大陆架划界案的建议摘要

小组委员会在对拉普拉塔河克拉通火山型被动陆缘区域通过两条公式线的划定，发现均超过其200海里外大陆边外缘，证明它们满足从属权利检验。

8.4.1.2 确定大陆坡脚

在拉普拉塔河克拉通火山型被动陆缘区域，阿根廷提交了12个大陆坡脚点（FOS-01至FOS-12）。其中通过相反证据在该陆缘的北部区域确定了8个点

(FOS-01 至 FOS-08)。其余的 4 个大陆坡脚（FOS-09 至 FOS-12）位于陆缘南部区域，使用陆坡基部区坡度变化最大的规则确定（图 8-10）。

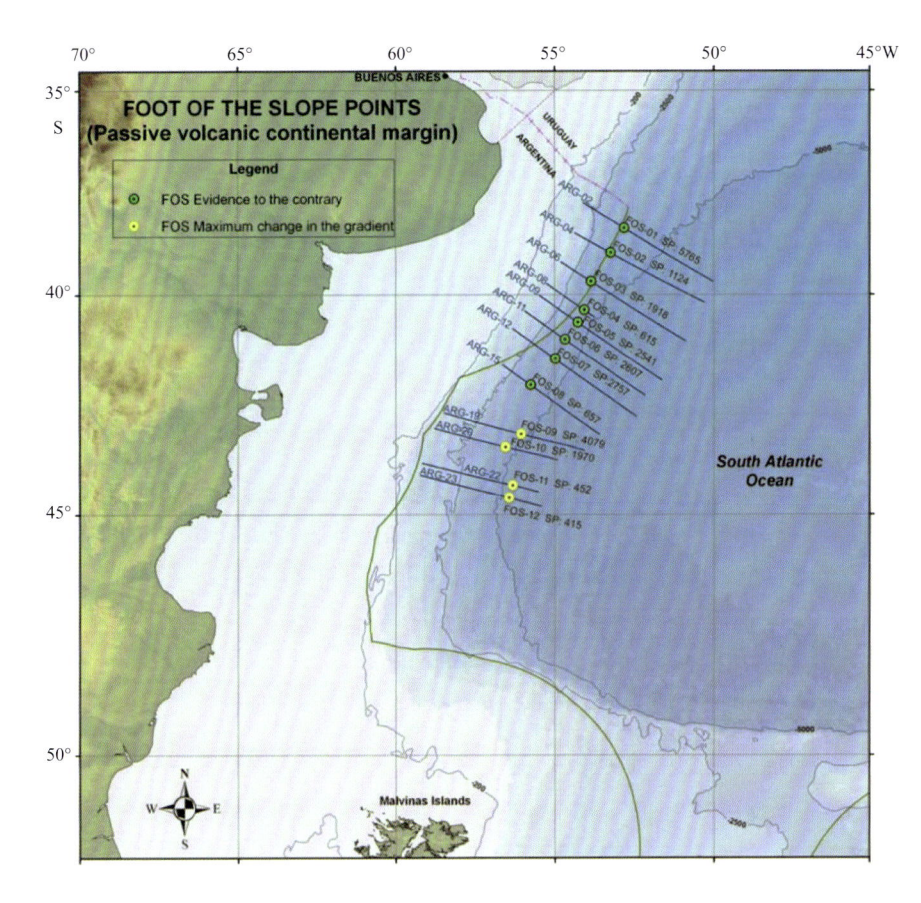

图8-10 拉普拉塔河克拉通火山型被动陆缘区域

绿色的点为通过相反证据确定的大陆坡脚点，黄色的点为通过坡度变化最大确定的大陆坡脚点

资料来源：委员会对阿根廷外大陆架划界案的建议摘要

阿根廷认为拉普拉塔河区域陆缘的地貌形态非常复杂，既有难以确定坡度变化最大的点表现为固定曲率的陆坡，也有具固定曲率的斜坡被侵蚀作用改造后表现出多个坡度变化最大的点，所以该区的坡度变化最大的点并不总是指示陆坡基部的大陆坡脚，因此阿根廷采用了相反证据确定了 8 个大陆坡脚点。阿根廷提供了地质及地球物理数据，以证明使用相反证据的合法性和可靠性。基于地震资料和二维重力模型，阿根廷对火山型被动陆缘的地壳结构及地质特征进行了解释（图 8-11）。该模型显示存在与 SDRs 有关的向海倾斜火山楔形物，SDR楔形物下方的高速岩浆体以及地壳厚度从正常陆壳（>25 千米）过渡到洋壳（约

5千米）。这种特征为《科技准则》中所述类型E——火山型被动陆缘所特有。根据《科技准则》第6.3.11段，阿根廷指出，委员会可以将洋陆过渡带的向陆侧的界限作为大陆坡脚（图8-12）。陆缘存在SDR楔形物是适用相反证据的一个关键因素，因此，阿根廷基于多道地震数据绘制了SDR分布区。该图显示根据地形确定的FOS位于SDR的向陆一侧，由于FOS通常应该位于SDR向海一侧，因此，阿根廷认为采用相反证据方法更合理。

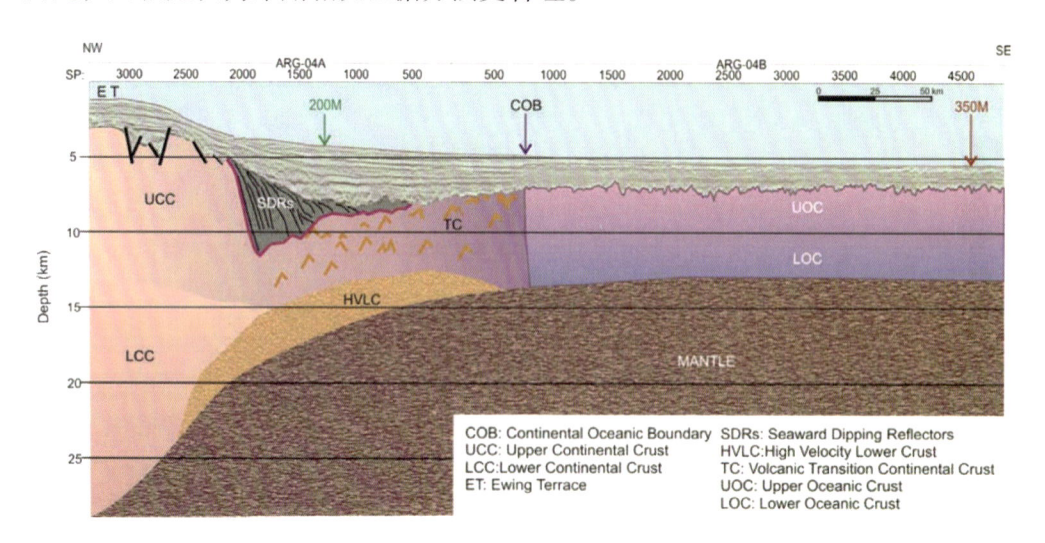

图8-11 基于地震资料和二维重力模型的火山型被动陆缘的地壳结构
COB：洋陆边界；UCC：上地壳；LCC：下地壳；ET：尤英阶地；SDRs：向海倾斜反射层；
HVLC：下地壳高速体；TC：火山型过渡性地壳；UOC：上洋壳；LOC：下洋壳
资料来源：委员会对阿根廷外大陆架划界案的建议摘要

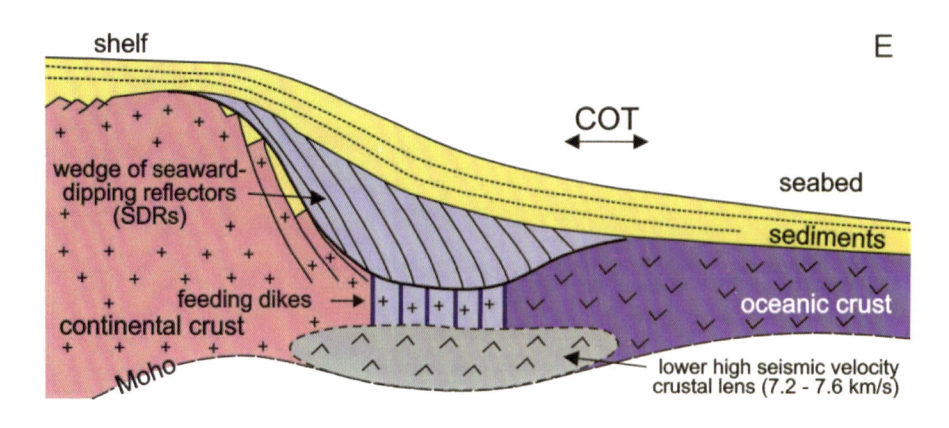

图8-12 《科技准则》中类型E的火山型被动陆缘
资料来源：委员会对阿根廷外大陆架划界案的建议摘要

第8章 阿根廷外大陆架划界案委员会审议建议评注

小组委员会审议了所有的地质及地球物理学数据，认为拉普拉塔河克拉通火山型被动陆缘是具有向海倾斜反射层的"类型 E"的火山型被动陆缘。并认可了阿根廷提出的观点：沿坡（等深流）与下坡（重力流）之间的相互作用使其陆缘形态非常复杂，导致陆坡基部或出现多个坡度变化最大之点或坡度恒定不变的现象。由此，根据坡度变化最大来确定大陆坡脚是不可靠的，采用相反证据是合理的。对于使用相反证据确定的每一个大陆坡脚，阿根廷还提供了根据坡度变化最大规则确定大陆坡脚的相应情况。

小组委员会对阿根廷所采用的相反证据方法进行审查，看其是依照《科技准则》的哪些具体标准来确定陆坡基部区域和大陆坡脚。小组委员会认为，为了适用《公约》第七十六条第4款（b）项所述相反证据，应在整个陆缘区域使用同一套标准。对于通过相反证据确定大陆坡脚所采用的标准，小组委会于2013年11月5日向阿根廷传达了进一步的看法：

- 陆坡基部区和大陆坡脚不应该位于SDR层序终止的向海侧；
- 陆坡基部区和大陆坡脚不应该位于地壳厚度已经减薄至典型洋壳厚度的更加向海位置；
- 在SDR层序的末端选取的作为"最后一个可以明确和毫无疑义识别的向海倾斜反射层"的特定向海倾斜反射层应具有充足的相关性和波阻抗特征。

小组委员会还对划界案中其他地质和地球物理数据进行了审查，包括重力和磁力异常数据等，作为其他可以用于揭示洋陆过渡带（COT）位置的证据。

针对大陆坡脚 FOS-03、FOS-05、FOS-06 和 FOS-07（图8-13），小组委员会基于《科技准则》及阿根廷所采用的方法对所有的证据进行了审查，并认可了这些大陆坡脚的位置。少数委员认为一般规则除了适用于 FOS-07，也可适用于 FOS-01、FOS-02 和 FOS-08 的确定。

针对大陆坡脚点 FOS-01，小组委员会指出，对 ARG-02 测线上的 FOS-01 进行定位时所采用的标准与对 FOS-02 至 FOS-08 进行定位时所采用的标准不同，且该标准在《科技准则》中并没有相关信息。尽管所有大陆坡脚都是以"最后一个可被明确识别的 SDR"为基础确定的，然而确定的 FOS-01 位于基底陡坡上，阿根廷将其解释为代表了 SDR 楔形物的向海界限。为了支持这个观点，阿根廷提供了位于地震测线 A 上的另一个大陆坡脚点 FOS-01B。在对 FOS-01B 审议的过程中，小组委员会对地震测线 ARG-01、ARG-201 和与地震测线 A 相邻的测线 ARG-33 以及 ARG-02 进行了审查。小组委员会还引用了 Soto 等人（2010）发表的地震测线 ARG-01 的解释结果以及阿根廷于2013年11月1日提交的由 Franke

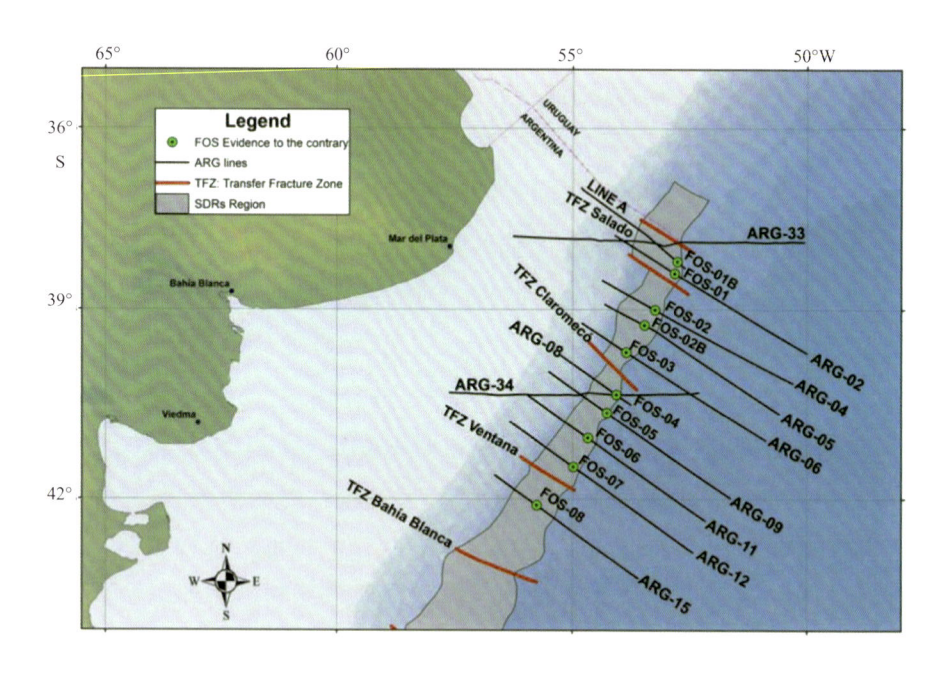

图8-13 通过相反证据确定的FOS点及相应的地震测线
资料来源：委员会对阿根廷外大陆架划界案的建议摘要

等人（2010）发表的构造模型，上述结论都能清晰地从相邻区域向海延伸的层状熔岩流中识别出SDR层序。上述构造模型也提到了层状熔岩流下覆的上地壳反射层（UCR）。小组委员会认为，根据相反证据确定的FOS-01和FOS-01B位置位于SDR层序终止和层状熔岩流开始的区域之外。在仔细审查了其他数据，包括对使用CRS、TecVA和Hozrion Cube的处理结果之后，小组委员会不接受FOS-01和FOS-01B的位置。

针对大陆坡脚FOS-02，小组委员会不同意将该点定位在地震测线ARG-04上。阿根廷于2013年11月4日提交了补充资料，其中提到了一个补充点，即通过相反证据确定的位于地震测线ARG-05上的FOS-02B。小组委员会根据适用于所有其他大陆坡脚的标准，对FOS-02B进行审查。还对划界案中所提到的毗邻地震测线，特别是测线ARG-04进行了审查。与对FOS-02的审查过程一样，采用与构造模型有关的地质及地球物理证据作为依据，例如通过相反证据确定的大陆坡脚点不应该被定位在SDR层序终止和层状熔岩流开始的区域以外。因此，小组委员会没有认可FOS-02和FOS-02B位置，而是建议将较清晰的SDR与基底反射层顶部的交叉点作为替代点。随后，阿根廷再次提交FOS-02B，并将其作为根据坡度变化最大确定的且沿着地震测线ARG-05的补充的大陆坡脚点。小组委员会接受了按照一般规则确定的FOS-02B。

针对地震测线ARG-08上的大陆坡脚FOS-04，小组委员会发现，阿根廷确定的向海倾斜反射层缺乏应有的一致性和波阻抗强度以表明其是"最后一个可被明确识别的反射层"。小组委员会提出了位于同一测线上的替代点。在回复中，阿根廷提供了一个位于与ARG-08线相交的ARG-34线上的替代点FOS-04B。小组委员会不接受FOS-04B的位置，但建议将炮点3104作为替代性位置。在进一步考虑之后，阿根廷接受小组委员会的建议，将ARG-08上的炮点675作为FOS-04替代性位置。

针对大陆坡脚FOS-08，小组委员会否决了ARG-15测线上的位置，认为其位于发育良好的SDR之外。阿根廷还提供了一个替代性的大陆坡脚点，然而，小组委员会认为，这不足以表明它是SDR序列中"最后一个可被明确识别的反射层"。在2013年10月30日召开的会议上，阿根廷要求小组委员会不要将FOS-08视为确定大陆边外缘的关键点，并提出以坡度变化最大作为依据，使用ARG-19线上的FOS-09来替换FOS-08。阿根廷认为，FOS-09可被用于确定沉积物厚度点ST-08。

综上，小组委员会大多数成员认可了基于相反证据确定的拉普拉塔河克拉通火山型被动陆缘区的大陆坡脚：FOS-03、FOS-04、FOS-05、FOS-06和FOS-07。该结果与根据第七十六条第4款（b）项及《科技准则》第6.2.6段（b）（2）、6.3.11段、6.3.12段、6.3.13段和图6.1E中结果一致。

在拉普拉塔河克拉通火山型被动陆缘地区，根据陆坡基部区坡度变化最大确定的大陆坡脚包括：基于地震/测深剖面ARG-19的FOS-09，基于地震/测深剖面ARG-20的FOS-10，基于地震/测深剖面ARG-22的FOS-11和基于地震/测深剖面ARG-23的FOS-12。（图8-10）

如前所述，阿根廷提交了位于地震测线ARG-05上根据坡度变化最大确定的大陆坡脚FOS-02B，并且又重新引入了地震测线ARG-25上的FOS-13。阿根廷基于形态学特征确定陆坡基部区，确定了大陆坡脚FOS-02B、FOS-09、FOS-10、FOS-11、FOS-12和FOS-13。

小组委员会审议了陆坡基部区及大陆坡脚点FOS-02B、FOS-09、FOS-10、FOS-11和FOS-12的确定。根据坡度分析、沉积形态分析以及陆坡基部区坡度变化最大确定了这些大陆坡脚，并通过Douglas-Peucker滤波器手段验证其结果。

小组委员会还审议了沿着地震测线ARG-25的陆坡基部区及大陆坡脚FOS-13。根据陆坡基部区坡度变化最大及沉积形态分析确定该大陆坡脚点。

为了回应小组委员会提出的澄清要求，代表团于 2015 年 8 月 18 日提交了作为备选的大陆坡脚点 FOS-13B。小组委员会对陆坡基部区及沿地震测线 ARG-25 的大陆坡脚点 FOS-13B 进行审议。基于可用信息审议 FOS-13 和 FOS-13B，小组委员会同意陆坡基部区的确定及沿地震测线 ARG-25 的大陆坡脚点 FOS-13。

总体上，小组委员会同意使用坡度变化最大及沉积形态分析方法，对陆坡基部区及大陆坡脚 FOS-02B、FOS-09、FOS-10、FOS-11、FOS-12 和 FOS-13 的确定。委员会认可的大陆坡脚列表见表 8-3。

表 8-3 大陆坡脚列表

序号	大陆坡脚	测线	依据
1	FOS-02B	ARG-05	坡度变化最大
2	FOS-03	ARG-06	相反证据
3	FOS-04	ARG-08	相反证据
4	FOS-05	ARG-09	相反证据
5	FOS-06	ARG-11	相反证据
6	FOS-07	ARG-12	相反证据
7	FOS-09	ARG-19	坡度变化最大
8	FOS-10	ARG-20	坡度变化最大
9	FOS-11	ARG-22	坡度变化最大
10	FOS-12	ARG-23	坡度变化最大
11	FOS-13	ARG-25	坡度变化最大

8.4.1.3 公式线的适用

阿根廷依照《公约》第七十六条第 4 款（a）项（2）目的规定，从大陆坡脚划出半径不超过 60 海里的弧线组成拉普拉塔河克拉通火山型被动陆缘地区的大陆边外缘。在划界案主体案文中，阿根廷阐述了距离公式线的确定方法，并于 2015 年 8 月 18 日提交了 FOS-13 的距离公式线的补充数据。

小组委员会同意划界案所述的确定距离公式线所采用的方法，以及阿根廷提交的大陆坡脚 FOS-13。

在拉普拉塔河克拉通火山型被动陆缘地区，阿根廷适用《公约》第七十六条第 4 款（a）项（1）目规定的沉积物厚度公式，基于大陆坡脚点 FOS-01 至 FOS-12（图 8-14），提交了 13 个定点。阿根廷分别根据地震测线 ARG-02，

ARG-04，ARG-06，ARG-07，ARG-09，ARG-11，ARG-12，ARG-15，ARG-19，ARG-20，ARG-22，ARG-23 和 ARG-25 确定了这些沉积物厚度公式点 ST-01，ST-02，ST-03，ST-04，ST-05，ST-06，ST-07，ST-08，ST-09，ST-10，ST-11，ST-12 和 ST-13。以及基于额外提交的大陆坡脚 FOS-02B 和 FOS-13 确定的沉积物厚度点 ST-02B 和 ST-13。

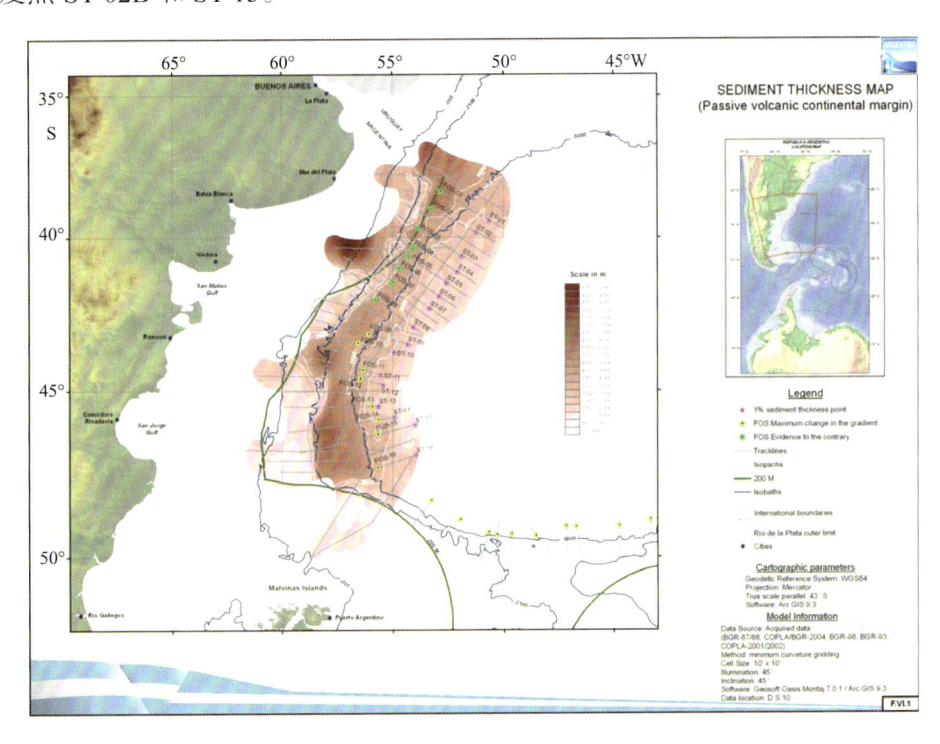

图8-14 拉普拉塔河克拉通火山型被动陆缘区域的沉积物厚度图，包含阿根廷提交的FOS和沉积物厚度公式点

资料来源：委员会对阿根廷外大陆架划界案的建议摘要

在对 1% 沉积物厚度公式线进行审议的过程中，小组委员会对涉及沉积物连续性的数据和资料进行审查，也即最外的沉积物厚度定点上的沉积物与大陆坡脚上的沉积物之间连续性的地震证据。小组委员会对确定沉积物厚度定点（ST-02B 至 ST-13）位置的全部地震剖面进行了审查，并指出，它们能够表明沿着陆缘和横贯陆缘的沉积物存在连续性，且满足《科技准则》第 8.5.3（b）段所述沉积物连续性标准，这与委员会以往的做法一致。

此外，阿根廷在划界案中提供了一张大西洋陆缘沉积物厚度图，该图是基于地震数据解释的成果（图 8-14）。小组委员会对通过连续沉积层、所有沉积物厚度公式点与穿过整个陆缘的大陆坡脚点所连接这一做法表示满意。

小组委员会还审查了计算沉积物厚度所采用的方法。在确定沉积物厚度时，阿根廷采用通过行业标准算法产生的叠前深度偏移地震剖面。基底形态可以通过地震剖面清晰地识别出来，并可以解释为沉积岩基底（图8-15）。所有地震剖面上"拾取"的基底位置经小组委员会验证都是准确的。

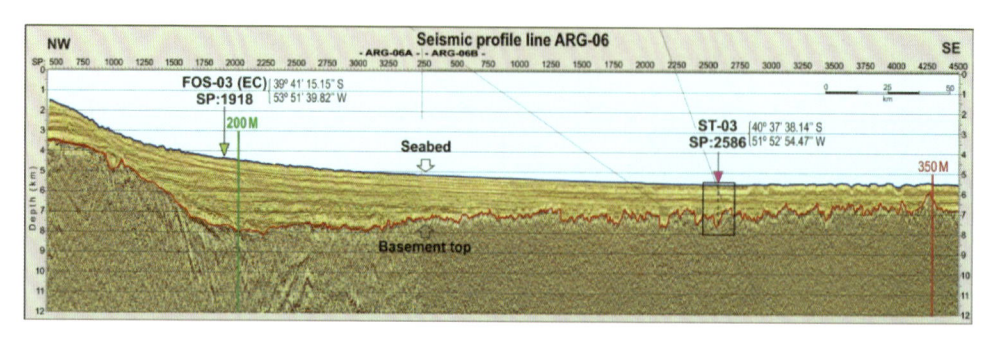

图8-15 地震剖面样图，测线ARG-06

资料来源：委员会对阿根廷外大陆架划界案的建议摘要

在划界案主体案文中，阿根廷根据由地震反射数据确定的基底深度与通过回声测深方法确定的海底深度之间的差异确定沉积物厚度。小组委员会认为，这种方法不符合《科技准则》的规定，规定涉及适用于沉积物厚度计算的地球物理方法（第8.2节）。在2014年8月28日的陈述中，小组委员会要求阿根廷仅根据地震反射数据重新计算沉积物厚度。使用相同的地震反射线对海底深度和基底深度进行测定。

阿根廷于2015年2月17日提交了仅使用地震反射数据确定的涉及沉积物厚度的数据和资料。阿根廷还更新了相关沉积物厚度公式点的位置。小组委员会对新提交的定点进行了审核和验证，并同意对它们进行细微调整。小组委员会对沉积物厚度计算充分满足《公约》中所述不低于1%的要求表示满意。

阿根廷于2015年8月19日提交了根据沉积物厚度公式线的外部包络线和距离公式线重新划定的大陆边外缘。其中沉积物厚度公式线的外部包络线是基于FOS-02B和FOS-12确定的定点ST-02B至ST-13划定，而距离公式线是依据FOS-13确定的（图8-16）。小组委员会同意该大陆边外缘的确定。

8.4.1.4 限制线的适用

在划界案中，阿根廷所提交的距离限制线由从测算阿根廷领海宽度的基线量起350海里的弧线构成（图8-17）。考虑到阿根廷于2015年8月18日提交的补充数据和分析结果，小组委员会同意划定从测算领海宽度的基线量起350海里限制线所采用的流程和精度。

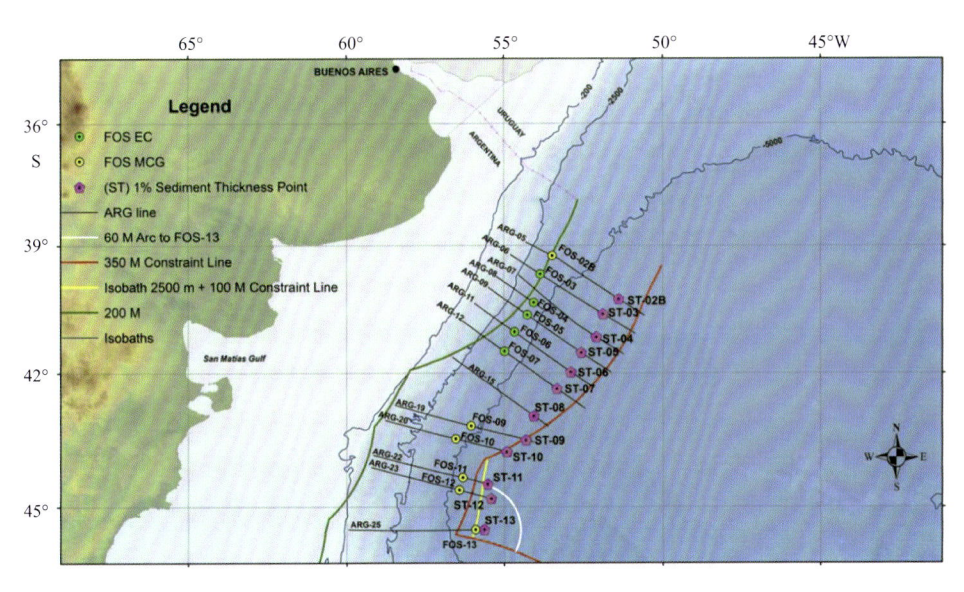

第 8 章 阿根廷外大陆架划界案委员会审议建议评注

图8-16 拉普拉塔河克拉通火山型被动陆缘区域的大陆边外缘

资料来源：委员会对阿根廷外大陆架划界案的建议摘要

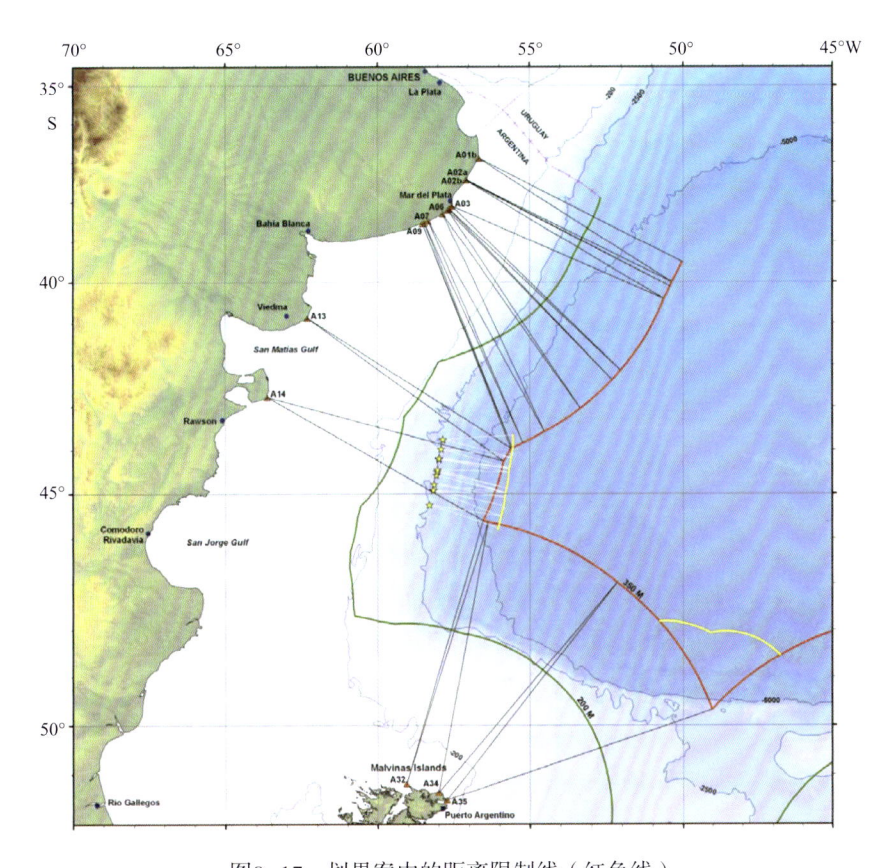

图8-17 划界案中的距离限制线（红色线）

资料来源：委员会对阿根廷外大陆架划界案的建议摘要

阿根廷所提交的深度限制线以 2 500 米测深线为基础（图 8-18）。考虑到阿根廷于 2014 年 2 月 6 日补充提交的多波束回声测深数据和信息，小组委员会同意，在划定 2 500 米等深线及外推 100 海里的深度限制线时所采用的流程和精度。

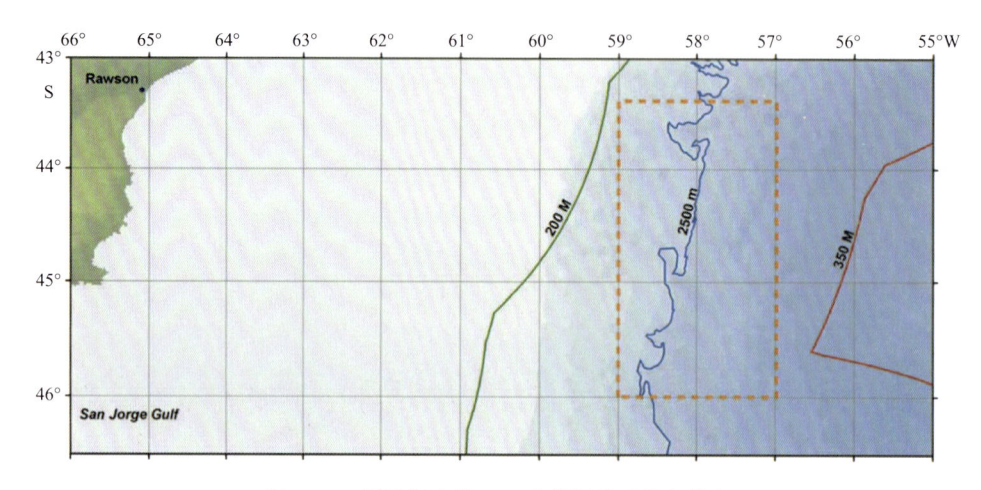

图8-18 划界案中的2500米等深线（蓝色线）
资料来源：委员会对阿根廷外大陆架划界案的建议摘要

在拉普拉塔河克拉通火山型被动陆缘地区，阿根廷适用了《公约》第七十六条第 5 款规定的距离限制和深度限制组合的限制线。委员会同意阿根廷在确定拉普拉塔河克拉通火山型被动陆缘地区组合限制线所采用的方法（图 8-19）。小组委员会同意阿根廷于 2015 年 8 月 18 日提交的组合限制线的确定。

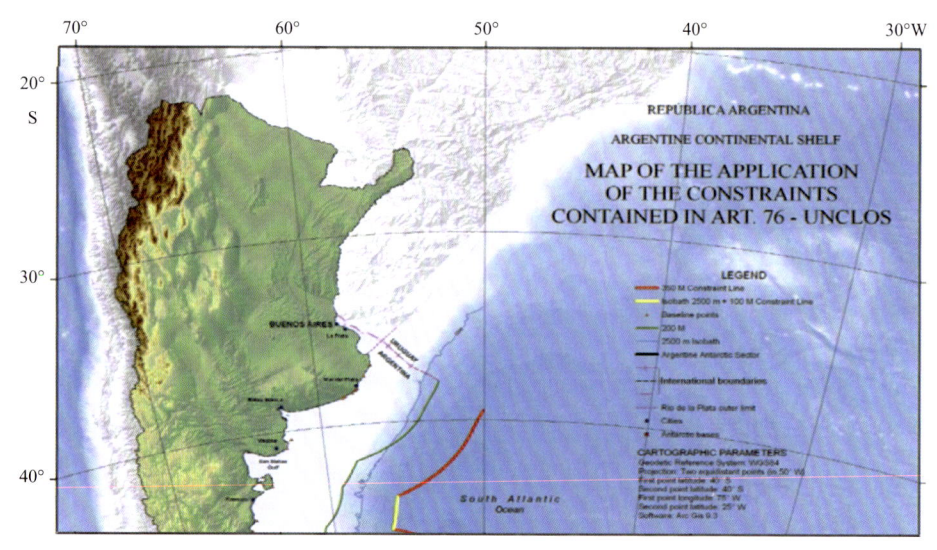

图8-19 划界案中的组合限制线
资料来源：委员会对阿根廷外大陆架划界案的建议摘要

8.4.1.5　外部界限及委员会建议

根据前述大陆边外缘适用组合限制线，划定拉普拉塔河克拉通火山型被动陆缘地区大陆架外部界限。大陆架外部界限是由长度不超过 60 海里直线连接的定点构成。小组委员会同意 2015 年 8 月 19 日提交的定点组成的外部界限。根据《公约》第七十六条，该区域的大陆架外部界限由 RA-02B 至 RA-481 定点连接起来构成（图 8-20）。

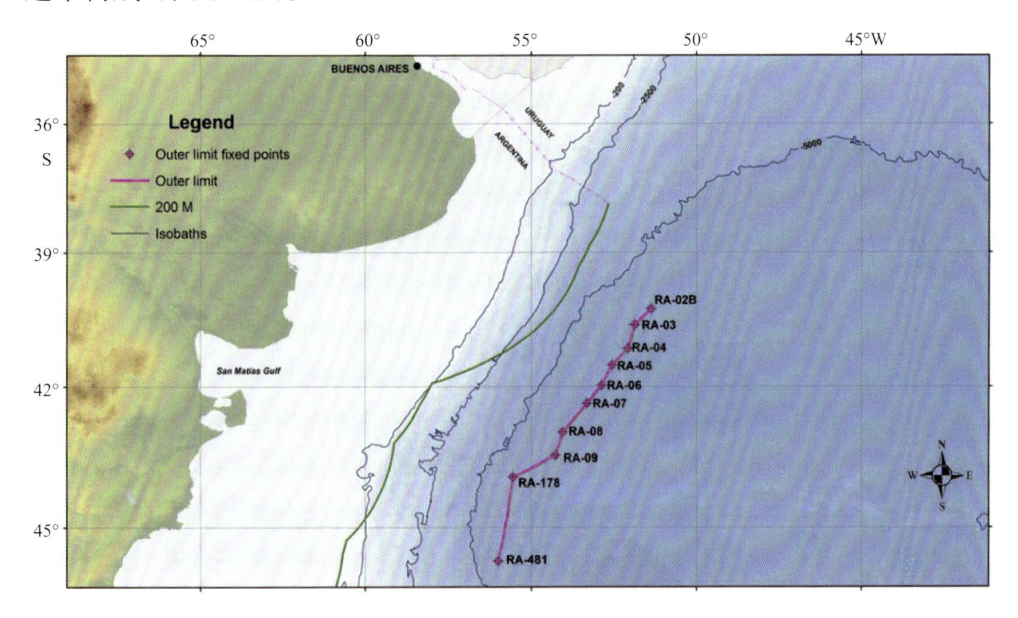

图8-20　拉普拉塔河克拉通火山型被动陆缘大陆架外部界限（品红色线）
资料来源：委员会对阿根廷外大陆架划界案的建议摘要

委员会建议，根据《公约》第七十六条第 7 款，用长度不超过 60 海里的由经纬度确定的定点连接的直线，划定拉普拉塔河克拉通火山型被动陆缘地区大陆架外部界限。此外，委员会还认可了拉普拉塔河克拉通火山型被动陆缘区域大陆架外部界限划定所采用的方法和连接这些定点的直线的方法。委员会建议阿根廷可以根据 RA-02B 至 RA-481 的定点开始划定该区域大陆架外部界限。

8.4.2　火地岛大陆边缘

8.4.2.1　从属权利检验

火地岛陆缘区域是划界案中称为"复合型大陆边缘"的最西部区域，该区域位于大火地岛的南部。

阿根廷认为自渐新世以来，斯科舍海西北角的大火地岛的大陆架最南端的火地岛坡尖海域就经历了板块汇聚和剪切的综合构造作用，陆缘从火地岛坡尖沿着埃斯塔多斯岛的方向向北和向东延伸（图8-21）。

图8-21 "复合型大陆边缘"最西部的火地岛陆缘区域
资料来源：委员会对阿根廷外大陆架划界案的建议摘要

阿根廷认为，西北—东南走向的火地岛坡尖具有陆壳的组成部分。它长度为135千米，宽度在50千米至25千米之间，坡度向西倾斜65°，向东倾斜45°。此坡尖将大火地岛的南部陆缘分成两部分：包括"汇聚型"或"俯冲型"陆缘的西南部分和复合型陆缘的东南部分。

小组委员会经过初步分析，使用两条公式线检验200海里外大陆边外缘，认为该区域满足从属权利检验。

8.4.2.2 确定大陆坡脚

阿根廷用于划定火地岛区域200海里以外距离公式的大陆坡脚是FOS-49，位于火地岛坡尖上。阿根廷认为火地岛坡尖位于约4 500米深度的陆坡基部区，在该区域，火地岛陆缘的大陆坡直接进入斯科舍海的深海洋盆。小组委员会认可火地岛坡尖是阿根廷大陆边缘的自然延伸部分。

小组委员会同意火地岛陆缘区域的陆坡基部区的确定和沿着测深线ARG-87坡度变化最大的大陆坡脚FOS-49的确定。

8.4.2.3 公式线的适用

根据《公约》第七十六条第4款（a）项（2）目的规定，火地岛陆缘区域基于FOS-49划出的60海里距离公式线确定的定点，划定大陆边外缘。委员会通过了阿根廷确定火地岛陆缘区域的定点所采用的程序和精度（图8-22）。

8.4.2.4 限制线的适用

阿根廷在火地岛陆缘区域大陆架外部界限使用了距离限制。阿根廷提交的距离限制线，由测算其领海宽度的基线量起 350 海里的弧线构成（图 8-23）。委员会通过了阿根廷在确定限制线所采用的程序和精度。

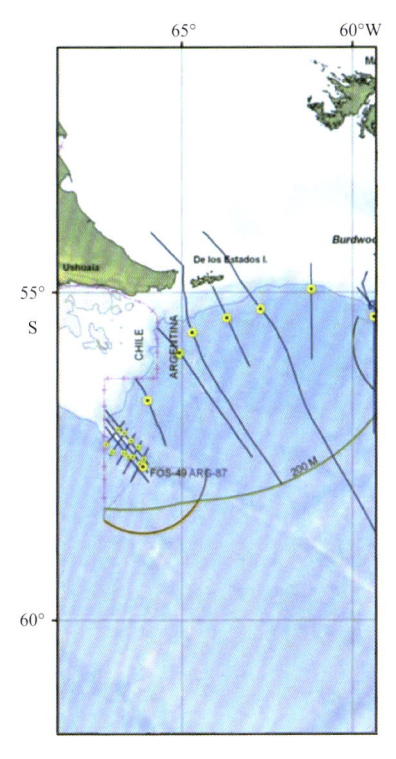

图 8-22　火地岛陆缘区域的大陆边外缘
（红色线）
资料来源：委员会对阿根廷外大陆架划界案
的建议摘要

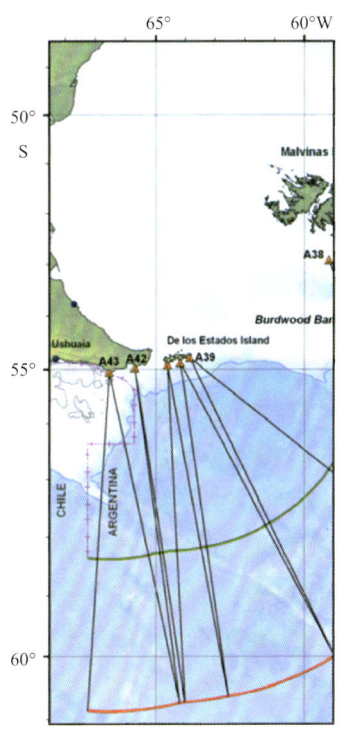

图 8-23　火地岛陆缘区域的距离限制线
资料来源：委员会对阿根廷外大陆架划界案
的建议摘要

8.4.2.5 外部界限及委员会建议

根据上述公式线及限制线，可以划定火地岛陆缘区域大陆架外部界限。大陆架外部界限是由长度不超过 60 海里的直线连接的固定点构成。小组委员会同意了阿根廷于 2015 年 8 月 19 日提交的定点确定外部界限的方法。根据《公约》第七十六条，大陆架外部界限由定点 RA-3458 至 RA-3840 的连线构成（图 8-24）。

委员会建议，根据《公约》第七十六条第 7 款规定的由长度不超过 60 海里的直线连接经纬度确定的定点划定火地岛陆缘区域大陆架外部界限。此外，委员会认可了火地岛陆缘区域大陆架外部界限划定所采用的方法，包括定点的确定和连接这些定点所采用的方法。委员会建议阿根廷可以根据定点 RA-3458 至 RA-3840 开始划定其大陆架外部界限。

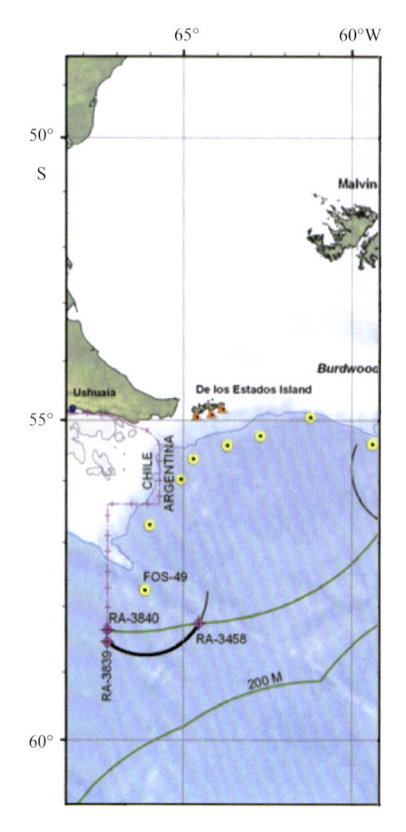

图8-24　火地岛陆缘区域的大陆架外部界限（黑色线）

资料来源：委员会对阿根廷外大陆架划界案的建议摘要

8.5　后续事宜（修订划界案）

8.5.1　阿根廷的主张[21]

阿根廷于 2016 年 10 月 28 日提交了关于北部海域的修订案。针对委员会 2016 年 3 月 11 日提出的建议中未涉及阿根廷北端接近乌拉圭边界的前两个界限定点 RA-01 和 RA-02 的情况，阿根廷希望委员会审议这两个定点。阿根廷认为这两个定点涉及的区域为火山型被动大陆边缘，从乌拉圭向北延伸到近 48°S 的海域，包括拉普拉塔河克拉通大陆边缘（35°—45°S）和巴塔哥尼亚大陆边缘（45°—48°S），在该区域发现了最大厚度的沉积物。这两个定点即由沉积物厚度公式确定（图 8-25）。

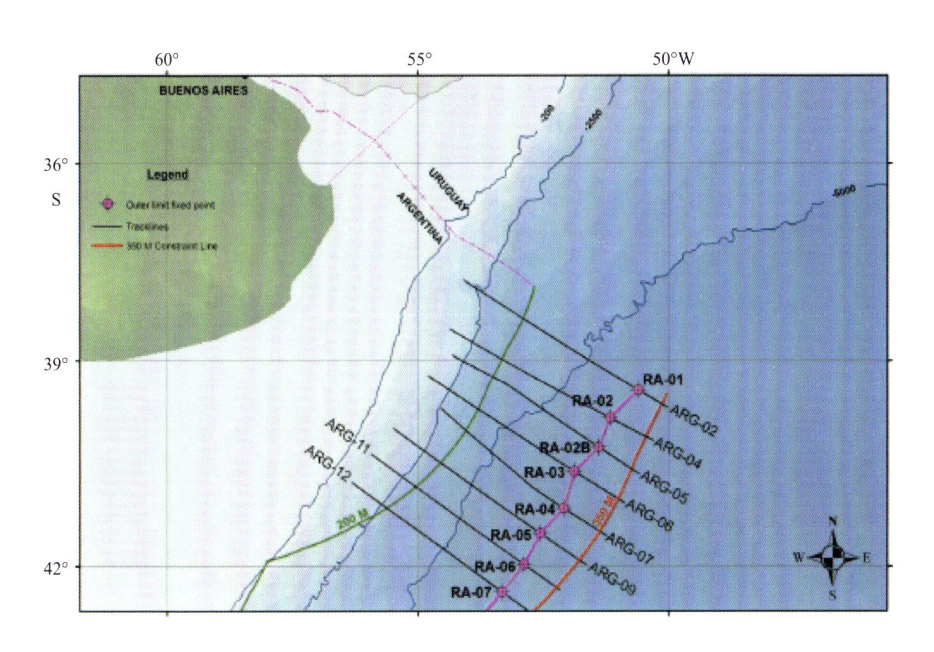

第 8 章　阿根廷外大陆架划界案委员会审议建议评注

图8-25　委员会2016年3月11日建议通过的RA-02B到RA-07
资料来源：阿根廷外大陆架修订划界案执行摘要

8.5.2　委员会审议过程 [22]

阿根廷代表团于 2017 年 2 月 14 日在委员会第 43 届会议上就修订案做了陈述。代表团包括：阿根廷常驻联合国代表兼代表团共同团长马丁·加西亚·莫里坦（Martín García Moritán）；马尔维纳斯群岛、南极和南大西洋事务副部长兼代表团共同团长玛丽亚·特雷莎·克拉利卡斯（María Teresa Kralikas）；国家大陆架外部界限委员会总协调员弗里达·阿马斯·普佛特（Frida M. Armas Pfirter）；技术小组委员会协调员兼海洋学家阿列尔·特罗伊西（Ariel Troisi）以及多名顾问。

委员会讨论了审议修订划界案的方式，回顾了第 26 届会议的决定，即经修订的划界案将优先予以审议而不考虑排列顺序。因此，委员会将该修订案的审查工作分派给为审议阿根廷于 2009 年 4 月 21 日提交的划界案而设立的小组委员会。委员会指出，根据《议事规则》第 42 条第 2 款，该小组委员会现任成员为阿沃西卡（Awosika）、卡雷拉（Carrera，主席）、海尼森（Heinesen）、马东（Madon）、马克斯（Marques）、奥杜罗（Oduro，副主席）和朴永安（Park，副主席）。委员会决定，小组委员会于本届会议期间开始审议工作。

小组委员会在会议期间向代表团转交了一系列意见和询问，并收到代表团的答复。小组委员会审议了该代表团的答复，并得到代表团同意，不按照委员会《议

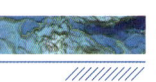

事规则》附件三第 10.3 和 10.4 段中所设想的方式，即小组委员会和代表团互相交换陈述。小组委员会继续审议，随后编写了关于该修订案的建议草稿。建议草稿于 2017 年 2 月 28 日被核准，同日递交委员会主席。委员会于 2017 年 3 月 17 日未经表决通过了修正的"大陆架界限委员会关于阿根廷于 2016 年 10 月 28 日提交的部分修订案的建议"，并于同日书面提交给阿根廷和联合国秘书长。

8.5.3 委员会建议要点[23]

小组委员会收到委员会于 2016 年 3 月 11 日在对阿根廷划界案建议中核准了大陆坡脚 FOS-02B 的坐标。在此基础上，小组委员会推荐使用该大陆坡脚来确定大陆边外缘。

在修订案中，阿根廷基于地震测线 ARG-02 和 ARG-04B，使用沉积物厚度公式确定了两个定点：ST-01 和 ST-02（图 8-26）。小组委员会审议了说明从沉积物厚度定点与大陆坡脚之间连续性的数据和信息。阿根廷提交了测线 ARG-02，ARG-04，ARG-05 和 ARG-103 的多道地震反射数据，基于地震剖面解释得到了沉积物等厚图表明了沉积物的连续性及其在陆坡外缘的分布。小组委员会通过将 ST-01 和 ST-02 与 FOS-02B 的沉积物相连，审议了全部地震剖面中沉积物的连续性，认为其满足《科技准则》第 8.5.3 段（b）中所列的沉积物连续性的条件。

小组委员会还审议了阿根廷测算定点 ST-01 和 ST-02 沉积物厚度的方法。依照《科技准则》（第 8.2 节），阿根廷根据沉积物厚度点所处区域的多道地震时移反射数据进行了沉积物厚度测算。沉积物厚度是海床深度与基底顶面深度的差值。通过地震剖面识别基底顶面，并利用层速度将时间转换成深度。层速度是通过对特定炮点区沉积物厚度定点做波速分析得出的。小组委员会认为阿根廷用于确定两个沉积物厚度点 ST-01 与 ST-02 的地震测线上的海床深度测算正确。

阿根廷还依照《科技准则》第 8.4.3 段提供了离沉积物厚度定点最近炮点地震数据的波速分析。波速分析表明沉积 – 火山交互层的层速度介于沉积物和岩浆岩基底之间。根据阿根廷的计算，ST-01 和 ST-02 的层速度平均值分别为 4 368 m/s 和 3 436 m/s，低于洋壳火成岩基底的典型速度。小组委员会审议了所有提交的速度信息，听取了代表团的进一步阐述，认定此高振幅反射波组的层速度确实落于沉积物/熔岩流互层的层速度范围内。小组委员会同意 ST-01 和 ST-02 定点处沉积物厚度的测算结果。同时确定 ST-01 和 ST-02 定点处的沉积物厚度均超过这些点与 FOS-02B 距离的 1%。

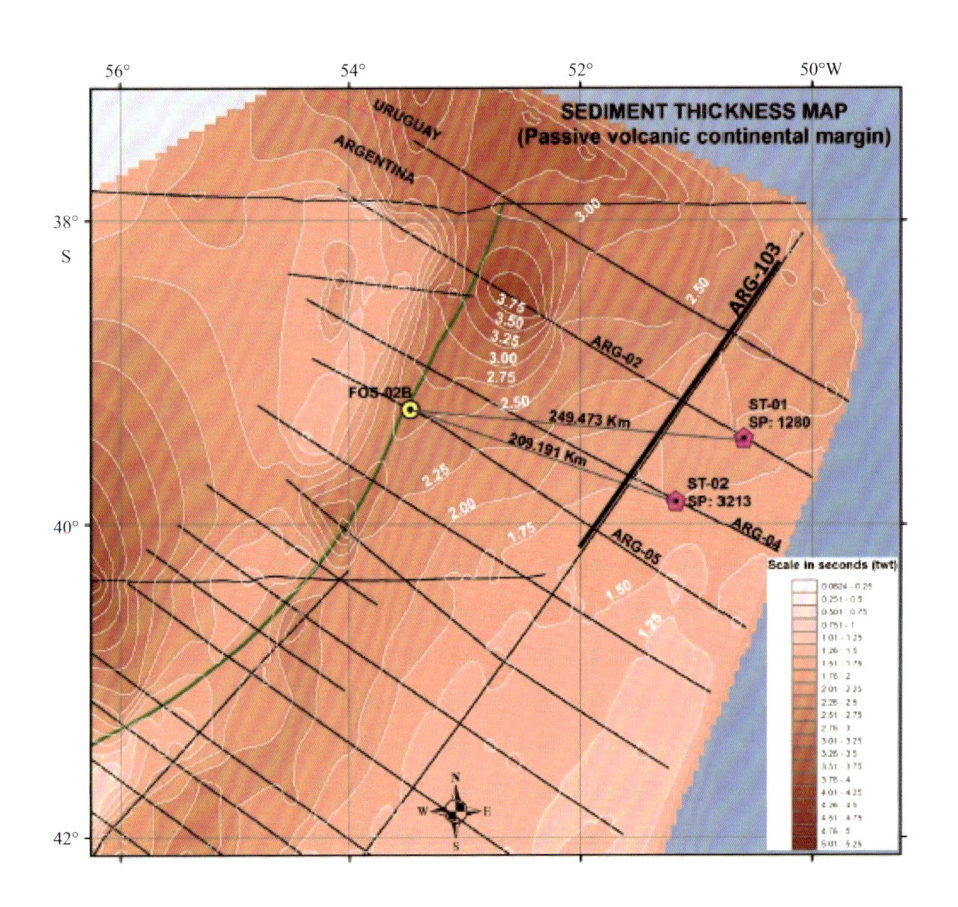

图8-26 用于确定大陆边外缘的相关地震测线上的沉积物厚度定点ST-01和ST-02

资料来源：委员会对阿根廷外大陆架修订划界案的建议摘要

阿根廷在拉普拉塔河克拉通北部大陆边外缘的确定使用了沉积物厚度点ST-01、ST-02以及从ST-02到ST-02B的直线段，这些均已通过《委员会对阿根廷2009年4月21日划界案的建议》核准。小组委员会同意阿根廷2016年10月28日提交的修订案中确定的大陆边外缘。

在修订案中，阿根廷仅适用了《公约》第七十六条第5款规定的距离限制线。由测算阿根廷领海的基线外推350海里的弧线划定。委员会认可阿根廷划定距离限制线的方法及精度。

阿根廷在其修订案中的大陆架外部界限是由连接定点RA-01、RA-02和RA-02B的长度不超过60海里的直线段构成。小组委员会同意该外部界限的确定。

最终委员会审议认为阿根廷划定的大陆架外部界限是依照《公约》第七十六条第7款，使用不超过60海里的直线段连接经纬度坐标确定的定点划定。委员会认可修订案中划定大陆架外部界限的方法，包括修订案所列定点的确定方法和连接这些定点的直线段的构建方法。鉴于定点 RA-02B 已经通过《委员会关于阿根廷 2009 年 4 月 21 日划界案的建议》的核准，委员会建议阿根廷可使用定点 RA-01 到 RA-02，以及 RA-02 到 RA-02B 的连线划定大陆架外部界限（图 8-27）。

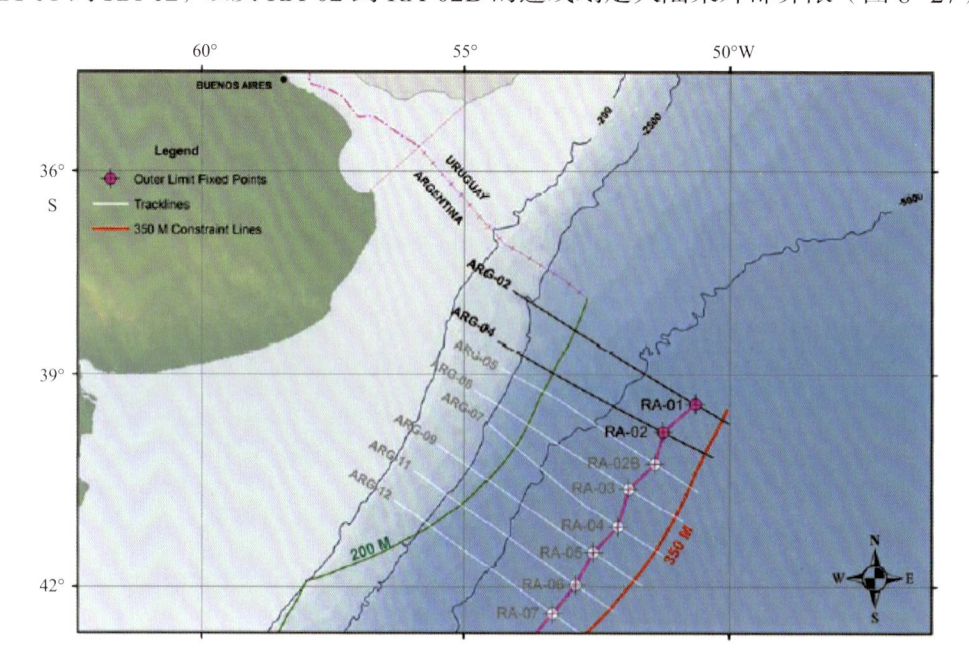

图8-27　阿根廷修订案大陆架外部界限定点RA-01和RA-02
资料来源：委员会对阿根廷外大陆架修订划界案的建议摘要

8.6　委员会审议建议评注

8.6.1　委员会不审议的情况

委员会《议事规则》第 46 条和附件一规定了存在海岸相向或相邻国家间的争端或其他未决的陆地或海洋争端的情况下提出划界案的处理方式。委员会的行动不应妨害国家间的划界。对于存在陆地或海洋争端的划界案，除非争端所有当事国事前表示同意，否则委员会不应审议。在此规定下，委员会不审议阿根廷划界案中存在岛屿争议的"马尔维纳斯群岛、南乔治亚岛和南桑威奇群岛"区域。

对于南极区域，委员会考虑了 60°S 以南的情况，即《南极条约》的存在，不审议南极附属大陆架的有关内容。与此相类似的包括澳大利亚划界案、挪威划界案，对于澳大利亚南极领地及挪威毛德皇后地都属于委员会不审议的范围。

8.6.2 相反证据的使用规则

依照《科技准则》定义的断裂火山型大陆边，是大陆断裂和其后海底扩张生成洋壳期间沿着初始板块边界形成的。具有厚的下地壳透镜体，地震速度达 7.0~7.6 千米/秒，基底之下存在向海倾斜反射体的厚层序。向海倾斜反射体与先存在的洋脊生成的洋壳合并并无明显边界。其大陆边的向海扩展部分可界定为向海倾斜反射层向海部分终止和火成岩陆壳的厚度减少到洋壳的通常值，即不到 15 千米的区域。委员会将断裂火山型大陆边缘洋陆过渡带的向陆侧认定为大陆坡脚。

在阿根廷划界案中，委员会进一步细化了具体规则。首先，适用相反证据时，小组委员会将审议沿海国所采用的方法。小组委员会认为，为了适用《公约》第七十六条第 4 款（b）项规定的相反证据规则，应在整个陆缘区域使用同一套标准。《科技准则》6.1E（图 8-12）指明了陆坡基部区域和大陆坡脚的位置应当在洋陆过渡带的向陆侧，也即 SDR 层序消失的向海侧。而事实上，SDR 层序在向海的部分有可能变得模糊难以识别，故小组委员会认为 SDR 层序消失的向海侧如果作为陆坡基部区域和大陆坡脚应当寻找最后一个可清晰识别的反射层，以此作为陆坡基部区域，它与基底反射层顶部的交叉则可以作为大陆坡脚的位置。

参考文献

[1] Executive Summary of Outer Limit of the Continental Shelf Argentine Submission. Commission on the Limits of the Continental Shelf [EB/OL]. [2023-09-30]. https://www.un.org/Depts/los/clcs_new/submissions_files/arg25_09/arg2009e_summary_eng.pdf.

[2] Note by United Kingdom of Great Britain and Northern Ireland . Commission on the Limits of the Continental Shelf [EB/OL]. [2023-09-30]. https://www.un.org/Depts/los/clcs_new/submissions_files/arg25_09/clcs_45_2009_los_gbr.pdf.

[3] Note by United States of America. Commission on the Limits of the Continental Shelf [EB/OL]. [2023-09-30]. https://www.un.org/Depts/los/clcs_new/submissions_files/arg25_09/usa_re_arg_2009.pdf.

[4] Note by Russian Federation. Commission on the Limits of the Continental Shelf [EB/OL]. [2023-09-30]. https://www.un.org/Depts/los/clcs_new/submissions_files/arg25_09/rus_re_arg_2009e.pdf.

[5]   Note by India. Commission on the Limits of the Continental Shelf [EB/OL]. [2023-09-30]. https://www.un.org/Depts/los/clcs_new/submissions_files/arg25_09/ind_re_arg_2009.pdf.

[6]   Note by Netherlands. Commission on the Limits of the Continental Shelf [EB/OL]. [2023-09-30]. https://www.un.org/Depts/los/clcs_new/submissions_files/arg25_09/nld_re_arg_2009.pdf.

[7]   Note by Japan. Commission on the Limits of the Continental Shelf [EB/OL]. [2023-09-30]. https://www.un.org/Depts/los/clcs_new/submissions_files/arg25_09/jpn_re_arg_2009.pdf.

[8]   Note by Chile. Commission on the Limits of the Continental Shelf [EB/OL]. [2023-09-30]. https://www.un.org/Depts/los/clcs_new/submissions_files/arg25_09/chl_re_arg_2016_e.pdf.

[9]   Statement by the Chairman of the Commission on the Limits of the Continental Shelf on the progress of work in the Commission - Twenty-fourth session. Commission on the Limits of the Continental Shelf [EB/OL]. [2023-09-30]. https://documents-dds-ny.un.org/doc/UNDOC/GEN/N09/536/21/PDF/N0953621.pdf?OpenElement.

[10]   Progress of work in the Commission on the Limits of the continental Shelf - Statement by the Chairperson - Thirtieth session. Commission on the Limits of the Continental Shelf [EB/OL]. [2023-09-30]. https://documents-dds-ny.un.org/doc/UNDOC/GEN/N12/498/91/PDF/N1249891.pdf?OpenElement.

[11]   Progress of work in the Commission on the Limits of the continental Shelf - Statement by the Chairperson - Thirty-first session. Commission on the Limits of the Continental Shelf [EB/OL]. [2023-09-30]. https://documents-dds-ny.un.org/doc/UNDOC/GEN/N13/275/74/PDF/N1327574.pdf?OpenElement.

[12]   Progress of work in the Commission on the Limits of the continental Shelf - Statement by the Chairperson - Thirty-second session. Commission on the Limits of the Continental Shelf [EB/OL]. [2023-09-30]. https://documents-dds-ny.un.org/doc/UNDOC/GEN/N13/485/26/PDF/N1348526.pdf?OpenElement.

[13]   Progress of work in the Commission on the Limits of the continental Shelf - Statement by the Chair - Thirty-third session. Commission on the Limits of the Continental Shelf [EB/OL]. [2023-09-30]. https://documents-dds-ny.un.org/doc/UNDOC/GEN/N13/621/29/PDF/N1362129.pdf?OpenElement.

[14]   Progress of work in the Commission on the Limits of the continental Shelf - Statement by the Chair - Thirty-fourth session. Commission on the Limits of the Continental Shelf [EB/OL]. [2023-09-30]. https://documents-dds-ny.un.org/doc/UNDOC/GEN/N14/284/31/PDF/

N1428431.pdf?OpenElement.

[15] Progress of work in the Commission on the Limits of the continental Shelf - Statement by the Chair - Thirty-fifth session. Commission on the Limits of the Continental Shelf [EB/OL]. [2023-09-30]. https://documents-dds-ny.un.org/doc/UNDOC/GEN/N14/547/71/PDF/N1454771.pdf?OpenElement.

[16] Progress of work in the Commission on the Limits of the continental Shelf - Statement by the Chair - Thirty-sixth session. Commission on the Limits of the Continental Shelf [EB/OL]. [2023-09-30]. https://documents-dds-ny.un.org/doc/UNDOC/GEN/N14/696/28/PDF/N1469628.pdf?OpenElement.

[17] Progress of work in the Commission on the Limits of the continental Shelf - Statement by the Chair - Thirty-seventh session. Commission on the Limits of the Continental Shelf [EB/OL]. [2023-09-30]. https://documents-dds-ny.un.org/doc/UNDOC/GEN/N15/112/55/PDF/N1511255.pdf?OpenElement.

[18] Progress of work in the Commission on the Limits of the continental Shelf - Statement by the Chair - Thirty-eighth session. Commission on the Limits of the Continental Shelf [EB/OL]. [2023-09-30]. https://documents-dds-ny.un.org/doc/UNDOC/GEN/N15/297/39/PDF/N1529739.pdf?OpenElement.

[19] Progress of work in the Commission on the Limits of the continental Shelf - Statement by the Chair - Fortieth session. Commission on the Limits of the Continental Shelf [EB/OL]. [2023-09-30]. https://documents-dds-ny.un.org/doc/UNDOC/GEN/N16/108/88/PDF/N1610888.pdf?OpenElement.

[20] Summary of Recommendations of the Commission on the Limits of the Continental Shelf in Regard to the Submission Made by Argentina on 21 April 2009. Commission on the Limits of the Continental Shelf [EB/OL]. [2023-09-30]. https://www.un.org/Depts/los/clcs_new/submissions_files/arg25_09/2016_03_11_COM_SUMREC_ARG.pdf.

[21] Executive Summary of Argentine Partial Revised Submission to the Commission on the Limits of the Continental Shelf. Commission on the Limits of the Continental Shelf [EB/OL]. [2023-09-30]. https://www.un.org/Depts/los/clcs_new/submissions_files/arg25_rev/ARG_PR_Executive_Summary_EN.pdf.

[22] Progress of work in the Commission on the Limits of the Continental Shelf - Statement by the Chair - Forty-third session. Commission on the Limits of the Continental Shelf [EB/OL]. [2023-09-30]. https://documents-dds-ny.un.org/doc/UNDOC/GEN/N17/103/47/PDF/N1710347.pdf?OpenElement.

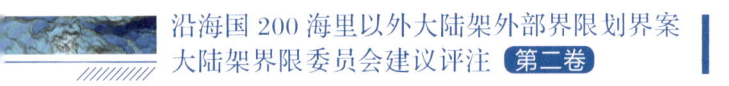

[23] Summary of Recommendations of the Commission on the Limits of the Continental Shelf in Regard to the Partial Revised Submission Made by Argentina on 28 October 2016. Commission on the Limits of the Continental Shelf [EB/OL]. [2023-09-30]. https://www.un.org/Depts/los/clcs_new/submissions_files/arg25_rev/20170317_ARGREV_SUMREC_COM.pdf.

第 9 章

加纳外大陆架划界案委员会审议建议评注

加纳于1982年12月10日签署《公约》，并于1983年6月7日批准《公约》。2009年4月28日加纳向委员会提交其大陆架划界案，支持其东部地区和西部地区扩展200海里以外大陆架的外部界限。

加纳在准备划界案的过程中得到了来自英联邦秘书处（经济和法律部）和德国联邦地球科学与自然资源研究院的技术帮助。

9.1 加纳划界案的主张[1,2]

加纳依照《公约》第七十六条的规定，主张的200海里以外的大陆架包括东部扩展大陆架区和西部扩展大陆架区两部分。东部扩展大陆架区面积为9 387.8平方千米，其外部界限由5个定点划定，其中1个定点（OL-GHA-5）是外部界限与尼日利亚200海里线的交点，3个定点（OL-GHA-1，OL-GHA-2，OL-GHA-3）由沉积物厚度公式确定，1个定点（OL-GHA-6）是外部界限与加纳200海里线的交点（图9-1）。西部扩展大陆架区面积为4 741.8平方千米，其外部界限由3个定点划定，其中1个定点（OL-GHA-7）是外部界限与加纳200海里线的交点，1个定点（OL-GHA-4）由沉积物厚度公式确定，1个定点（OL-GHA-8）为外部界限与科特迪瓦-加纳等距线的交点（图9-2）。

加纳于2009年8月25日，在委员会未设立审议其划界案的小组委员会之前提交了补充材料，补充了西部扩展大陆架区的地震和水深数据，并将原先划定的4 741.8平方千米外大陆架面

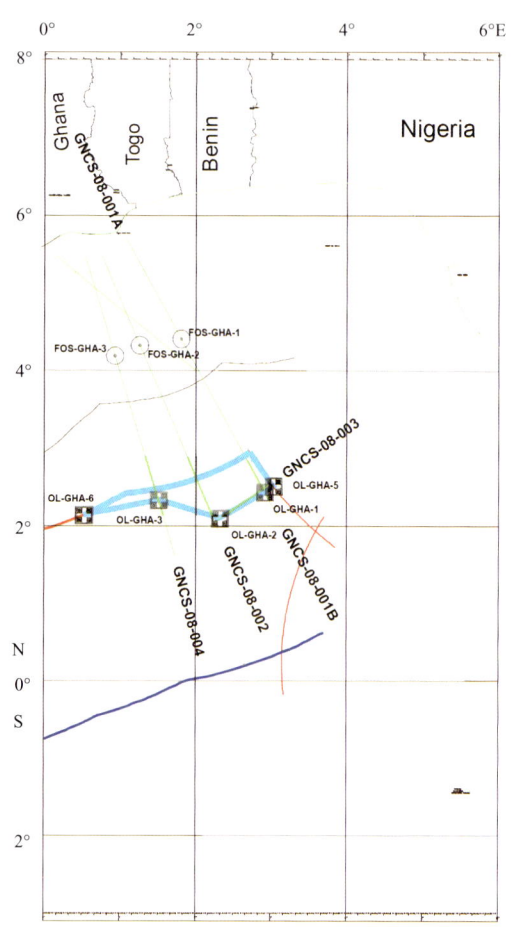

图9-1 加纳划界案的东部扩展大陆架区外部界限
资料来源：加纳外大陆架划界案执行摘要

积扩大到 6 445 平方千米，外部界限由 4 个定点划定，其中 1 个定点（OL-GHA-8）是外部界限与加纳 200 海里线的交点，2 个定点（OL-GHA-4，OL-GHA-7）由沉积物厚度公式确定，1 个定点（OL-GHA-9）是外部界限与科特迪瓦－加纳等距线的交点（图 9-3）。

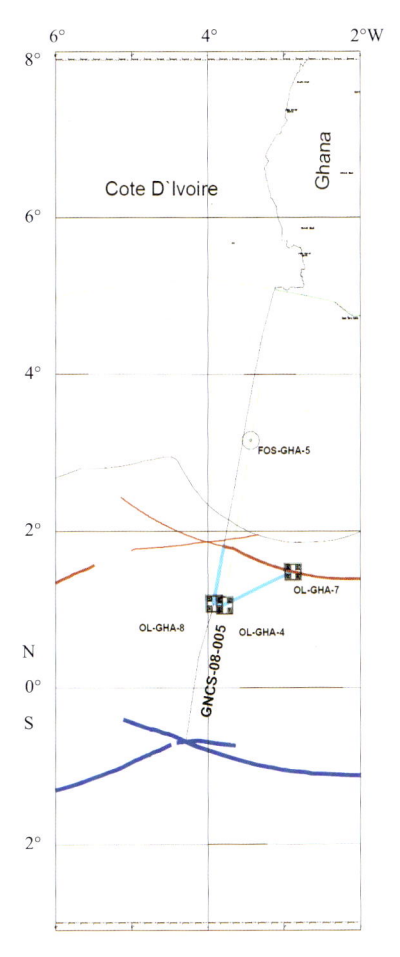

图9-2　加纳划界案的西部扩展大陆架区外部界限

资料来源：加纳外大陆架划界案执行摘要

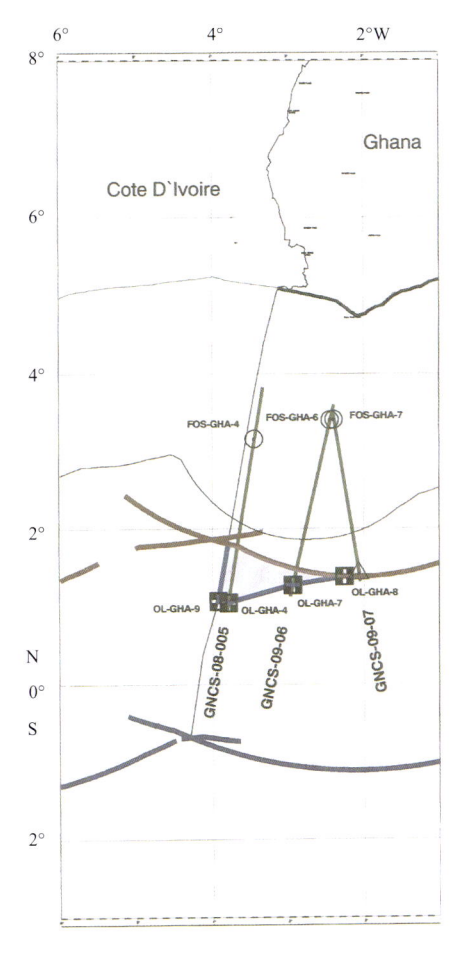

图9-3　加纳划界案补充材料划定的西部扩展大陆架区外部界限

资料来源：加纳外大陆架划界案执行摘要补充材料

小组委员会审议加纳划界案期间，向加纳代表团提出了需要澄清的要求，根据小组委员会的意见，加纳于 2013 年 9 月 12 日提交了修订划界案，涉及东部扩展大陆架区和西部扩展大陆架区两部分。在东部扩展大陆架区，加纳在其扩展大陆架西边缘确定了 2 个新的外部界限点，经修订后的东部扩展大陆架区面积为 13 361.6 平方千米，外部界限由 6 个定点组成。其中 5 个定点（OL-GHA-5A、

OL-GHA-1、OL-GHA-2、OL-GHA-3、OL-GHA-6A）由沉积物厚度公式确定，1个定点（OL-GHA-6B）为沉积物公式线与加纳200海里线的交点（图9-4）。加纳修订案中的西部扩展大陆架区再次扩张，面积达到6 821.4平方千米，其外部界限由4个定点组成。其中1个定点（OL-GHA-8）是沉积物厚度公式线与加纳200海里线的交点，2个定点（OL-GHA-4，OL-GHA-7）由沉积物厚度公式确定，1个定点（OL-GHA-9）是外部界限与科特迪瓦－加纳等距线的交点（图9-5）。

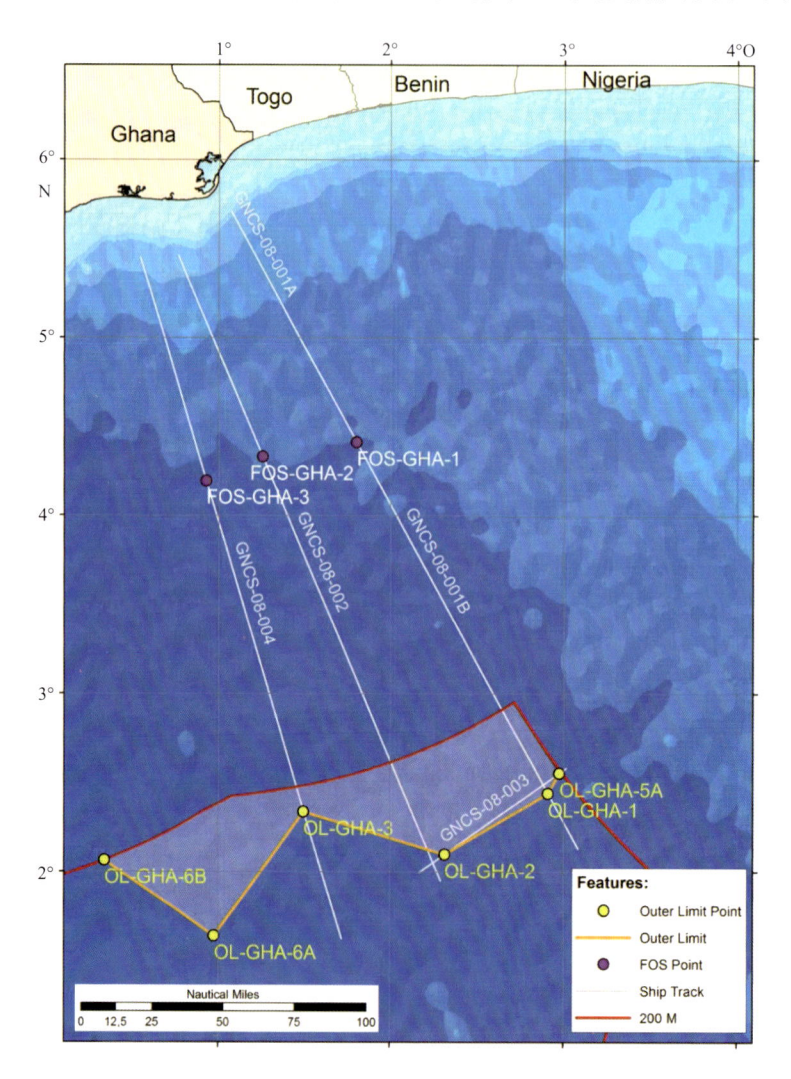

图9-4 加纳修订划界案的东部扩展大陆架区外部界限

黄色点为外部界限点，橙色线为外部界限，紫色点为大陆坡脚点，灰色线为测线，红色线为200海里线

资料来源：加纳外大陆架修订划界案执行摘要

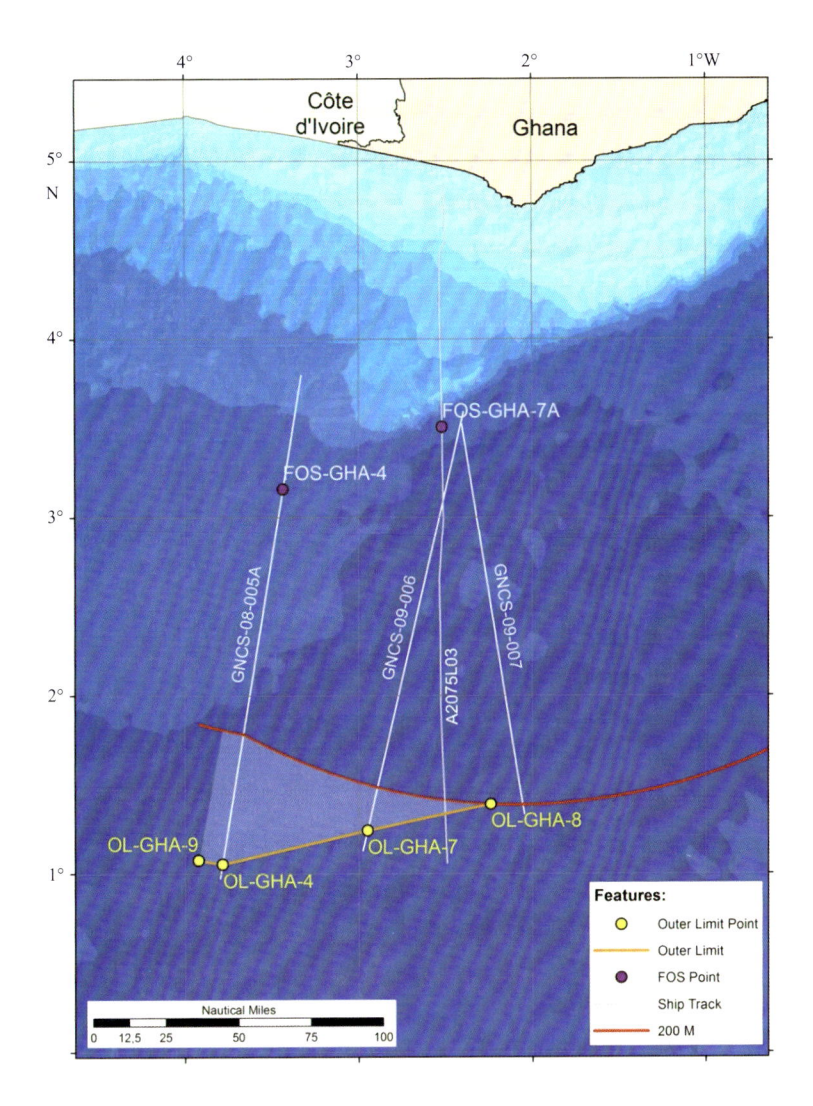

第 9 章 加纳外大陆架划界案委员会审议建议评注

图9-5 加纳修订划界案的西部扩展大陆架区外部界限

图注同图9-4

资料来源：加纳外大陆架修订划界案执行摘要

9.2 各国反应照会和要点

加纳在200海里以外大陆架海域和邻国存在重叠海域，但至今尚未与任何邻国签署海洋边界协定。2009年2月24—26日西非国家经济共同体成员国——贝宁、科特迪瓦、加纳、尼日利亚和多哥在阿克拉举行了1次会议，讨论了相邻和相向国家海洋边界的问题，并取得如下成果："即使在提交了初步信息/划界案后，也应以合作精神继续讨论相邻和相向国家海洋边界问题，以便实现最终划界，成员国由此将对他们邻国的划界案提交不反对照会。"据此，加纳告知委员会其划界案不妨害与多哥、贝宁、尼日利亚和科特迪瓦之间的海洋划界问题。

尼日利亚于 2009 年 6 月 22 日照会表示根据西非国家经济共同体成员国达成的协议，不反对委员会审议加纳的划界案。[3]

9.3 委员会审议过程

9.3.1 划界案陈述与委员会初步审议

2009 年 8 月 26 日，委员会第 24 届会议中，加纳土地与自然资源部部长、内阁监督委员会主席、代表团团长柯林斯·道达（Alhaiji Collins Dauda）和加纳国家石油公司项目协调员、地质学家劳伦斯·阿帕莱斯（Lawrence Apaalse）先生就划界案向委员会做了陈述。加纳代表团中还有几位科学、法律和技术顾问。划界案陈述中，道达先生告知委员会，加纳与贝宁、科特迪瓦、尼日利亚和多哥就相邻和相向海洋边界问题进行了协商。在协商过程中，上述国家商定继续讨论海洋边界问题，以便在提交划界案或初步资料后最终解决划界问题，为此，各国将单独提出普通照会，表示无意反对彼此的划界案。为此，他补充说，加纳提出的划界案不妨害与贝宁、科特迪瓦、尼日利亚和多哥划定边界。[4]

委员会在加纳划界案陈述报告结束后转入非公开审议，根据《公约》附件二第五条和委员会《议事规则》第 42 条的规定进行排队，决定将排队到在今后某次届会上设立小组委员会，使其依照《议事规则》第 51 条 4 之三的规定审议该划界案。

委员会于 2012 年 8 月 2 日第 30 届会议期间，设立了审议加纳划界案的小组委员会，任命阿沙德（Arshad）、焦什维利（Jaoshvili）、恩朱古纳（Njuguna）、马含加（Mahanjane）、帕泰利尼（Paterlini）、雷斯特（Roest）和浦边（Urabe）先生为小组委员会成员。小组委员会召开会议，推荐雷斯特先生为小组委员会主席，焦什维利和恩朱古纳先生为小组委员会副主席。[5]

9.3.2 小组委员会审议

小组委员会从第 30 届会议开始审议加纳划界案。整个审议过程贯穿第 30 届会议至第 34 届会议。

在第 30 届会议期间，小组委员会初步审议了划界案，包括其格式和完整性。

小组委员会尚未与加纳代表团举行会议，但向加纳代表团提出了若干问题。

在第 31 届会议上，小组委员会继续审议划界案，并同加纳代表团举行了 3 次交流。之后，小组委员会收到了代表团来文，回答了小组委员会书面提出的问题。最后，小组委员又向代表团提出了一系列新的问题。[6]

在第 32 届会议上，小组委员会审议了加纳的答复。加纳在答复中列出了补充资料，大幅修改了东部扩展大陆架区的外部界限。小组委员会与加纳代表团举行了 4 次会议，并各自做了陈述。代表团还回答了小组委员会提出的补充问题和澄清要求。之后，小组委员会致函加纳，要求做出进一步澄清。代表团随后通知小组委员会，表示将提交修订的划界案。[7]

在第 33 届会议期间，小组委员会审议了加纳的答复，还同加纳代表团举行了 3 次会议，代表团提供了新的数据资料。小组委员会于 2013 年 11 月 1 日完成了对新数据的分析，并向加纳表明了意见。在第 33 届会议期间，小组委员会选举阿沙德先生为副主席，接替焦什维利先生。[8]

在第 34 届会议期间，代表团于 2014 年 1 月 23 日针对小组委员会在上届会议期间提出的进一步澄清的要求做出答复。在审议该答复来文后，小组委员会向加纳表示计划于第 34 届会议期间向委员会提交建议草案，并询问加纳是否打算向委员会全体会议做出陈述。小组委员会还向代表团提供了一份审议划界案后提出的意见和一般性结论的文件。最终，小组委员会拟定了建议草案，获得一致通过后，于 2014 年 3 月 3 日将其递交给委员会。[9]

2014 年 3 月 10 日，小组委员会向委员会介绍了加纳划界案的建议草案。同天，加纳代表团团长阿尔哈吉·伊努萨赫·弗塞尼（Alhaji Inusah Fuseini）（土地与自然资源部部长兼加纳边界委员会主席）和劳伦斯·阿帕莱斯依照委员会《议事规则》附件三第 15 条 1 之二的规定做了陈述，代表团成员还包括加纳常驻联合国代表肯·坎达及若干名顾问。在陈述中，代表团同意小组委员会审查划界案后得出的意见和一般性结论。委员会随后转入非公开审议。在详细讨论建议草案并考虑了代表团和小组委员会各自所做陈述之后，委员会决定根据《议事规则》第 53 条第 1 款，把对建议草案的进一步审议推迟至第 35 届会议，以便让委员会成员有充分时间考虑加纳划界案和建议草案。

9.3.3　委员会通过建议

在第 35 届会议期间，委员会继续审议建议草案。2014 年 9 月 5 日，委员会协商一致通过了经修正的大陆架界限委员会关于 2009 年 4 月 28 日加纳提交的划界案的建议。依照《公约》附件二第六条第 3 款，建议（包括摘要）已于同日书面提交给该加纳和联合国秘书长。[10]

9.4 委员会对加纳划界案的审议建议[11]

9.4.1 从属权利检验

加纳位于几内亚湾的北部，几内亚湾北部的大陆边缘为剪切/转换大陆边缘，在 130～125 Ma 赤道大西洋扩张期形成，在此期间，其构造板块因转换运动分离并形成转换断层。Romanche、Chain 和 Charcot 断裂带均位于几内亚湾内，在自由空间重力图上清晰可见（图 9-6）。

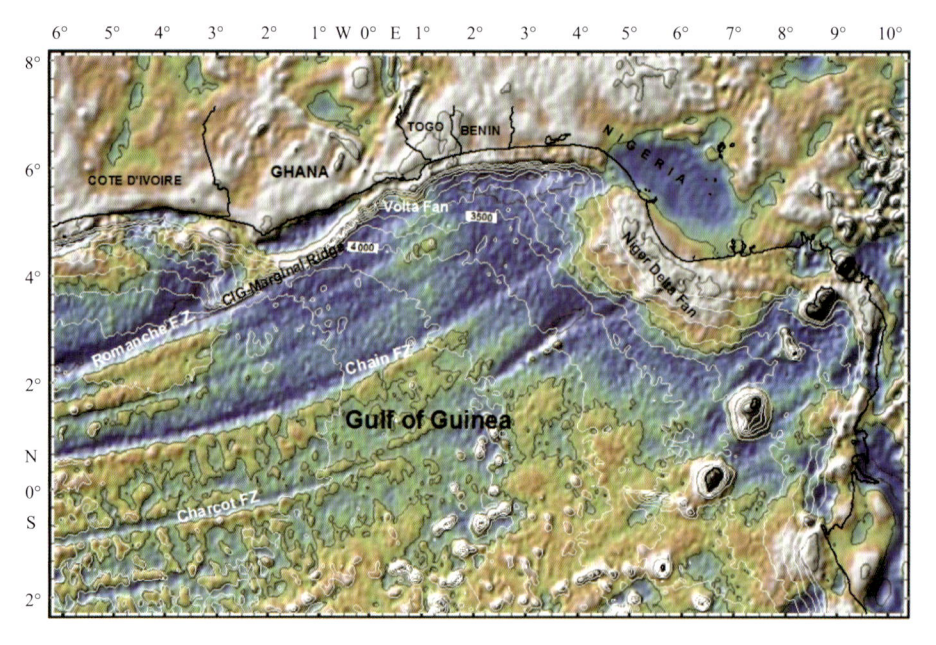

图9-6　几内亚湾区域卫星自由空间重力分布

资料来源：委员会对加纳外大陆架划界案的建议摘要

在这些断裂带中观察到显著的沉积物堆积，沉积物主要来自尼日尔河和加纳东部地区的 Volta 河，来自尼日尔河的沉积物在几内亚湾东北角堆积形成了大型的海底扇。

小组委员会根据《公约》第七十六条第 4 款的规定，确认从大陆坡脚开始的大陆边外缘可一直延伸到加纳的 200 海里线以外，从而认定加纳能够划定几内亚

第9章 加纳外大陆架划界案委员会审议建议评注

湾内200海里以外的大陆架外部界限，完成了加纳在该区域内的从属权利检验。

加纳划界案主张的200海里以外的大陆架包括东部扩展大陆架区和西部扩展大陆架区两部分。西部扩展大陆架区的显著特征是陡峭的陆坡沿着细长的较少沉积物覆盖的科特迪瓦–加纳海脊向海延伸，与Romanche断裂带连在一起。东部扩展大陆架区则存在较多缓坡，这是尼日尔河和Volta河的沉积物堆积的结果。

由于两个区域都是沿着相同的大陆边缘延伸，因此，小组委员会建议将依照《公约》第七十六条规定的逐个问题进行审议（即依照陆坡基部区与大陆坡脚、公式线限制线和外部边缘），而不是分两个区域分别进行审议。

9.4.2 确定大陆坡脚

依照《公约》第七十六条第4款（b）项的规定确定大陆坡脚。

划界案中，加纳基于3条测深剖面GNCS-08-001B、GNCS-08-002和GNCS-08-004（图9-7）在东部区域确定了3个大陆坡脚：FOS-GHA-1、FOS-GHA-2和FOS-GHA-3。小组委员会发现加纳基于坡度变化最大之点方法确定了3个大陆坡脚，但没有先确定陆坡基部区（BOS）。

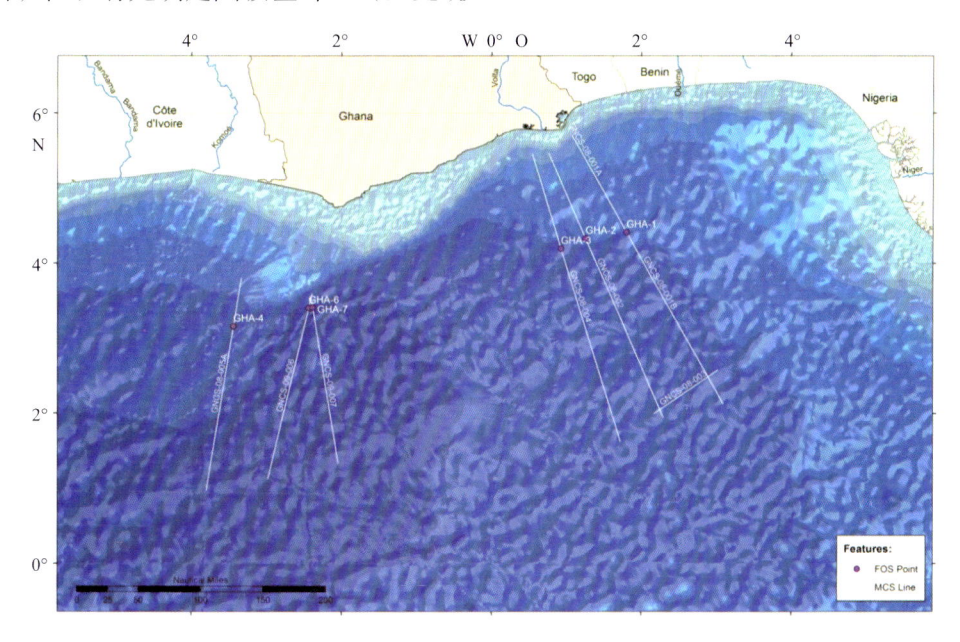

图9-7 确定大陆坡脚的单波束测线和多道地震反射剖面位置
资料来源：委员会对加纳外大陆架划界案的建议摘要

小组委员会认为，依照《公约》第七十六条第4款（b）项的坡度变化最大之点规定确定大陆坡脚，首先应明确陆坡基部区。小组委员会进一步考虑到，陆坡基部区的向陆边缘应当明确位于陆坡内，向海边缘则应该从陆基开始，或者从陆基并未发育的深洋洋底开始，朝向陆坡的方向。应使用坡度值、形态学和/或沉积过程来确定和/或进一步明确陆坡基部区域。加纳提供的地震剖面分析显示了波状的沉积物形成通常与下陆坡沉积过程有关。

小组委员会与代表团沟通期间，对陆基是否存在的问题进行了讨论。根据《科技准则》第 6.2.1 段，加纳在第 2013_10_23_GHA_PRE_SCGHA_006 号文件中重申了其观点，即该区域不发育以楔形沉积为特征的陆基。小组委员会认为，Volta 河沉积扇构成了加纳大陆边缘东部区域的一部分，为转换型大陆边缘的典型特征。因此，沉积扇区的外部边缘对认定陆坡基部区非常重要，建议加纳继续沿着这部分的边缘确定陆坡基部区。

加纳接受小组委员会建议，基于测深剖面 GNCS-08-002 和 GNCS-08-004 确定了东部区域的陆坡基部区位置，小组委员会审议后给予了认可。随后，加纳基于这些剖面图在上述确定的陆坡基部区选择了坡度变化最大的点作为大陆坡脚，最终，小组委员会认可了据此确定的大陆坡脚 GHA-2 和 GHA-3 的位置。

如第 2013_03_08_SC_DOC_GHA_003 号文件所述，小组委员会认为，在剖面图 GNCS-08-001B 上，加纳确定的陆坡基部区的向陆边缘并不是明显位于陆坡内，因此，需要移动到更加向陆的位置，将下陆坡包括在内。根据该剖面图，加纳确定的大陆坡脚点似乎已经位于陆基，或者深洋洋底。

在该问题上相互交流之后，加纳在第 2014_01_23_GHA_LET_SCGHA_005 号信件中对小组委员会的第 2013_11_01_SCGHA_DOC_GHA_006 号文件做了答复，声明在确定该区域内大陆边缘的外部界限时，不再使用该大陆坡脚，或者任何用于代替它的备用大陆坡脚，而是直接使用小组委员会已认可的大陆坡脚 FOS-GHA-2。经过代表团和小组委员会之间的交流，加纳决定仅使用小组委员会已经核可的两个大陆坡脚（FOS-GHA-2 和 FOS-GHA-3）来划定其东部区域的大陆边外缘。

加纳使用一般规则，确定了其西部区域的一个关键大陆坡脚（沿剖面 GNCS-08-005 的 FOS-GHA-4）。在 2009 年 8 月 25 日提交的划界案补充材料中，加纳另外提供了两个大陆坡脚 FOS-GHA-6 和 FOS-GHA-7，分别位于测深剖面 GNCS-09-06 和 GNCS-09-07 上。

加纳认为，由于其大陆边缘为典型的转换边缘，在西部区域陆基缺失。小组委员会对代表团的观点表示认可，即在西部区域，陆坡直接进入深洋洋底。小组委员会表示，在确定该区域内陆坡基部区和大陆坡脚时，这是主要的考虑因素。

加纳代表团在与小组委员会交流之后，基于转换型大陆边缘的地貌特征，并以补充资料中提供的数据为基础，确定了陆坡基部区，并得到小组委员会的认可。

将 GNCS-08-05 测深剖面上的 GHA-04 点确定为陆坡基部区坡度变化最大的点，小组委员会接受了该大陆坡脚的位置。但是，小组委员会认为，加纳基于 GNCS-09-06 和 GNCS-09-07 测深剖面确定的大陆坡脚 GHA-06 和 GHA-7 均位于陆坡基部区域之外。

加纳在文件 2013_07_26_GHA_DOC_SCGHA_015 中提供了额外的单波束回声探测水深数据，这些数据是从 GEODAS 数据库中提取的。根据 GEODAS 剖面图 A2075L03 的分析，加纳代表团重新确定了一个大陆坡脚，位置稍微靠近陆地，并最终被小组委员会接受。新确定的大陆坡脚 FOS-GHA-7A 是根据一般规则确定的，代替了划界案中原大陆架坡脚 FOS-GHA-6 和 FOS-GHA-7（图 9-8）。

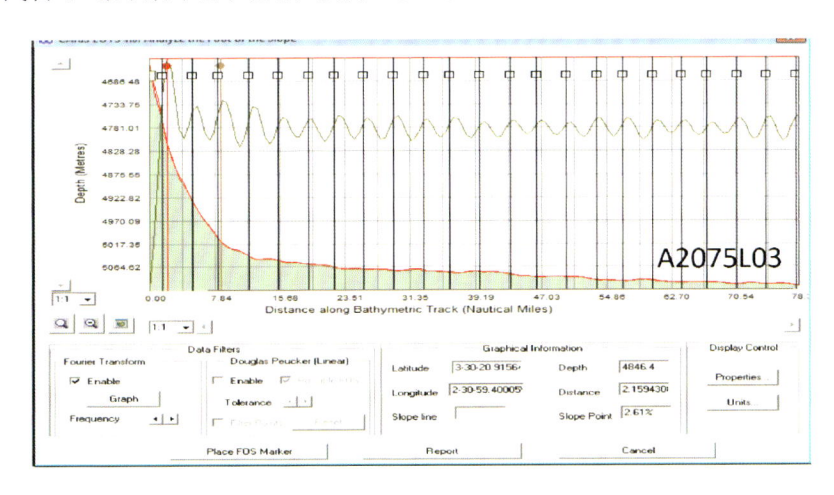

图 9-8　西部区域基于 GEODAS 剖面 A2075L03 修订的大陆坡脚 FOS-GHA-7A

资料来源：委员会对加纳外大陆架划界案的建议摘要

小组委员会认可的大陆坡脚位置列表见表 9-1。

表 9-1　大陆坡脚列表

序号	大陆坡脚	纬度	经度
1	FOS-GHA-2	4.3310743°N	1.2545894°E
2	FOS-GHA-3	4.1955828°N	0.9261631°E
3	FOS-GHA-4	3.1584843°N	3.4368959°W
4	FOS-GHA-7A	3.5058099°N	2.5165000°W

9.4.3 公式线的运用

依照《公约》第七十六条第 4 款（a）项（1）目的规定，加纳在东部区域使用大陆坡脚 FOS-GHA-2 和 FOS-GHA-3，基于地震测线 GNCS-08-001B、GNCS-08-003、GNCS-08-004、V2907 和 V2712，在大陆边外缘确定了 6 个沉积物厚度公式点。

加纳在西部区域使用大陆坡脚 FOS-GHA-4 和 FOS-GHA-7A，基于地震测线 GNCS-08-05、GNCS-09-06 和 GNCS-09-07，在大陆边外缘确定了 3 个沉积物厚度公式点。

小组委员会基于加纳划界案提供的数据、地震解释结果、深度转换方法以及距离计算等信息资料，对加纳用于建立东部区域和西部区域内沉积物厚度公式点的程序表示认可。

9.4.4 限制线的运用

依照《公约》第七十六条第 5 款的规定，大陆架外部界限不能超过从测算领海宽度的基线量起 350 海里的范围（距离限制），该限制条款几乎适用于所有案例。或者，大陆边缘被认定为其自然组成部分的情况下，大陆架外部界限不能超过 2 500 米等深线外推 100 海里的范围（深度限制）。

加纳在划界案中使用了这两种限制线。但是，在确定大陆架外部界限的时候，加纳仅仅使用了距离限制。

加纳使用的距离限制是通过从测算领海宽度的基线量起 350 海里处的弧线确定的。小组委员会认可加纳在划定限制线的过程中采用的程序和方法。

9.4.5 外部界限及委员会建议

在东部区域，其大陆架外部界限由连接 2014 年 1 月 23 日加纳发给小组委员会信件中修正过的 6 个外部界限定点且长度不超过 60 海里的直线划定（图 9-9）。

在西部区域，其大陆架外部界限由连接 2013 年 10 月 7 日加纳发给小组委员会信件中修正过的 3 个外部界限定点且长度不超过 60 海里的直线划定（图 9-10）。

考虑到加纳和科特迪瓦之间尚未签订国际大陆架边界协议，而定点 OL-GHA-9 的确定与科特迪瓦 - 加纳等距线有关，因此小组委员会将不会对加纳于 2009 年 8 月 25 日最初提交的外部界限定点 OL-GHA-9 提出任何建议。

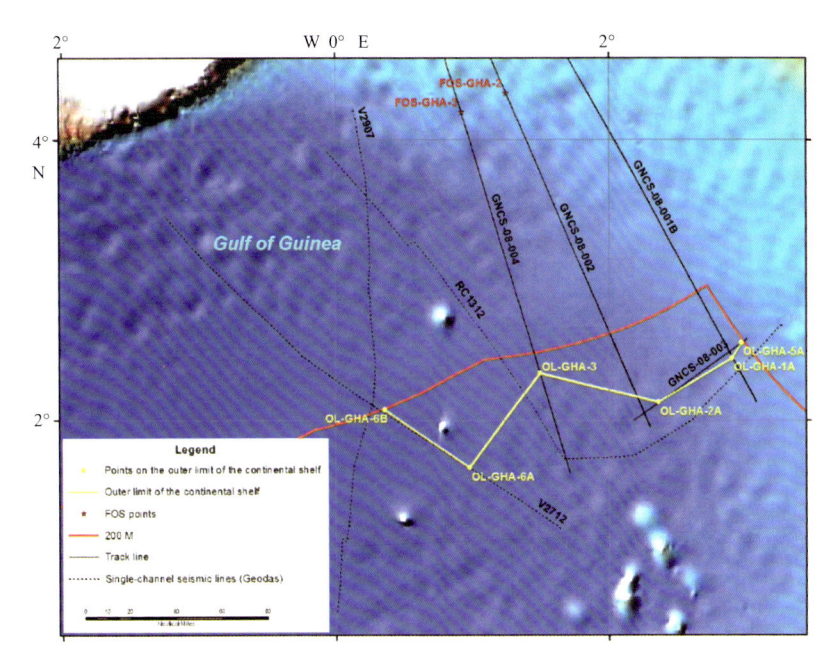

图9-9 加纳大陆架外部界限（东部区域）

黄色点为大陆架外部界限点，黄色线为大陆架外部界限，红色五角星为大陆坡脚点，红色线为200海里线，黑色线为航线，虚线为单道地震测线

资料来源：委员会对加纳外大陆架划界案的建议摘要

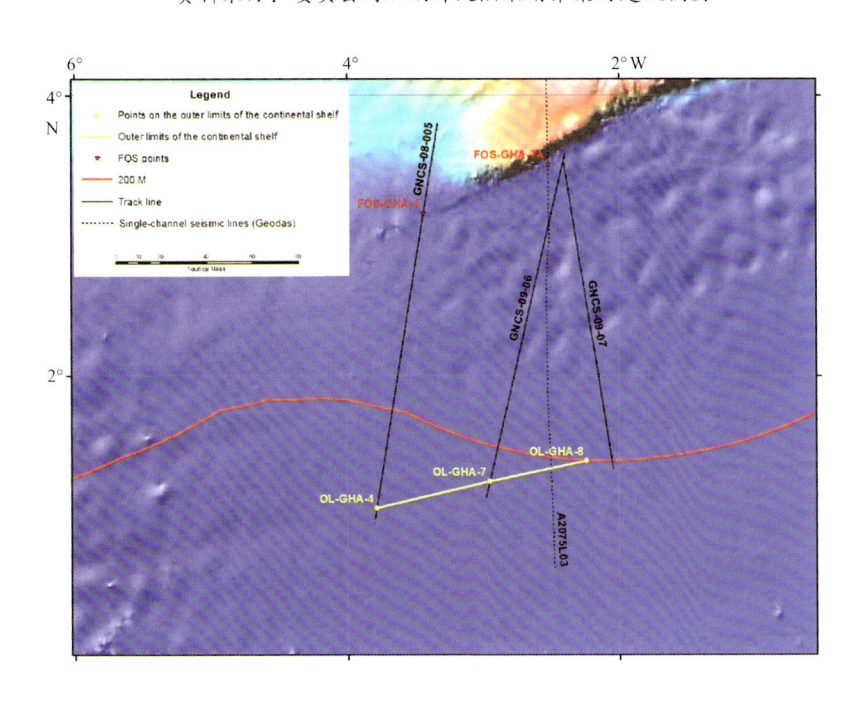

图9-10 加纳大陆架外部界限（西部区域）

图例同图9-9

资料来源：委员会对加纳外大陆架划界案的建议摘要

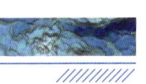

综上，委员会同意使用东部区域内 6 个定点和西部区域 3 个定点划定加纳在几内亚湾的大陆边外缘。委员会建议，依照《公约》第七十六条第 7 款的规定划定大陆架的外部界限，使用经纬度坐标确定的定点连接的长度不超过 60 海里的直线划定。此外，委员会同意在划定几内亚湾内加纳大陆架的外部界限的定点（表 9-2）以及所使用的方法。委员会建议，依据《公约》附件二第九条的规定，加纳在此建议的基础上，划定几内亚湾大陆架外部界限。

表 9-2　委员会认可的大陆架外部界限定点

序号	外部界限定点	纬度	经度	备注
1	OL-GHA-5A	2.5518337°N	2.9733719°E	东部区域
2	OL-GHA-1A	2.4431473°N	2.9062767°E	东部区域
3	OL-GHA-2A	2.1260285°N	2.3571366°E	东部区域
4	OL-GHA-3	2.3365117°N	1.4961533°E	东部区域
5	OL-GHA-6A	1.6622°N	0.9814°E	东部区域
6	OL-GHA-6B	2.0736017°N	0.3614281°E	东部区域
7	OL-GHA-8	1.3889691°N	2.2379639°W	西部区域
8	OL-GHA-7	1.2410381°N	2.9500450°W	西部区域
9	OL-GHA-4	1.0535450°N	3.7865667°W	西部区域

9.5　后续问题[12]

2014 年 9 月 19 日，加纳对科特迪瓦提起《公约》附件七下的仲裁，请求国际海洋法法庭（以下简称"法庭"）就加纳和科特迪瓦之间的海洋划界争端做出裁决。同年 12 月 3 日，两国缔结《特别协议》，同意将两国的海洋划界争端提交到国际海洋法法庭。2015 年 1 月 12 日，法庭决定接受两国的请求，设立特别分庭审理此案。特别分庭由五位法官组成，分别是布阿莱姆·布格泰亚（Boualem Bouguetaia，阿尔及利亚籍）、吕迪格·沃尔夫鲁姆（Rüdiger Wolfrum，德国籍）、白锦铉（Paik，韩国籍）、托马斯·门萨（Thomas Mensah，加纳籍）和龙尼·亚伯拉罕（Ronny Abraham，法国籍），由布格泰亚担任特别分庭的庭长。其中，门萨和亚伯拉罕分别是由加纳和科特迪瓦指定的法官。另外三名法官，布格泰亚、沃尔夫鲁姆和白锦铉，是由法庭指定的。

本案中，加纳请求特别分庭裁决：①加纳与科特迪瓦承认、同意，并且已经使用以等距线为基础的两国领海、专属经济区和 200 海里内大陆架的海上边界。②两国间 200 海里外大陆架界限为等距线的延伸，沿着 200 海里内界限的方位角的方向，直到国家管辖范围的界限。③依照禁反言的原则，科特迪瓦不能反对已经同意的海上界限。④两国陆地边界的终点也即海上边界的起点为点 BP55。⑤根据两国 2013 年 12 月签署的协议，点 BP55 的经纬度坐标为 5°5′28.4″N，3°6′21.8″W。⑥加纳和科特迪瓦在大西洋的海上界限从点 BP55 开始，连接习惯等距线，直到领海线，并沿着双方同意的线至 200 海里，随后按照方位角向 200 海里外延伸，直至国家管辖范围的终止位置。

科特迪瓦请求特别分庭拒绝加纳的诉求和主张，并且裁决：①以 168.7° 方位角线作为两国海上界限，从点 BP55 起，直到科特迪瓦大陆架外部界限。②加纳在科特迪瓦海域的单方行为侵犯了科特迪瓦大陆架的专属主权权利，违背了《公约》第八十三条第 1 款及习惯法的善意协商义务，违背了不损害依照《公约》第八十三条第 3 款缔结协议的义务。③违反了特别分庭于 2015 年 4 月 25 日做出的临时措施裁决。④科特迪瓦要求加纳对侵犯其大陆架专属主权权利并造成损害结果的行为作出补偿，双方在此基础上就该问题进行协商，如果在特别分庭做出裁决后 6 个月内双方未就该问题达成赔偿数额，那么则另行提交书面材料由特别分庭决定赔偿数额。

特别分庭在确认了有管辖权后首先分析了默示协议是否存在。加纳认为，本案不属于请求法庭划界的案子，而是对现有的界限进行确认。加纳主张双方都同意的等距原则作为划界方法，并且从 1957 年至 2009 年期间双方默示这条等距线为海上界限，加纳将该线称为"习惯等距边界"。而科特迪瓦则认为不存在这样的默示协议，双方边界仍有待划定。特别分庭考虑了 7 个方面，包括加纳主张的法律基础、双方的石油相关行动、双方的立法、提交国际机构的文件、双边磋商、其他海上行为和证据标准等；得出结论认为双方不存在默示协议，并且从双方提交给大陆架界限委员会的材料来看也能说明双方之间并没有海洋边界协议。

由此，特别分庭将对双方进行领海、专属经济区和大陆架的划界。双方对划界方法存在分歧。加纳认为应使用等距法确定边界，科特迪瓦认为由于存在特殊地貌特征，应当使用方位角的方法划界。特别分庭认为，在整个划界过程中，不论是专属经济区还是大陆架，应当采用同一种方法划定界限。关于方法的选择，特别分庭注意到《公约》第七十四条和第八十三条并未说明特定的方法。如果相关沿海国不能达成一致意见，那么将视每个案件的具体情况来讨论，并且必须得到公平解决。特别分庭为此引用了孟加拉湾海洋边界案、尼加拉瓜和洪都拉斯在加勒比海领土和海洋争议案、突尼斯利比亚大陆架案、缅因湾海洋边界案、几内亚和几内亚比绍海洋边界案等相关案例的判决，认为海域划界的国际审判规则倾向于使用"等距离＋相关情况"的方法。特别分庭还考虑了科特迪瓦援引的特殊原因，即地理因素及相邻国家的利益，来考量是否为争议双方的划界选择替代方法。特别分庭认为科特迪瓦的观点并不可靠，最终结论仍然是采用"等距离＋相关情况"的方法进行划界。

在构建了临时等距线后，特别分庭确定了海洋边界的起点：05°05′23.2″N，03°06′21.2″W（点 BP55+）。随后援引了黑海海洋边界案和孟加拉湾海洋边界案中的三步法，采用"等距离＋相关情况"这一国际公认的方法进行划界。第一步确定相关海岸，其次是考量是否存在特殊情况，最后进行成比例检验，划定最终界限。

关于特殊情况，科特迪瓦援引了其海岸的凹面和加纳海岸的凸面，导致了截断效应，乔摩罗（Jomoro）半岛的存在封闭了科特迪瓦，并且在争议区及其东部存在油气资源。特别分庭并没有采纳科特迪瓦的诉求，认为海岸的凹凸面确实对科特迪瓦存在一些不利的截断影响，但只影响到科特迪瓦的阿比让（Abidjan）以东的海岸凸起处，不足以构成调整等距线的理由。而乔摩罗半岛的地形也不构成特殊情况，在陆地边界的终点以西，科特迪瓦相关海岸部分具有和乔摩罗半岛一样的地理特征，两个区域应当类似处理。对于油气资源的问题，特别分庭认为海洋划界是基于地形的考量，而不是正义的分配方式，不应该受两国的相对经济状态的影响，使得两国中较不富裕的一国的大陆架增加从而弥补其在资源方面的劣势，除非给相关国家的人民和经济带来灾难性的影响。

此外，特别分庭还考量了石油实践等双方的行为，最终认为本案中不存在调整临时等距线的特殊情况。因此，在 200 海里以内的领海、专属经济区和大陆架的定界线开始于 BP55+，其坐标为 05°05′23.2″N，03°06′21.2″W；通过测地线连接点 A、B、C、D、E、F。从 F 点开始，界线以 191°38′06.7″ 的方位角延伸，直到它达到距离测量双方 200 海里线的点（图 9-11）。

对于 200 海里以外大陆架划界，双方都认为特别分庭具有管辖权。特别分庭强调在法律上只有一个大陆架，而不是分为 200 海里以内和以外。当 200 海里以外大陆架存在的情况下，特别分庭能够进行划界。加纳已得到了大陆架界限委员会的建议，科特迪瓦也提交了划界案，虽然委员会还未提出建议，但是特别分庭相信科特迪瓦存在 200 海里以外大陆架。特别分庭还讨论了其与大陆架界限委员会的职能并不相同也不冲突。委员会的主要职能是对于 200 海里以外的大陆架外部界限,而法庭的职能是划定邻国的界限,并且法庭的决定也不损害委员会建议以及沿海国依照《公约》第七十六条第 8 款规定的之后的立法。委员会在对加纳的建议中也明确说明"由于加纳和科特迪瓦之间尚未签订国际大陆架边界协议,小组委员会将不会对加纳于 2009 年 8 月 25 日最初提交的外部界限定点 OL-GHA-9 提出任何建议"。

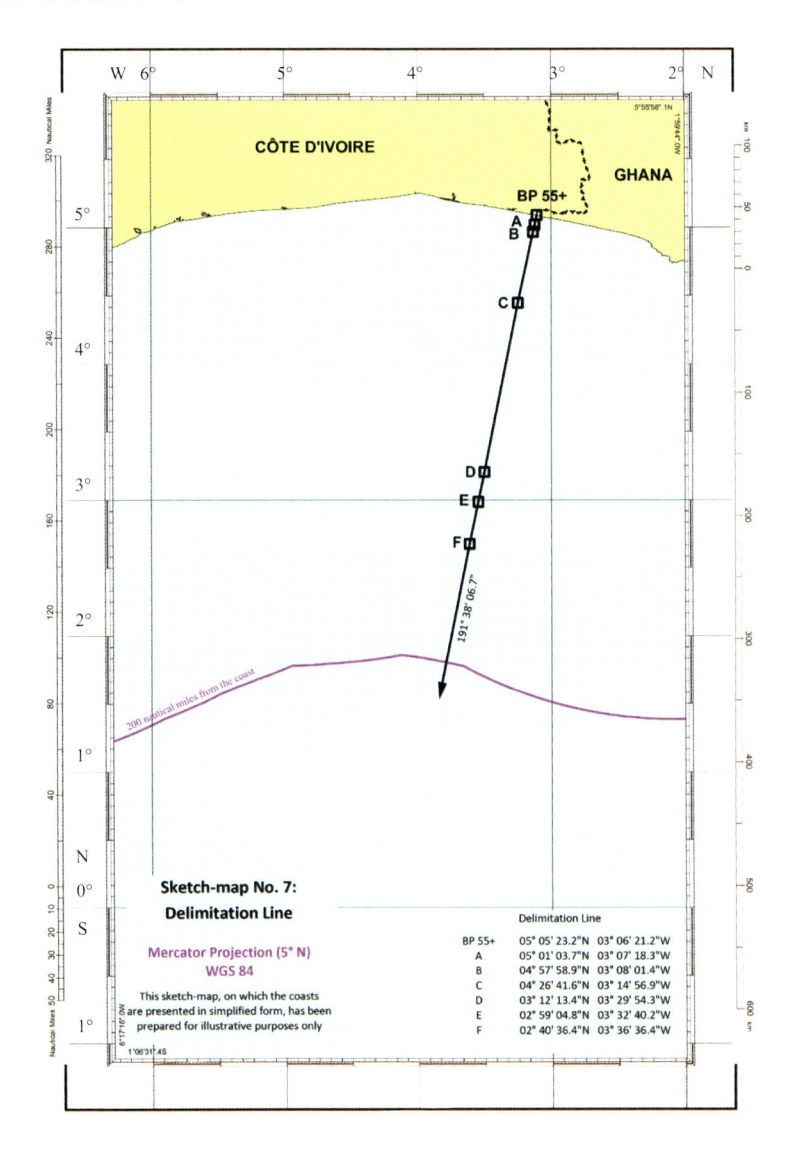

图 9-11　法庭判决的加纳-科特迪瓦海上边界

资料来源:国际海洋法庭关于加纳和科特迪瓦在大西洋划分海洋边界的争端案的判决

特别分庭认为,对于双方 200 海里以外大陆架的划界方法,由于大陆架本身只有一个,并不存在 200 海里内外之分,所以使用不同的划界方法是不合适的。

特别分庭将前述领海、专属经济区和大陆架的界线继续以相同方式延伸，直到他们的大陆架外部界限。在进行成比例检验时，特别分庭考量了双方的海岸线长度比例和分配给各方的相关海区的比例，并得出结论，前述分界线的继续延长得到的结果不会导致比例失调从而产生不公平的结果。

9.6 委员会审议建议评注

9.6.1 典型的转换大陆边缘[13]

加纳海域处于典型的目前正在发育的转换大陆边缘——科特迪瓦－加纳转换边缘（CIG）。转换边缘一般代表大洋主要断裂带向陆方向的侧向拉张。CIG 发育数百千米长、线状的陡峭陆坡，处于从浅海的加纳台地到水深 5 000 米的几内亚深海平原过渡带，其宽度较窄（小于 20 千米）。该边缘的陆坡平均坡度为 10°，局部最大 30°~40°。向西南，这一陡峭的陆坡以一拉伸的线状直立海脊（科特迪瓦－加纳边缘海脊）为界插入几内亚深海平原与科特迪瓦拉分盆地之间。再向西南，水深逐渐加大，边缘海岭变为一系列坡度相对较缓、线状的深海平原丘陵，与埋藏于底下的大洋罗曼什拉张断裂带相接。相似的地貌特征在其他转换边缘亦有发育，卫星数据重力图清晰显示了边缘海脊与大洋主断裂带之间的衔接，与边缘海脊相邻的是具有厚沉积物的深海盆地。这样的地貌特征对确定陆坡基部区的位置非常重要。

在转换型大陆边缘，洋－陆过渡带的变化比较突然，对地壳深部构造研究表明其 COT 非常窄（小于 10 千米），并与向海方向突然变浅为 15~20 千米的莫霍面相对应。而陆坡基部区与大陆坡脚正位于洋陆过渡带，因此，转换型大陆边缘地貌上的急剧地形变化特征以及在地壳结构上所具有的较窄洋－陆过渡带特征，使得陆坡基部区和大陆坡脚的确定相对比较容易。

9.6.2 大陆架划界司法判例

加纳－科特迪瓦海上划界案是国际海洋法法庭继孟加拉湾划界案后，第二个涉及 200 海里以外大陆架划界的案例。法庭再次强调了其对 200 海里以外大陆架划界具有管辖权。强调了其与大陆架界限委员会的职能不同，互不冲突。

本案双方都已向大陆架界限委员会提交了 200 海里以外大陆架外部界限划界案，并且其中一方已经获得了委员会的建议。这是史无前例的。法庭认为，应当在整个划界过程中采用同一种划界方法（判决第 259 段）。法庭再次使用了三步划界法，认为"等距离＋相关情况"的划界方法已经在司法判例中普遍使用，并且能够产生较为公平的结果（判决第 289 段）。

委员会已经对加纳提出了建议；虽然还未对科特迪瓦提出建议，但也不能否认科特迪瓦提交大陆架划界材料的可接受性。法庭还援引了孟加拉湾案的判决，认为依照《公约》第八十三条的划界和依照第七十六条的外部界限的划定是不一样的，这与委员会的职权并不冲突。关于 200 海里以外大陆架权利的问题，法庭认为双方均向大陆架界限委员会提交了划界案，他们存在 200 海里以外大陆架是可信的，委员会尚未对科特迪瓦提出建议只能说明科特迪瓦的大陆架外部界限尚未明确。双方对 200 海里外大陆架的权利并无争议，争议仅在于权利的范围。

但是，委员会对法庭的裁决不置可否，认为它对委员会没有约束力，主要取决于当事国的态度和协议。

参考文献

[1] Executive Summary of Submission by Government of the Republic of Ghana for the Establishment of the Outer Limits of the Continental Shelf of Ghana Pursuant to Article 76 paragraph 8 of the United Nations Convention on the Law of the Sea. Commission on the Limits of the Continental Shelf [EB/OL]. [2023-09-30]. https://www.un.org/Depts/los/clcs_new/submissions_files/gha26_09/gha_2009execsummary.pdf.

[2] Revised Executive Summary of the Submission Made by Ghana. Commission on the Limits of the Continental Shelf [EB/OL]. [2023-09-30]. https://www.un.org/Depts/los/clcs_new/submissions_files/gha26_09/gha_2013execsummary_rev.pdf.

[3] Note by Nigeria. Commission on the Limits of the Continental Shelf [EB/OL]. [2023-09-30]. https://www.un.org/Depts/los/clcs_new/submissions_files/gha26_09/nga_re_gha.2009pdf.pdf.

[4] Statement by the Chairman of the Commission on the Limits of the Continental Shelf on the progress of work in the Commission - Twenty-fourth session. Commission on the Limits of the Continental Shelf [EB/OL]. [2023-09-30]. https://documents-dds-ny.un.org/doc/UNDOC/GEN/N09/536/21/PDF/N0953621.pdf?OpenElement.

[5] Progress of work in the Commission on the Limits of the continental Shelf - Statement by the Chairperson - Thirtieth session. Commission on the Limits of the Continental Shelf [EB/OL]. [2023-09-30]. https://documents-dds-ny.un.org/doc/UNDOC/GEN/N12/498/91/PDF/N1249891.pdf?OpenElement.

[6] Progress of work in the Commission on the Limits of the continental Shelf - Statement by the Chairperson - Thirty-first session. Commission on the Limits of the Continental Shelf [EB/OL]. [2023-09-30]. https://documents-dds-ny.un.org/doc/UNDOC/GEN/N13/275/74/PDF/N1327574.pdf?OpenElement.

[7] Progress of work in the Commission on the Limits of the continental Shelf - Statement by the Chairperson - Thirty-second session. Commission on the Limits of the Continental Shelf [EB/OL]. [2023-09-30]. https://documents-dds-ny.un.org/doc/UNDOC/GEN/N13/485/26/PDF/N1348526.pdf?OpenElement.

[8] Progress of work in the Commission on the Limits of the continental Shelf - Statement by the Chair - Thirty-third session. Commission on the Limits of the Continental Shelf [EB/OL]. [2023-09-30]. https://documents-dds-ny.un.org/doc/UNDOC/GEN/N13/621/29/PDF/N1362129.pdf?OpenElement.

[9] Progress of work in the Commission on the Limits of the continental Shelf - Statement by the Chair - Thirty-fourth session. Commission on the Limits of the Continental Shelf [EB/OL]. [2023-09-30]. https://documents-dds-ny.un.org/doc/UNDOC/GEN/N14/284/31/PDF/N1428431.pdf?OpenElement.

[10] Progress of work in the Commission on the Limits of the continental Shelf - Statement by the Chair - Thirty-fifth session. Commission on the Limits of the Continental Shelf [EB/OL]. [2023-09-30]. https://documents-dds-ny.un.org/doc/UNDOC/GEN/N14/547/71/PDF/N1454771.pdf?OpenElement.

[11] Summary of Recommendations of the Commission on the Limits of the Continental Shelf in Regard to the Submission Made by Ghana on 28 April 2009. Commission on the Limits of the Continental Shelf [EB/OL]. [2023-09-30]. https://www.un.org/Depts/los/clcs_new/submissions_files/gha26_09/2014_09_05_COM_sumREC_GHA.pdf.

[12] Judgment of Dispute Concerning Delimitation of the Maritime Boundary Between Ghana and Côte D'Ivoire in the Atlantic Ocean. International Tribunal for the Law of the Sea. [EB/OL]. [2023-09-30]. https://www.itlos.org/fileadmin/itlos/documents/cases/case_no.23_merits/23_published_texts/C23_Judgment_20170923.pdf.

[13] 黎明碧, 李家彪, 方银霞等. 大陆边缘地质特征与200海里以外大陆架界限确定. 北京: 海洋出版社, 2015:120-124.

第 10 章

巴基斯坦外大陆架划界案委员会审议建议评注

巴基斯坦于 1997 年 2 月 26 日批准《公约》，《公约》于 1997 年 3 月 28 日起对巴基斯坦生效。1976 年颁布的《巴基斯坦领海和海域法》第 5 部分第 1 款规定：巴基斯坦大陆架应包括巴基斯坦领海以外依巴基斯坦陆地领土的全部自然延伸，扩展到大陆边外缘海底区域的海床和底土，如果依第 2 部分第（3）条规定的到大陆边外缘距离不足 200 海里，则扩展到 200 海里。该法规定的大陆架与《公约》第七十六条第 1 款大陆架定义一致。

巴基斯坦与邻国的相关海上边界协议有：

（1）巴基斯坦和阿曼之间专属经济区的海洋界线已在 2000 年 6 月 12 日签署的《马斯喀特协议》第 3 条中做了规定。该协议于 2000 年 11 月 21 日起生效。其中一个界线点为巴基斯坦和阿曼领海基线 200 海里线的交点。

（2）巴基斯坦与印度之间的海洋边界线尚未划定，两国在爵士湾（Sir Creek）地区仍存在陆地边界争议。海洋边界将使用日后认可的陆地边界终点作为起始点。巴基斯坦和印度的国内法都要求两国间海上边界线不扩展至等距线之外，图 10-1 中标示的巴基斯坦和印度之间的海洋边界线为计算等距线。

10.1 巴基斯坦的主张[1]

巴基斯坦在划界案中主张的大陆边缘主要由印度扇构成。印度扇是全球规模的巨大深海沉积扇之一。自中始新世以来，墨里海脊隆升阻挡了沉积物向西的输运，导致印度扇中沉积物的大量堆积。印度扇的上部区域沉积特征复杂，在扇体沉积序列上分布有大量水道和堤坝复合体沉积。墨里海脊东南翼的形态表现出明显的陆坡坡折，然后向印度扇东部发育良好的水道和堤坝复合体延伸（图 10-2）。

划界案涉及墨里海脊的南部和东部区域。

巴基斯坦提交委员会的科学技术资料证明了巴基斯坦陆地领土水下延伸的范围。沉积剖面自水下延伸直到巴基斯坦的 350 海里线是连续的。由沉积剖面确定的公式点超出了 350 海里限制线。因此巴基斯坦的 350 海里线为其大陆架外部界限（图 10-2）。即由距离巴基斯坦领海基线点 b 点、c 点和 d 点（《公约》第五条中规定的正常基线点）350 海里弧线划定：

b 点：25°00.95′N，61°46.80′E；

c 点：25°05.30′N，62°21.00′E；

d 点：25°06.30′N，63°51.01′E。

第10章 巴基斯坦外大陆架划界案委员会审议建议评注

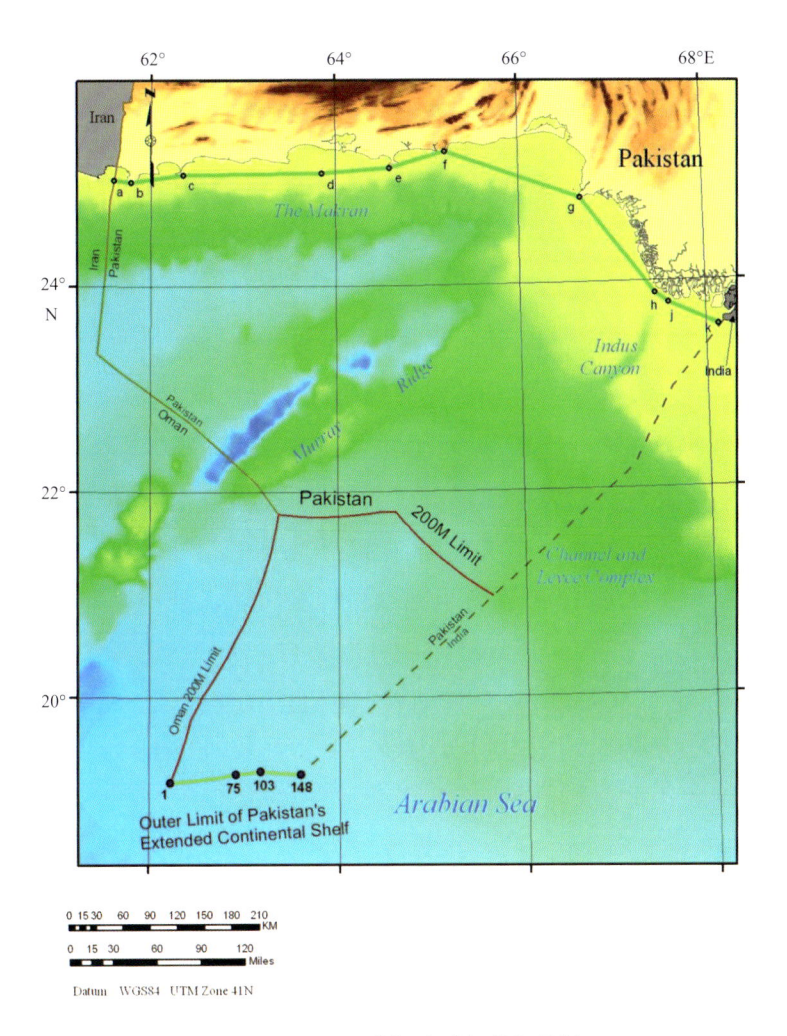

图10-1 巴基斯坦大陆架外部界限
资料来源：巴基斯坦外大陆架划界案执行摘要

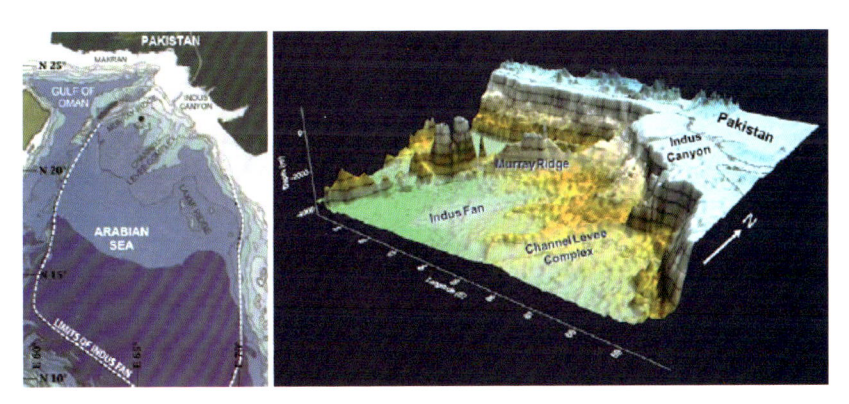

图10-2 阿拉伯海地区印度扇位置（左）和墨里海脊三维图（右）
资料来源：委员会对巴基斯坦外大陆架划界案的建议摘要

界线的起始点和终止点为巴基斯坦 350 海里限制和巴基斯坦在划界案中说明的与阿曼和印度的横向海洋边界的交点。巴基斯坦与其邻国重新划定这些海洋边界时，那些弧线的终止点需重新确定。

10.2　各国反应照会和要点

阿曼于 2009 年 8 月 7 日提交照会，表示其积极地组织关于大陆架划界案的文件编制工作。阿曼还指出，其划界案涉及的区域包括但不限于与巴基斯坦主张相同的区域。因此，在阿曼完成并提交其大陆架划界案之前，委员会不应审议巴基斯坦的划界案。此外，巴基斯坦提出权利主张的区域靠近阿曼专属经济区，且阿曼保留根据认可的国家基线，对相关海域提出主张的权利。[2]

阿曼于 2014 年 11 月 10 日提交了第二份照会，考虑到巴基斯坦在其划界案中说明了依照《公约》第七十六条第 10 款的规定，划界案的审议并不妨害阿曼未来提交划界案，也不妨害最终的两国划界。基于此，阿曼撤回 2009 年的照会请求，表示不反对委员会审议巴基斯坦的划界案。[3]

10.3　委员会审议过程

巴基斯坦划界案的审议贯穿了委员会第 32 届会议至第 37 届会议。委员会在第 32 届会议上成立审议巴基斯坦划界案的小组委员会，在第 37 届会议上通过了建议。

10.4　划界案陈述与委员会初步审议

在 2013 年 8 月 16 日委员会第 32 届会议上，巴基斯坦代表团就其划界案向委员会做了陈述。代表团团长为科学技术部秘书阿赫拉克·艾哈迈德·塔拉尔（Akhlaq Ahmad Tarar），与他一起做陈述的还有国家海洋学研究所所长阿里·拉希德·塔布雷兹（Ali Rashid Tabrez）、国家海洋学研究所项目主任阿西夫·伊纳姆（Asif Inam）和海洋事务处副处长马哈茂德（M. Mahmood，技术陈述）。代表团成员还包括巴基斯坦常驻纽约联合国代理代表萨西卜扎达·艾哈迈德·汗（Sahebzada Ahmed Khan）以及多名顾问。

委员会随后转入非公开会议。在讨论划界案的审议方式时，考虑到阿曼的照会中没有引用《议事规则》附件一第 5 条（a）项和巴基斯坦代表团的陈述，委员会决定设立小组委员会，负责审议巴基斯坦提交的划界案。在 2013 年 8 月 26 日的同届会议上，委员会任命马丁·旺·海尼森（Martin Vang Heinesen）、吕文正、斯特凡·马含加（Stefane Mahanjane）、西蒙·恩朱古纳（Simon Njuguna）、卡洛斯·马塞洛·帕泰利尼（Carlos Marcelo Paterlini）和浦边徹郎（Tetsuro Urabe）为审议巴基斯坦划界案的小组委员会成员。由于缺少成员，该小组委员会的第七名成员将在日后任命。小组委员会召开会议，选举浦边先生为主席，海尼森和吕文正先生为副主席。[4]

10.4.1 小组委员会审议

在第33届会议到第36届会议中，小组委员会对巴基斯坦划界案进行了审议，并与巴基斯坦代表团召开了共11次会议，与代表团就划界案的技术方面做了交流。巴基斯坦代表团还根据小组委员会要求提供了更多的数据和资料。

最后，小组委员会与代表团分别根据《议事规则》附件三第10.3段和第10.4段做了陈述。小组委员会在收到代表团提供的数据和资料后起草了建议草案，于2014年11月26日向委员会提交了建议草案。[5]

10.4.2 委员会通过建议

在第37届会上，小组委员会向委员会做了关于建议草案的陈述。同时，巴基斯坦代表团根据《议事规则》附件三第15.1段之二的规定向委员会做了陈述。做陈述的代表团成员有：巴基斯坦常驻联合国代表兼代表团团长马利哈·洛迪（Maleeha Lodhi）、军法检察官扎法尔·曼苏尔·提布（Zafar Mansoor Tipu）、特等研究干事兼项目主任阿西夫·伊南（Asif Inam）和副海道测量师萨尔曼·艾哈迈德·汗（Salman Ahmed Khan）以及多名顾问。

委员会随后转入非公开审议。在全面审议小组委员会拟订的建议草案和代表团所做的陈述之后，委员会于2015年3月13日一致核准了经修正的"大陆架界限委员会关于2009年4月30日巴基斯坦伊斯兰共和国提交的划界案的建议"。

依照《公约》附件二第6条第3款的规定，巴基斯坦划界案建议（包括一份摘要）于2015年3月19日提交给沿海国和联合国秘书长。[6]

10.5 委员会对巴基斯坦划界案的审议建议 [7]

10.5.1 从属权利检验

依照《公约》第七十六条第4款，用大陆坡脚点确定的大陆边外缘延伸到巴基斯坦 200 海里以外区域，因此，巴基斯坦划界案满足从属权利检验。

10.5.2 确定大陆坡脚

巴基斯坦最初提交的 9 个大陆坡脚点位于海峡堤坝复合体周围，以及墨里海脊的东南部陆坡上（图 10-3）。根据多波束测线和其他标准，包括事先未确认陆坡基部区的情况下所开展的与多波束测深数据有关的数学坡度分析，在坡度变化最大位置确定了大陆坡脚。

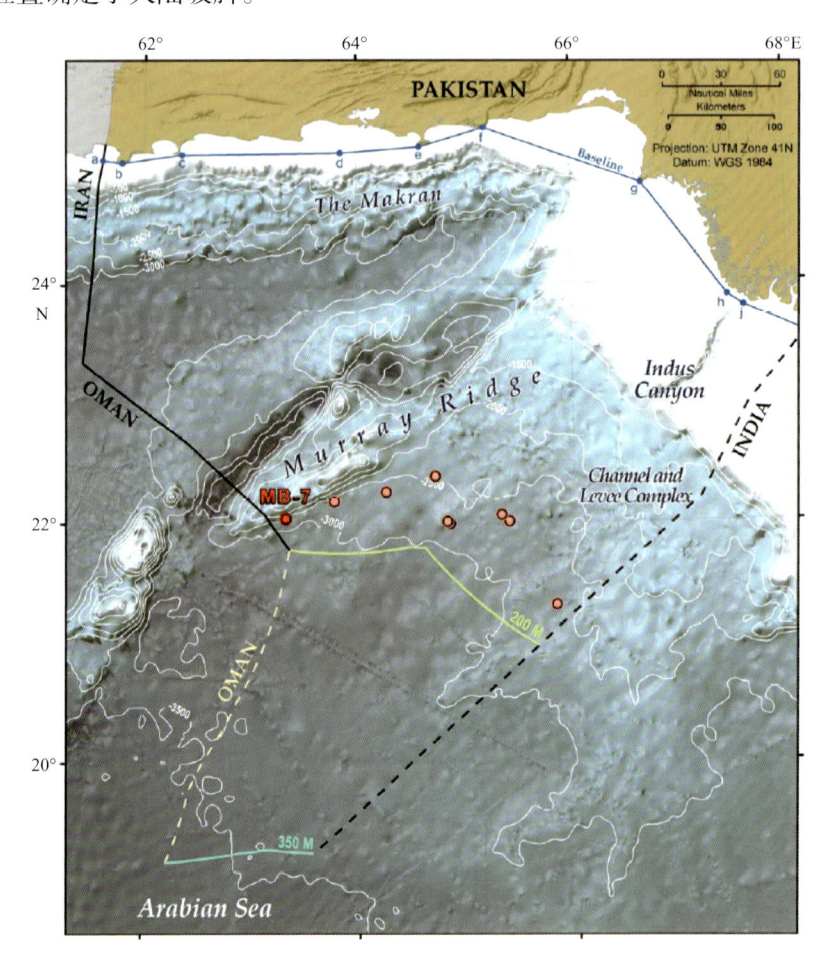

图10-3 巴基斯坦提交的9个大陆坡脚位置（红色和橙色点）

资料来源：委员会对巴基斯坦外大陆架划界案的建议摘要

巴基斯坦仅使用大陆坡脚 MB-7 确定公式点，这个点位于墨里海脊的边坡，是使用一般规则，沿着多波束测深剖面确定的。

小组委员会认为，大陆坡脚 MB-7 的确定必须首先满足一个条件，即墨里海脊在地形上应该与巴基斯坦陆块是连续的。巴基斯坦按照小组委员会的要求提供了两个剖面：一个剖面沿着墨里海脊的轴线，另一个剖面横穿墨里海脊轴线。小组委员会审查了这些剖面及其他证据，包括多波束测深数据，同意巴基斯坦的观点，即墨里海脊能够延伸至点 MB-7。

在事先未确认陆坡基部区的情况下，巴基斯坦根据坡度变化最大确定大陆坡脚点 MB-7。小组委员会认为这不满足《科技准则》第 5.1.3 段和第 5.4.5 段的规定。

巴基斯坦基于小组委员会的要求划定了陆坡基部区，但并没有详细描述陆坡基部区向陆和向海的边界。小组委员会认为，沿着墨里海脊东南翼的陆坡基部区可以根据形态证据和测深证据确定（图 10-4）。基于此，小组委员会对大陆坡脚点 MB-7 的位置表示认可，该点的位置与最初提交的大陆坡脚点的位置相同。

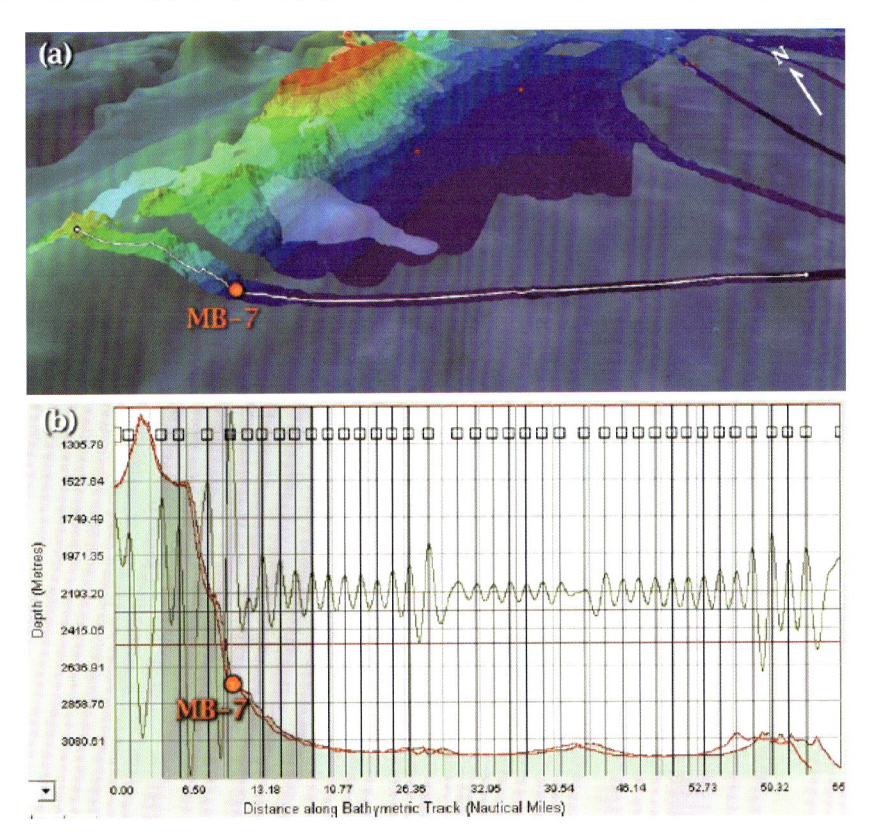

图10-4 （a）墨里海脊东南翼及其周边盆地海底地形三维图；（b）大陆坡脚点MB-7分析图
资料来源：委员会对巴基斯坦外大陆架划界案的建议摘要

基于对巴基斯坦划界案提供的技术与科学资料以及巴基斯坦提供的补充资料的审议，委员会认为大陆坡脚点 MB-7（22.0499482N，63.3363097E）符合《公约》第七十六条及《科技准则》第 5 章的规定，建议将这个大陆坡脚点作为确定巴基斯坦大陆边外缘的依据。

10.5.3　公式线的适用

巴基斯坦依照《公约》第七十六条第 4 款（a）项（1）目的规定，基于大陆坡脚点 MB-7 确定了 5 个沉积物厚度公式点（5E，1D，2A，2B 和 2C）。这些沉积物厚度公式点是巴基斯坦使用 3 条地震线（NIOP-01、NIOP-02 和 NIOP-05）进行确定的。

小组委员会要求，每个具体的沉积物厚度公式点位置均应形成书面文件。这些文件还需包括地震测线时深转换的速度分析，并且这些测线应穿过确定大陆边外缘的沉积物厚度公式点。巴基斯坦根据小组委员会的要求提交了修订后的 5 个沉积物厚度公式点 5J、1K、2H、2G 和 2F（图 10-5）。

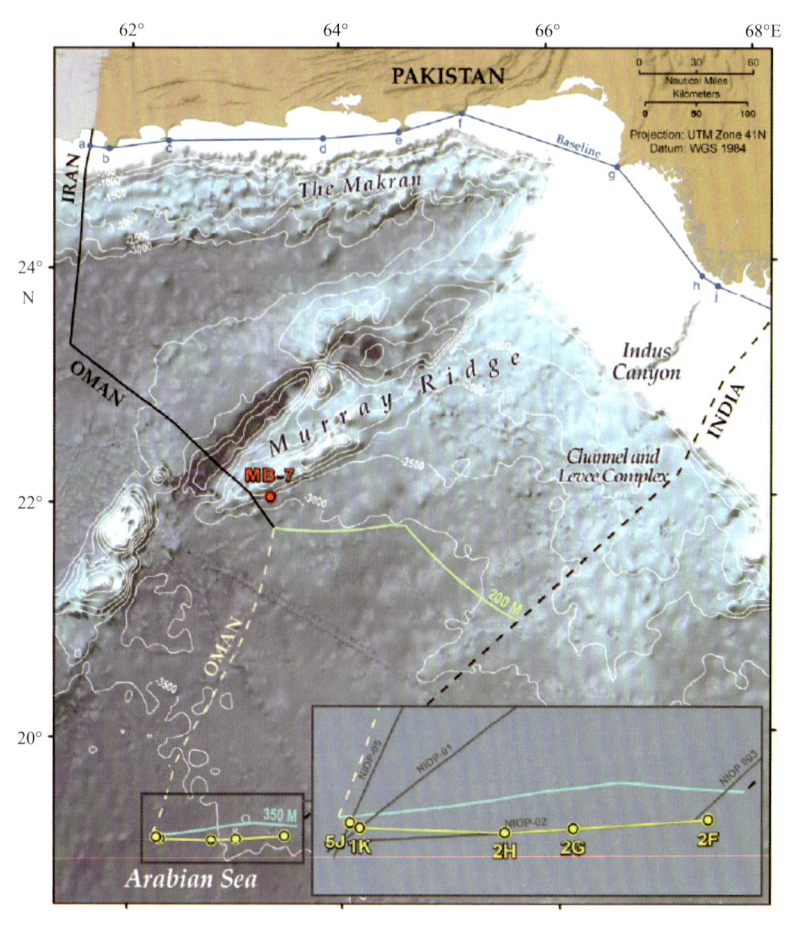

图10-5　沉积物公式点及大陆边外缘

资料来源：委员会对巴基斯坦外大陆架划界案的建议摘要

根据巴基斯坦所提供的资料、地震解释、时深转换方法及距离公式，委员会认可巴基斯坦确定的沉积物厚度公式点。

10.5.4　限制线的适用

依照《公约》第七十六条第 5 款和第 6 款规定的限制，大陆架外部界限在确定的大陆边外缘的基础上，不超过从测算领海宽度的基线量起的 350 海里（距离限制），或者 2 500 米等深线外推 100 海里（深度限制）。

在本划界案中，巴基斯坦仅使用了距离限制规则。

距离限制线使用从测算巴基斯坦领海宽度的基线量起 350 海里处的弧线确定。委员会认可巴基斯坦确定限制线的方法。

10.5.5　外部界限及委员会建议

在划界案中，巴基斯坦确定的公式线超出 350 海里的距离限制线，因此，使用 350 海里距离限制线作为巴基斯坦 200 海里以外大陆架外部界限。委员会认可巴基斯坦确定大陆架外部界限的方法。

根据第 35 届小组委员会的要求，巴基斯坦确定了 2 个辅助性沉积物厚度点 3N 和 5N（表 10-1），这两个点主要用于验证其扩展公式线的各定点之间距离不超过 60 海里。利用连接 2F 和 3N、5J 和 5N 的两条直线与 350 海里线的交点分别确定了定点 141A 和 7A（图 10-6），委员会将这两个定点作为巴基斯坦 200 海里以外大陆架外部界限的东、西两个端点，7A 以西和 141A 以东的 350 海里线部分未被委员会核可。

表 10-1　辅助性沉积物厚度点坐标

沉积物厚度点	纬度 /°N	经度 /°E
3N	19.275260	63.545747
5N	19.256829	62.311108

委员会建议依照《公约》第七十六条第 7 款，使用长度不超过 60 海里的直线连接各定点划定巴基斯坦大陆架外部界限（图 10-7）。委员会认可巴基斯坦划定大陆架外部界限的方法，包括确定表 10-2 中所列定点的方法。

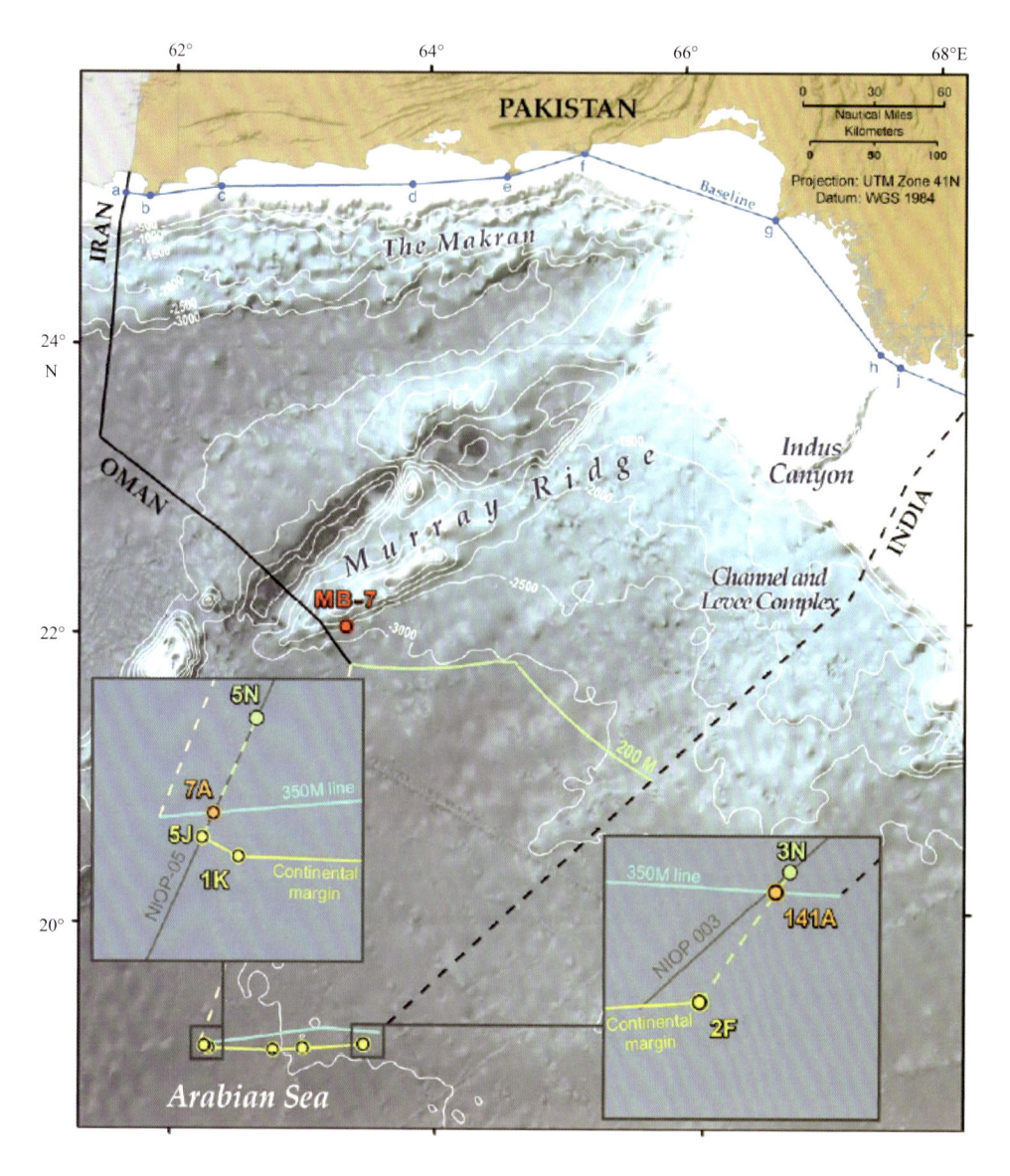

图10-6 辅助性沉积物厚度点及其确定的外部界限定点位置

资料来源：委员会对巴基斯坦外大陆架划界案的建议摘要

第 10 章　巴基斯坦外大陆架划界案委员会审议建议评注

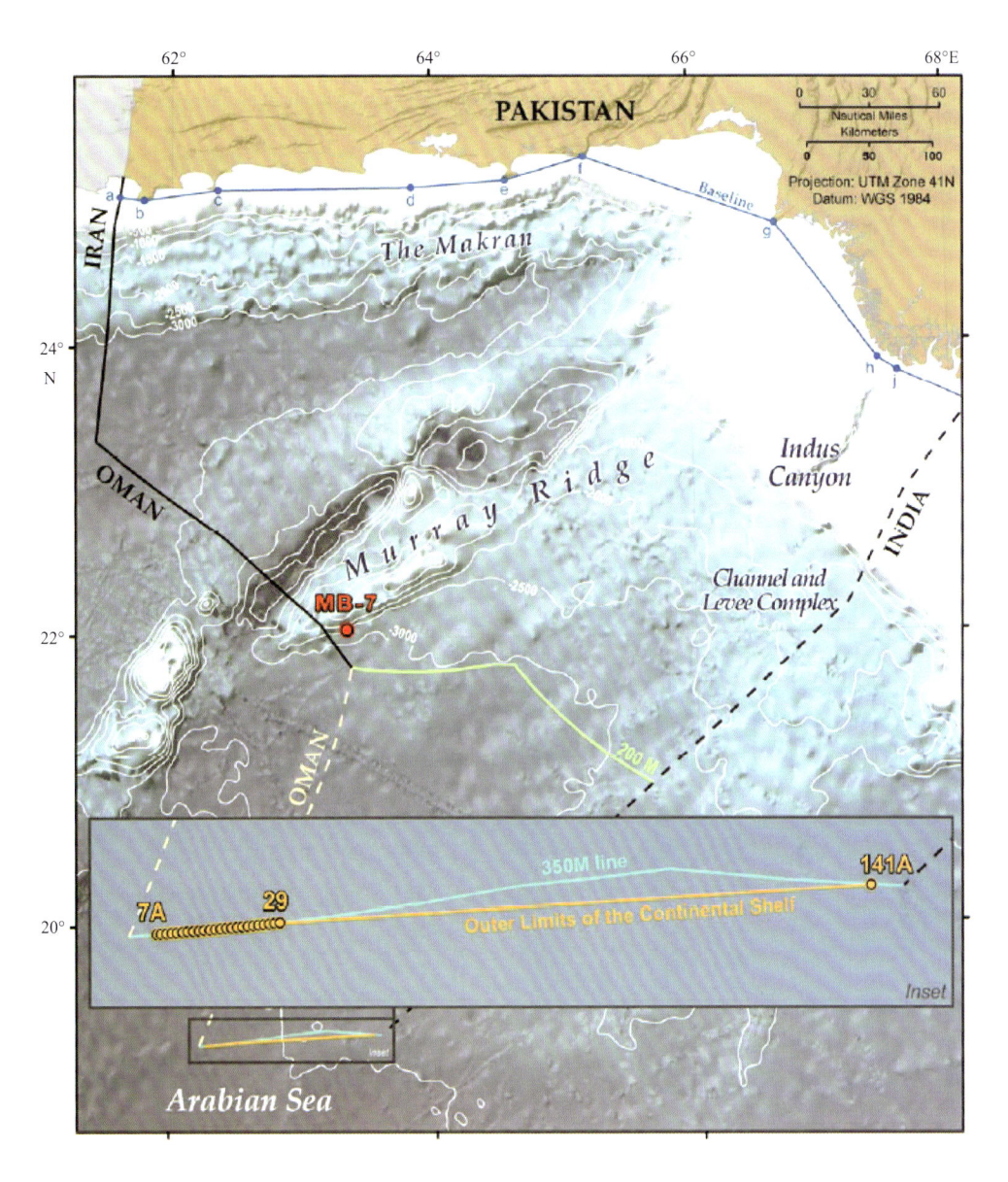

图10-7　巴基斯坦200海里以外大陆架外部界限

资料来源：委员会对巴基斯坦外大陆架划界案的建议摘要

表 10-2　大陆架外部界限定点坐标列表

最终外部界限定点	纬度 / °N	经度 / °E
7A	19.1801216	62.2730773
7	19.1806823	62.2806818
8	19.1813949	62.2901631
9	19.1821208	62.2996433
10	19.1828601	62.3091224
11	19.1836128	62.3186004
12	19.1843788	62.3280772
13	19.1851582	62.3375530
14	19.1859510	62.3470275
15	19.1867571	62.3565009
16	19.1875766	62.3659731
17	19.1884094	62.3754440
18	19.1892556	62.3849137
19	19.1901151	62.3943821
20	19.1909879	62.4038493
21	19.1918742	62.4133151
22	19.1927737	62.4227796
23	19.1936866	62.4322427
24	19.1946129	62.4417045
25	19.1955524	62.4511649
26	19.1965054	62.4606239
27	19.1974716	62.4700814
28	19.1984512	62.4795375
29	19.1994441	62.4889921
141A	19.2587332	63.5334024

10.6　委员会审议建议评注

10.6.1　委员会对于阿曼照会的处理

阿曼在2009年提交的第一份照会中表示反对委员会审议，但委员会在考虑了其照会后仍然决定成立审议划界案的小组委员会。依照委员会《议事规则》第

46条及附件一，委员会不审议存在争端当事国的划界案，除非当事国一致同意。因此，如果争端当事国提交反对照会，并援引了《议事规则》附件一第5条（a）项的规定，委员会则暂时不会审议。阿曼尽管提交了反对照会，但阿曼在反对照会里并没有援引《议事规则》附件一第5条（a）项的规定，因此委员会没有做出推迟审议的决定。因为，委员会是否推迟审议，关键在于反对照会是否援引了《议事规则》附件一第5条（a）项的规定，否则即使提交反对照会，也不影响委员会对划界案的审议。

10.6.2 巴基斯坦交存了最终界限

巴基斯坦于2016年8月30日向联合国秘书长交存了其大陆架外部界限的坐标和海图（图10-8）[8]。从其提交的文件来看，与委员会建议中认可的大陆架外部界限一致。依照《公约》第七十六条第8款的规定，该界限应具有确定性和拘束力。

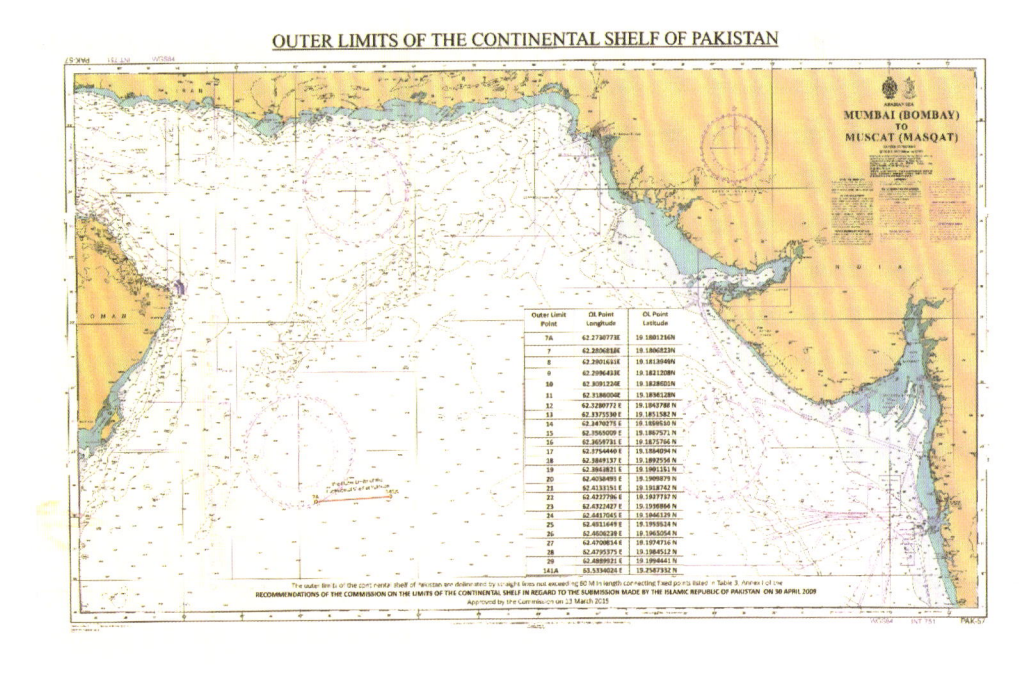

图10-8 巴基斯坦向联合国秘书长提交的大陆架外部界限海图
资料来源：联合国海洋事务和海洋法司网站

如前所述，阿曼虽然在2009年提交反对审议的照会，2014年又撤回反对，这并没有影响委员会在2013年设立小组委员会对巴基斯坦划界案进行审议并提出建议。在巴基斯坦基于委员会建议交存最终界限之后，阿曼于 2017 年 10 月 26 日提交了划界案，其主张的 200 海里外大陆架在阿拉伯海北部与巴基斯坦产生大范围重叠。阿曼在划界案中声明需与巴基斯坦进行大陆架划界，委员会的审议不妨害划界有关事项[9]。依照《公约》第七十六条第 10 款的规定"本条的规定不妨害海岸相向或相邻国家间大陆架界限划定的问题"，鉴于阿曼提交的划界案与巴基斯坦存在大面积重叠，巴基斯坦交存的大陆架外部界限是否为确定的和有拘束力的仍待考察，两国间需要进行最终划界。

参考文献

[1] Executive Summary of Submission by the Government of The Islamic Republic of Pakistan for Establishment of the Outer Limits of the Continental Shelf of Pakistan. Commission on the Limits of the Continental Shelf [EB/OL]. [2023-09-30]. https://www.un.org/depts/los/clcs_new/submissions_files/pak29_09/pak2009executivesummary.pdf.

[2] Communication of Oman 2009. Commission on the Limits of the Continental Shelf [EB/OL]. [2023-09-30]. https://www.un.org/depts/los/clcs_new/submissions_files/pak29_09/omn_re_pak_2009.pdf.

[3] Communication of Oman 2014. Commission on the Limits of the Continental Shelf [EB/OL]. [2023-09-30]. https://www.un.org/depts/los/clcs_new/submissions_files/pak29_09/2014_11_10_OMN_NV_UN_002.pdf.

[4] Progress of work in the Commission on the Limits of the continental Shelf - Statement by the Chairperson - Thirty-second session. Commission on the Limits of the Continental Shelf [EB/OL]. [2023-09-30]. https://documents-dds-ny.un.org/doc/UNDOC/GEN/N13/485/26/PDF/N1348526.pdf?OpenElement.

[5] Progress of work in the Commission on the Limits of the continental Shelf - Statement by the Chair - Thirty-sixth session. Commission on the Limits of the Continental Shelf [EB/OL]. [2023-09-30]. https://documents-dds-ny.un.org/doc/UNDOC/GEN/N14/696/28/PDF/N1469628.pdf?OpenElement.

[6] Progress of work in the Commission on the Limits of the continental Shelf - Statement by the Chair - Thirty-seventh session. Commission on the Limits of the Continental Shelf [EB/OL]. [2023-09-30]. https://documents-dds-ny.un.org/doc/UNDOC/GEN/N15/112/55/PDF/N1511255.pdf?OpenElement.

[7] Summary of Recommendations of the Commission on the Limits of the Continental Shelf

Regard to the Submission Made by the Islamic Republic of Pakistan on 30 April 2009. Commission on the Limits of the Continental Shelf [EB/OL]. [2023-09-30]. https://www.un.org/depts/los/clcs_new/submissions_files/pak29_09/pakrec.pdf.

[8] Information Permanently Describing the Outer Limit of the Continental Shelf of Pakistan in the North Arabian Sea Beyond 200 Nautical Miles from the Baselines from which the Breadth of the Territorial Sea is Measured, Deposited on 30 August 2016. United Nations [EB/OL]. [2023-09-30].https://www.un.org/Depts/los/LEGISLATIONANDTREATIES/PDFFILES/DEPOSIT/pak_mzn122_2016_chart.pdf.

[9] Executive Summary of Continental Shelf Submission of the Sultanate of Oman. Commission on the Limits of the Continental Shelf [EB/OL]. [2023-09-30]. https://www.un.org/depts/los/clcs_new/submissions_files/omn78_17/omn_es.pdf.

#　第 11 章

挪威关于布韦岛和毛德皇后地外大陆架划界案委员会审议建议评注

挪威于 1982 年《公约》开放签署之日签署了《公约》，并于 1996 年 6 月 24 日批准《公约》。《公约》于 1996 年 7 月 24 日对挪威生效。

挪威于 2009 年 5 月 4 日提交了关于布韦岛和毛德皇后地的部分划界案，履行了依照《公约》第七十六条和《公约》附件二第四条规定的义务，是继 2006 年 11 月 27 日提交的关于北冰洋、巴伦之海和挪威海区域部分划界案之后的第二个部分划界案。

挪威在 1996 年批准《公约》后就开始了划界案的准备。地震和测深数据的收集、处理、分析和解释工作一直持续到 2009 年。划界案的准备工作是由挪威石油管理局（皇家石油和能源部下属独立机构）完成。该管理局是挪威负责海洋地质和地球物理调查与研究的专业机构。另有其他机构也在科学或其他方面为划界案做出了贡献，特别是挪威制图局、挪威极地研究院、挪威海洋研究院和卑尔根大学。划界案的准备工作是在挪威外交部的指导下完成的。

11.1 挪威的主张[1,2]

11.1.1 毛德皇后地

挪威在划界案中提到《南极条约》和《公约》共同的原则和目标，以及南极体系和《公约》协调运行，确保南极地区继续的和平合作、安全和稳定。挪威还注意到《公约》的有关条款，尤其是《公约》第七十七条规定了沿海国对大陆架的权利不依赖任何明文公告，并考虑《公约》缔约国会议的决议和委员会的《议事规则》。挪威考虑到 60°S 以南地区的特殊环境，以及在《南极条约》（特别是第四条）规定下南极洲特殊的法律和政治地位，强调南极附属大陆架的范围尚未确定。相关国家可以选择不同的处理方式，一是向委员会提交划界案但要求不审议，或是提出不包括南极大陆架区域的部分划界案。因为《公约》附件二第四条规定了 10 年期限以及后来《公约》第 11 次缔约国会议就该期限的适用问题做出的决定，相关国家可在以后就该部分大陆架区域提出划界案。挪威采取了第一种方式，提交了涉及南极附属大陆架部分的划界案，但请求委员会暂不审议。

11.1.2 布韦岛

布韦岛位于南美洲、非洲和南极洲三大板块交汇的布韦三联点以东约 280 千米处，其板块边界由三种不同的扩张洋中脊系统组成，分别是中大西洋洋中脊、南美-南极洲洋中脊和西南印度洋洋中脊。因此，三联点海域具有复杂的构造-岩浆地质背景。布韦岛位于西南印度洋洋中脊最西端的南极洲板块上，海拔780米（奥拉夫山顶部），整个岛屿是广阔的淹没于水下的岩浆岩海台的一部分。岛屿的形成与布韦三联点之下地幔物质上涌的热点地幔柱作用有关。海底地形图显示岛屿的水下部分还包括沿着沙卡断裂带东部延伸的沙卡海岭（图11-1）。

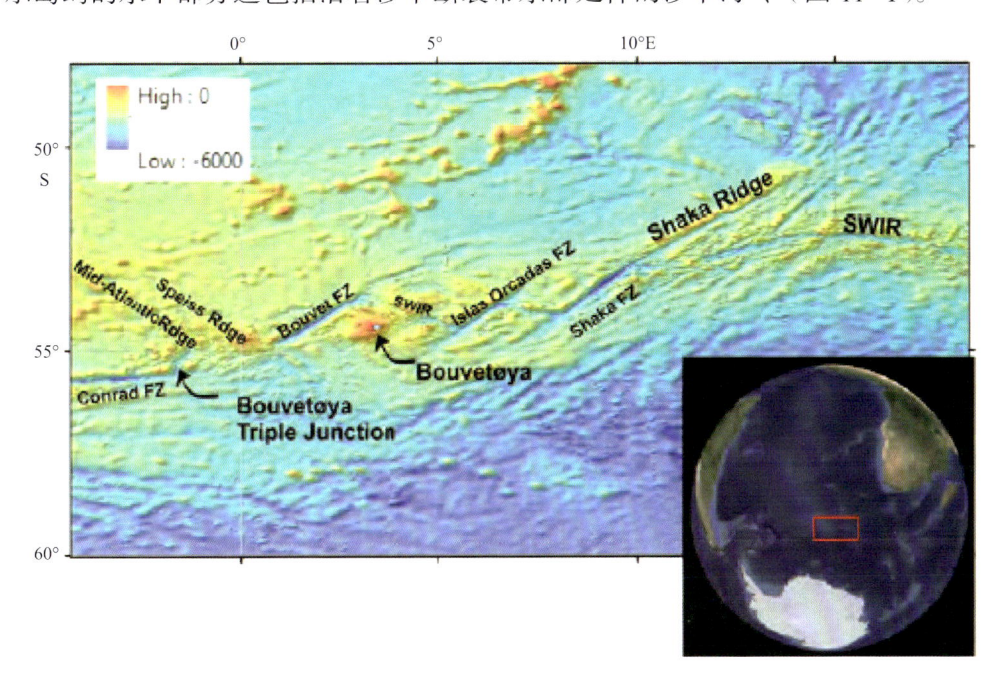

图11-1　布韦岛及其附近海域的地形

资料来源：委员会对挪威关于布韦岛和毛德皇后地外大陆架划界案的建议摘要

布韦岛的200海里以外大陆架外部界限是基于沿着该岛和沙卡海岭的岩浆岩海台斜坡所确定的大陆坡脚划定的。该区域200海里以外的大陆架外部界限由依照《公约》第七十六条确定的266个定点划定。其中：

131个点根据《公约》第七十六条第4款（a）项（2）目，由距离大陆坡脚60海里的弧线确定；

133个点根据《公约》第七十六条第5款和第6款规定的限制线，由布韦岛基线量起的350海里的弧线确定；

2个点是大陆边外缘与布韦岛200海里线的交点；

266个定点依照《公约》第七十六条第7款由长度不超过60海里的直线连接（图11-2）。

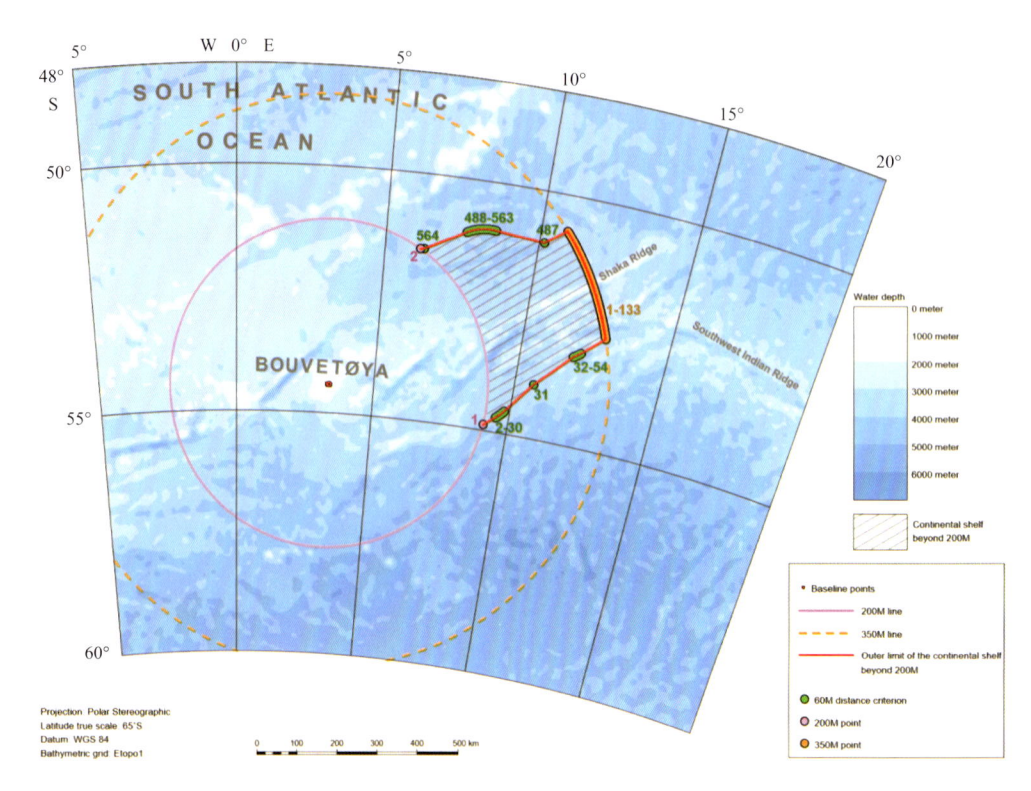

图11-2 布韦岛大陆架外部界限（2009年原始划界案）

红色点为领海基点，品红色线为200海里线，橙色虚线为350海里限制线，红色线为200海里外大陆架外部界限，绿色点为大陆坡脚外推60海里公式点，品红色点为200海里线交点，橙色点为350海里限制线交点

资料来源：挪威关于布韦岛和毛德皇后地外大陆架划界案执行摘要

在挪威划界案的审议过程中，小组委员会对挪威提出的其大陆架外部界限的范围应更加向东南方向延伸的部分持质疑态度，挪威遂于2015年5月19日按小组委员会的建议，提交了关于布韦岛的修订案。在修订案中，挪威认为沙卡海岭与布韦岛存在地质连续性，将沙卡海岭认定为海底高地，从而适用深度限制规则，其主张的外大陆架大大超出原划界案使用的350海里限制线的范围。

修订案中大陆架外部界限由长度不超过60海里的线段连接522个定点划定（图11-3）。其中：

520个定点依照《公约》第七十六条第4款（a）项（2）目，由距离大陆坡脚60海里的弧线确定；

2个定点是大陆边外缘与布韦岛200海里线的交点。

第 11 章　挪威关于布韦岛和毛德皇后地外大陆架划界案委员会审议建议评注

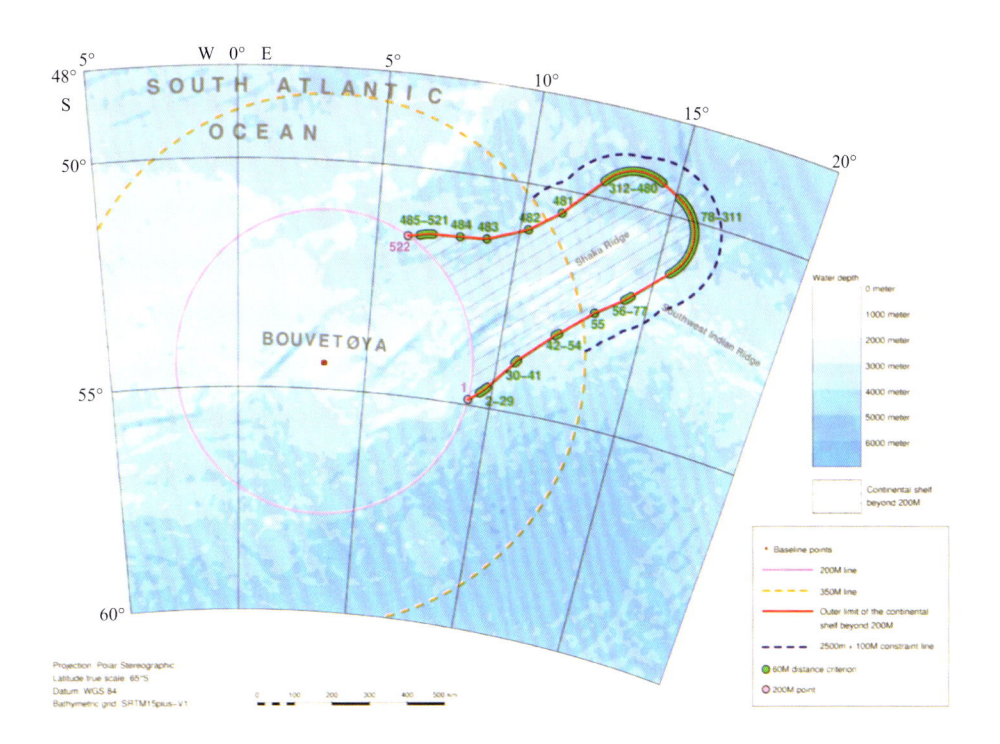

图11-3　布韦岛大陆架外部界限（2015年修订案）

红色点为领海基点，品红色线为200海里线，橙色虚线为350海里限制线，红色线为200海里外大陆架外部界限，蓝色虚线为2500米等深线外推100海里限制线，绿色点为大陆坡脚外推60海里公式点，品红色点为200海里线交点

资料来源：挪威关于布韦岛和毛德皇后地外大陆架修订划界案执行摘要

11.2　各国反应照会和要点

挪威划界案执行摘要公布后，分别收到美国、俄罗斯、印度、荷兰和日本的反应照会（表11-1），照会均对其南极附属大陆架问题表示关切，本小节简要介绍各国照会的要点。

表 11-1　提交照会的国家及时间表

序号	提交照会的国家	提交照会的时间
1	美国	2009 年 6 月 4 日
2	俄罗斯	2009 年 6 月 15 日
3	印度	2009 年 8 月 31 日
4	荷兰	2009 年 9 月 30 日
5	日本	2009 年 11 月 19 日

资料来源：联合国海洋事务和海洋法司网站，经作者整理。

11.2.1 美国[3]

美国声明了《南极条约》和《公约》共同的原则和目标，以及南极条约体系与《公约》协调运行对确保南极地区持续的和平合作、安全和稳定的重要性。根据《南极条约》第四条，美国不承认任何国家在南极的领土主张，也不承认任何国家基于南极陆地延伸的海床和底土权利主张。美国相信委员会不会对挪威南极附属大陆架部分采取任何行动。

11.2.2 俄罗斯[4]

俄罗斯认为，作为《公约》和《南极条约》缔约国，俄罗斯应促使全部缔约国完全地、无条件地遵从这些重要的国际条约及其包含的基本原则和目标。依照《南极条约》第四条，俄罗斯不承认条约范围内任何领土主张或者权利，并且这种主张也不能产生海床（大陆架）和底土的权利。俄罗斯希望委员会对挪威划界案中涉及毛德皇后地大陆架的部分不采取任何行动。

11.2.3 印度[5]

印度强调了《南极条约》和《公约》共同的原则和目标，以及南极条约体系与《公约》协调运行对确保南极地区持续的和平合作、安全和稳定的重要性。依照《南极条约》第四条，印度不承认任何国家在南极的领土主张，也不承认任何国家基于南极陆地延伸的海床和底土的权利。印度希望委员会对挪威划界案中关于毛德皇后地大陆架部分不采取任何行动。

11.2.4 荷兰[6]

荷兰声明了其长久以来的立场，既不承认南极领土主张，也不承认南极领土能够产生诸如大陆架这种权利。荷兰认为，沿海国的大陆架权利是建立在对其自然资源勘探开发的目的之上，源于沿海国陆地领土的主权。所以荷兰不认为南极周边存在这种大陆架权利。荷兰请求委员会依照《议事规则》附件一第5条（a）项的规定处理挪威毛德皇后地大陆架部分的划界案。

11.2.5 日本[7]

日本表达了南极条约体系与《公约》协调运行对确保南极地区持续的和平

合作、安全和稳定的重要性。根据《南极条约》第四条，日本不承认任何国家在南极的领土主张，也不承认任何国家基于南极陆地延伸的海床和底土的权利主张。日本还强调了《南极条约》规定的权利和义务应保持平衡，不能被挪威提交划界案所影响。日本相信委员会不会对挪威毛德皇后地大陆架部分采取任何行动。

11.3 委员会审议过程

11.3.1 划界案陈述与委员会初步审议

在 2010 年 4 月 9 日委员会第 25 届会议上，挪威外交部法律事务司代理司长兼代表团团长奥拉夫·梅克尔布拉斯（Olav Myklebust）先生就划界案向委员会做了初次陈述。挪威代表团还包括挪威常驻联合国代表莫滕·韦特兰（Morten Wetland）及若干名顾问。梅克尔布拉斯先生指出挪威已发出普通照会，请求委员会根据南 60°S 以南地区的具体情况，暂且不对划界案中关于毛德皇后地附属大陆架采取任何行动。委员会随后举行非公开会议，考虑了相关国家发出的普通照会，决定不审议划界案中关于毛德皇后地附属大陆架的部分，也不为其定性。对于审议划界案的方式，委员会决定根据《公约》附件二第 5 条以及《议事规则》第 42 条的规定，由依照《议事规则》第 51 条 4 之三设立的小组委员会在今后届会上审议划界案，待划界案按照收件先后顺序排列在先时予以审议。[8]

在 2013 年 8 月 26 日的第 32 届会议上，委员会任命阿沙德（Arshad）、查尔斯（Charles）、格卢莫夫（Glumov）、霍沃斯（Haworth）、卡尔恩吉（Kalngui）和奥杜罗（Oduro）为审议挪威布韦岛划界案的小组委员会成员。小组委员会的第 7 名成员将在日后任命。小组委员会召开会议，选举霍沃斯先生为主席，阿沙德和奥杜罗先生为副主席。在缔约国于 2014 年 6 月 12 日第 24 次会议补选拉温特（Ravindra）先生为委员会委员之后，委员会在第 35 届会议期间任命拉温特先生为第 7 位小组委员会成员。为了优化成员间的工作分配，委员会决定，在第 41 届会议期间，安排吕文正先生协助小组委员会成员对建议草案进行最终确定。[9]

11.3.2 小组委员会审议

小组委员会对挪威划界案的审议从第 33 届会议持续到第 41 届会议。在审议过程中，挪威提交了修订的划界案。

在这些会议期间，小组委员会与挪威代表团共召开 22 次会议，以书面形式提出了 20 个问题，指出了 9 个与文件和陈述有关的初步考虑事项，并根据《议事规则》附件三第 10.3 段综合阐述了与整个划界案有关的观点和总体结论。

在小组委员会对划界案进行审查的过程中，代表团针对提出的问题以书面形式做出了回应，陈述了相关情况，并提供了补充资料。

根据《议事规则》第 37 条第 1 款，小组委员会于 2016 年 8 月 11 日以多数票通过了建议草案，并于 2016 年 8 月 11 日将建议草案提交委员会。

在 2016 年 8 月 15 日委员会第 41 届会议上，小组委员会就挪威划界案的建议草案向委员会做了介绍。随后，挪威代表团于 2016 年 8 月 16 日根据《议事规则》附件三第 15 条 1 之二的规定向委员会做出陈述。做陈述的是挪威王国外交部玛吉特·特韦坦司长，挪威代表团成员还包括挪威常驻联合国副代表梅－埃琳·斯特纳以及几位科学、法律和技术顾问。挪威代表团在介绍中对小组委员会的工作表示赞赏，并认可小组委员会的意见以及在审查划界案时得出的一般性结论。[10]

11.3.3 委员会通过建议

在第 43 届会议上，委员会继续审议小组委员会在第 41 届会议上提交的建议草案。2017 年 3 月 16 日，在委员会全体会议上就建议草案进行了广泛讨论后，1 名委员表示已穷尽了为达成共识所做的一切努力，并提议结束这个议程的辩论。委员会主席根据《议事规则》第 28 条允许 1 名反对该动议的委员和 1 名赞成该动议的委员发言后，将该动议付诸表决。委员会以 11 票支持 5 票反对 2 票弃权的表决结果决定赞成通过该动议。随后，委员会主席将核准小组委员会编写的建议草案付诸表决。委员会以 8 票支持 8 票反对 2 票弃权的表决结果决定不核准建议草案。一些委员对该建议草案未能获得通过表示遗憾，因为小组委员会为审查划界案开展了大量工作，并与挪威代表团进行了广泛的讨论，这些都反映在建议草案中。[11]

在第 44 届会议上，由于选举了新的委员，挪威要求有机会做新的陈述，委员会讨论并同意挪威的请求，但要求挪威仅重复在 2016 年 8 月 16 日的陈述，

第 11 章　挪威关于布韦岛和毛德皇后地外大陆架划界案委员会审议建议评注

不应包括新的数据或资料。委员会继续审议小组委员会提交的建议草案，并在第 46 届会议上同意将挪威的新的陈述推迟到第 47 届会议。[12]

在 2018 年 8 月 7 日第 47 届会议上，小组委员会格卢莫夫先生再次向委员会介绍了针对挪威划界案做出的建议草案，复述了小组委员会时任主席理查德·霍沃思在第 41 届会议上所做陈述。同日，挪威代表团做了陈述，陈述人为外交部法律事务代理主任兼代表团团长克里斯蒂安·杰维尔（Kristian Jervell）以及科学和技术顾问哈拉尔·布雷克（Harald Brekke）。在会议期间，委员会对小组委员会的建议草案进行了修改，一些委员对划界案中几个实质性方面的问题表达了不同意见。[13]

在第 49 届会议上，委员会继续审议小组委员会在第 41 届会议上提交的建议草案和小组委员会在第 47 届会议上提交的建议草案。2019 年 2 月 8 日，委员会在全体会议上对建议草案进行长期、深入的审议之后，根据《议事规则》第 38 条，以 14 票支持 3 票反对 2 票弃权的表决结果，核准了修改后的挪威划界案建议草案。一名委员对委员会未按其建议进行无记名投票表示遗憾。[14]

根据《公约》附件二第六条第 3 款，挪威关于布韦岛的划界案建议及其摘要于 2019 年 3 月 5 日提交沿海国和联合国秘书长。

11.4　委员会对挪威划界案的审议建议[15]

11.4.1　从属权利检验

小组委员会审议了挪威提交的科学与技术文件，以及挪威在后续文件中提供的补充信息和相关分析内容，以多数票认为根据《科技准则》第 2.2 节的规定，挪威关于布韦岛的划界案通过从属权利检验。

11.4.2　确定大陆坡脚

布韦岛是与布韦热点作用相关的岩浆活动形成的海底高地形。有观点认为布韦热点自冈瓦纳大陆裂解以来就一直存在（Konig and Jokat，2006）。相对于地幔，布韦热点的位置稳定，而岩石圈板块则发生了移动。

挪威认为，布韦岛位于由热点作用引起的高地形之上，热点引起的火山活动沿布韦三联点的西南印度洋脊向东延伸。这个高地呈细长形，布韦岛位于其西端，沙卡海岭位于其东端，形成了脊状的海底隆起。这个海底高地形的水深小于

3 000 米，比周围深度超过 4 000 米的深海区高出 1 000 米以上。

为了支持布韦岛与沙卡海岭之间存在地貌上的关联性，挪威在 2016 年再次展开地形调查，包括对二者之间的鞍状海域进行多波束测深调查（图 11-4）。其调查结果进一步确认了布韦岛与沙卡海岭之间的地貌连续性。

图11-4　布韦岛地形

黄色多边形为布韦岛基座；红色多边形为沙卡海岭区

资料来源：委员会对挪威关于布韦岛和毛德皇后地外大陆架划界案的建议摘要

挪威还提供了布韦岛地区的三维重力和测深数据分析报告，报告指出"……热点与扩张脊之间复杂的相互作用可以确定水深异常的形态和空间范围"。挪威划界案将这种偏离预期海底深度的区域称为布韦深度异常（Bouvet Depth Anomaly），并认为与周围深海平原的 MORB 型洋壳相比，这个表现为显著正剩余水深区域具有更厚的地壳。换句话说，剩余水深与地壳厚度成正相关系。此外，Georgen 等人（2001）的研究表明，布韦深度异常区的地壳厚度比正常洋壳厚，且与明显的负剩余地幔布格异常相关。

根据地球物理模拟结果，挪威认为这种海底高地形是由热点岩浆活动引起的深度异常造成的。它构成了与明显隆升的海底高地形有关的连续性地貌，其特征就是沿中心轴的剩余水深约 2 000～3 000 米（图 11-5）。挪威将该异常作为确定海底高地形陆坡基部区的标志。

第 11 章　挪威关于布韦岛和毛德皇后地外大陆架划界案委员会审议建议评注

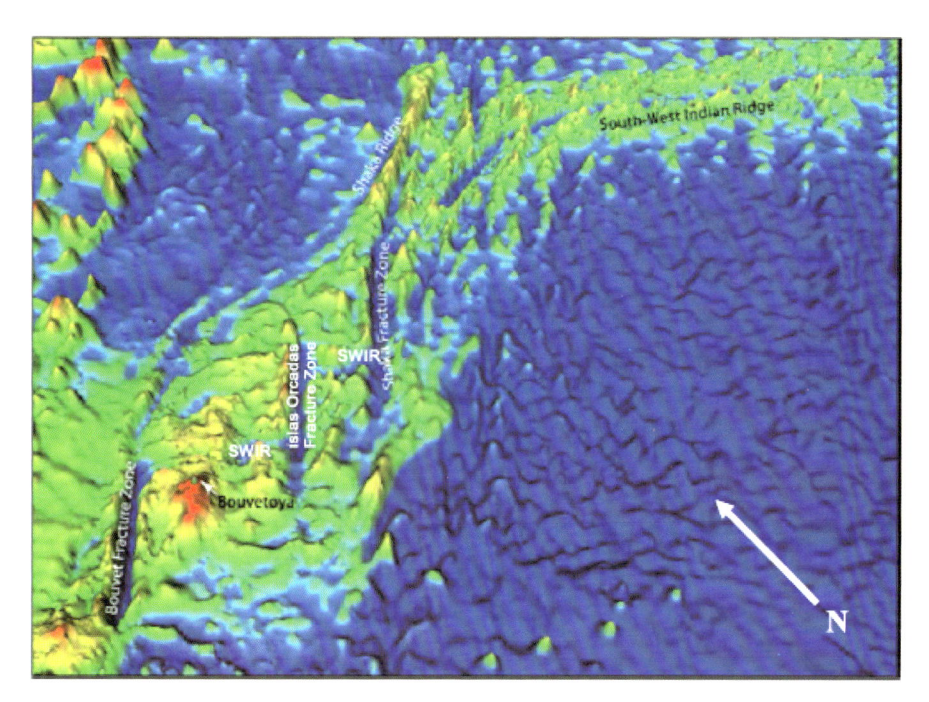

图11-5　布韦岛附近海底区域三维地形

资料来源：委员会对挪威关于布韦岛和毛德皇后地外大陆架划界案的建议摘要

根据可用的测深剖面，挪威在海底高地区域（含布韦岛陆块）确定了所有的大陆坡脚点的包络线（图 11-6）。

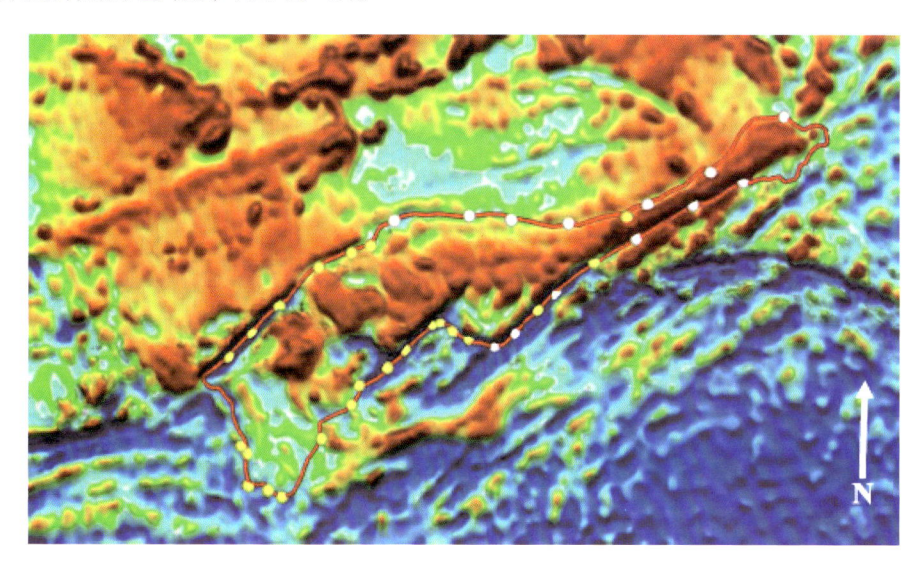

图11-6　挪威提出的大陆坡脚点范

白色点为关键性大陆坡脚点

资料来源：委员会对挪威关于布韦岛和毛德皇后地外大陆架划界案的建议摘要

挪威通过测定海底高地形陆坡基部区的坡度变化最大点来确定大陆坡脚点。所得到的大陆坡脚点的包络线可以将上述讨论的离散的、拉长的海底高地形区整个包围在内,据此可以证明布韦岛陆块的水下延伸。对于布韦岛毗邻区域的大陆边缘,最初提交的大陆坡脚点(图11-7)位于布韦岛所在海台北面的布韦断裂带内,以及其南部的奥尔卡达斯群岛断裂带内。布韦岛西南部的大陆坡脚点并没有被用来确定大陆边外缘。

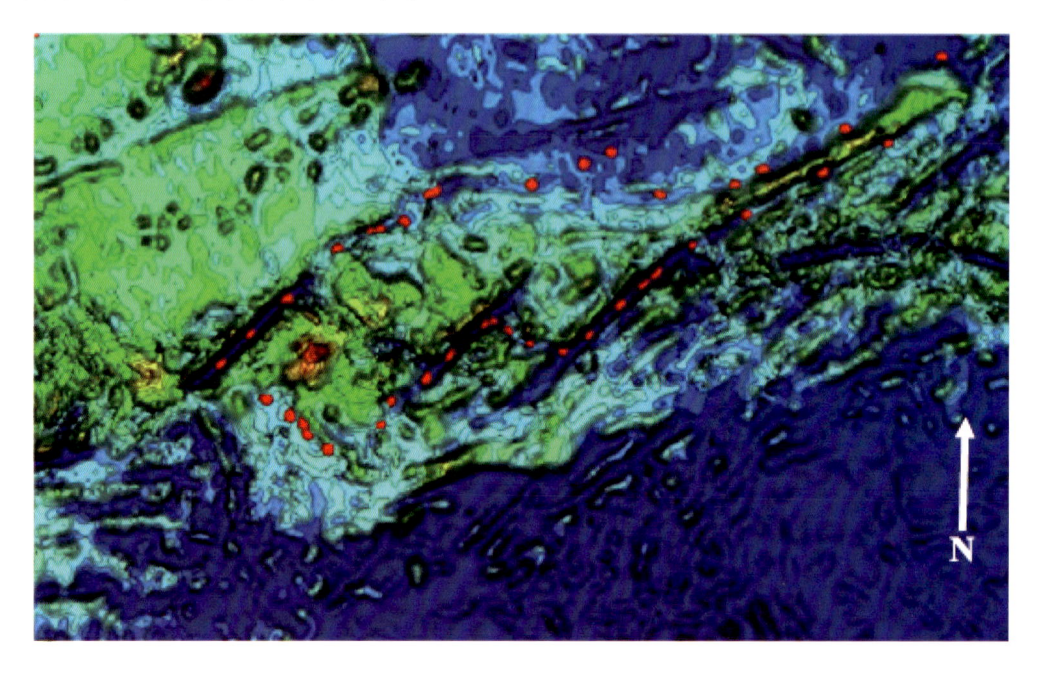

图11-7　与布韦岛和沙卡海岭有关的大陆坡脚点的初始范围
资料来源:委员会对挪威关于布韦岛和毛德皇后地外大陆架划界案的建议摘要

对于沙卡海岭地区的大陆边缘,挪威最初提交的大陆坡脚点位于陆缘南面的沙加断裂带内以及北部陆缘的沙卡海岭北侧基底上。

小组委员会审议了挪威提出的复合海底高地各组成部分间的地貌及其连续性,热点的属性以及热点上覆岩石圈板块的迁移情况,水深异常的原因及各组成部分的地质和地球化学信息。

小组委员会确定了布韦岛与其所在海台东北部分之间的鞍状谷(西南印度洋脊中脊谷)最深点水深约为2 000米。由于鞍状谷的这个最深点比毗邻的陆坡基部区要浅1 000多米,小组委员会的大多数成员同意挪威的观点,即布韦岛与其所在海台其他部分之间存在地貌上的连续性(但其中一位委员表达了不同意见:认为根据《公约》第七十六条第3款,大陆边缘不可能包括作为扩张洋脊的西南

第 11 章　挪威关于布韦岛和毛德皇后地外大陆架划界案委员会审议建议评注

印度洋脊的片段）。

挪威随后对所提交的大陆坡脚点进行重新评估，并提出，其范围可能会向东南方向继续延伸，包括"叶状"剩余海底地形区（图 11-5 和图 11-6）。小组委员会质疑挪威重新提出的延伸方案。此外，通过对大陆坡脚点的进一步审查，小组委员会要求挪威对最初提交的 FOS10 进行修订，随后这个点被替换为 FOS ANTV3D 和 A2107L06A（图 11-8）。

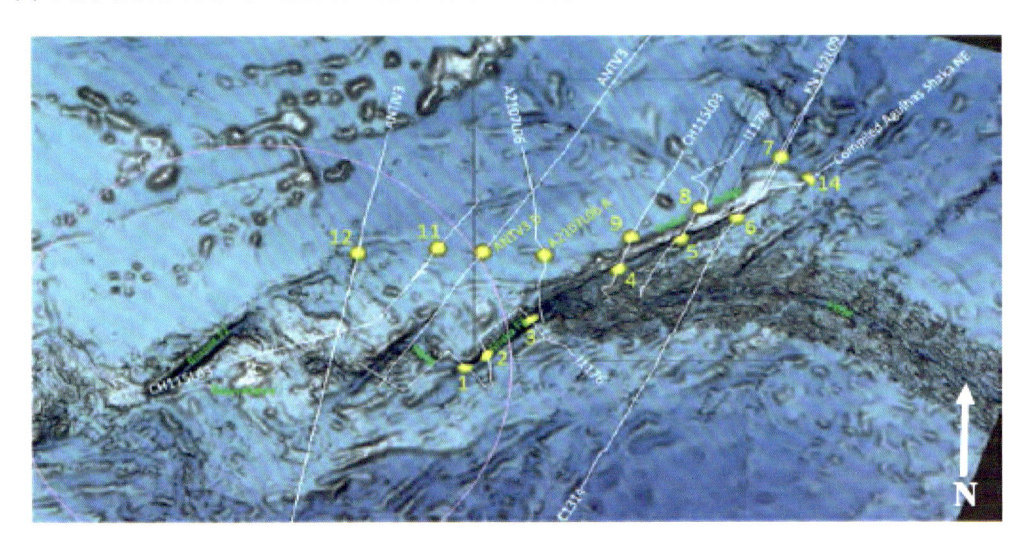

图11-8　关键大陆坡脚点及其测深剖面位置

资料来源：委员会对挪威关于布韦岛和毛德皇后地外大陆架划界案的建议摘要

挪威于 2015 年 5 月 19 日对其大陆架外部界限进行修订，并提出沙卡海岭与布韦岛之间存在地质连续性。随后，代表团在沙卡海岭的最东端新增了大陆坡脚点 FOS14（图 11-8）。按照小组委员会的要求，挪威随后向小组委员会提供了每个关键性大陆坡脚点的完整的 Geocap 分析数据。

小组委员会对布韦岛所在海台与沙卡海岭之间的形态连续性进行审查。挪威提供了两个地貌之间的补充单波束测深数据，从而满足小组委员会的审议要求，认同布韦岛与沙卡海岭之间存在地貌连续性，二者之间水深最大点的水深为 3 000 米，位于陆坡基部区上方约 700 米处（图 11-9）。

根据挪威提交的数据和资料，小组委员会的大多数成员认可挪威确定布韦岛陆坡基部区所采用的方法，即按照形态和测深证据，并辅以其他地质学和地球物理数据来确定陆坡基部区。小组委员会的大多数成员也认可确定大陆坡脚点（FOS1～FOS9、FOS11、FOS12、FOS14、ANTV3D 和 A2107L06A）位置的方法（图 11-8）。

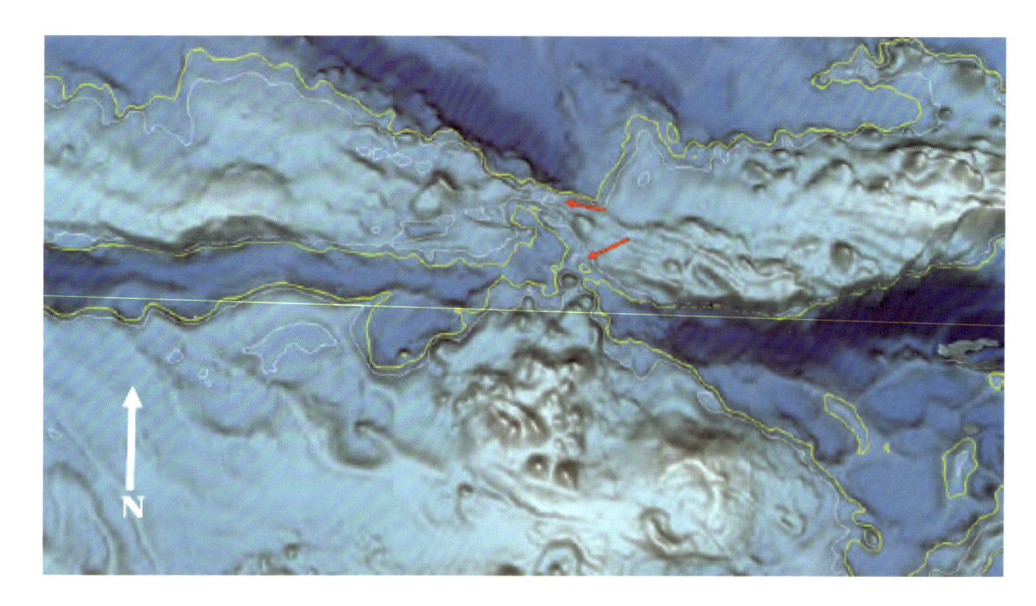

图11-9　布韦岛与沙卡海岭之间鞍状谷内的等深线

资料来源：委员会对挪威关于布韦岛和毛德皇后地外大陆架划界案的建议摘要

委员会的大多数成员同意，在最初提交的12个大陆坡脚点中，11个点可生成布韦岛200海里线外的公式点。在12个大陆坡脚点（1、2、3、10、11和12）中，6个点位于布韦岛基座；6个点位于沙卡海岭（4、5、6、7、8和9）。

委员会大多数成员都同意挪威对表11-2中所列出的大陆坡脚点的确定，认为满足第七十六条和委员会《科技准则》第5章的规定。因此，委员会建议，将这些大陆坡脚点作为确定挪威布韦岛地区大陆边外缘的依据。

表 11-2　大陆坡脚点经纬度坐标

大陆坡脚点序号	纬度 / °S	经度 / °E
FOS1	54.106670	8.037684
FOS2	53.902583	8.480985
FOS3	53.286506	9.338267
FOS4	52.325666	10.989513
FOS5	51.708096	12.136216
FOS6	51.241699	13.169299
FOS14	50.484881	14.417373
FOS7	50.255699	13.737500
FOS8	51.232791	12.385652

续表

大陆坡脚点序号	纬度 / °S	经度 / °E
FOS9	51.841138	11.113745
FOSA2107L06 A	52.292232	9.361552
FOSANTV3 D	52.371905	8.026294
FOS11	52.394435	7.051506
FOS12	52.576690	5.307583

11.4.3 公式线的适用

挪威在布韦岛区域仅使用了大陆坡脚外推60海里的距离公式。根据《公约》第七十六条第4款（a）项（2）目的规定，使用不超过60海里的直线线段连接定点确定布韦岛区域的大陆边外缘（图11-10）。委员会认可挪威在确定定点时所采用的程序和精度。

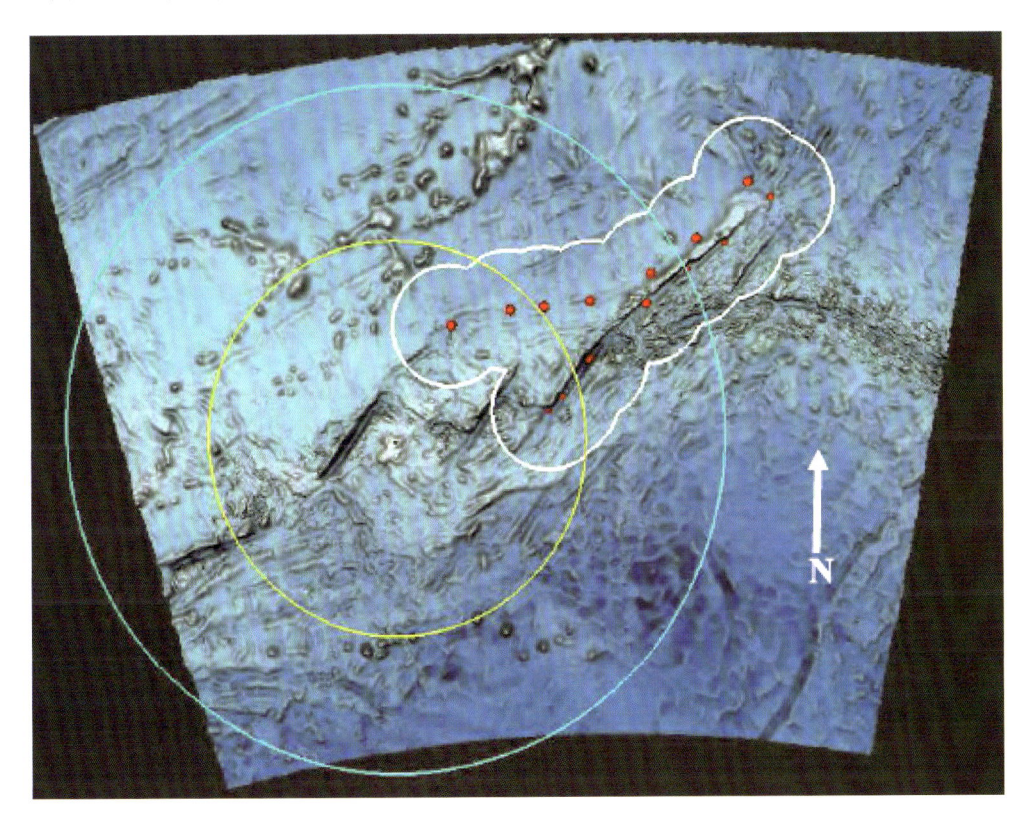

图11-10 公式线

红色点为大陆坡脚点，白色弧线为公式线，蓝色线为350海里限制线，黄色线为200海里线

资料来源：委员会对挪威关于布韦岛和毛德皇后地外大陆架划界案的建议摘要

11.4.4　限制线的适用

考虑到《公约》第七十六条第 5 款和第 6 款规定的限制条件，大陆架外部界限不应超过从领海基线量起的 350 海里，或 2 500 米等深线外推 100 海里。

挪威使用了距离限制和深度限制的混合限制线。在布韦岛地区，对大陆架外部界限仅涉及距离限制。但在沙卡海岭地区，还涉及深度限制（图 11-11）。委员会认为，深度限制的适用首先应审查沙卡海岭是否为大陆边缘自然组成部分的海底高地。

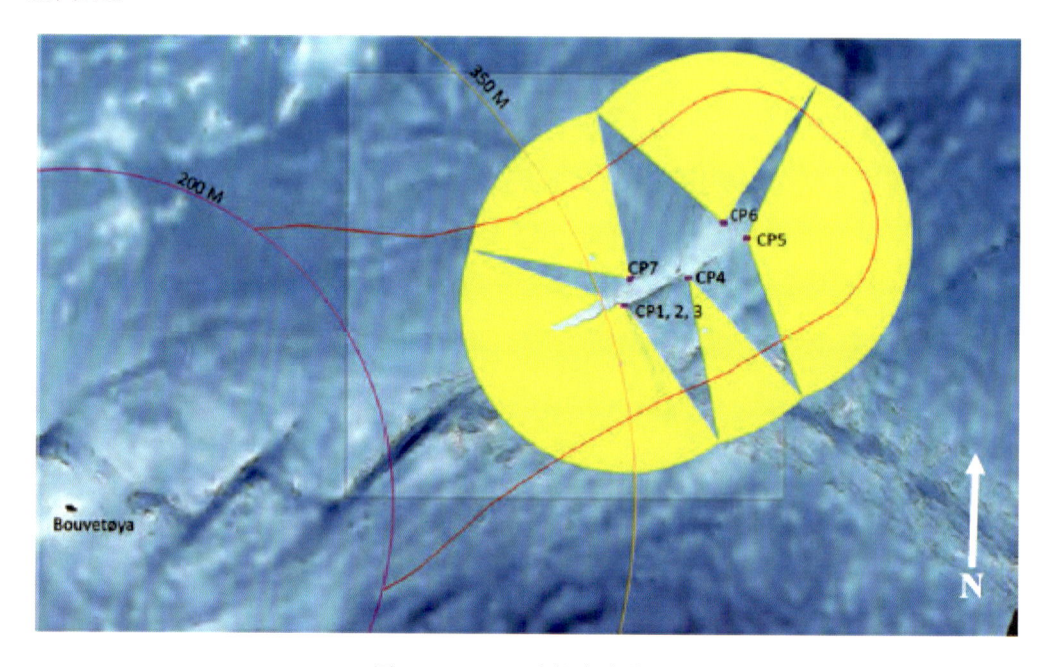

图11-11　2 500米深度点位置

资料来源：委员会对挪威关于布韦岛和毛德皇后地外大陆架划界案的建议摘要

挪威认为布韦岛及其基座主要由与热点作用有关的火山岩（<1.4 Ma）组成。热点活动导致布韦岛区域的异常地壳。挪威认为该异常地壳区从海台西端的布韦岛开始一直延伸到东端的沙卡海岭（O'Connor et al., 2012）。挪威认为，沙卡海岭分布于 NE 向扩张性断裂带的斜向延伸区域内，其增厚的地壳以及与 MORB 地球化学和岩石学不同的特征，都是扩张洋脊和热点相互作用的结果。

从基座（近岸和远海区域）采集的岩石样品的地球化学分析结果与受西南印度洋中脊影响区域的分析结果都与西南印度洋中脊的海洋玄武岩的分析结果差异显著（Simonov, 1996, 2000）（图 11-12 和图 11-13）。

第11章 挪威关于布韦岛和毛德皇后地外大陆架划界案委员会审议建议评注

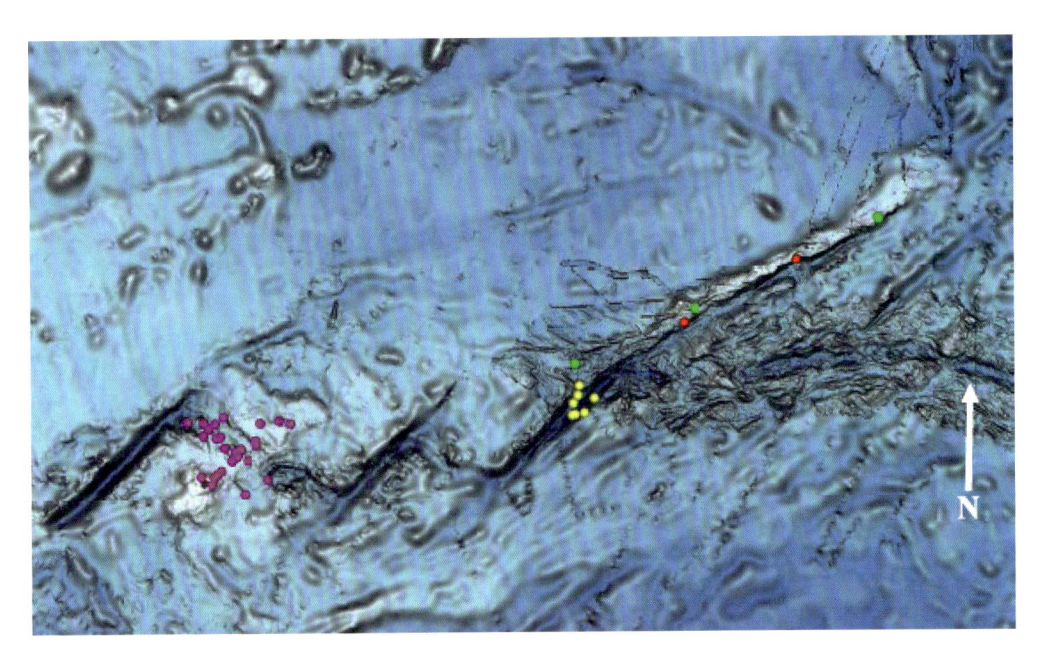

图11-12 布韦岛地区岩石样品位置

粉色点，Simonov（1996年和2000年）；黄色点，Dick（1989年）；红色点，Lin等人（2001年）和Dick等人（2003年）；绿色点，2016年拖网样品

资料来源：委员会对挪威关于布韦岛和毛德皇后地外大陆架划界案的建议摘要

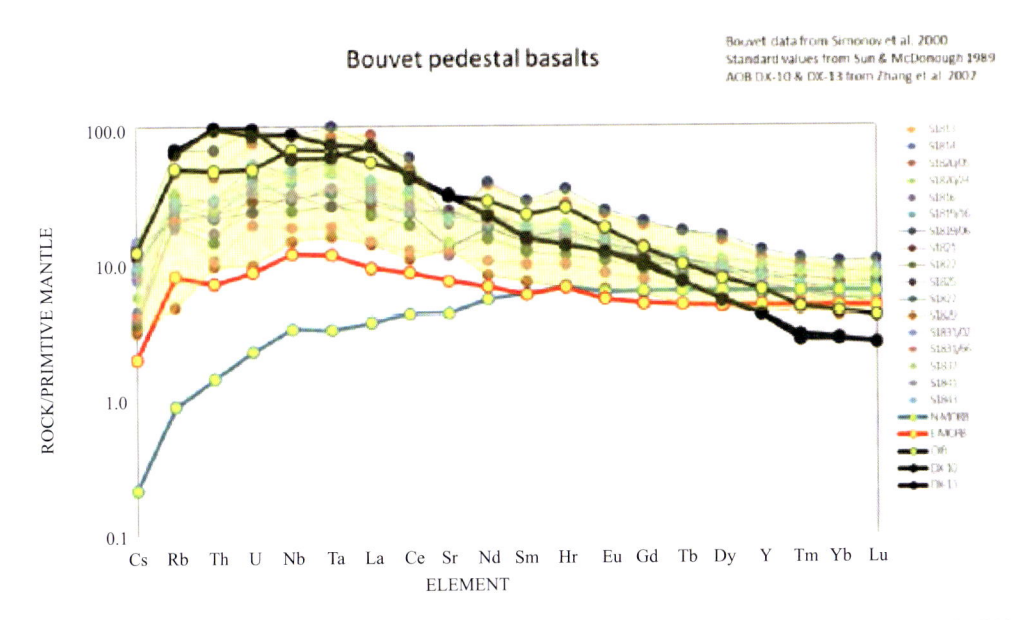

图11-13 布韦岛基座（黄色阴影区）和MORB（蓝色线）岩石样品微量元素的地球化学比较曲线

资料来源：委员会对挪威关于布韦岛和毛德皇后地外大陆架划界案的建议摘要

根据 2016 年采集的岩石样品和其他钻孔样品的公开结果，挪威认为，沙卡海岭与基座之间存在地球化学亲和性，这进一步表明二者之间存在关联。挪威指出，布韦岛岩石样品的地球化学分析结果表明，这些样品富含不相容的微量元素并具有碱性特征。挪威认为可与洋岛型碱性橄榄玄武岩进行比较，这种玄武岩由深层地幔柱产生，这表明布韦岛及其基座并非正常深洋底洋壳的组成部分。沙卡海岭的玄武岩是斜辉石斑状玄武岩，挪威认为这是与热点作用有关的玄武岩特征，并与西南印度洋中脊典型的洋中脊玄武岩之间存在明显差异。

小组委员会指出，由布韦岛及其东北毗邻区域（包括西南印度洋中脊地区）构成的基座一直受热点作用的影响，并承认从基座采集的岩石样品的地球化学分析结果与受西南印度洋中脊影响区域的分析结果之间无法明显区分，但与典型的西南印度洋洋中脊玄武岩的分析结果之间存在显著差异。但小组委员会仍然不同意沙卡海岭属于海底高地。

挪威为了支持其观点，于 2016 年对沙卡海岭进行钻孔取样。在采集的 88 个样品中，35 个样品被认定为几乎未发生变质作用。挪威只把非变质岩浆岩（玄武岩和火山岩渣及浮岩）认定为是原位岩石，而其余样品均认为是来自其他地方的冰筏岩石。在 14 个玄武岩样品中，11 个样品是钙碱性玄武岩，通常被认为是在俯冲带形成的（Williams and Eubank, 1995）。挪威提供了相关证据，以表明钙碱性玄武岩与南桑威奇群岛之间存在密切关系（Pearce et al., 1995）。其余 3 个样品是碱性玄武岩，通常被认为是在地幔柱上方形成的（Crosby et al., 2006）。这些样品的地球化学性质属于布韦岛基座的微量元素范围（图 11-14）。在沙卡海岭上获取的 3 个样品，1 个样品的表面刚刚破碎，这表明该样品被钻孔机所破坏。挪威将上述样品（和先前的岩石学分析结果）作为证据，证明沙卡海岭与布韦岛基座之间存在地质连续性。

基于上述证据，依照《公约》第七十六条第 6 款，小组委员会的大多数成员认为沙卡海岭属于海底高地。

挪威所提交的距离限制线由从基线量起 350 海里的弧线确定。委员会认可挪威确定限制线采用的方法和精度。

挪威在修订案中还提交了深度限制线，在（2 500 ± 25）米深度范围内选择了 7 个深度点用来确定深度限制线。委员会认可挪威在确定深度限制线时采用的方法和精度。

挪威在修订的执行摘要中适用《公约》第七十六条第 5 款规定的距离限制和

第 11 章　挪威关于布韦岛和毛德皇后地外大陆架划界案委员会审议建议评注

深度限制的组合型限制线。委员会认可挪威确定组合型限制线时采用的方法和精度（图 11-15）。

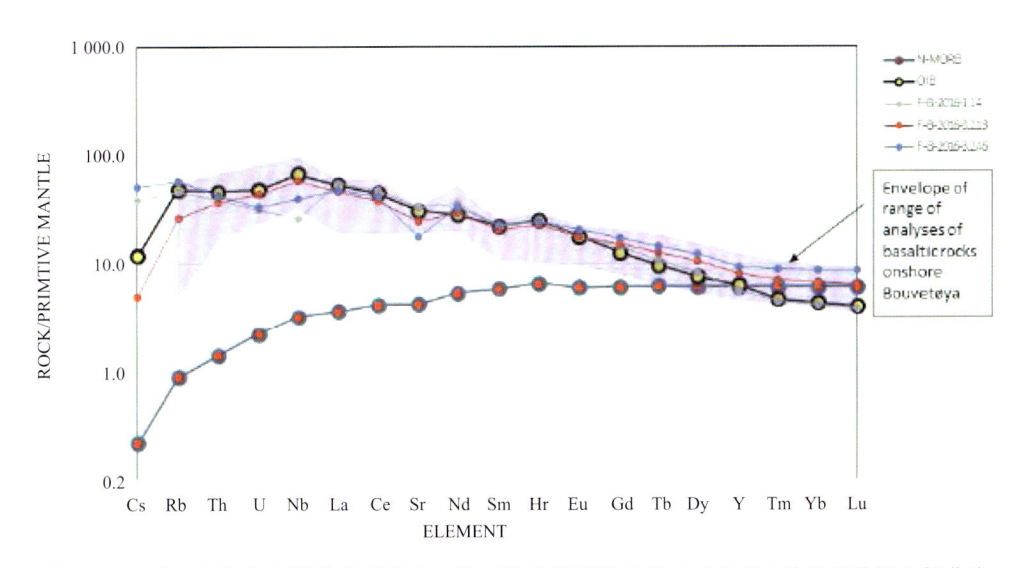

图11-14　布韦岛陆地区域的岩石样品与沙卡海岭岩石样品微量元素的地球化学数据比较曲线

资料来源：委员会对挪威关于布韦岛和毛德皇后地外大陆架划界案的建议摘要

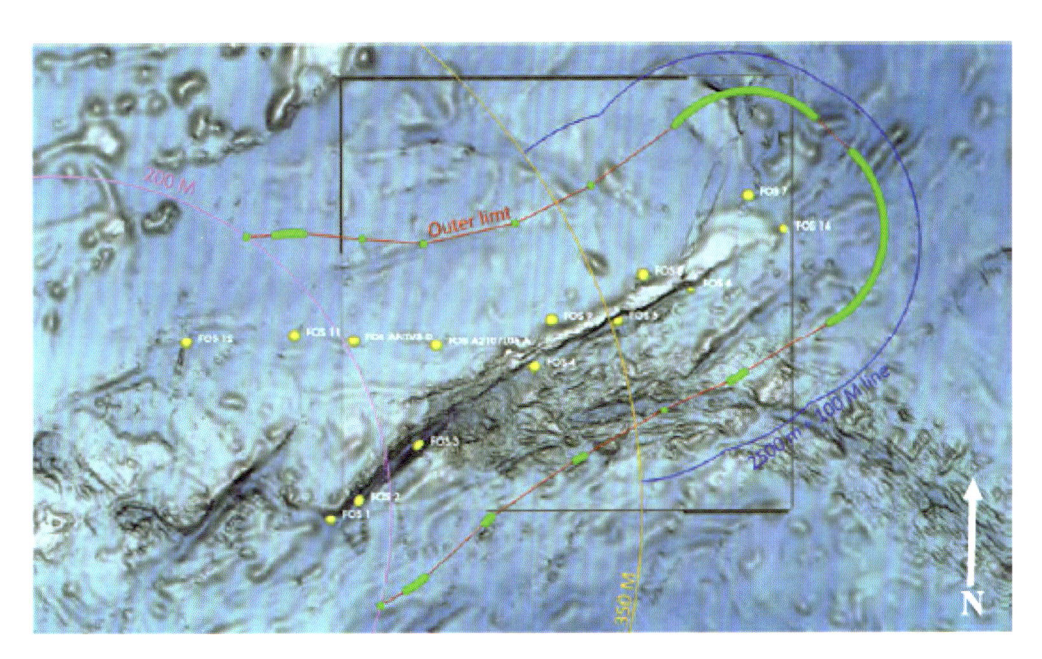

图11-15　组合限制线

橙色线为距离限制线，深蓝色线为深度限制线

资料来源：委员会对挪威关于布韦岛和毛德皇后地外大陆架划界案的建议摘要

11.4.5　外部界限及委员会建议

委员会的大多数成员同意挪威提交的布韦岛地区的大陆边外缘。委员会建议，依照《公约》第七十六条第 7 款，使用长度不超过 60 海里的直线线段连接定点确定挪威在布韦岛地区的大陆架外部界限。委员会还认可挪威在确定大陆架外部界限时采用的方法和精度，包括定点和连接定点的直线。

委员会建议，挪威继续根据定点（BO-1 至 BO-541）确定布韦岛地区大陆架外部界限。

11.5　委员会审议建议评注

11.5.1　委员会不审议涉及南极陆地附属大陆架

鉴于《南极条约》，挪威在划界案中明确表示请求委员会对毛德皇后地大陆架不采取任何行动。考虑到 60°S 以南区域和南极洲的具体情况，委员会不审议南极附属大陆架的有关内容，仅审议 60°S 以北的布韦岛区域。

11.5.2　该划界案建议并非委员会一致通过

在第 43 届会议上，委员会以 8 票对 8 票、2 票弃权的投票结果，没有通过小组委员会提交的建议草案。在第 47 届会议上，委员会对小组委员会的建议草案进行了修改，一些委员对划界案中几个实质性方面的问题表达了不同意见。在第 49 届会议上，委员会以 14 票对 3 票，2 票弃权，核准了修改后的建议草案。1 名委员对委员会未按其建议进行无记名投票表示遗憾。在本划界案中，委员的不同意见表现较为明显。这是委员会历史上第一次，沿海国利用委员会换届机会，新一届委员会对上届委员会的结论做出否定，其造成的后果应拭目以待。

11.5.3　洋脊上岛屿的 200 海里外大陆架权利问题

布韦岛为西南印度洋洋中脊上的岛屿，挪威以所提交的科学证据证明其基于洋脊某一部分的延伸得到了委员会的肯定，虽然审议过程中也有委员认为大陆边缘不可能包含洋中脊片段，但并没有得到多数支持。该建议作为首个承认洋脊片段为海底高地的先例，将可能被其他国家效仿，导致洋脊规则的扩大适用。

参考文献

[1] Executive Summary of Continental Shelf Submission of Norway in respect of Bouvetøya and Dronning Maud Land. Commission on the Limits of the Continental Shelf [EB/OL]. [2023-09-30]. https://www.un.org/depts/los/clcs_new/submissions_files/nor30_09/nor2009_executivesummary.pdf.

[2] Revised Executive Summary of Continental Shelf Submission of Norway in respect of Bouvetøya. Commission on the Limits of the Continental Shelf [EB/OL]. [2023-09-30]. https://www.un.org/depts/los/clcs_new/submissions_files/nor30_09/es_bouvet_rev.pdf.

[3] Note by United States of America. Commission on the Limits of the Continental Shelf [EB/OL]. [2023-09-30]. https://www.un.org/depts/los/clcs_new/submissions_files/nor30_09/usa_re_nor_2009.pdf.

[4] Note by Russian Federation. Commission on the Limits of the Continental Shelf [EB/OL]. [2023-09-30]. https://www.un.org/depts/los/clcs_new/submissions_files/nor30_09/rus_15jun09_e.pdf.

[5] Note by India. Commission on the Limits of the Continental Shelf [EB/OL]. [2023-09-30]. https://www.un.org/depts/los/clcs_new/submissions_files/nor30_09/ind_re_nor_2009.pdf.

[6] Note by Netherlands. Commission on the Limits of the Continental Shelf [EB/OL]. [2023-09-30]. https://www.un.org/depts/los/clcs_new/submissions_files/nor30_09/nld_re_nor_2009.pdf.

[7] Note by Japan. Commission on the Limits of the Continental Shelf [EB/OL]. [2023-09-30]. https://www.un.org/depts/los/clcs_new/submissions_files/nor30_09/jpn_19nov2009.pdf.

[8] Statement by the Chairperson of the Commission on the Limits of the Continental Shelf on the progress of work in the Commission - Twenty-fifth session. Commission on the Limits of the Continental Shelf [EB/OL]. [2023-09-30]. https://documents-dds-ny.un.org/doc/UNDOC/GEN/N10/337/97/PDF/N1033797.pdf?OpenElement.

[9] Progress of work in the Commission on the Limits of the continental Shelf - Statement by the Chairperson - Thirty-second session. Commission on the Limits of the Continental Shelf [EB/OL]. [2023-09-30]. https://documents-dds-ny.un.org/doc/UNDOC/GEN/N13/485/26/PDF/N1348526.pdf?OpenElement.

[10] Progress of work in the Commission on the Limits of the Continental Shelf - Statement by the Chair - Forty-first session. Commission on the Limits of the Continental Shelf [EB/OL]. [2023-09-30]. https://documents-dds-ny.un.org/doc/UNDOC/GEN/N16/294/97/PDF/N1629497.pdf?OpenElement.

[11] Progress of work in the Commission on the Limits of the Continental Shelf - Statement by the Chair - Forty-third session. Commission on the Limits of the Continental Shelf [EB/OL]. [2023-09-30]. https://documents-dds-ny.un.org/doc/UNDOC/GEN/N17/103/47/PDF/N1710347.pdf?OpenElement.

[12] Progress of work in the Commission on the Limits of the Continental Shelf - Statement by the Chair - Forty-fourth session. Commission on the Limits of the Continental Shelf [EB/OL]. [2023-09-30]. https://documents-dds-ny.un.org/doc/UNDOC/GEN/N17/303/94/PDF/N1730394.pdf?OpenElement.

[13] Progress of work in the Commission on the Limits of the Continental Shelf - Statement by the Chair - Forty-seventh session. Commission on the Limits of the Continental Shelf [EB/OL]. [2023-09-30]. https://documents-dds-ny.un.org/doc/UNDOC/GEN/N18/286/85/PDF/N1828685.pdf?OpenElement.

[14] Progress of work in the Commission on the Limits of the Continental Shelf - Statement by the Chair - Forty-ninth session. Commission on the Limits of the Continental Shelf [EB/OL]. [2023-09-30]. https://documents-dds-ny.un.org/doc/UNDOC/GEN/N19/090/97/PDF/N1909097.pdf?OpenElement.

[15] Summary of Recommendations of the Commission on the Limits of the Continental Shelf in Regard to the Submission Made by Norway in Respect of Bouvetøya and Dronning Maud Land on 4 May 2009. Commission on the Limits of the Continental Shelf [EB/OL]. [2023-09-30]. https://www.un.org/depts/los/clcs_new/submissions_files/nor30_09/2019_02_08_com_sumrec_nor.pdf

第 12 章

南非关于南非大陆外大陆架划界案委员会审议建议评注

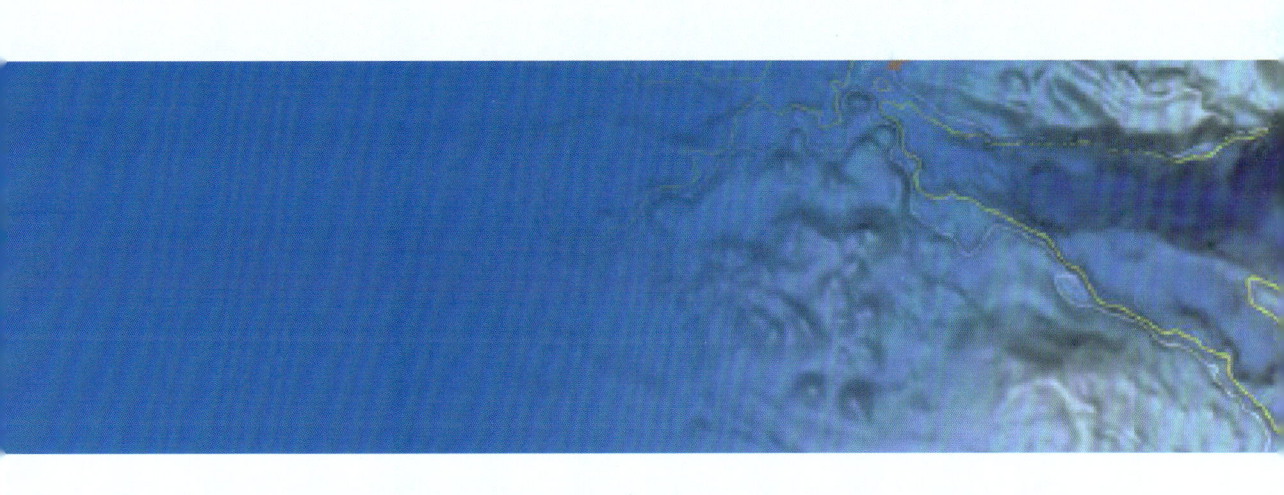

南非依照1958年《大陆架公约》中定义的大陆架，在1963年颁布的第87号法令《领水法》中首次主张其大陆架，并由1977年颁布的第98号法令《领水修正法》进行修订。其后，依照1982年《公约》第七十六条规定的大陆架，在1994年颁布第15号法令《海域法》对其主张的大陆架进行修订。

南非于1997年12月23日批准《公约》，成为缔约国。为履行《公约》第七十六条和附件二第四条规定的义务，南非于2009年5月5日向大陆架界限委员会提交了南非大陆200海里以外大陆架外部界限划界案。

南非的扩展大陆架项目由矿产和能源部部长负责。根据2002年10月发布的部长令，该项目由南非石油勘探开发促进机构管理，并与相应政府部门和机构合作与协商，成立了督导委员会，包含以下机构的代表：矿产能源部、外交部、环境事务部、科学技术部、国防部（由水文办公室代表）、地球科学理事会、交通部（由海事安全局代表）以及海洋技术研究院。

12.1　南非的主张[1,2]

南非于2009年5月5日提交的划界案包含南非大陆领土的西部、东部及南部海域的大陆架，围绕着非洲大陆的最南端，其自然延伸远远超过200海里。南非大陆架海底地形复杂，分布有众多的巨大海底凹陷和隆起。南非认为，不管是地形地貌特征还是地质属性，都表明南非大陆架是南非陆地领土的一部分，是具有单一地质属性的连续的大陆边缘，这从一系列相关地质事件所形成的海底凹陷和隆起，在地形地貌和地质上具有连续性就可以得到证明。

南非在划界案中确定了846个大陆架外部界限定点，其中：

6个定点使用沉积物公式线［依照《公约》第七十六条第4款（a）项（1）目］；

342个定点使用距离公式线［依照《公约》第七十六条第4款（a）项（2）目］；

471个定点使用2 500米等深线外推100海里的深度限制线（依照《公约》第七十六条第5款）；

30个定点使用350海里距离限制线（依照《公约》第七十六条第5款）；

2个定点位于南非的200海里线（依照《公约》第七十六条第1款）；

2个定点分别位于南非与纳米比亚和南非与莫桑比克的中间线。

南非200海里以外大陆架外部界限由一系列不超过60海里的直线线段连接上述846个定点划定（图12-1）。

第12章　南非关于南非大陆外大陆架划界案委员会审议建议评注

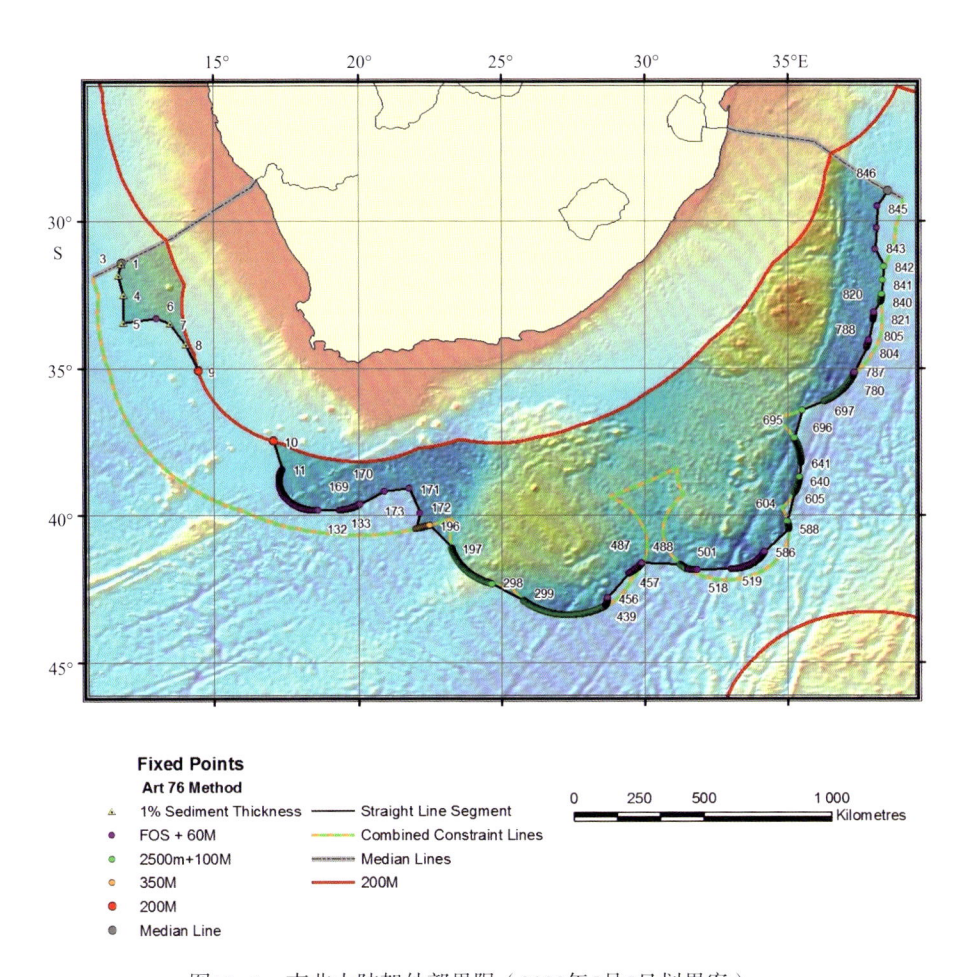

图12-1　南非大陆架外部界限（2009年5月5日划界案）

按图例顺序，三角点为1%沉积物厚度点，紫色点为大陆坡脚外推60海里公式点，绿色点为2500米等深线外推100海里的点，橙色点为350海里限制线的点，红色点为200海里线的点，灰色点为中间线的点，蓝色线为直线线段，黄绿虚线为组合限制线，灰色线为中间线，红色线为200海里线

资料来源：南非关于南非大陆外大陆架划界案执行摘要

南非在向委员会作出陈述后，委员会还未设立小组委员会之前，于2013年11月19日提交了其划界案的修订案。修订案包含945个大陆架外部界限定点：

321个定点使用距离公式线［依照《公约》第七十六条第4款（a）项（2）目］；

526个定点使用2 500米等深线外推100海里的深度限制线（依照《公约》第七十六条第5款）；

95个定点使用350海里距离限制线（依照《公约》第七十六条第5款）；

2个定点位于南非200海里线（依照《公约》第七十六条第1款）；

1个定点位于南非和莫桑比克中间线。

由不超过 60 海里的直线线段连接上述 945 个定点划定南非 200 海里以外大陆架外部界限（图 12-2）。

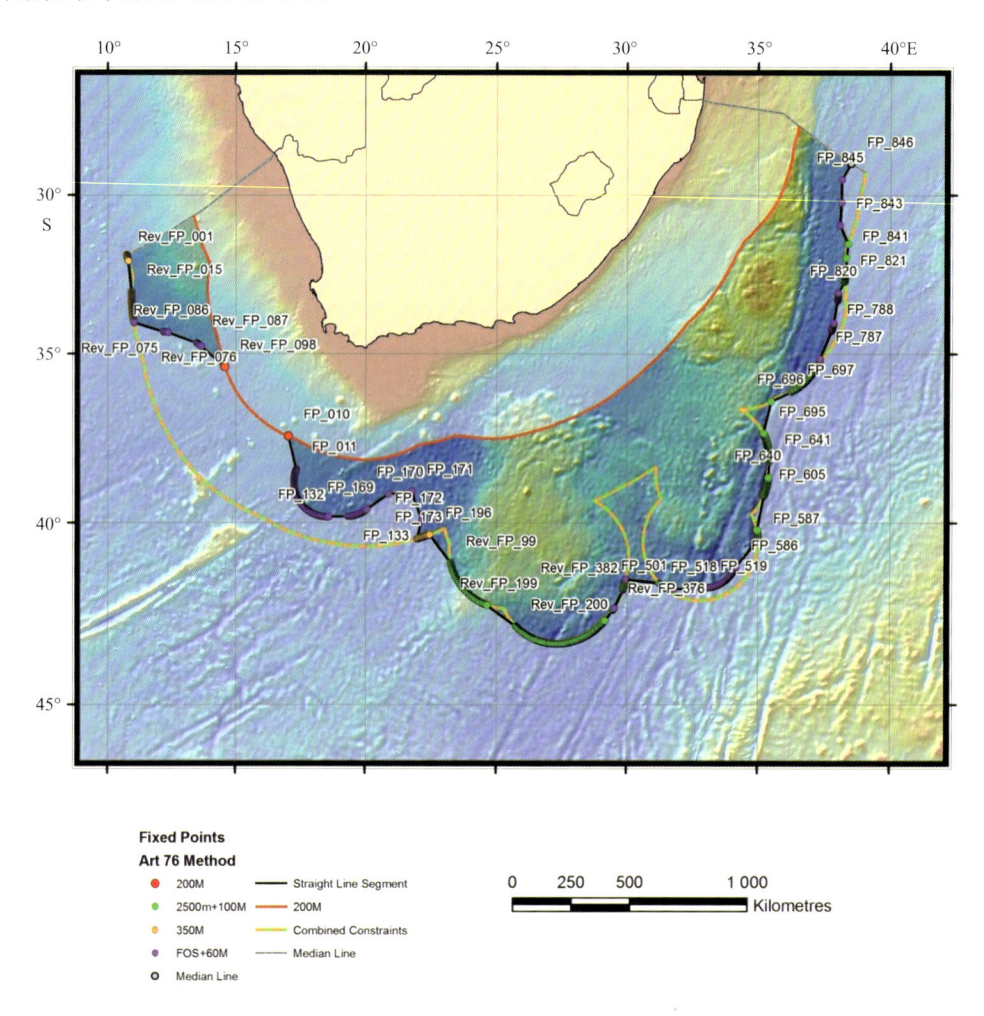

图12-2　南非大陆架外部界限（2013年11月19日修订案）

图例同图12-1

资料来源：南非关于南非大陆外大陆架划界案执行摘要补充材料

南非在修订案中将西海岸、厄加勒斯海台及其周边区域的大陆架外部界限延伸到更加向海的位置。

12.2　各国反应照会和要点

没有国家对南非划界案提出任何普通照会。

12.3 委员会审议过程

12.3.1 划界案陈述与委员会初步审议

在委员会第 26 届会议上，南非就划界案做了初次陈述。南非常驻联合国代表兼南非代表团团长巴索·桑库（Baso Sangqu）首先介绍了南非代表团。首席国家法律顾问桑德亚·德韦特（Sandea de Wet）女士做了陈述。Sandea De Wet 女士除了介绍划界案的实质性内容外，还表示委员会委员布雷克先生以提供科技咨询的方式向南非提供了协助。Sandea De Wet 女士指出南非在东部与莫桑比克、在西部与纳米比亚存在未决海上边界，因此在划界案中使用了中间线。她还指出南非已经与两国达成正式谅解，委员会可以审议其划界案，且不妨碍今后边界划定事宜。委员会随后举行非公开会议。对于审议划界案的方式，委员会决定依照《公约》附件二第五条以及《议事规则》第 42 条的规定，由依照《议事规则》第 51 条 4 之三设立的小组委员会在今后届会上审议划界案。委员会还决定，南非划界案将在按照收件顺序排列成为下一个要审议的划界案时，在全体会议上再次予以审议。[3]

委员会在第 34 届会议设立了审议南非划界案的小组委员会。任命查尔斯（Charles）、格卢莫夫（Glumov）、霍沃斯（Haworth）、卡尔恩吉（Kalngui）、吕文正和乌兹诺维奇（Uścinowicz）先生为小组委员会成员。委员会商定，由于一些委员缺席，小组委员会的第 7 位委员将于稍后任命。小组委员会随后召开会议，选举霍沃斯先生为主席，查尔斯先生和格卢莫夫先生为副主席。

12.3.2 小组委员会审议

小组委员会在第 34 届会议中审查了南非划界案的格式和完整性，完成了初步分析，认为划界案通过了从属权利检验。[4]

在第 35 届会议上，委员会指定拉温德拉（Ravindra）先生为小组委员会第 7 名成员。会议期间，小组委员会与南非代表团举行了 4 次会议，南非代表团对修订后的划界案做了陈述，小组委员会提出了初步意见，并要求代表团澄清若干问题。[5]

在第 36 届会议上，代表团答复了小组委员会在第 35 届会议上提出的初步问题和澄清。小组委员会与代表团举行了 2 次会议，代表团在会上做了陈述。小组委员会也介绍了对一些问题的初步观点。[6]

在第 37 届会议上，小组委员会与南非代表团举行了 3 次会议，代表团在会上做了陈述，提供了莫桑比克脊－厄加勒斯海台区域的补充数据和资料，小组委员会介绍了有关西部大陆边缘的意见。随后，代表团针对小组委员会的意见又一次做出陈述。小组委员会还审查了收到的其他资料，继续对莫桑比克脊－厄加勒斯海台进行分析。[7]

在第 38 届会议上，小组委员会与南非代表团举行了 3 次会议，代表团在会上对小组委员会在第 37 届会议期间提出的问题和澄清要求做了答复。代表团还应小组委员会的要求递交了补充数据和资料。小组委员会向代表团介绍了关于莫桑比克脊－厄加勒斯海台区域的初步意见，并继续对西部大陆边缘进行分析。[8]

在第 39 届会议上，小组委员会根据南非代表团提交的数据和资料，就若干问题发表了初步意见，并指明了与代表团意见一致的方面。此后，直到第 40 届会议结束，小组委员会与代表团共举行了 7 次会议，小组委员会就若干实质性问题表明了看法，代表团对小组委员会提出的补充问题和澄清要求做了答复。[9]

在第 41 届会议上，小组委员会与代表团举行了 6 次会议，向代表团介绍了其审议意见以及审议划界案得出的一般性结论。代表团按照《议事规则》附件三第 10.4 段的规定做出答复。随后，小组委员会开始起草划界案委员会建议草案，并于 2016 年 8 月 4 日核准该建议草案。建议草案于 2016 年 8 月 5 日提交委员会主席。

12.3.3　委员会通过建议

小组委员会在 2016 年 8 月 18 日的委员会全会上介绍了建议草案的实质内容和理由。2016 年 8 月 19 日，南非代表团参加委员会的审议，按照《议事规则》附件三第 15.1 段的规定做了陈述。南非代表团在陈述中对小组委员会的工作表示赞赏。代表团除了阐述划界案的实质性要点之外，还表示赞同小组委员会的意见以及在审议划界案时得出的一般性结论。南非代表团还注意到，其与小组委员会在某些方面尚未达成一致意见。委员会随后转入非公开审议。考虑到代表团和小组委员会所做的介绍，并为了让其他委员有充足时间审议划界案和建议草案，委员会决定依照《议事规则》第 53 条第 1 款，将进一步审议建议草案的工作推迟到第 43 届会议。[10]

由于委员会委员对建议草案未达成共识，主席提议委员会最终核准的建议应限制在特定多数委员持肯定意见的那些内容。因此，委员会核准的建议没有实质

第 12 章　南非关于南非大陆外大陆架划界案委员会审议建议评注

性地处理划界案所涉及的若干领域。2017 年 5 月 17 日，经过全面审议，委员会未经表决核准了经委员会全会修改后的"大陆架界限委员会关于南非于 2009 年 5 月 5 日提交的南非共和国大陆领土划界案的建议"。委员会委员对主席的建设性提议表示赞赏，这一提议促使建议获得核准。在此过程中，某些委员表示，建议不能按小组委员会提出的内容进行核准是令人遗憾的。[11]

依照《公约》附件二第六条第 3 款的规定，委员会建议（包括摘要）于 2017 年 3 月 17 日书面提交给南非和联合国秘书长。

12.4　委员会对南非划界案的审议建议[12]

12.4.1　区域地质概述

南非大陆的大陆边缘分为 3 个区域：西海岸（大西洋陆缘）、莫桑比克脊、厄加勒斯海台及其周边区域（图 12-3）。

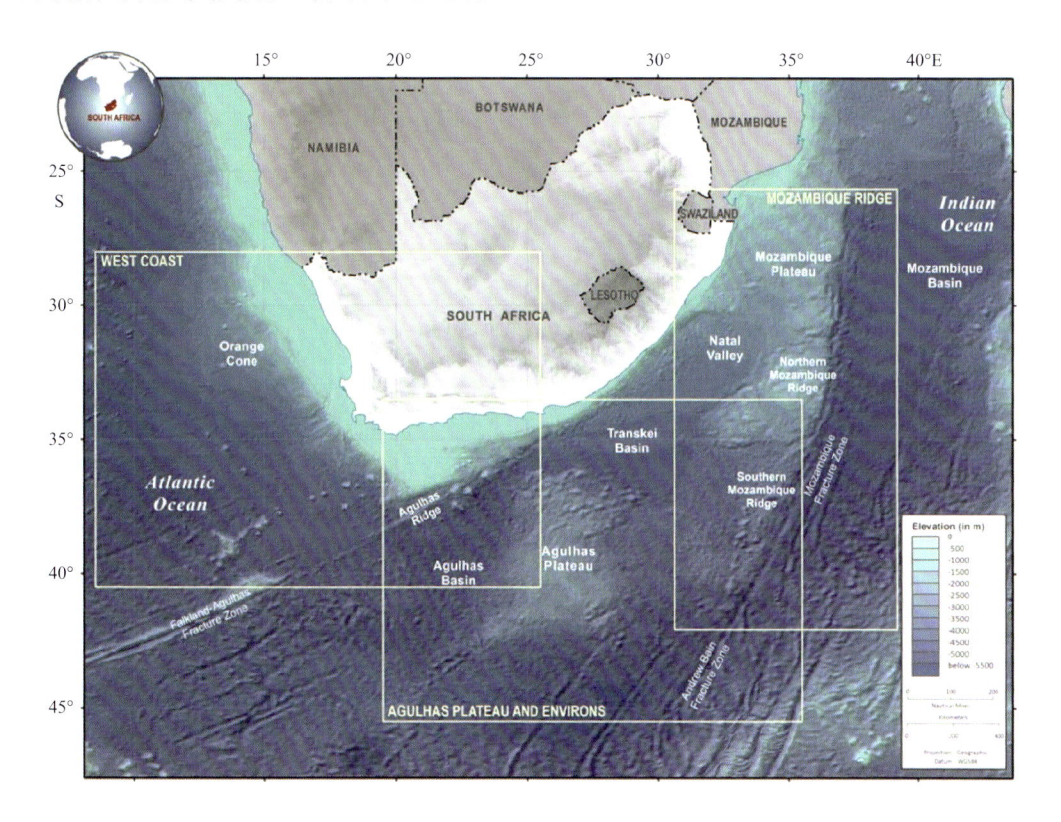

图12-3　南非大陆架划界案区域位置

资料来源：委员会对南非关于南非大陆外大陆架划界案的建议摘要

12.4.1.1 大西洋陆缘

南非大西洋陆缘属于被动陆缘，从纳米比亚延伸到厄加勒斯断裂带。受 Orange 三角洲沉积物堆积的强烈影响，它从陆架坡折带延伸出去约 350 千米。该区域陆架水深约为 100~200 米，陆架坡折带水深约 400 米。该区域的盆地是在离散型板块边缘的构造背景下发育形成的，对应于晚侏罗纪南美洲和非洲的裂离事件，随后是早白垩纪的海底扩张，在 136 百万年左右形成南大西洋。从中生代晚期到现代，南非陆缘盆地堆积了通过南非内陆河流输入的大量沉积物。

Orange 盆地内沉积物堆积以及大陆边缘改造形成了 Orange 锥形体，经历了两个不同阶段的后裂谷期沉积发育，伴随多次构造活动引起碎屑流、重力滑坡、塌陷等地质作用。这些特征延伸到 Orange 锥形体的底部，并表现出一些更小尺度特征，如张性断层、水道冲刷和侵蚀面等。

位于厄加勒斯断裂带东部边缘的厄加勒斯脊宽约 30 千米，由南非大西洋陆缘向西南延伸约 400 千米。

12.4.1.2 莫桑比克脊

莫桑比克脊是复杂的海底高地形，是南非陆地由莫桑比克海台向南大规模延伸的一部分。莫桑比克海台南部边缘表现为与 Natal 峡谷分界的陡崖。

莫桑比克脊北段，从 29°—35°S，向南延伸约 1 100 千米。莫桑比克脊北段东翼为莫桑比克断裂带形成的陡崖。一般认为莫桑比克脊北段是由以下几种地貌单元组成：Robert-Giraud 海台、Rennell 高原、Vauban 海台、Galathea 海台、Dana 海台和 Ariel 地堑。莫桑比克脊北段的不同部分是由约 166 百万年洋盆开始扩张后的不同阶段形成的。例如，Dana 海台和 Galathea 海台形成于 141 百万年，Vauban 海台形成于 124 百万年，而莫桑比克脊北段最南端的 Robert-Giraud 海台和 Rennell 海台、莫桑比克脊南段以及厄加勒斯海台的形成都在 120~100 百万年期间。

莫桑比克脊北段西翼较其东翼地形缓，莫桑比克脊南段的西缘没有明确的边界，与一条南北向海山链近似平行。

莫桑比克脊南段（35°—41°S）比北段窄，东边界也比北段更加陡峭、水深更深。莫桑比克脊南段向南继续延伸 650 千米，水深从 4 000 米到 5 000 米不等，一般认为是 Du Toit 和 Andrew Bain 断裂带北部的构造隆起。

12.4.1.3　厄加勒斯海台及其周边区域

厄加勒斯海台是非洲大陆边缘南部的海底高地形，比毗邻的深洋洋底高出 2 000 ~ 4 000 米，其最浅处水深不足 1 000 米。从地震反射和折射数据可以看出，该无震构造高地以下的声学基底形态具有南北差异，北部近 1/3 呈现凹凸不平的形态，而南部除一段宽 30 ~ 90 千米的区域外均表现出异常光滑的特征。凹凸不平的声学基底覆盖于增厚的洋壳之上，而在一些具有光滑声学基底的区域，则下覆玄武岩侵入的局部减薄陆壳。南非认为，厄加勒斯海台通过一个宽阔低缓的鞍状区与莫桑比克脊南段相连，该鞍状区高于深洋洋底约 1 300 米，由厄加勒斯深水道与南非南部陆缘的厄古拉斯浅滩相隔。厄加勒斯深水道宽不足 70 千米，深近 5 000 米。该水道向东北延伸至 Transkei 盆地和 Natal 峡谷，是东南大西洋和西南印度洋之间底层水交换的通道。

Transkei 盆地位于厄加勒斯海台的北侧和厄加勒斯水道的东北端，盆地中部水深大于 5 000 米。盆地西北部为南非陆缘、东北部为 Natal 峡谷、东部和南部是莫桑比克脊。盆地内的沉积物受到北大西洋深水团和南极底流的影响。代表团将 Transkei 盆地东边界的莫桑比克脊称为"Transkei 隆起"。Transkei 盆地向北逐渐变浅，最终与 Natal 峡谷交汇。

12.4.2　西海岸（大西洋陆缘）的审议

12.4.2.1　从属权利检验

在小组委员会成立后，于 2014 年 2 月的会议中对南非划界案进行初步审查，核查了划界案的格式和完整性，并肯定了该划界案满足从属权利检验。

12.4.2.2　确定大陆坡脚

南非主张的大陆坡脚是依照《公约》第七十六条第 4 款（b）项的一般规则确定的，即陆坡基部区坡度变化最大的点。

南非在修订后的划界案中指出，自原划界案提交以来，委员会已经在若干划界案委员会建议中认可在能够证明发生滑坡的位置，可使用更向海扩展的大陆坡脚。南非特别指出，Orange 锥形体的形态是深海沉积扇扇坡在经过漫长历史的沉积后发生大规模堆积物滑坡形成的。南非使用更新及更准确的数据确定了新的大陆坡脚位置，并据此修改了划定大陆架外部界限的定点。

小组委员会使用与代表团相同的全球地形模型编绘了一系列的图件，来描绘Orange锥形体的形态特征（图12-4），但是在剖面上很难找到能够清楚确定锥形体底部的向海边界。南非代表团认为他们提供的剖面能够显示向海边界，但是小组委员会则表示很难在"锥形体底部"的斜坡上识别出清晰的坡折带，因为这些点的坡度变化太小，不足以指示其为陆坡基部。

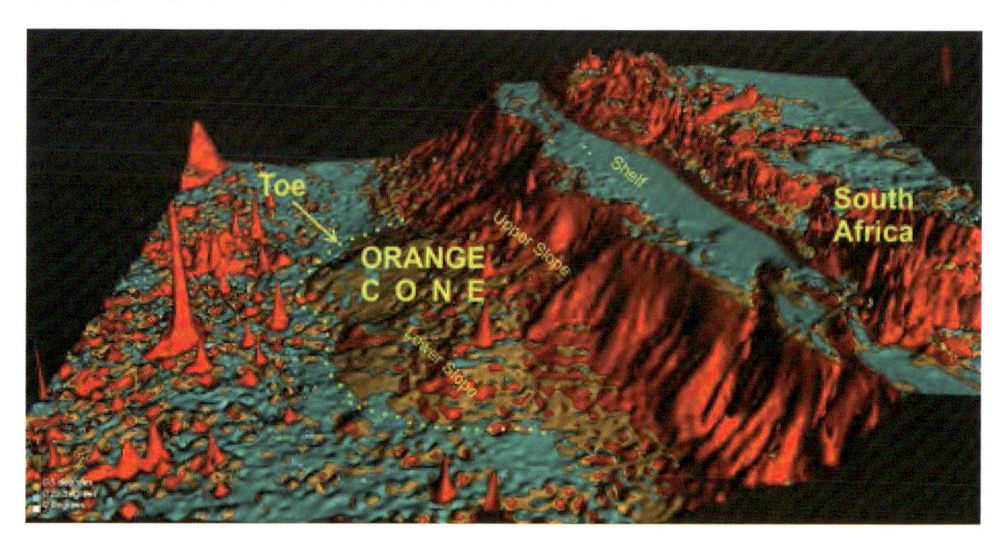

图12-4 南非提交的Orange锥形体的形态

资料来源：委员会对南非关于南非大陆外大陆架划界案的建议摘要

在双方关于Orange锥形体形态特征认识的多次交流之后，代表团修改了锥形体底部向海最远处的一个大陆坡脚点的位置，并得到小组委员会的认可。代表团同时提交了西海岸和厄加勒斯脊上的其他几个大陆坡脚。在进一步交流之后，对其中一些大陆坡脚的位置进行了微调，最终小组委员会在西部边缘认可了17个大陆坡脚（图12-5）。南非最后使用了其中10个大陆坡脚点绘制大陆坡脚外推60海里公式线来扩展其西海岸200海里以外大陆架。

委员会在审议小组委员会提交的建议草案时，部分委员赞同小组委员会建议的Orange锥形体的陆坡基部区和大陆坡脚（即RevSA02、RevSA03、RevSA04alt、RevSA06和RevSA07）的位置，但另一部分委员则持不同意的观点。

第12章　南非关于南非大陆外大陆架划界案委员会审议建议评注

委员会虽然认可了南非提供的用来确认锥形体底部即为划界案所述的陆坡基部区和大陆坡脚位置的地质与地球物理数据。但委员会对论证的有效性提出质疑，因为论证时将锥形体的整个延伸都当作陆坡，把锥形体底部等同于陆坡基部区和大陆坡脚。此外，输送的大量沉积物和下坡沉积作用不应仅局限于陆坡，在某些情况下，这些沉积过程也能延伸到陆基甚至更远。在审议了全部数据资料并考虑上述观点的基础上，委员会最终达成一致意见，认为必须基于地貌、地质以及地球物理数据资料进行陆坡和陆基明确的划分，才能确定锥形体区域的陆坡基部区并确认其大陆坡脚。

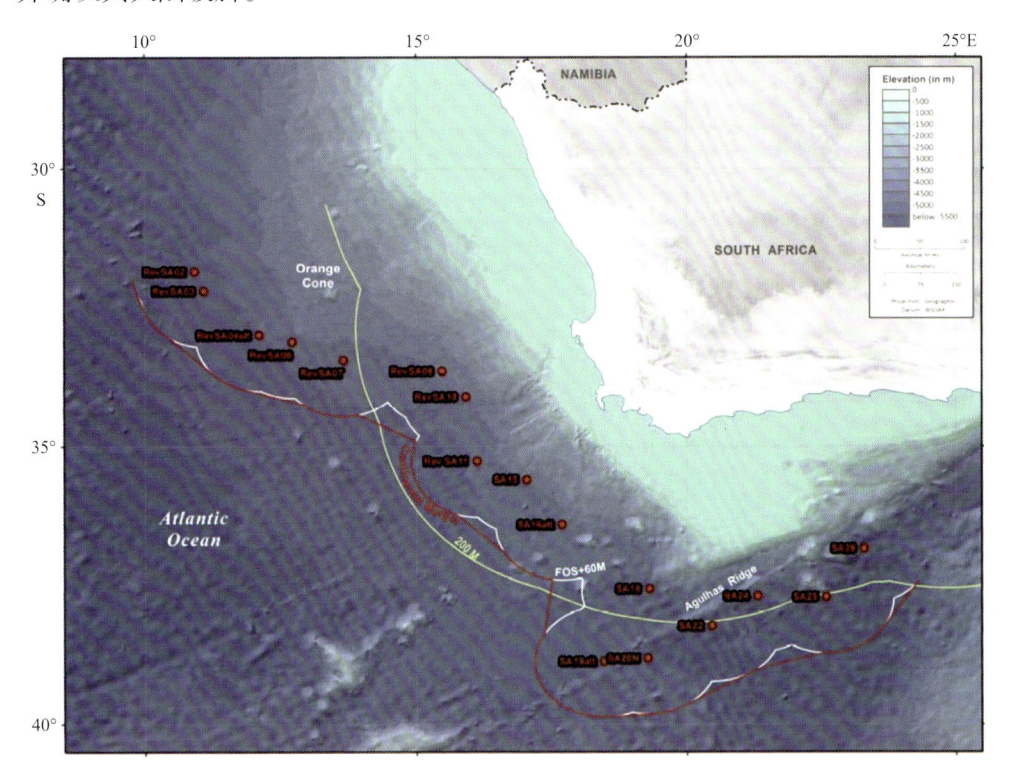

图12-5　南非划界案中西海岸大陆边外缘

红色线为Orange锥形体和厄加勒斯海台的大陆边外缘，白色点为南非代表团和小组委员会讨论通过的大陆坡脚点，白色线为大陆坡脚外推60海里公式线，浅绿色线为200海里线

资料来源：委员会对南非关于南非大陆外大陆架划界案的建议摘要

在考虑了南非划界案中提供的科学技术资料以及小组委员会审议的资料后，委员会不认可RevSA02、RevSA03、RevSA04alt、RevSA06和RevSA07这5个大陆坡脚，认为只有表12-1中列出的大陆坡脚符合《公约》第七十六条和《科

技准则》第 5 章的规定。委员会建议将这些大陆坡脚作为划定南非大陆西海岸大陆边外缘的基础。

表 12-1 西海岸的大陆坡脚坐标

大陆坡脚	纬度 / (°S)	经度 / (°E)
RevSA09	33.6490192	15.4808694
RevSA10	34.112399	15.9233362
RevSA11	35.0954598	16.3029633
SA15	35.6040007	17.0480005
SA16alt	36.4108999	17.6998994
SA18	37.5706709	19.3129996
SA19alt	38.8733184	18.478667
SA20S	38.8180027	19.2835506
SA22	38.2339995	20.469158
SA24	37.7028008	21.2999005
SA25	37.7190027	22.5753711
SA26	36.8479992	23.2795278

12.4.2.3 公式线的适用

南非依照《公约》第七十六条第 4 款（a）项（2）目的规定，使用了大陆坡脚外推 60 海里的距离公式划定其大陆西海岸的大陆边缘，并以此作为确定大陆架外部界限的基础，委员会认可划定这些定点的方法和精度。

在该区域，南非没有使用沉积物厚度公式。

12.4.2.4 限制线的适用

南非在该区域仅使用从领海基线量起 350 海里的距离限制。

在南非提交的划界案中，距离限制线由从领海基线起算 350 海里的弧线划定（图 12-6）。委员会认可南非划定限制线的方法和精度。

尽管深度限制是南非大陆西海岸适用的限制条件，但小组委员会证实，西海岸 2 500 米等深线外推 100 海里的深度限制线位于 350 海里距离限制线以内，因此，南非大陆西海岸区域的深度限制线可以不予考虑。

第 12 章　南非关于南非大陆外大陆架划界案委员会审议建议评注

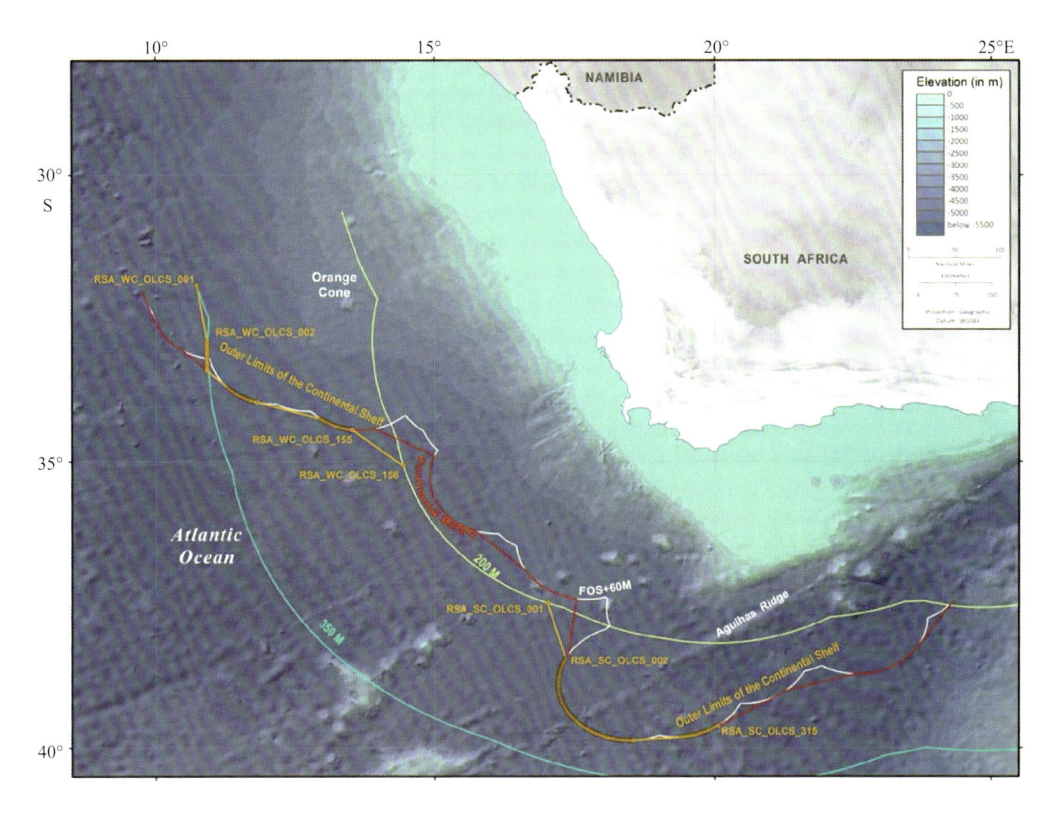

图12-6　南非划界案中西海岸大陆架外部界限（橙色线）

资料来源：委员会对南非关于南非大陆外大陆架划界案的建议摘要

12.4.2.5　外部界限及委员会建议

委员会建议，依照《公约》第七十六条第 7 款，使用不超过 60 海里的直线线段连接经纬度坐标确定的定点，来划定南非大陆西海岸大陆架的外部界限。委员会认可划定南非大陆西海岸大陆架外部界限的程序和精度，以及定点的确定。

大陆架的外部界限不超过距离限制线。南非使用长度不超过 60 海里的线段，将 200 海里以外大陆架外部界限上的点与 200 海里线上的点连接。委员会建议南非提出的连接点 RSA_SC_OLCS_001 和点 RSA_SC_OLCS_002 的线段，应使用沿着大陆边外缘的点和线，且线段的长度不得超过 60 海里（图 12-6）。

在该海域南非将定点 RSA_SA_OLCS_315 作为大陆架外部界限最南端的定点。而且，南非已经考虑到委员会向其提出的在厄加勒斯海台和周边地区采集的补充数据对本区域大陆架外部界限的可能影响。委员会赞同划定西海岸地区大陆架外部界限所采用的原则，包括定点 RSA_WC_OLCS_002 至定点 RSA_WC_OLCS_315 的确定以及连接这些定点的直线（图 12-7）。委员会建议南非可据此继续建立西海岸地区的大陆架外部界限的工作。

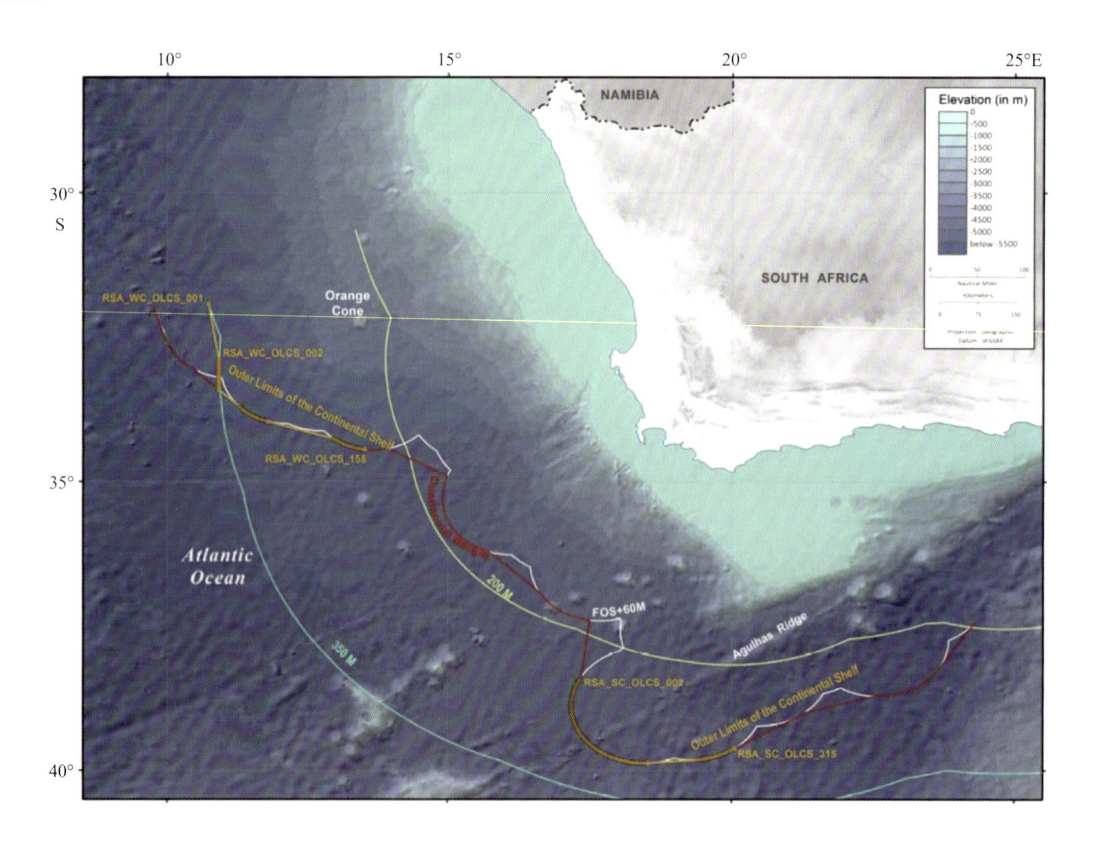

图12-7 南非划界案中西海岸大陆架外部界限（橙色线）
资料来源：委员会对南非关于南非大陆外大陆架划界案的建议摘要

此外，委员会建议南非提交更多的科学技术数据资料，以证明委员会在其建议中不支持的那些定点有效。

12.4.3 莫桑比克脊区域的审议

12.4.3.1 从属权利检验

在小组委员会成立后于2014年2月召开的会议中对划界案这部分进行了初步审查，核查了划界案的格式和完整性，并肯定了该划界案满足从属权利检验。

12.4.3.2 确定大陆坡脚

南非主张的大陆坡脚是依照《公约》第七十六条第4款（b）项的一般规则确定的，即陆坡基部区坡度变化最大的点。

小组委员会审议了代表团提出的莫桑比克脊东翼的大陆坡脚。代表团认为大陆坡脚并不紧邻莫桑比克脊北部的陡崖，而是向海延伸至"坡尖"，表现为与东翼平行的小型隆起。小组委员会首先对"坡尖"的成因表示怀疑,没有对划界案中使用的两条作为1%沉积物厚度公式计算依据的地震测线表达看法。

代表团向小组委员会提供了额外的地震反射数据,表明除了两种情况之外,地震数据可以清晰地确定"坡尖"下覆的基底构造,对于另外两个基底未确定处的大陆坡脚点,则与那些基底已确定的大陆坡脚走势是一致的。小组委员会因此接受了代表团的观点,即"坡尖"下覆的基底由莫桑比克脊的断块组成。代表团提出的大陆坡脚是通过海底地形坡度变化最大确定的。小组委员会与代表团就莫桑比克脊北段和南段之间的连续性进行了深入交流。小组委员会注意到,代表团在莫桑比克脊北段外侧确定的大陆坡脚要比莫桑比克脊南段外侧的大陆坡脚浅得多,后者位于莫桑比克断裂带。

小组委员会还注意到,莫桑比克脊北段近乎垂直的东翼在莫桑比克脊北段的南端继续向西延伸。这表明其陆坡基部区也具有继续向西延伸的可能性,从而表明莫桑比克脊北段和莫桑比克脊南段在形态上是分离的。但有两个认知反驳了这种可能性,一是如果莫桑比克脊北段和南段是分离的,陆坡基部区将从莫桑比克脊北段的东翼抬升1 000多米;二是沿着用来确定整个莫桑比克脊2 500米等深线而设计的地震剖面,显示了莫桑比克脊南北两段之间基底的连续性。小组委员会因此得出结论:沿莫桑比克脊的整个东翼的陆坡基部区是连续的。

根据划界案以及南非提供的补充数据资料,小组委员会一致通过了南非用来确定莫桑比克脊边缘陆坡基部区的方法。特别是,根据形态学和测深证据以及南非补充提供的其他地质和地球物理数据,小组委员会同意以下大陆坡脚的位置:SA46、SA47、SA48、SA49、SA50、SA51、SA52、SA53、SA54、SA55、SA56、SA57、SA58和SA59(图12-8)。

委员会在审议小组委员会提交的建议草案时,对于小组委员会建议的莫桑比克脊北段边界的大陆坡脚,委员会的几名委员表示不同意其中的SA59。这些委员表示,即使南非已经为大陆坡脚确定提供了充分的理由,但是它的位置与紧挨的南段的大陆坡脚位置不一致。因此,委员会最终做出不推荐使用该大陆坡脚的意见。部分委员还对"坡尖"东边缘的大陆坡脚的位置表示关注,这些大陆坡脚与莫桑比克脊北段的陡崖平行,并位于陡崖的向海侧。这些委员认为,南非没有提供足够的测深数据,来证明这些大陆坡脚的连续性及其与莫桑比克脊北段陡崖的连接情况,并支持以坡度变化最大为基础,将陡崖底部作为陆坡基部区/大陆坡脚的位置。委员会最终采纳了划界案中提供的地质和地球物理数据资料,决定接受从SA58至SA51的大陆坡脚位置。

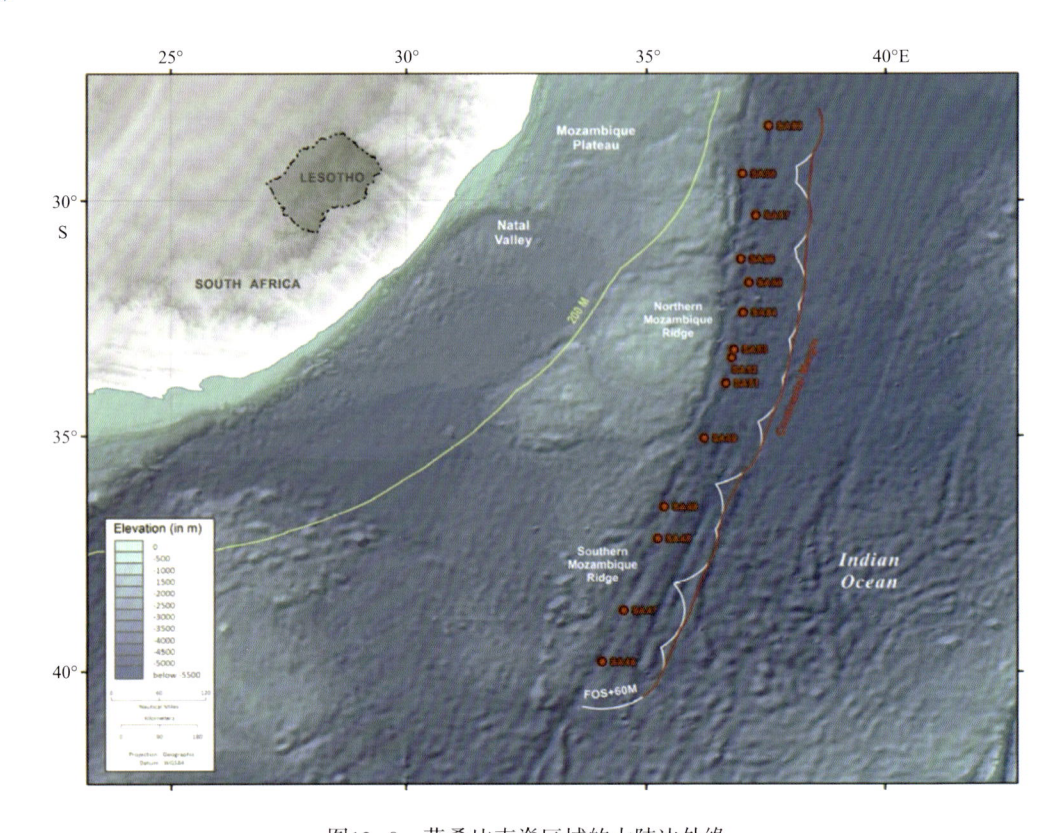

图12-8 莫桑比克脊区域的大陆边外缘

红色线为大陆边外缘，红色点为核准的大陆坡脚点，白色线为大陆坡脚外推60海里公式线

资料来源：委员会对南非关于南非大陆外大陆架划界案的建议摘要

此外，部分委员在参考了最新的科学文献（Fischer et al., 2017）中的科学数据和信息之后，不认同由南非提交且被小组委员会建议认可的关于"莫桑比克脊北段和南段之间在形态和地质上存在联系"的观点。其他委员则认为，虽然形态上的连续性可以接受，但两部分之间的地质联系并没有被充分证明，因此，委员会无法根据小组委员会的建议，核准从SA50至SA46之间的大陆坡脚，并建议南非提供更多的支撑数据和资料，以充分支持莫桑比克脊北段和南段在形态上的连接和地质上的连续性。

综合上述讨论意见，委员会最终通过建议，不认可SA46、SA47、SA48、SA49、SA50和SA59这6个大陆坡脚，在莫桑比克脊区域，只有表12-2所列大陆坡脚符合《公约》第七十六条和《科技准则》第5章的规定。委员会建议使用这些大陆坡脚划定莫桑比克脊大陆边外缘。

表 12-2　莫桑比克脊区域的大陆坡脚坐标

大陆坡脚	纬度 /(°S)	经度 /(°E)
SA51	33.8861394	36.6765823
SA52	33.3424984	36.7989988
SA53	33.170168	36.8424981
SA54	32.3842208	37.0333597
SA55	31.7554008	37.1545004
SA56	31.2499142	36.9884186
SA57	30.3239728	37.3016921
SA58	29.4369728	37.0168338

12.4.3.3　公式线的适用

在莫桑比克脊陆缘区域，依照《公约》第七十六条第 4 款（a）项（2）目，使用大陆坡脚外推 60 海里确定的定点划定莫桑比克脊东部大陆边外缘。委员会认可南非为莫桑比克脊陆缘确定这些定点的程序和精度。

南非在最初的划界案中还提交了沉积物厚度点。小组委员会通过对这些点的支撑数据进行审查后，告知代表团他们对南非提供的沉积速率数据的可靠性存在质疑。因此，南非撤回了提交的沉积物厚度点，仅使用距离公式。

12.4.3.4　限制线的适用

依照《公约》第七十六条第 5 款和第 6 款的规定，大陆架的外部界限不能超出一定的限制。依照《公约》第七十六条第 4 款（a）项（1）目和（2）目划定的大陆架外部界限线定点，不得超出从领海基线量起的 350 海里，或者不超过大陆边缘自然组成部分的 2 500 米等深线外推 100 海里。

在确定莫桑比克脊陆缘区的大陆架外部界限时，南非使用了距离和深度组合限制线。对约 31°S 以北的区域，仅使用深度限制线。

南非提交的距离限制线为从领海基线量起的 350 海里弧线（图 12-9）。委员会认可南非划定限制线的程序和精度。

委员会同意，划界案中莫桑比克脊北段陆缘适用 2 500 米等深线外推 100 海里的深度限制，因为莫桑比克脊北段在形态和地质上通过莫桑比克海台与南非大陆边缘相连。2 500 米等深线是由多波束测深系统采集的数据绘制。使用这条等深线确定了外推 100 海里的限制线。委员会认可南非确定 2 500 米等深线和限制线（图 12-9）的程序和精度。

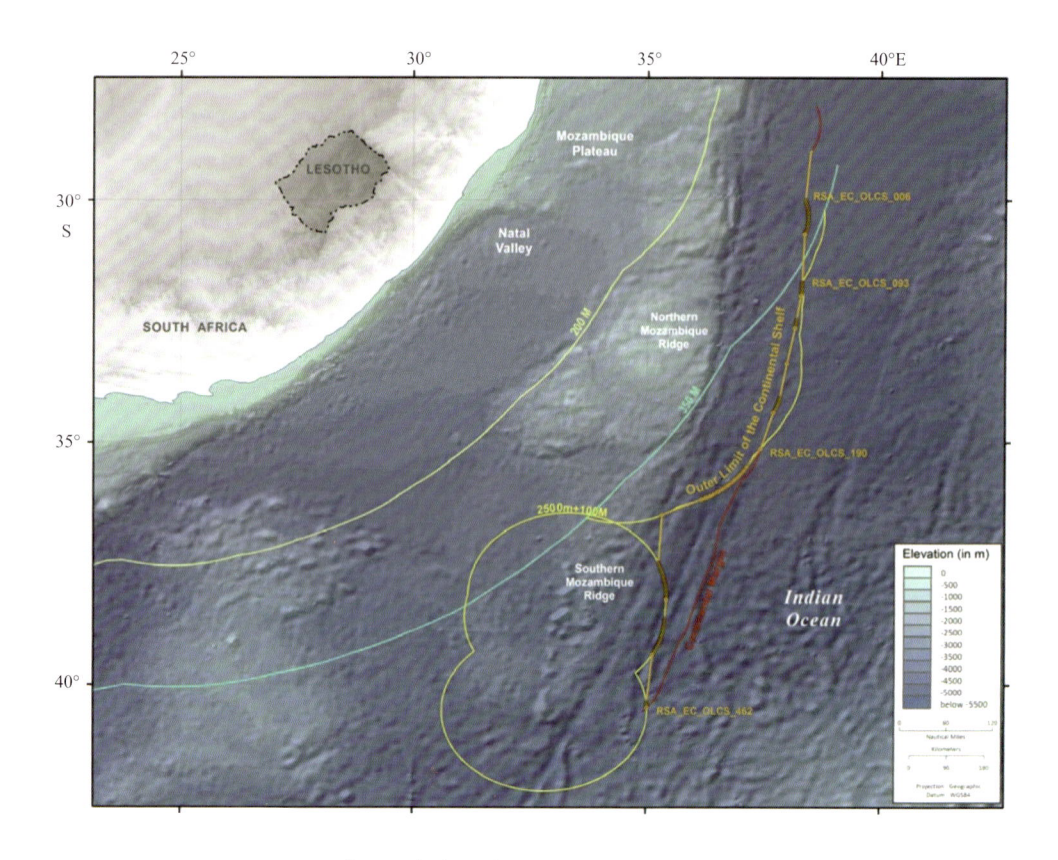

图12-9 莫桑比克脊区域的大陆架外部界限（橙色线）

资料来源：委员会对南非关于南非大陆外大陆架划界案的建议摘要

在莫桑比克脊东部，南非依据《公约》第76第5款，使用距离限制和深度限制的组合限制线。委员会认可划定该线的方式（图12-9）。

12.4.3.5 外部界限及委员会建议

南非依照《公约》第七十六条，由不超过60海里的直线线段连接的定点划定莫桑比克脊陆缘区的大陆架外部界限（图12-9）。

委员会认可划定莫桑比克脊北段大陆架外部界限的程序和精度，以及确定定点的程序和精度。此外，委员会建议南非提交更多的科学技术数据资料，以支持委员会在建议中无法支持的观点。

12.4.4 厄加勒斯脊区域的审议

小组委员会对厄加勒斯海台和莫桑比克脊之间形态上的连续性提出质疑。小组委员会通过对南非代表团认为是连接这两个海底地形单元的鞍形区的横向和纵向测深剖面分析后提出质疑的。代表团随后对小组委员会的分析进行解释，声称该区发育大规模火山活动与热点通道表明这两个海底地形单元具有相同的地质演化史，可以整体称为莫桑比克海岭－厄加靳斯海台复合体。

代表团展示了补充的地质和地球物理数据，包括Transkei盆地的性质以及代表团归纳的"鞍部构造"的大致特征，以支持厄加靳斯海台和莫桑比克脊之间的连续性。基于代表团对先前其他划界案委员会建议的分析，他们相信委员会一定会接受他们对"鞍部构造"的认识。

小组委员会和代表团在2015年2月的会议中继续讨论了厄加靳斯海台和莫桑比克脊之间的关系。代表团还引用了划界案提交之后公开发表的论文（Parsiegla et al., 2009; Gohl et al., 2011），论文作者支持厄加靳斯海台与莫桑比克脊之间具有相连关系，二者同属大火成岩省的一部分。直至2015年8月，代表团认为其已提供足够的证据来证明厄加靳斯海台和莫桑比克脊的连续性，而小组委员会认为形态上的连续性没有从现有的测深和地球物理数据得到证明，因此不接受划界案中在该区域提出的大陆坡脚包络线。

代表团通知小组委员会，它正在考虑收集其他数据以支持厄加靳斯海台和莫桑比克脊之间存在地貌上关联的证据，并请小组委员会暂且不要就该区域提出建议。

委员会最终建议南非补充额外的测深和地球物理资料，以提交修订案的方式来划定该区域的200海里以外大陆架外部界限。

12.5　后续事宜[13]

南非在委员会建议通过后，于2017年9月13日提交了照会，表达了对委员会建议的失望和不同意见，并对委员会提出最终建议的方式表示关切。南非指出，他在第27次缔约国会议上也提出了该问题，并且有部分缔约国也表示关切。

南非认为，在小组委员会审议划界案的过程中，南非代表团与小组委员会密切沟通与协作，小组委员会也表现出极强的专业性，最后拟定的建议草案也是具有科学依据的，能够正确划定大陆架外部界限。这也符合委员会过去在类似情况下的做法，因此被广泛接受。然而委员会在第43届会议中通过的最终建议与小组委员会背道而驰，并且没有提供任何科学理由。

委员会建议南非提交修订的划界案，包括额外的数据资料，但并未说明要求的额外数据的性质。南非目前被要求提交一份修订案，而相关区域是已经经过小组委员会审核并认可。这份建议给南非增加了额外的负担。首先，南非是发展中国家，如果准备提交修订案将要面临诸多挑战和额外的重大支出；其次，委员会的工作量并不会就此减轻，因为修订案仍会被安排在其在原序列中的位置待审议。

南非还对委员会如何做出决定表示关切。南非在最终建议公布前无法获知建议草案的实质修改，并且这个问题在第 27 次缔约国会议中也被提出，委员会未经表决通过了修改的建议。南非认为，委员会在没有得到一致同意或者三分之二多数赞成的情况下最终批准建议违反了《公约》附件二第六条，不符合委员会的工作方式。

南非承认委员会在划定大陆架外部界限过程中的重要作用，所以委员会以公平、透明和科学的方式工作是十分必要的，是符合《公约》精神的。如果背离了这些规则，将削弱委员会的合法性以及《公约》的完整性，将对沿海国划定大陆架外部界限的透明度产生潜在的影响。

12.6　委员会审议建议评注

本划界案中，委员会认为目前的证据并不能充分支持小组委员会审议核可的部分大陆坡脚位置的合理性，因此，没有完全接受小组委员会提交的建议草稿，而是建议南非补充新的数据资料对存在疑问的区域进一步论证。

在 2017 年 6 月 12 日至 16 日的缔约国会议中，有代表团认为委员会在某些情况下实质背离了小组委员会拟订的建议草案，并且委员会在核准划界案建议时缺乏透明度或没有解释这些修改的科学依据，从而破坏了委员会的合法性。有代表团感到关切的是，在目前这种委员会的工作方式下，缺乏在委员会全体会议审议建议草案时与委员会进行交流的机会。一些代表团认为不经表决核准建议违背了委员会的《议事规则》。[14]

实际上，依照委员会《议事规则》第 53 条，委员会有权修正小组委员会编写的建议草案。如果委员会在审议建议草案时认为存在事实认定错误或者科学证据不足等情况，可以对建议草案进行修改，这样更能体现委员会的严谨和权威性。例如划界案中在西海岸 Oragne 锥形体区域，如果不能充分证明锥形体底部形态，就难以确定陆坡基部区，从而在该区域划定的大陆坡脚也无从谈起。另外，在莫桑比克脊区域，大陆坡脚 SA46 至 SA50 很明显从地貌上与莫桑比克脊北段不连续；如果南非坚持认为莫桑比克脊可以延伸到南部，理应提供充分证据证明地质上及地貌上的连续性。

参考文献

[1] Executive Summary of Partial Submission to the Commission on the Limits of the Continental Shelf Pursuant to Article 76 paragraph 8 of the United Nations Convention on the Law of the Sea 1982 in Respect of the Area of the South African Mainland 2009. Commission on the Limits of the Continental Shelf [EB/OL]. [2023-09-30]. https://www.un.org/depts/los/clcs_new/submissions_files/zaf31_09/zaf2009executive_summary.pdf.

[2] Amendment to the Partial Submission to the Commission on the Limits of the Continental Shelf Pursuant to Article 76 paragraph 8 of the United Nations Convention on the Law of the Sea 1982 in Respect of the Area of the South African Mainland 2013. Commission on the Limits of the Continental Shelf [EB/OL]. [2023-09-30]. https://www.un.org/depts/los/clcs_new/submissions_files/zaf31_09/zaf2013_amended_executive_summary.pdf.

[3] Statement by the Chairperson of the Commission on the Limits of the Continental Shelf on the progress of work in the Commission - Twenty-sixth session. Commission on the Limits of the Continental Shelf [EB/OL]. [2023-09-30]. https://documents-dds-ny.un.org/doc/UNDOC/GEN/N10/540/08/PDF/N1054008.pdf?OpenElement.

[4] Progress of work in the Commission on the Limits of the continental Shelf - Statement by the Chair - Thirty-fourth session. Commission on the Limits of the Continental Shelf [EB/OL]. [2023-09-30]. https://documents-dds-ny.un.org/doc/UNDOC/GEN/N14/284/31/PDF/N1428431.pdf?OpenElement.

[5] Progress of work in the Commission on the Limits of the continental Shelf - Statement by the Chair - Thirty-fifth session. Commission on the Limits of the Continental Shelf [EB/OL]. [2023-09-30]. https://documents-dds-ny.un.org/doc/UNDOC/GEN/N14/547/71/PDF/N1454771.pdf?OpenElement.

[6] Progress of work in the Commission on the Limits of the Continental Shelf - Statement by the Chair - Thirty-sixth session. Commission on the Limits of the Continental Shelf [EB/OL]. [2023-09-30]. https://documents-dds-ny.un.org/doc/UNDOC/GEN/N14/696/28/PDF/N1469628.pdf?OpenElement.

[7] Progress of work in the Commission on the Limits of the continental Shelf - Statement by the Chair - Thirty-seventh session. Commission on the Limits of the Continental Shelf [EB/OL]. [2023-09-30]. https://documents-dds-ny.un.org/doc/UNDOC/GEN/N15/112/55/PDF/N1511255.pdf?OpenElement.

[8] Progress of work in the Commission on the Limits of the continental Shelf - Statement by the Chair - Thirty-eighth session. Commission on the Limits of the Continental Shelf [EB/

OL]. [2023-09-30]. https://documents-dds-ny.un.org/doc/UNDOC/GEN/N15/297/39/PDF/N1529739.pdf?OpenElement.

[9] Progress of work in the Commission on the Limits of the continental Shelf - Statement by the Chair - Thirty-ninth session. Commission on the Limits of the Continental Shelf [EB/OL]. [2023-09-30]. https://documents-dds-ny.un.org/doc/UNDOC/GEN/N15/445/92/PDF/N1544592.pdf?OpenElement.

[10] Progress of work in the Commission on the Limits of the Continental Shelf - Statement by the Chair - Forty-first session. Commission on the Limits of the Continental Shelf [EB/OL]. [2023-09-30]. https://documents-dds-ny.un.org/doc/UNDOC/GEN/N16/294/97/PDF/N1629497.pdf?OpenElement.

[11] Progress of work in the Commission on the Limits of the Continental Shelf - Statement by the Chair - Forty-third session. Commission on the Limits of the Continental Shelf [EB/OL]. [2023-09-30]. https://documents-dds-ny.un.org/doc/UNDOC/GEN/N17/103/47/PDF/N1710347.pdf?OpenElement.

[12] Summary of Recommendations of the Commission on the Limits of the Continental Shelf in Regard to the Partial Submission Made by the Republic of South Africa in Respect of the Area of the South African Mainland on 5 May 2009. Commission on the Limits of the Continental Shelf [EB/OL]. [2023-09-30]. https://www.un.org/depts/los/clcs_new/submissions_files/zaf31_09/2017_03_17_com_sumrec_zaf.pdf.

[13] Note from the Government of the Republic of South Africa . Commission on the Limits of the Continental Shelf [EB/OL]. [2023-09-30]. https://www.un.org/depts/los/clcs_new/submissions_files/zaf31_09/2017_09_14_zaf_nv_un_030_17_00683.pdf.

[14] Report of the twenty-seventh Meeting of States Parties. Documents of the Meeting of States Parties to the United Nations Convention on the Law of the Sea [EB/OL]. [2023-09-30]. https://documents-dds-ny.un.org/doc/UNDOC/GEN/N17/209/81/PDF/N1720981.pdf?OpenElement.

第 13 章

密克罗尼西亚、巴布亚新几内亚和所罗门群岛（翁通爪哇海台地区）外大陆架联合划界案委员会审议建议评注

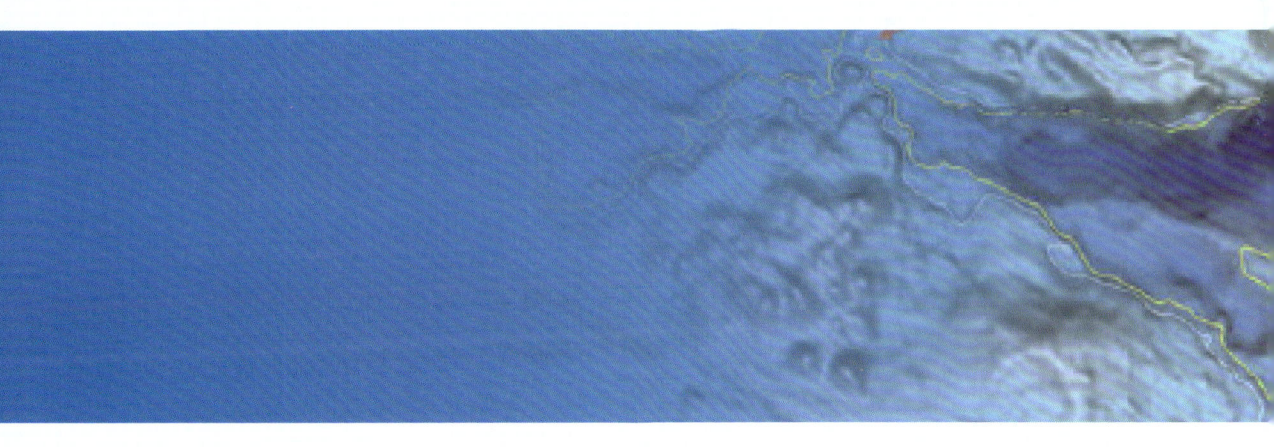

2009 年 5 月 5 日，密克罗尼西亚、巴布亚新几内亚和所罗门群岛（以下统称为"三沿海国"）依照《公约》第七十六条第 8 款向委员会提交联合划界案，以支持三沿海国在翁通爪哇海台区的 200 海里以外大陆架外部界限的确定。

三沿海国都是位于西太平洋的小岛国，且都是《公约》的缔约国。巴布亚新几内亚和所罗门群岛均于《公约》签署日（1982 年 12 月 10 日）签署《公约》，并随后批准《公约》。密克罗尼西亚则通过递交加入书成为《公约》缔约国。

根据《密克罗尼西亚联邦宪法》，密克罗尼西亚由雅浦、楚克、波纳佩和科斯雷四个州组成，包括约 607 个岛屿，总面积 297.8 万平方千米，其中，陆地总面积约为 701 平方千米。密克罗尼西亚于 1991 年 4 月 29 日批准加入《公约》。密克罗尼西亚联邦法典中的"领土、经济区、入境港、领土边界和经济区"章节确定的密克罗尼西亚的海域范围符合《公约》的相关规定。尽管法规未明确提及大陆架，但暗示经济区应包括海床和底土。

巴布亚新几内亚是一个群岛国，约由 151 个岛屿组成，总面积约 312 万平方千米，其中，陆地总面积约为 462 840 平方千米。巴布亚新几内亚领土包含位于基里维纳群岛、俾斯麦群岛、路易西亚德群岛、当特尔卡斯托群岛、布干维尔岛等岛群的岛屿。巴布亚新几内亚于 1997 年 1 月 14 日批准加入《公约》。《1977 年国家海洋法》确定了巴布亚新几内亚的若干个海域。根据《国家海洋法》宣布的《1978 年近海海域公告》提供了群岛水域、200 海里区（近海区域）界限的坐标。巴布亚新几内亚政府目前正在编写新的海域法规。新法规将在《公约》相关规定基础上确定巴布亚新几内亚所有的海域（包括大陆架）。

所罗门群岛是西太平洋的一个岛国，位于巴布亚新几内亚的布干维尔岛东南方，澳大利亚东北方。所罗门群岛共由约 1 000 个岛屿组成，总面积约 134 万平方千米，其中，陆地总面积约为 27 556 平方千米。最大的岛屿是瓜达尔卡纳尔岛，为首都霍尼亚拉所在地。所罗门群岛于 1997 年 6 月 23 日批准《公约》。《第 94 号大陆架法令》和《第 95 号海域划定法令》共同规定了所罗门群岛海域的确定方式，该方式符合《公约》相关规定。

鉴于三沿海国认为他们在翁通爪哇海台区各自拥有扩展大陆架的权利，因此，三沿海国同意向委员会提交联合划界案（以下简称"翁通爪哇海台联合划界案"），按照 2008 年 4 月 17 日委员会通过的《议事规则》附件一第 4 条规定确定该区 200 海里以外大陆架的外部界限。

因此，本划界案属联合划界案，由三沿海国共同合作编写。2009 年 3 月 6 日缔结的《密克罗尼西亚、巴布亚新几内亚和所罗门群岛政府就向大陆架界限委员会提交的关于翁通爪哇海台扩展大陆架的划界案事项合作之谅解备忘录》（以下简称《谅解备忘录》）为本划界案的编写提供了有力的支持。在本划界案编写过程中，三沿海国得到了委员会委员菲利普·亚历山大·西蒙兹（Philip Alexander Symonds）（2002年至今）的帮助。

13.1 三沿海国的主张[1]

翁通爪哇海台联合划界案所涉海域分布有一个规模巨大、面积约为200万平方千米且高出毗邻深洋洋底2 000～4 000米的翁通爪哇海台。该海台是全球最大的火成岩省，是在太平洋、印度洋和南大洋广泛分布的海底岩浆喷发形成的大型海台之一。其他同样成因的大型海台还有希古朗基海台（Hikurangi Plateau）、马尼希基海台（Manihiki Plateau）和凯尔盖朗海台（Kerguelen Plateau）。

翁通爪哇海台形成于1.2亿年前，上覆约35 000米厚的岩浆岩层，基部为低速层物质并延伸300 000米至地幔。在近1500万年期间，翁通爪哇海台与所罗门火山弧相撞，并增生至该火山弧，导致海台的玄武岩基底直接出露于所罗门群岛陆地上，特别是在马莱塔岛（Malaita Island）、圣伊萨贝尔岛（Santa Isabel Island）和圣克里斯托瓦尔岛（San Cristobal Island）。

海台西北部是密克罗尼西亚的克平马拉奇岛（Kapingamarangi Island）；西南部和南部是巴布亚新几内亚的奴古利亚岛（Nuguria Island）、克林艾楼岛（Kilinailou Island）、达悟岛（Tauu Island）和努库马努群岛（Nukumanu Islands）；南部和东南部是所罗门群岛的豪勋爵—翁通爪哇环礁（Lord Howe-Ontong Java Atoll）、奥比里斯克岛（Obelisk Island）、阿努塔岛（Anuta Island）和斯图尔特岛（Stewart Island）。翁通爪哇海台及其相关的陆地领土具有相同的地质属性，其地质过程和地质事件都具有一定联系。因此，海台及其附属的海底高地形是这些岛屿大陆边缘的自然组成部分，构成三沿海国的水下自然延伸。

翁通爪哇海台区的扩展大陆架包括了三沿海国的200海里以外大陆架区域，面积约为602 237平方千米。

联合划界案涉及的地区没有任何争议，包括三沿海国之间及与其他国家之间。根据委员会《议事规则》附件一第4条和三沿海国缔结的《谅解备忘录》，划界案是联合的，审议联合划界案不会妨害有关三沿海国与其他国家间界线的划定问题。三沿海国进一步协商达成共识，即依照《议事规则》附件一第4条（a）项，本划界案的提交不应妨害三国之间海洋边界的划定。

三沿海国划定的翁通爪哇海台区扩展大陆架外部界限由北段、中段和南段三段共 424 个定点组成。其中，92 个定点由大陆坡脚外推 60 海里公式线确定；326 个定点由 350 海里限制线确定；1 个定点为大陆坡脚外推 60 海里距离公式线与密克罗尼西亚 200 海里线的交点；1 个定点为大陆坡脚外推 60 海里距离公式线与瑙鲁 200 海里线的交点；1 个定点为 350 海里限制线与瑙鲁 200 海里线的交点；1 个定点为 350 海里限制线与图瓦卢 200 海里线的交点；1 个定点为大陆坡脚外推 60 海里距离公式线与图瓦卢 200 海里线的交点；1 个定点为大陆架外部界限与所罗门群岛 200 海里线的交点（图 13-1）。

依照《公约》第七十六条第 5 款，划定翁通爪哇海台区扩展大陆架外部界限的定点中，任何一对相邻定点间的直线长度均不超过 60 海里。

延伸至东南部的定点 OJP-ECS-004 以及连接定点 OJP-ECS-004 和 OJP-ECS-005 的大陆架外部界限由瑙鲁 200 海里线确定；延伸至南部的定点 OJP-ECS-332 以及连接定点 OJP-ECS-332 和 OJP-ECS-333 的大陆架外部界限由图瓦卢 200 海里线确定。

13.2　各国反应照会和要点

本划界案并无其他国家提交照会。

13.3　委员会审议过程

13.3.1　成立小组委员会之前的初步审议

在第 25 届会议上，三沿海国联合代表团向委员会作出陈述。联合代表团成员包括巴布亚新几内亚常驻联合国代表罗伯特·艾西（Robert G.Aisi）、所罗门群岛司法和法律事务部副检察长史蒂文·伍德（Steven Woods）、巴布亚新几内亚大学地质系讲师拉塞尔·佩兰博（Russel Perembo）、密克罗尼西亚联邦技术顾问斯科特·斯威特（Scott Sweet）、密克罗尼西亚联邦常驻联合国副代表吉姆·利普维（Jeem Lippwe）。密克罗尼西亚联邦、巴布亚新几内亚和所罗门群岛三国代表团还包括所罗门群岛常驻联合国代表科林·贝克（Collin D.Beck）及若干名顾问。

伍德除说明划界案的实质性内容外，还表示委员会成员西蒙兹以向划界案提供科技咨询的方式向密克罗尼西亚联邦、巴布亚新几内亚和所罗门群岛提供协助。

第13章 密克罗尼西亚、巴布亚新几内亚和所罗门群岛（翁通爪哇海台地区）外大陆架联合划界案委员会审议建议评注

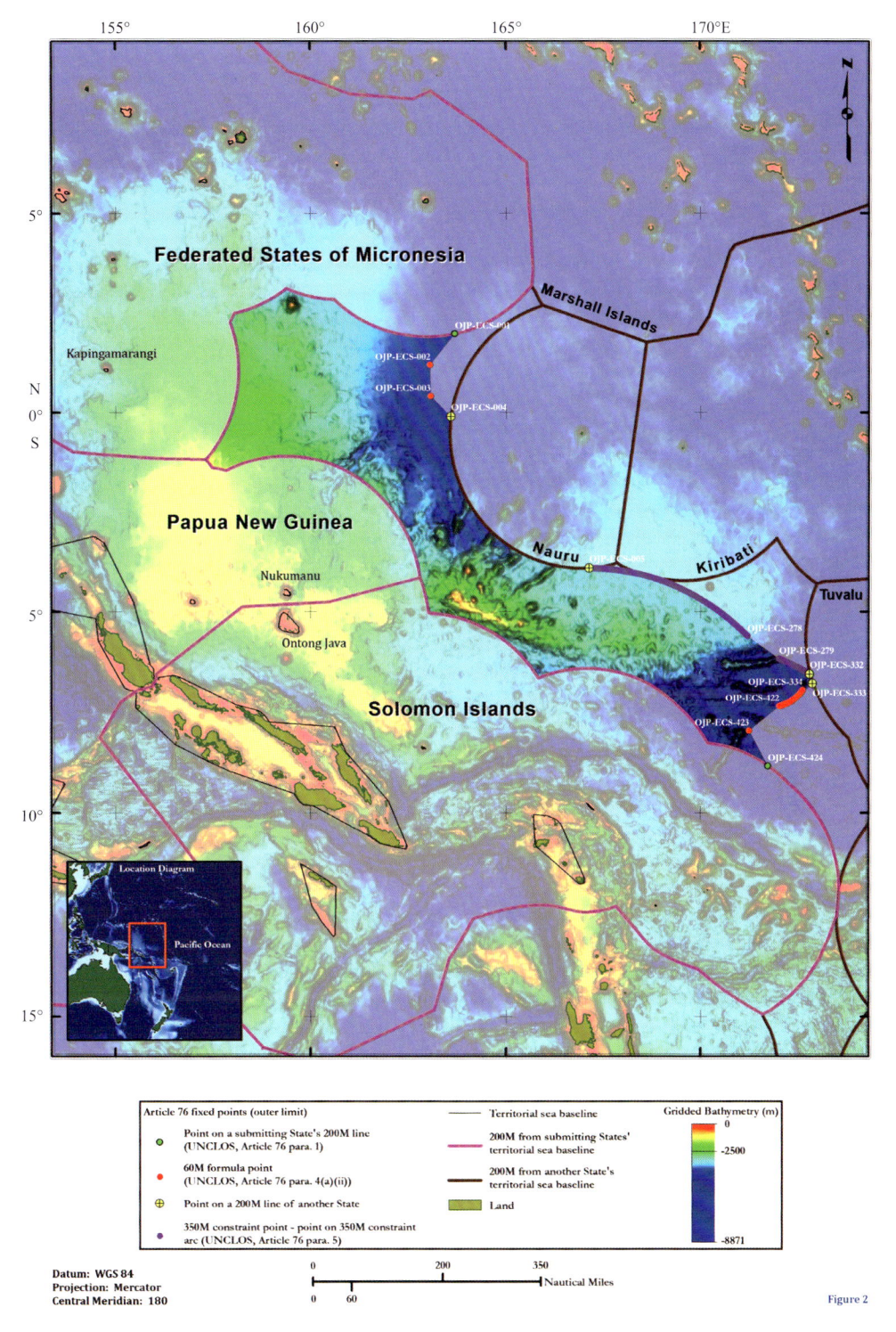

图13-1 三沿海国在翁通爪哇海台地区划定的大陆架外部界限

资料来源：翁通爪哇海台联合划界案执行摘要

伍德表示，在划界案所涉的地区不存在任何争端。他指出，根据委员会《议事规则》附件一第 4 条以及三沿海国的《谅解备忘录》，本划界案为联合划界案。划界案的审议不应妨碍与三国之间和（或）任何其他国家之间边界划定有关的事项。

伍德还指出，根据《议事规则》附件一第 3 条，本划界案为部分划界案，三沿海国可能在今后提交其他部分划界案。根据第十八次公约缔约国会议作出的决定，三国已分别提交关于大陆架其他地区的初步信息。

委员会随后举行非公开会议。针对审议划界案的方式，委员会决定根据《公约》附件二第 5 条以及《议事规则》第 42 条的规定，由依照《议事规则》第 51 条设立的小组委员会在今后届会上讨论划界案。委员会决定，本划界案按照收件先后顺序排列在先时，在全体会议上再次予以审议。[2]

委员会在第 34 届会议上设立小组委员会，任命阿沙德、马含加、恩朱古纳、帕泰利尼、雷斯特和浦边为小组委员会成员。委员会商定，由于缺少成员，该小组委员会的第七名成员将在之后任命。小组委员会随后召开会议，选举雷斯特为主席，恩朱古纳和帕泰利尼为副主席。[3]

13.3.2　小组委员会审议

小组委员会自第 35 届会议开始对联合划界案进行初步审查。联合代表团通过秘书长向委员会转递了联合划界案的执行摘要增编，划界案正文的修正案（注：2014 年 7 月 28 日修正案）以及最新的有关文件。小组委员会在收到完整的联合划界案修正案后，核实了联合划界案的格式和完整性，并着手进行初步分析。

小组委员会决定，第一周将用于对收到的所有补充数据和资料进行分析，并请联合代表团在后一周与其举行会议。小组委员会还向联合代表团转递了一项请求，要求做进一步澄清并提供更多数据和资料。

小组委员会在第二周审议期间与联合代表团举行了两次会议，其间，联合代表团介绍了联合划界案的主要内容，小组委员会陈述了其初步意见，并提出了若干问题，以澄清一些问题。

小组委员会也认定，没有必要建议依照《议事规则》第 57 条征求专家意见，或依照《议事规则》第 56 条寻求相关国际组织的合作。小组委员会还认定，需要更多时间审查所有数据并拟订建议草案以递交给委员会。联合代表团随后提交了第二个修正案，即 2014 年 8 月 22 日修正案。[4]

小组委员会在第 36 届会议期间完成对联合划界案的初步审查并开始进行主

第 13 章　密克罗尼西亚、巴布亚新几内亚和所罗门群岛（翁通爪哇海台地区）外大陆架联合划界案委员会审议建议评注

要科学和技术审查。联合代表团向小组委员会提交了文件，答复了小组委员会2014年9月提出的进行澄清的要求，并对小组委员会在第36届会议第一周进行审议后以书面形式另外提出的一个问题做出了澄清说明。

小组委员会同联合代表团举行了两次会议。联合代表团陈述了迄今作出的答复的要点。其后，小组委员会着手对联合划界案主要科学和技术问题进行审查并做了陈述，要求进一步进行澄清，并随后书面提交了有关要求。

针对小组委员会在第36届会议上提出的澄清要求，联合代表团在第37届会议上向小组委员会提交了一份文件。根据其审议情况，小组委员会要求做进一步澄清，并随后书面向联合代表团提交了有关要求。[5]

小组委员会在第38届会议期间同联合代表团举行了三次会议。在这些会议上，联合代表团针对在闭会期间收到的文件做了陈述。针对这一陈述和相关文件，小组委员会也做了陈述。小组委员会随后编写了一份文件，概述其意见和关于进一步澄清的要求，该文件后来以书面形式转递给了联合代表团。[6]

小组委员会在第39届会议上继续对联合划界案的主要科学和技术问题进行审查。小组委员会与联合代表团举行了四次会议，会议期间相互做了陈述。联合代表团尤其表示有意提交新的数据，以进一步支持联合划界案的某些方面，但此数据只能在第41届会议上提交供小组委员会审议。因此，联合代表团请求小组委员会在收到新数据之前暂停审议该联合划界案。

小组委员会感到关切的是，联合代表团请求暂停审议该联合划界案，可能会导致委员会成员没有足够时间在2017年6月任期结束前完成对该联合划界案的审议。因此其随后编写了一份文件，请联合代表团进一步澄清一些悬而未决的问题，表示只要联合代表团能够在第40届会议上确认最迟会在第41届会议上提交新数据，小组委员会就将等待。[7]

在第40届会议上，小组委员会继续对联合划界案的主要科学和技术问题进行审查。小组委员会主席雷斯特告知委员会，联合代表团没有按照之前商定的那样递交小组委员会在第39届会议上要求提供的材料。小组委员会回顾，联合代表团曾宣布其还会在第41届会议前提交新的测深数据，以进一步支持该联合划界案的某些方面。若代表团进一步拖延提供小组委员会要求的材料以及拖延提供新的测深数据，可能会对委员会成员任期在2017年6月届满前完成对该联合划界案的审议造成负面影响。小组委员会已以书面形式向联合代表团说明了其审议该联合划界案的状况和预期进展。小组委员会预计在第41届会议期间向代表团介绍审查该划界案之后形成的意见和一般性结论，并在同届会议上拟定建议草案

提交委员会审议。[8]

因尼日利亚划界案的勘测数据处理工作有所耽搁，导致尼日利亚代表团无法赶在第 41 届会议前提供所要求的数据和资料并修订其划界案，审议工作搁置。委员会为优化第 41 届会议的效率，决定将最初分配用于审议该划界案一周时间分配给审议翁通爪哇海台联合划界案的小组委员会，并让海尼森作为专家协助小组委员会工作。

第 41 届会议期间，小组委员会继续对联合划界案进行主要科学和技术审查，并与联合代表团举行了三次会议。根据《议事规则》附件三第 10.3 段的规定，小组委员会向联合代表团介绍了其意见以及在审查联合划界案时得出的一般性结论。联合代表团按照《议事规则》附件三第 10.4 段的规定做出答复。然后，小组委员会拟定其建议草案，并于 2016 年 8 月 12 日协商一致地核准了该建议草案，并于同日递交委员会主席。[9]

13.3.3　委员会通过建议

2016 年 8 月 15 日，小组委员会向委员会介绍就密克罗尼西亚联邦、巴布亚新几内亚和所罗门群岛于 2009 年 5 月 5 日提交的关于翁通爪哇海台的联合划界案提出的建议草稿，由小组委员会主席雷斯特与小组委员会其他成员共同介绍。

2016 年 8 月 18 日，密克罗尼西亚联邦、巴布亚新几内亚和所罗门群岛联合代表团参加了委员会的审议，并按照《议事规则》附件三第 15 条 1 之二的规定做了陈述。做陈述的是巴布亚新几内亚常驻联合国代表兼联合代表团团长马克斯·拉伊（Max Hufanen Rai），所罗门群岛常驻联合国代表科林·贝克（Collin Beck），密克罗尼西亚联邦司法部助理总检察长兼法律顾问小莱昂尼托·巴卡兰多（Leonito Bacalando）和巴布亚新几内亚国家海洋划界项目技术顾问阿兰·墨菲（Alain Murphy）。联合代表团中还有多名科学、技术和法律顾问。

联合代表团在陈述时对小组委员会成员的工作表示赞赏。除了阐述划界案的实质性内容外，联合代表团还指出，它虽然大体赞同小组委员会的意见和一般性结论，但对建议中有关大陆架外部界限的一些具体细节，特别是适用的限制线，有不同意见。在介绍中，联合代表团向委员会提交了一份供审议的替代定点清单，根据联合代表团对适用的限制线和《公约》第七十六条的理解，标示联合划界案中北部地区大陆架的外部界限有不同意见。

委员会随后转入非公开审议。考虑到联合代表团和小组委员会所做的陈述，并为了让其委员有充足时间审议划界案和建议草稿，委员会决定依照《议事规则》

第 53 条第 1 款，将进一步审议建议草案的工作推迟到第 43 届会议。[9]

2017 年 3 月 17 日，在第 43 届会议上，经过全面审议，委员会未经表决核准了经修正的"大陆架界限委员会关于密克罗尼西亚联邦、巴布亚新几内亚和所罗门群岛于 2009 年 5 月 5 日提交的关于翁通爪哇海台的联合划界案的建议"。委员会一位成员虽然不反对不经表决核准建议，但表示感到遗憾：小组委员会建议草案中提出的对于已核准各项建议的一些实质性内容的不同意见没有得到体现。

根据《公约》附件二第六条第 3 款，该建议（包括一份摘要）已于 2017 年 3 月 24 日书面提交给该沿海国和联合国秘书长。[10]

13.4　委员会对翁通爪哇海台联合划界案的审议建议 [11]

13.4.1　从属权利检验

从属权利检验直接涉及一个问题，即翁通爪哇海台是否是三沿海国陆地领土水下延伸的一部分。翁通爪哇海台是一个广阔而细长的大洋海台，高出相邻的深海盆地 2 000 ~ 4 000 米。在科学文献中，一般将 4 000 米等深线作为翁通爪哇海台的外部轮廓（图 13-2）。使用这种等深线，海台大致为一个肾形。周围有一系列位于太平洋深洋洋底的海盆，北部的东马里亚纳盆地（East Mariana Basin），东北部的瑙鲁盆地（Nauru Basin），西部的莱拉盆地（Lyra Basin）和东南部的埃利斯盆地（Ellice Basin），南部的所罗门海沟（Solomon Trench），约翰逊岬角海沟（Cape Johnson Trench）以及较浅的维塔兹海沟（Vitiaz Trench）。

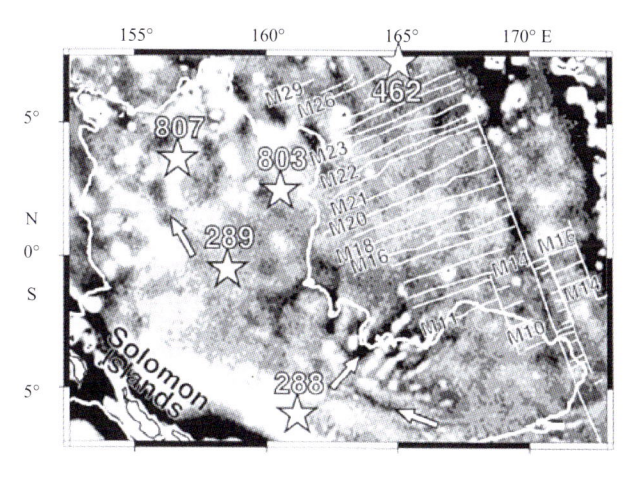

图13-2　基于4 000米等深线形成的翁通爪哇海台的外部轮廓

资料来源：委员会对翁通爪哇海台联合划界案的建议摘要

翁通爪哇海台由两个主要的海底隆起组成：高地海台和东部凸起（图13-3）。高地海台被一些位于隆起的火山顶部的岛屿所分隔。根据三沿海国的主张，它们是翁通爪哇海台地区露出海面的部分，并与高地海台构成一个整体。三沿海国用来证明水下延伸的陆块是密克罗尼西亚联邦的卡平阿马朗伊环礁（Kapingamarangi Atoll）、巴布亚新几内亚的努库马努群岛和所罗门群岛的翁通爪哇环礁。

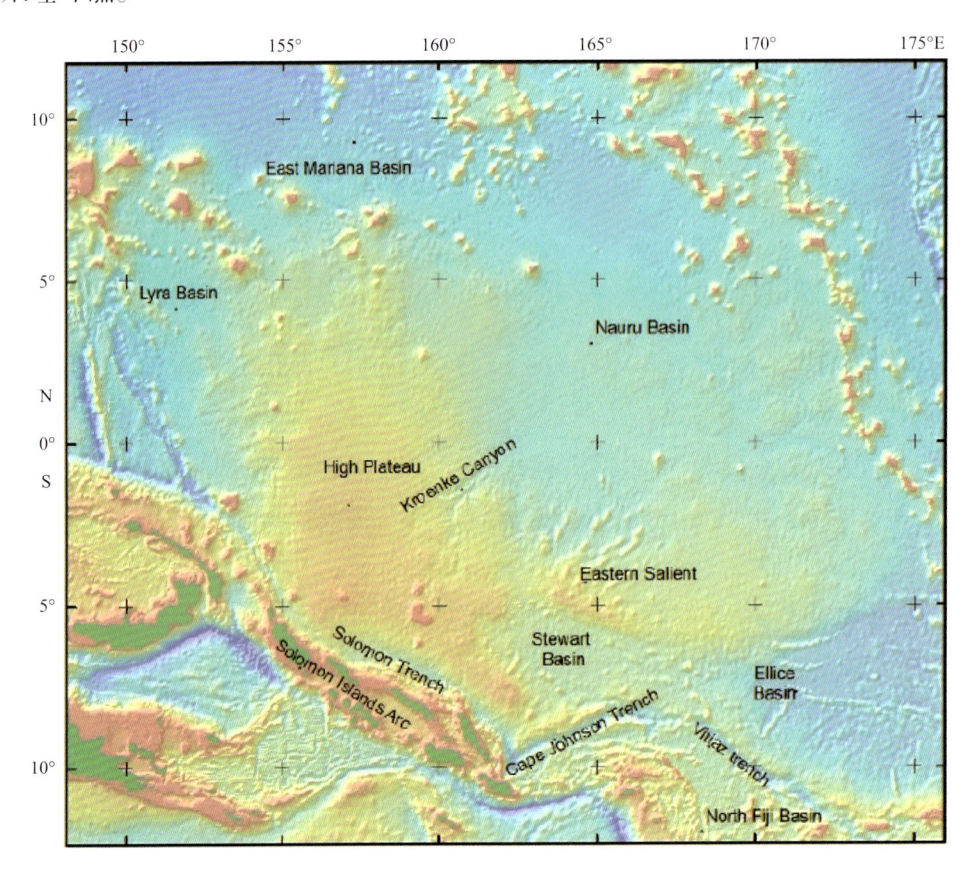

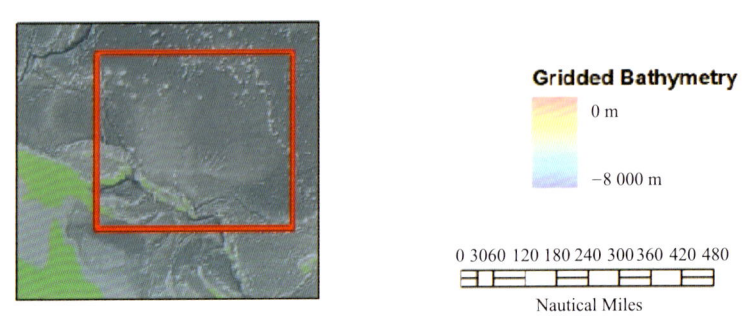

图13-3　翁通爪哇海台的主要自然地理特征
资料来源：委员会对翁通爪哇海台联合划界案的建议摘要

第13章 密克罗尼西亚、巴布亚新几内亚和所罗门群岛（翁通爪哇海台地区）外大陆架联合划界案委员会审议建议评注

联合划界案中提交的地震反射数据表明，陆坡的声学基底远离翁通爪哇海台的中心，陆坡平缓地延伸至相邻海盆。这在沿着从翁通爪哇海台到瑙鲁盆地的多道地震剖面（图13-4和图13-5）中表现得尤为明显。根据三沿海国的观测，声学基底形态和等深线的轮廓相同，说明翁通爪哇海台的形态表征是由构成该海台大型火成岩省的大规模火山活动所控制的。相同的地震剖面也显示了翁通爪哇海台翼部的钙质沉积岩由于碳酸盐补偿深度变化而快速变薄（图13-5）。

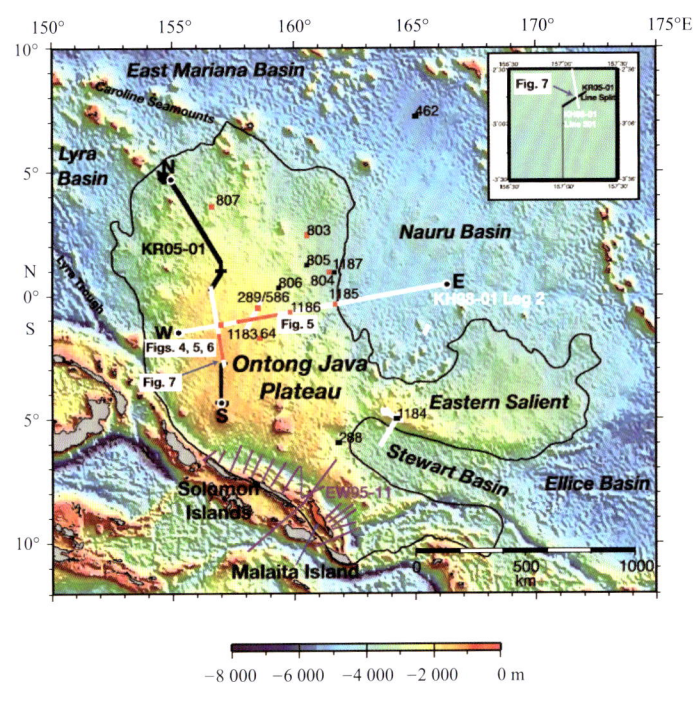

图13-4 翁通爪哇海台的科学钻探位置

资料来源：委员会对翁通爪哇海台联合划界案的建议摘要

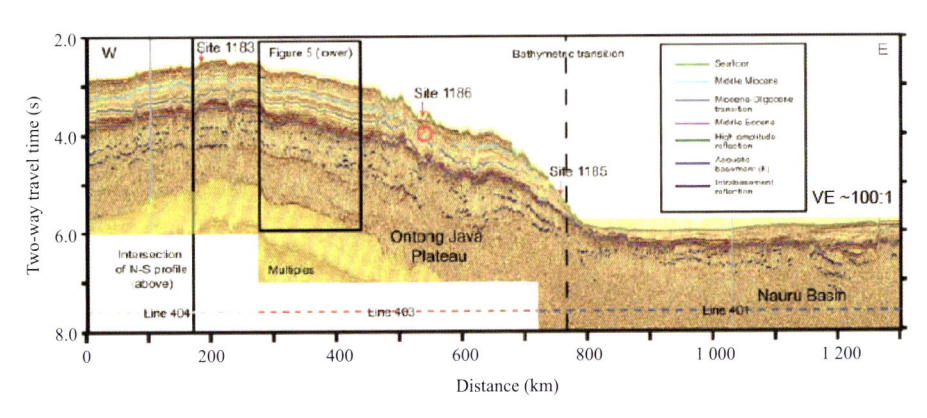

图13-5 自翁通爪哇海台至瑙鲁盆地的地震剖面KH98-01 Leg 2

资料来源：委员会对翁通爪哇海台联合划界案的建议摘要

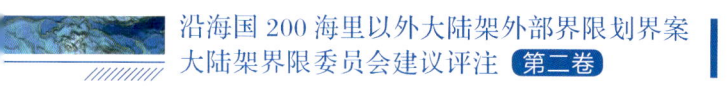

利用20世纪70年代初期以来获取的地震折射数据研究了翁通爪哇海台的深层地壳结构。研究发现翁通爪哇海台的地壳厚度大，平均达33 000米，使其明显区别于一般的洋壳特征。最厚的地壳（38 000米）位于海台中心的南部。两侧的厚度值较小（15 000～26 000米）（Richardson et al., 2000）。提供的数据均能识别出典型的由喷出岩上地壳、中地壳和下地壳组成的三层地壳结构。除异常的厚地壳之外，翁通爪哇海台中心位置下部还存在一个向下延伸至300千米的大规模低速体（Richardson et al., 2000）。

通过对水深和重力数据的综合分析表明，翁通爪哇海台在长波长尺度下均匀补偿。布格重力异常通常代表莫霍面的起伏。在整个翁通爪哇海台观察到的布格重力低（Bouguer gravity lows）可能是火山地壳增厚的结果（Ito & Taira, 2000）。

翁通爪哇海台最初与马尼希基和希库朗伊海台一道构成一个非常大的火成岩省（Taylor，2006; Chandler et al., 2012）。岩石样品的定年显示海台的主要部分是在125万年至119万年前的白垩纪期间的一幕大规模岩浆喷发作用下形成的，之后的火山活动减弱（Mahoney et al., 1993; Parkinson et al., 2002; etc.）。Taylor（2006）认为，该大型海台在其形成期间或形成后不久即分裂成3个不同的海台。翁通爪哇海台因埃利斯盆地扩张与马尼希基海台分离（图13-6）。其后，进一步的火山活动导致了翁通爪哇海台上岛屿的形成。

三沿海国认为，由于与所罗门群岛弧系统的碰撞，翁通爪哇海台在海槽与该系统增生合并，使之在地形和地质上相连。因此其认为，依据委员会《科技准则》第7.3.1段（a），海台及其附属部分是构成三沿海国岛屿陆地大陆边缘的自然组成部分的海底高地。

据三沿海国提交的科学资料，所罗门群岛岛弧上的翁通爪哇海台基岩清楚证明海台至岛弧的增生。翁通爪哇海台基岩最厚部分出现在所罗门群岛的马莱塔岛上。由Petterson等人（1999）进行的地质调查发现白垩纪早期的枕状玄武岩中马莱塔火山组，厚度约为3 000～4 000米。在Kwaimbaita火山组（厚度约为2 700米）和Singgalo火山组（厚度约为750米）均发现了翁通爪哇海台的基岩成分。Singgalo火山组出露在圣伊萨贝尔岛、圣克里斯托瓦尔岛及其他的所罗门群岛岛屿上。深海钻探计划（Ocean Drilling Programme）的3个钻孔中已经确认了这两个火山组。

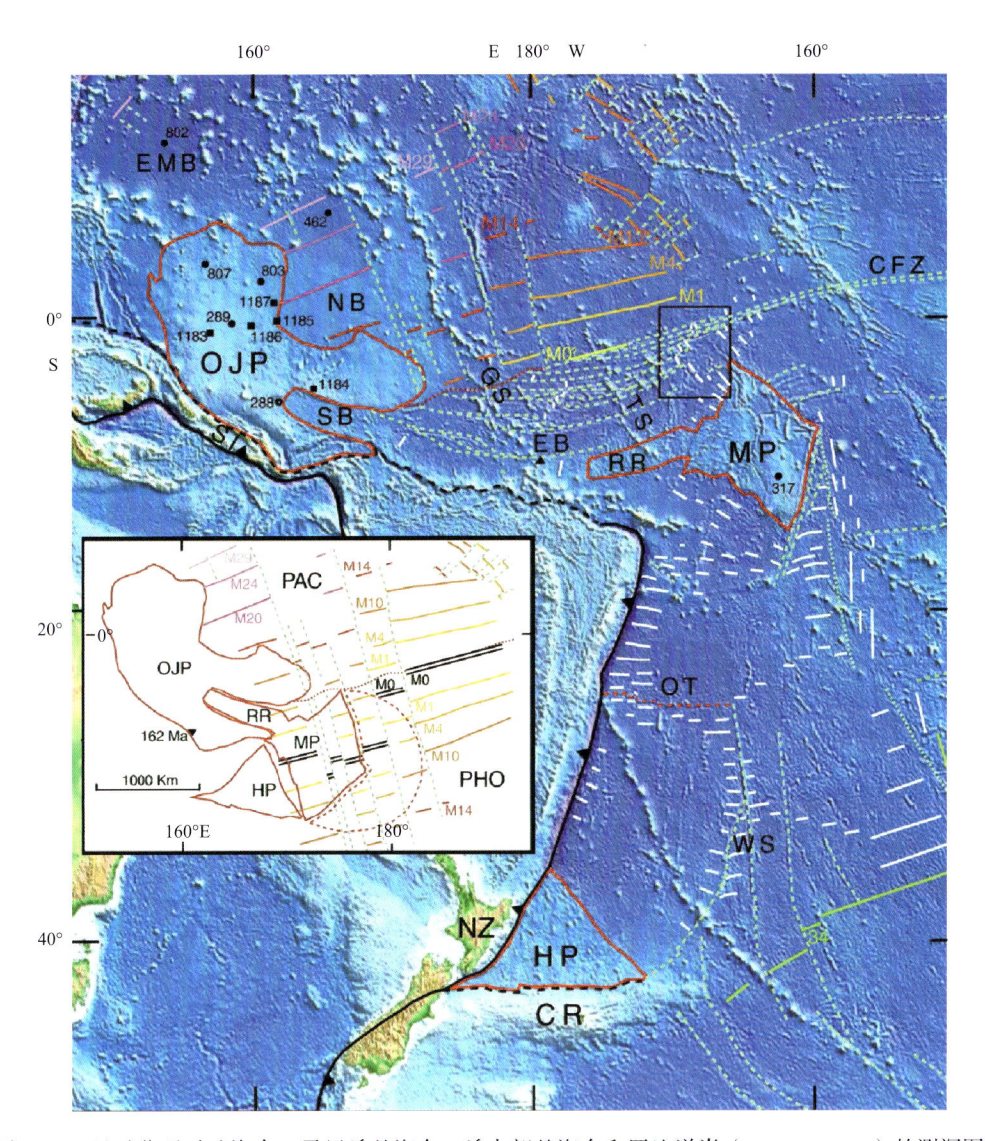

第13章　密克罗尼西亚、巴布亚新几内亚和所罗门群岛（翁通爪哇海台地区）外大陆架联合划界案委员会审议建议评注

图13-6　显示翁通爪哇海台、马尼希基海台、希古朗基海台和罗比洋脊（Robbie Ridge）的测深图

资料来源：委员会对翁通爪哇海台联合划界案的建议摘要

在联合划界案中，三沿海国沿单波束和多波束测深剖面，使用一般规则，即陆坡基部坡度变化最大处的点，确定了31个大陆坡脚点（图13-7）。在这31个大陆坡脚点中，共有7个点（OJP-CFOS-01至OJP-CFOS-07，图13-7）已被三沿海国确定为关键坡脚点，直接用于建立翁通爪哇海台地区大陆边外缘。其他大陆坡脚点为辅助点，用于证明大陆边缘的连续性和总体轮廓。

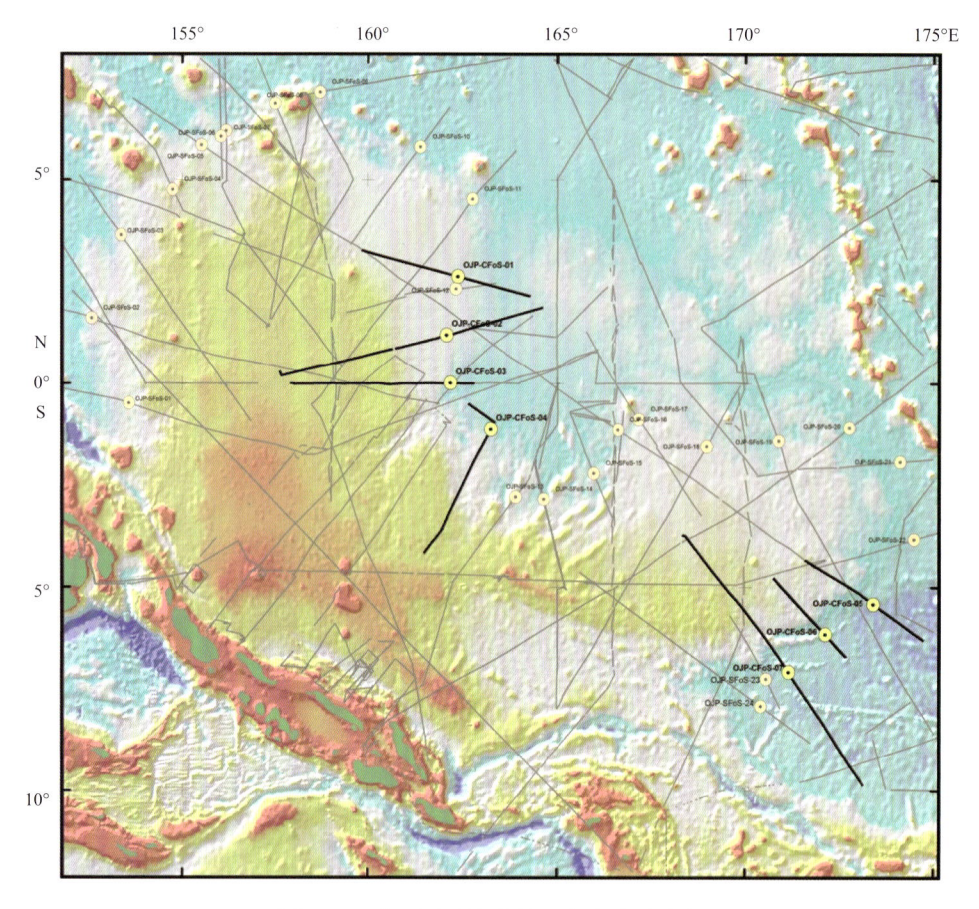

图13-7 翁通爪哇海台的31个大陆坡脚点

资料来源：委员会对翁通爪哇海台联合划界案的建议摘要

在最初提交的联合划界案中，三沿海国并没有确定翁通爪哇海台周围的陆坡基部。在详细审议每个大陆坡脚点位置之前，小组委员会要求首先确定该陆坡基部，并附上关于如何确定的信息。联合代表团于2014年10月24日专门提交了有关陆坡基部的资料（图13-8）。三沿海国通过使用区域地貌和地质分析大陆边以及在测深数据中适用梯度分析工具的方法确定陆坡基部。确定的陆坡基部区域包括高地海台和东部凸起。

小组委员会要求澄清位于高地海台和东部凸起之间通过鞍部连接的地形的连续性。三沿海国大致在南北和东西方向提交了横穿该鞍地的两个测深剖面。根据这些数据，小组委员会观察到，该鞍部北部高于瑙鲁盆地1 500米以上，东南部高于埃利斯盆地2 000米以上。鉴于科学文献中就斯图尔特盆地（Stewart Basin）是否属于翁通爪哇海台的一部分存在分歧，小组委员会同时考虑了就该盆地来说鞍部的高度是否足够。小组委员会得出结论，鞍部至少高于斯图尔特盆地800米。

第 13 章　密克罗尼西亚、巴布亚新几内亚和所罗门群岛（翁通爪哇海台地区）外大陆架联合划界案委员会审议建议评注

基于以上发现，小组委员会认为鞍部明显高于周围的深洋洋底。小组委员会因此得出结论，东部凸起与高地海台在地形上相连，且共有一个大陆坡基部。

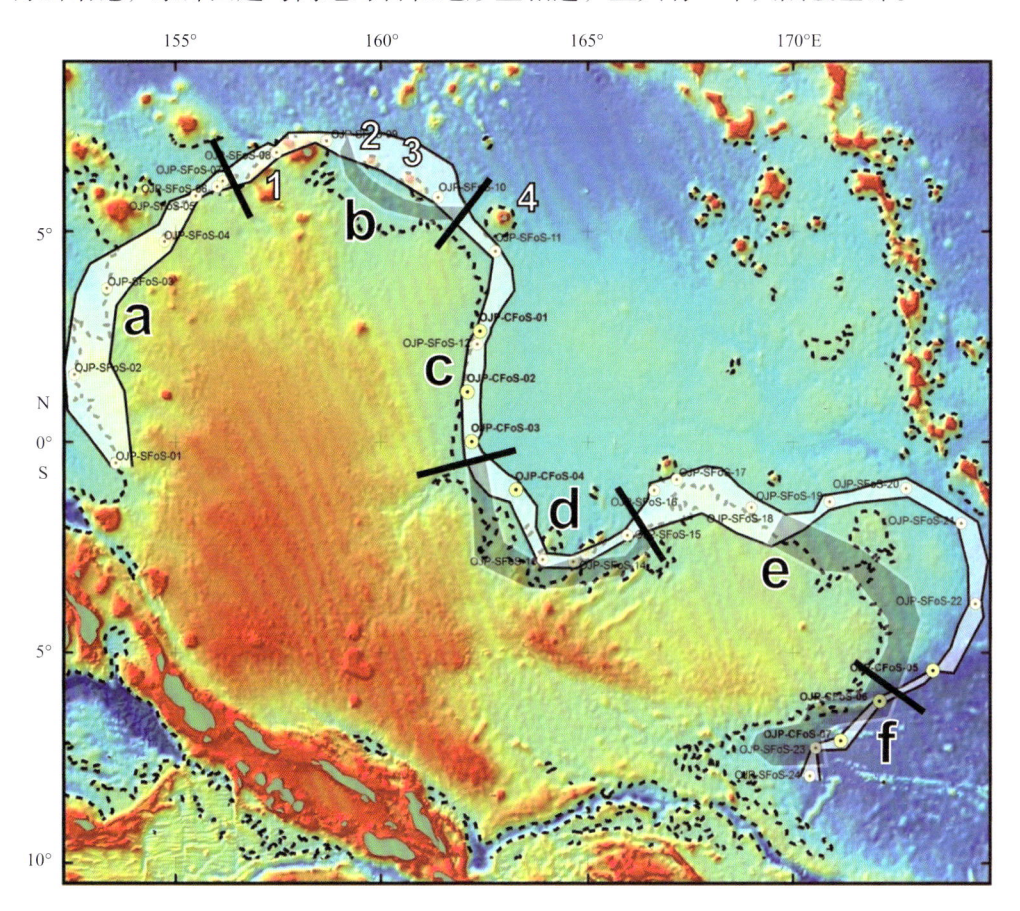

图13-8　翁通爪哇海台的大陆坡基部区
资料来源：委员会对翁通爪哇海台联合划界案的建议摘要

小组委员会根据大陆坡及其陆坡基部的不同地形以及周边盆地的性质和深度，对整个大陆坡基部进行审议并将其分为 6 个不同部分（图 13-8）。从西部开始，按顺时针方向将这些部分标注为 a 至 f。

a 段位于高地海台西侧边缘。小组委员会大致同意联合划界案确定的位置，认为提供的数据足以证明，基于地形，可以清晰地识别大陆坡基部作为高地海台西侧的连续区域。但是，在该部分的大陆坡脚点无助于建立超过 200 海里的大陆边外缘。

小组委员会同样同意在联合划界案中确定的 b 段西侧大陆坡基部的位置。然而，在该段东侧，在恩盖蒂克环礁（Ngatik Atoll）东部（图 13-8 中标记为 1），

根据联合划界案提供的数据，小组委员会最初认为大陆坡基部应位于南部，即莫基尔环礁（Mokil Atoll）和平格拉普环礁（Pingelap Atoll）的向陆侧（图 13-8 中的 2 和 3）。在联合代表团提供新数据之后，小组委员会同意，大陆坡基部位于平格拉普环礁以北（见第 72 段）。虽然 b 段没有关键大陆坡脚点，但根据《公约》第七十六条第 5 款，该大陆坡基部的位置与确定适用的限制线有关。

沿着高地海台的东侧边缘的 c 段，提交的大陆坡基部大致沿着 4 000 米等深线的方向，陆坡基部的向陆侧区域是平缓的平台。小组委员会要求提供进一步的数据和资料，以确认该平台是翁通爪哇海台下陆坡的一部分，而不是瑙鲁盆地深洋洋底的一部分。联合代表团提供了地形、地质和地球物理数据。与邻近的瑙鲁盆地（见图 13-2）相比，该区域没有磁异常条带，同时，通过在平台上的科学钻孔发现了翁通爪哇海台基岩（803 站、1185 站和 1187 站，见图 13-4 的位置）。根据这一证据，小组委员会同意所提交的该段大陆坡基部位置（图 13-8）。

高地海台与东部凸起之间的结合部，即 d 段的特点是一些坡尖和/或洋脊。根据所提供的数据，小组委员会认为，这些测深地形中的一部分与翁通爪哇海台的主体之间的地形连续性可能未得到充分证明。在无法证明的情况下，小组委员会认为，大陆坡基部一般应该进一步向陆一侧靠近（图 13-8）。因坡尖和/或洋脊的存在而导致该区域陆坡基部的复杂化，所以小组委员会决定本段中确切的大陆坡基部位置将被单独考虑，这取决于是否能够证明所确定的位于基部的相应大陆坡脚点具有连续性。

在东部凸起的北侧和东侧，即 e 段，小组委员会认为，所提交的陆坡基部位于向海深处，与 4 000 米等深线大致重合。然而，小组委员会同意三沿海国的意见，即所提交的数据显示在东区陆坡基部连续分布，一直延伸至他国 200 海里线（图 13-8）。出于同样的原因，该段没有必要确定大陆坡脚点。

在东部凸起的南部，即 f 段，根据对几个坡尖/洋脊和大陆边缘海山的地形连续性的考虑，小组委员会同意该连续性的存在，以及所提交的初始大陆坡脚点 OJP-CFOS-06 所在区域的陆坡基部位置（图 13-7）。但是，小组委员会不同意 OJP-CFOS-07 和 OJP-SFOS-24 的位置，因其认为相关的连续性特征在此与翁通爪哇海台中断了。

根据对陆坡基部的分析，小组委员会得出结论，通过适用《公约》第七十六条第 4 款的规定，翁通爪哇海台的大陆边外缘超出了三沿海国的 200 海里线，即每个沿海国都满足从属权利检验。

13.4.2 确定大陆坡脚

考虑到与联合代表团就翁通爪哇海台周边地区大陆坡基部的位置所交换的意见，小组委员会对大陆坡脚点进行了审查。小组委员会特别注意到被确定为关键大陆坡脚的点，以及经考虑所提交的数据和信息后有可能经修改成为关键大陆坡脚的点。

关键大陆坡脚点位于大陆坡基部两个不同的地区，即北区和南区。北区由大陆坡基部的 c 段和 d 段组成，南区则与 f 段有关。在北区，小组委员会同意最初提交的关键大陆坡脚点 OJP-CFOS-01、OJP-CFOS-02 和 OJP-CFOS-03，以及一般大陆坡脚点 OJP-SFOS-14 的位置（图 13-7）。这些被分别重新命名为 OJP-CFOS-01_N、OJP-CFOS-02_N、OJP-CFOS-03_N 和 OJP-CFOS-06_N（图 13-9）。然而，小组委员会不同意 OJP-CFOS-04（图 13-7），因为根据现有数据，其所在的位置基部无法显示具有连续的地形。

经与联合代表团交流后，代表团补充提交了两个大陆坡脚点，位于小组委员会建议的北区一般大陆坡基部区域内。小组委员会同意其确定大陆坡脚使用的方法和这些大陆坡脚点的位置。这些点是根据一般规则确定的，被命名为 OJP-CFOS-04_N 和 OJP-CFOS-05_N（图 13-9）。

在南区，小组委员会接受了最初提交的大陆坡脚点 OJP-CFOS-06 和 OJP-SFOS-23（图 13-7），并分别被重新命名为 OJP-CFOS-01_S 和 OJP-CFOS-03_S（图 13-9）。然而，小组委员会不接受大陆坡脚点 OJP-CFOS-07 和 OJP-SFOS-24，因其位于被孤立的地形上。除此以外，小组委员会认为大陆坡脚点 OJP-CFOS-05 位于大陆坡基部之外（图 13-8）。

联合代表团提出了一个补充的大陆坡脚点，这是根据一般规则确定的，并将其命名为 OJP-CFOS-02_S（图 13-9）。该大陆坡脚点位于与 OJP-CFOS-01_S 相同的洋脊/坡尖的西侧向远处。小组委员会同意该大陆坡脚点的位置。

根据对三沿海国联合划界案中的技术和科学文件，以及在上述讨论中提交的补充的科学和技术数据和资料的审议，委员会得出结论认为，在翁通爪哇海台地区，所列的大陆坡脚点符合《公约》第七十六条和《科技准则》第 5 章的要求。委员会建议，这些大陆坡脚点应当构成三沿海国在翁通爪哇海台地区建立大陆边外缘的基础。

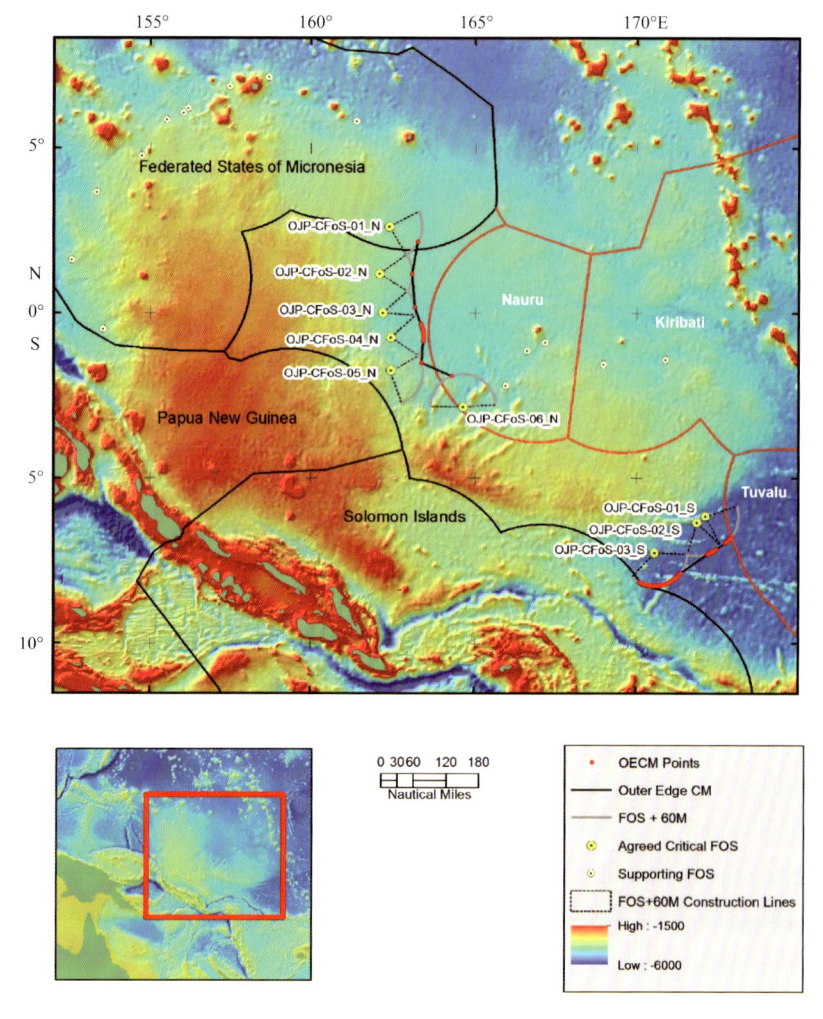

图13-9 北区和南区的大陆坡脚点位置

资料来源：委员会对翁通爪哇海台联合划界案的建议摘要

13.4.3 公式线的运用

三沿海国在翁通爪哇海台地区的超过200海里的大陆边外缘，出于公约的目的，应当按照《公约》第七十六条第4款（a）项设立。在这方面，三沿海国仅适用距离公式，由距离三沿海国大陆边缘的大陆坡脚点距离不超过60海里的定点构建大陆边外缘。

大陆边缘外缘的两段由经纬度坐标定义的定点建立：分别是北区的一段和南区的一段（图13-9）。在这两段之间，大陆边缘是连续的，并到达其他国家200海里线内。

通过使用上述的大陆坡脚点，三沿海国根据 60 海里公式建立了 310 个定点（图 13-9）。在北区，大陆边外缘由 69 个定点（OJP-CM-N-001 至 OJP-CM-N-069）之间以长度不超过 60 海里的直线连接而构成。在南区，大陆边外缘由 241 个定点（OJP-CM-S-001 至 OJP-CM-S-241）之间以长度不超过 60 海里的直线连接而构成。

委员会同意三沿海国在翁通爪哇海台地区建立上述定点的程序以及准确性。

三沿海国在高地海台（北区）的大陆边外缘符合海台的整体地形地貌。沿高地海台东部边缘的超过 200 海里的大陆边外缘始于密克罗尼西亚联邦 200 海里线，并在其南端与瑙鲁的 200 海里线相交（图 13-9）。

沿着东部凸起（南区）的东南部，大陆边外缘在北部与图瓦卢 200 海里线相交，然后向西南延伸至所罗门群岛 200 海里线之内。

在上述大陆边缘外缘的两段之间的区域，所提供的数据和资料足以证明三沿海国的大陆边缘至少覆盖整个区域至他国 200 海里（图 13-9）。

委员会建议，三沿海国将这些定点用作划定该区域大陆架外部界限的基础，但须遵守《公约》第七十六条第 5 款和第 6 款所规定的相关限制。

13.4.4　限制线的运用

在本划界案中，三沿海国同时适用了距离和深度两种限制。

13.4.4.1　距离限制线的构建

三沿海国提交的距离限制线是由距离密克罗尼西亚联邦、巴布亚新几内亚和所罗门群岛的不同岛屿的领海宽度基线量起 350 海里的弧线构成的。

三沿海国使用的联合距离限制线参照了其各自陆地的整个领海基线，包括超出翁通爪哇海台大陆坡脚包络线的陆地的领海基线。然而小组委员会认为，只有那些与位于翁通爪哇海台上的岛屿共有一个大陆坡脚包络线的岛屿，才能作用于本划界案中距离限制线的划定，而且这也符合委员会以往的惯例。考虑到《议事规则》附件三第 5 条第 1 款（b）之二段关于大陆坡脚点和限制线的适当结合，小组委员会审查了三沿海国的哪些岛屿可以在适用本联合划界案的距离限制时有效力。

三沿海国提出了一些法律和其他论据，认为第七十六条第 5 款允许通过参照一沿海国的整个领海基线适用距离限制，此外，对小组委员会提出的适用距离限制的潜在限制不适用于本划界案中的翁通爪哇海台地区。小组委员会不同意，并要求在构建该距离限制线时澄清 4 个岛礁，即平格拉普环礁、科斯雷岛（Kosrae

Island）、达夫岛（Duff Island）和阿努塔岛（Anuta Island），与翁通爪哇海台之间的地形联系（见图 13-1 中的位置）。

关于科斯雷岛，根据现有数据和资料，小组委员会在 2015 年 10 月 26 日向联合代表团做报告时提出，科斯雷岛与翁通爪哇海台没有地形上的联系，因此从科斯雷岛划出的距离限制线不适用于联合划界案。

联合代表团在 2015 年 10 月 29 日与小组委员会会议期间表示，将获得新的测深数据以支持其在联合划界案中的平格拉普环礁地区。2016 年初已获得多波束测深数据，并与进一步的数据和信息一道于 2016 年 7 月 11 日发送给小组委员会。经过对新数据的审查，结合平格拉普环礁现有的多波束数据，小组委员会发现平格拉普环礁和翁通爪哇海台之间的鞍部至少高于东马里亚纳盆地北部的平坦的深洋洋底 500 米。因此，小组委员会得出结论，新数据证实，平格拉普环礁与翁通爪哇海台有地形上的联系，因此可以接受在平格拉普环礁适用距离限制。

联合代表团提供了额外的数据和信息以表明达夫岛和阿努塔岛与翁通爪哇海台有地形上的联系，特别是使用沿着所罗门群岛弧的两个 MBES 数据（SOPACMAPS，EW9511）。在考虑这些测深和其他可用数据（见图 13-10）时，小组委员会审查了以下的地形联系：①所罗门群岛弧穿过北所罗门海沟至翁通爪哇海台，翁通爪哇海台增生至岛弧；②沿所罗门群岛弧的达夫岛和阿努塔岛。小组委员会认为，达夫岛和阿努塔岛与翁通爪哇海台之间的地形联系已被充分证明，因为这些鞍地至少比毗邻的深洋洋底高出 900 米。因此，小组委员会同意，从这些岛屿划出的 350 海里弧线可用于构建适用于本联合划界案的距离限制线。

在与联合代表团进行互动之后，小组委员会要求三沿海国各自更新距离限制线，同时考虑平格拉普环礁、达夫岛和阿努塔岛的基线用于构建该距离限制（图 13-11）。

在小组委员会审议建议草案期间，委员会若干委员对从上述 3 个陆地确定的距离限制线的应用表示关切。在对平格拉普环礁地区新获得的多波束测深数据进行详细审查后，委员会认可平格拉普环礁与翁通爪哇海台存在地形上的联系，因此该环礁的领海基线有助于距离限制的适用和构建。

然而，基于提交材料中的数据和信息，委员会的一些委员无法支持从达夫岛和阿努塔岛的基线适用和确定距离限制。按照他们的观点，达夫岛位于瓦努阿图弧（Vanuatu Arc），在构造上与所罗门群岛弧分离。阿努塔岛则位于离瓦努阿图弧更远的东北部。委员会审议了提交材料中包含的测深数据和信息以及联合代表

第 13 章　密克罗尼西亚、巴布亚新几内亚和所罗门群岛（翁通爪哇海台地区）外大陆架联合划界案委员会审议建议评注

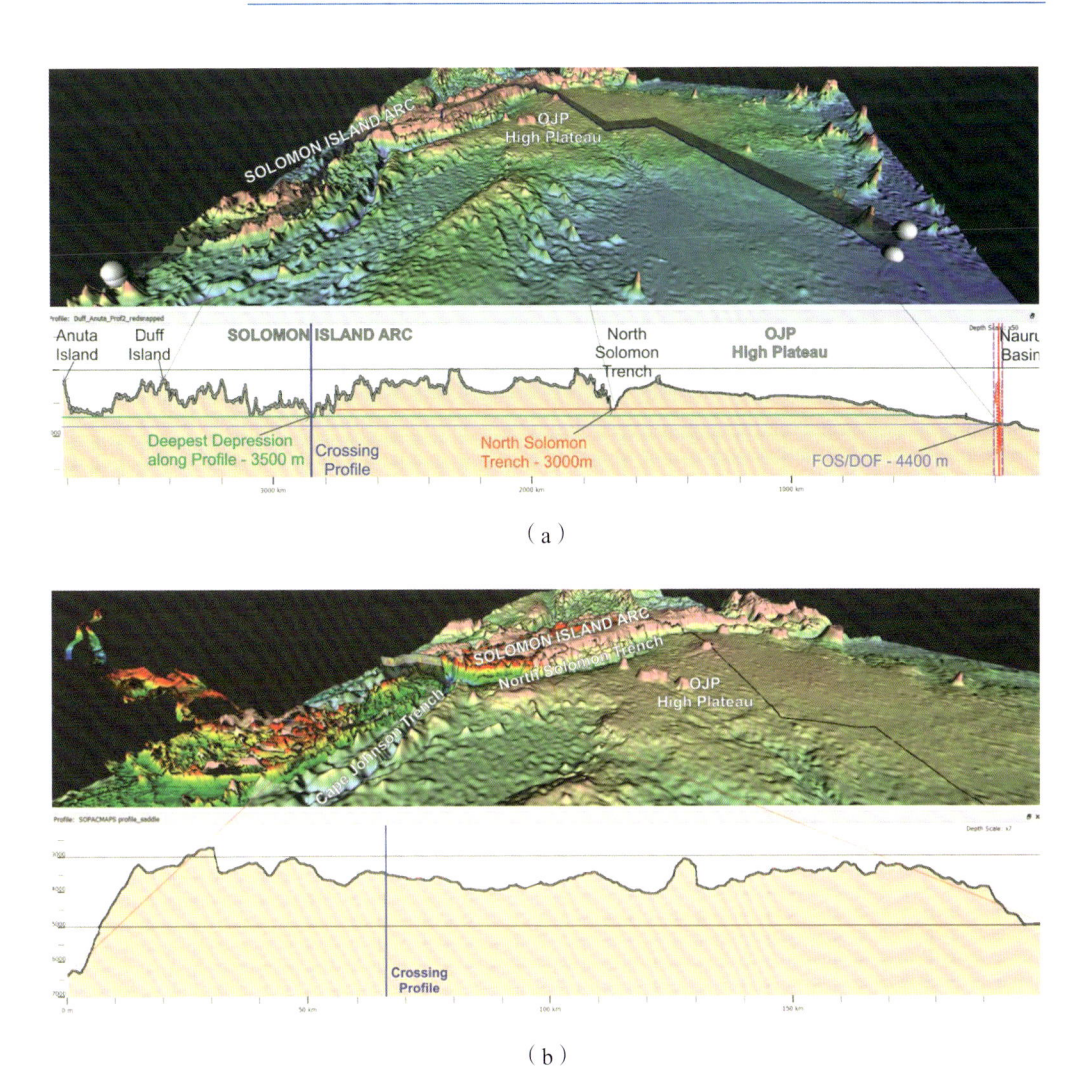

图13-10　三沿海国提交的测深剖面

资料来源：委员会对翁通爪哇海台联合划界案的建议摘要

团用以证明两个岛屿和翁通爪哇海台之间存在地形连续所提供的补充数据。经过审议，委员会以协商一致的方式得出结论，考虑到现有的所有有关地形和构造的数据和信息，委员会无法支持上述两个岛屿与位于所罗门群岛弧和翁通爪哇海台之间的碰撞鞍地存在地形和构造上的连续性。因此，委员会不建议使用达夫岛和阿努塔岛的350海里弧线，建议以斯图尔特岛的350海里弧线代替（图13-11）。

综上，委员会原则上同意三沿海国构建适用的距离限制时的程序和准确性。但是，基于所提供的数据，委员会不建议使用科斯雷岛、达夫岛和阿努塔岛的基线用于构建该距离限制。

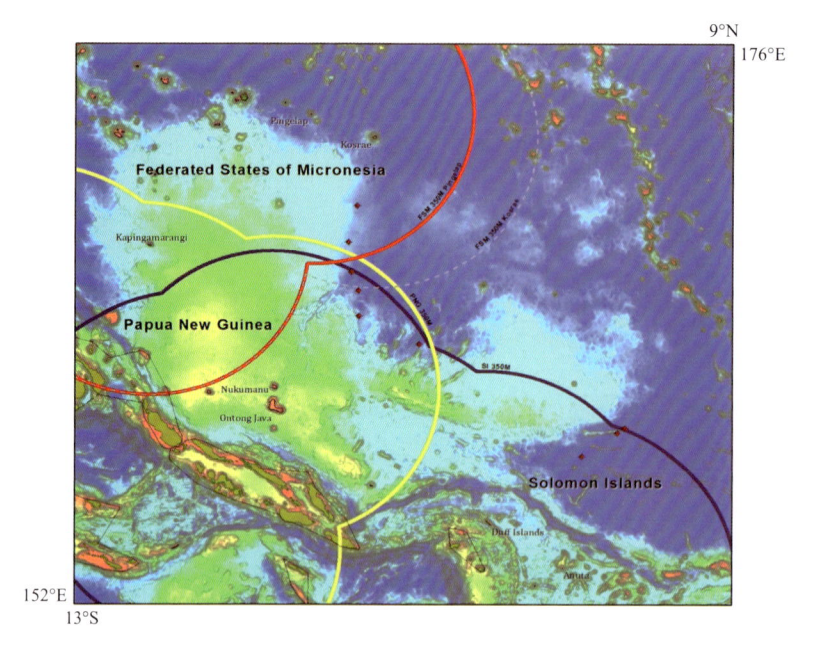

图13-11 经三沿海国更新后的可适用的距离限制线

资料来源：委员会对翁通爪哇海台联合划界案的建议摘要

13.4.4.2 深度限制的建立

三沿海国提供了在一些地区超出距离限制的深度限制的细节。小组委员会认为，在联合划界案中适用深度限制涉及审查是否能将翁通爪哇海台视为三沿海国的大陆边缘的自然组成部分。

有相当一部分科学证据表明，翁通爪哇海台增生至所罗门群岛弧。在沿岛弧的部分岛屿上发现了俯冲的翁通爪哇海台地壳。此外，沿着所罗门海沟北部的已经消停的正向俯冲是碰撞的证据（Miura et al., 2004）。鉴于翁通爪哇海台增生至所罗门群岛弧[《科技准则》第 7.3.1 段（a）]，辅以翁通爪哇海台作为一个海洋大型火成岩省的特点及其海台的一般地形的支持，小组委员会同意翁通爪哇海台是三沿海国大陆边缘的自然组成部分。因此，小组委员会认为联合划界案可适用深度限制。

为了显示 2 500 米等深线的总体位置，联合划界案包含了一个由 ETOPO1 卫星测高数据得出的大致的 2 500 米等深线。在三沿海国于 2014 年 8 月 22 日提交的经修订的主体文件和更新的支持文件中，深度限制的构建包括使用位于东部凸起上的孤立海山的 2 500 米等深线，大约在南 4.5°S，176°E。但是，正如三沿海国所指出的，没有可用数据来证实这个等深线。由于缺乏该孤立海山的测深数据用于构建大陆架外部界限，小组委员会无法审议是否该等深线与大陆边缘的总体构造一致。

在审议期间，小组委员会要求提供一条由所测量的 2 500 米深度上的点构成的单一深度限制线。三沿海国提供了从沿着单波束和多波束测深剖面选定的 2 500 米等深线上的点的位置信息。为了验证这些测得的用于构建深度限制线的有效等深点的等深位置，小组委员会考虑了每个测量的等深点或段相对于大陆边的大致构造的位置。小组委员会得出结论，所有选定的已经测量的 2 500 米等深点对于构建深度限制是有效的。

因此，小组委员会同意用于构建距离这些点 100 海里距离的深度限制线的数据和方法（图 13-12）。

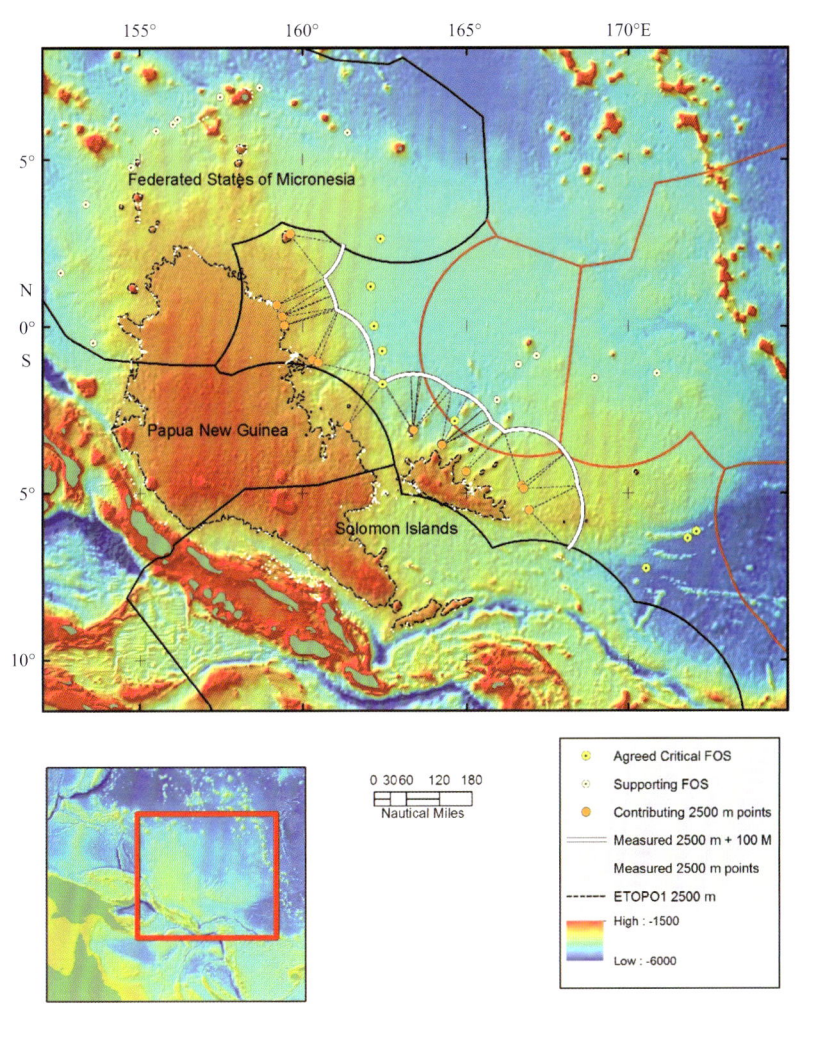

图13-12 可适用的深度限制线

资料来源：委员会对翁通爪哇海台联合划界案的建议摘要

三沿海国各自确定了单独的可适用的限制线，作为其各自距离限制线和深度限制线的外部包络。除自科斯雷岛、达夫岛和阿努塔岛延伸的距离限制线之外，委员会同意用于构建上述三条限制线的方法。

13.4.5　外部界限及委员会建议

将上述公式线和限制线应用于确定大陆架的外部界限。

在与小组委员会进行互动之后，联合代表团在 2016 年 8 月 5 日的信中提交了关于翁通爪哇海台地区大陆架外部界限的最新资料。之后在提及提交的外部界限时，小组委员会即指的是这些更新的外部界限及相关的数据和信息。

三沿海国提出的外部界限分为四段，每段都由长度不超过 60 海里的直线连接由经纬度坐标表示的定点组成。北区有两段，中区和南区各有一段。

在北区（图 13-13），根据所提供的数据和信息，大陆架外部界限被划分为两个分离的区段，以致无法形成该区的一个连续的外部界限（图 13-14）。北部

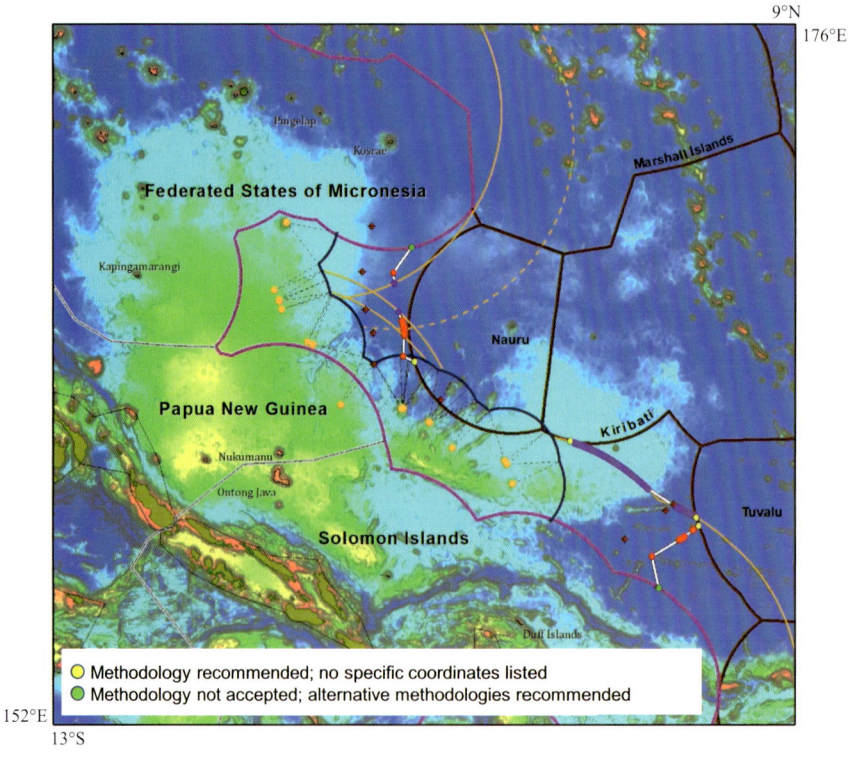

图13-13　翁通爪哇海台北区的大陆架外部界限
资料来源：委员会对翁通爪哇海台联合划界案的建议摘要

区段从密克罗尼西亚联邦的 200 海里线开始,并以距该国领海基线 350 海里的距离限制线结束。南部区段开始于巴布亚新几内亚的距离限制线并结束于瑙鲁的 200 海里线。

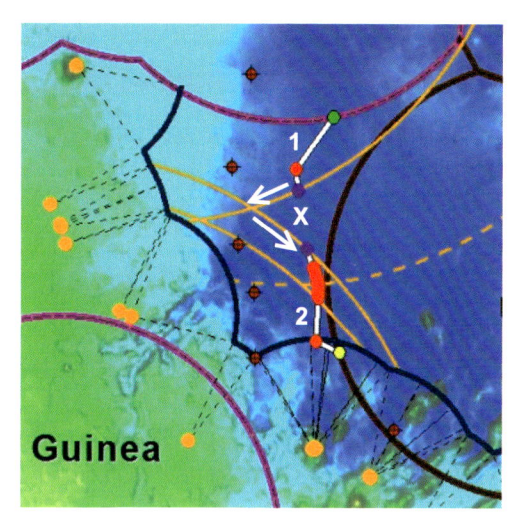

图 13-14 翁通爪哇海台北区的两段界限

资料来源:委员会对翁通爪哇海台联合划界案的建议摘要

小组委员会认为,这两个区段可以通过沿密克罗尼西亚联邦距离限制上的定点连接,从定点 OJP-ECS-N-003 向西至该距离限制线与巴布亚新几内亚的距离限制线的交点。从该交点,外部界限可由巴布亚新几内亚向东方向的距离限制上的定点构成,直到定点 OJP-ECS-N-004(图 13-14 中的白箭头)。若没有这两个定点,则委员会无法建议将该两段区间相连作为北区的外部界限。

北区的南段连接瑙鲁 200 海里线。委员会建议,从外部界限定点 OJP-ECS-N-068 起,大陆架外部界限沿着一条直线向东至定点 OJP-CM-N-069,直至该直线与瑙鲁 200 海里线相交。

北区的大陆架外部界限连接密克罗尼西亚联邦北端的 200 海里线。小组委员会不同意三沿海国以 OJP-ECS-N-002 和 OJP-ECS-N-001 作为连接外部界限的定点,因其位于 200 海里之外。委员会建议北区的第一段大陆架外部界限由公式线与 200 海里线的交点,以长度不超过 60 海里的直线连接 200 海里线构成。

小组委员会指出,依据联合案划界规则,两个或两个以上沿海国选择联合提交是程序性的,并不因此改变《公约》第七十六条赋予的实质权利。

因此,小组委员会证实,联合划界案的大陆架外部界限所产生的大陆架总面积不大于三沿海国各自提交的大陆架外部界限的总和,并得出结论,中区和南区符合该要求。由于北区的大陆架外部界限两段之间没有联系，大陆架区域尚未确定。因此，小组委员会无法核实这北区是否符合该要求。小组委员会认为，两段之间的连接将确保北区的这一要求也得到满足。

委员会不同意三沿海国所提交的中部和南部地区的大陆架外部界限，因其超出了委员会认可的该地区的距离限制线范围。委员会建议以斯图尔特岛的 350 海里距离限制线和深度限制线的组合来确定南部地区的大陆架外部界限。

委员会建议以所列的定点建立密克罗尼西亚联邦、巴布亚新几内亚和所罗门群岛在翁通爪哇海台地区的大陆边外缘。在此基础上，根据《公约》第七十六条第 7 款的规定，以长度不超过 60 海里的直线连接这些定点划定大陆架外部界限。此外，委员会同意在密克罗尼西亚联邦、巴布亚新几内亚和所罗门群岛的翁通爪哇海台地区划定大陆架外部界限所适用的原则，包括所列定点的确定及连接这些定点的直线的构建。委员会建议，考虑到《公约》附件二第九条，三沿海国根据建议着手划定北部地区的大陆架外部界限。

关于中部和南部地区，委员会建议三沿海国在考虑上述委员会分析和决定的前提下提出修正的或新的划界案。

13.5 委员会审议建议评注

13.5.1 本划界案由委员会一致通过

2017 年 3 月 17 日，委员会协商一致通过了"大陆架界限委员会关于密克罗尼西亚联邦、巴布亚新几内亚和所罗门群岛于 2009 年 5 月 5 日提交的关于翁通爪哇海台的联合划界案的建议"。

13.5.2 联合划界案中限制规则的适用

本划界案的一个争议焦点在于科斯雷岛、达夫岛和阿努塔岛用于划界的效力，即从上述三个岛屿的领海基线量起的 350 海里线是否可以用作限制。小组委员会的审议结论是，科斯雷岛与翁通爪哇海台没有地形上的联系，而达夫岛和阿努塔岛与翁通爪哇海台之间的地形联系已被充分证明。因此，在小组委员会层面仅仅否决了科斯雷岛用于划界的效力。但是在建议草案提交委员会层面审议时，部分委员质疑达夫岛和阿努塔岛的相关效力，理由是两岛远离所罗门群岛弧，属于不同的构造，而翁通爪哇海台仅增生至所罗门群岛弧。因此可以认为，达夫岛和阿努塔岛未落入已确定的翁通爪哇海台大陆坡基部，并非本划界案的划界相关区域，在本次划界中是零效力。

13.5.3　国家实践与相关评论

翁通爪哇海台联合划界案是太平洋地区第一份联合划界案，也是继四国联合划界案和毛里求斯－塞舌尔联合划界案之后委员会收到的第三份联合划界案。翁通爪哇海台是一个大火成岩省，位于三沿海国管辖范围内的大陆架上，拥有丰富的稀土金属、石油和天然气等自然资源。在准备划界案的近10年中，三沿海国在科学和技术问题上表现出前所未有的一致性和团结性，而在此之前，他们彼此从未联合或两两合作过。因此，本划界案具有里程碑式的意义。[12]

参考文献

[1] Executive Summary of Joint Extended Continental Shelf Submission concerning the Ontong Java Plateau. Commission on the Limits of the Continental Shelf [EB/OL]. [2023-09-30]. https://www.un.org/depts/los/clcs_new/submissions_files/fmpgsb32_09/exsumdocs/fmpgsb2009executivesummary.pdf.

[2] Statement by the Chairperson of the Commission on the Limits of the Continental Shelf on the progress of work in the Commission - Twenty-fifth session. Commission on the Limits of the Continental Shelf [EB/OL]. [2023-09-30]. https://documents-dds-ny.un.org/doc/UNDOC/GEN/N10/337/97/PDF/N1033797.pdf?OpenElement.

[3] Progress of work in the Commission on the Limits of the continental Shelf - Statement by the Chair - Thirty-fourth session. Commission on the Limits of the Continental Shelf [EB/OL]. [2023-09-30]. https://documents-dds-ny.un.org/doc/UNDOC/GEN/N14/284/31/PDF/N1428431.pdf?OpenElement.

[4] Progress of work in the Commission on the Limits of the continental Shelf - Statement by the Chair - Thirty-fifth session. Commission on the Limits of the Continental Shelf [EB/OL]. [2023-09-30]. https://documents-dds-ny.un.org/doc/UNDOC/GEN/N14/547/71/PDF/N1454771.pdf?OpenElement.

[5] Progress of work in the Commission on the Limits of the continental Shelf - Statement by the Chair - Thirty-sixth session. Commission on the Limits of the Continental Shelf [EB/OL]. [2023-09-30]. https://documents-dds-ny.un.org/doc/UNDOC/GEN/N14/696/28/PDF/N1469628.pdf?OpenElement.

[6] Progress of work in the Commission on the Limits of the continental Shelf - Statement by the Chair - Thirty-eighth session. Commission on the Limits of the Continental Shelf [EB/OL]. [2023-09-30]. https://documents-dds-ny.un.org/doc/UNDOC/GEN/N15/297/39/PDF/N1529739.pdf?OpenElement.

[7] Progress of work in the Commission on the Limits of the continental Shelf - Statement by the Chair - Thirty-ninth session. Commission on the Limits of the Continental Shelf [EB/OL]. [2023-09-30]. https://documents-dds-ny.un.org/doc/UNDOC/GEN/N15/445/92/PDF/N1544592.pdf?OpenElement.

[8] Progress of work in the Commission on the Limits of the continental Shelf - Statement by the Chair - Fortieth session. Commission on the Limits of the Continental Shelf [EB/OL]. [2023-09-30]. https://documents-dds-ny.un.org/doc/UNDOC/GEN/N16/108/88/PDF/N1610888.pdf?OpenElement.

[9] Progress of work in the Commission on the Limits of the Continental Shelf - Statement by the Chair - Forty-first session. Commission on the Limits of the Continental Shelf [EB/OL]. [2023-09-30]. https://documents-dds-ny.un.org/doc/UNDOC/GEN/N16/294/97/PDF/N1629497.pdf?OpenElement.

[10] Progress of work in the Commission on the Limits of the Continental Shelf - Statement by the Chair - Forty-third session. Commission on the Limits of the Continental Shelf [EB/OL]. [2023-09-30]. https://documents-dds-ny.un.org/doc/UNDOC/GEN/N17/103/47/PDF/N1710347.pdf?OpenElement.

[11] Summary of the Recommendations of the Commission on the Limits of the Continental Shelf in regard to the Joint Submission made by the Federated States of Micronesia, Papua New Guinea and the Solomon Islands concerning the Ontong Java Plateau on 5 May 2009, Adopted by the Commission on 17 March 2017. Commission on the Limits of the Continental Shelf [EB/OL]. [2023-09-30]. https://www.un.org/depts/los/clcs_new/submissions_files/fmpgsb32_09/2017_03_17_OJP_SumRec_COM_for%20website_10-06-2019.pdf.

[12] Ontong Java Plateau Submission on The Cusp of Historic Milestone. Pacific Islands Forum Secretariat [EB/OL]. [2023-09-30]. http://www.forumsec.org/ontong-java-plateau-submission-on-the-cusp-of-historic-milestone/.

第 14 章

塞舌尔关于北部海台外大陆架划界案委员会审议建议评注

塞舌尔是印度洋的一个小岛屿发展中国家，位于马达加斯加岛东北部，西边距离肯尼亚约 1 600 千米。塞舌尔的 155 个岛屿可分为几大群岛。划界案涉及的马埃群岛（The Mahé Group）由 42 个花岗岩岛屿组成，其中包括首都（维多利亚市）所在地——马埃岛。马埃岛群以西是阿米兰特群岛（Amirantes Group），由 29 个珊瑚岛组成，其中包括非洲浅滩和南岛。阿米兰特岛群西南方向的法夸尔群岛（Farquhar Group）由 13 个珊瑚岛组成。阿尔达布拉群岛（Aldabra Group）位于法夸尔岛群以西，是最大的群岛，由 67 个珊瑚岛组成。另外，还有两个位于马埃岛群以南的珊瑚岛群以及位于马埃岛群以北两个珊瑚岛，其中包括鸟岛（Ile aux Vaches）。

塞舌尔于 1982 年 12 月 10 日《公约》开放签署之日签署《公约》，并于 1991 年 9 月 16 日批准《公约》。1999 年塞舌尔《海域法》第二版对塞舌尔共和国海域范围（包括大陆架）的确定和划界做出了规定，这些规定与《公约》相一致。

14.1 塞舌尔的主张 [1]

划界案涉及塞舌尔北部海台地区，位于 1°—6°S，51°—56°E 之间，分布于大型水下高地形单元马斯克林海台的最北端。从地质、地球物理和海底地形分析，北部海台属于因大陆破裂、拉张作用而形成的被动大陆边缘，其形成开始于马斯克林海台从非洲东海岸的分离，以及随后的马斯克林微大陆从马达加斯加的裂离和一系列构造事件。

北部海台与其相关的陆地（鸟岛和非洲浅滩）为同一地形单元地位相同的两部分，都是一系列相同地质过程和事件作用的结果。因此北部海台及其构造隆起是大陆边缘的自然组成部分，是塞舌尔陆地领土的水下自然延伸。

塞舌尔依据《公约》第七十六条在北部海台地区划定的 200 海里以外大陆架范围约为 22 143 平方千米（图 14-1）。

塞舌尔在北部海台地区的大陆架外部界限由 398 个定点划定，其中：

396 个定点由距离大陆坡脚 60 海里处的弧线确定［《公约》第七十六条第 4 款（a）项（2）目］。

2 个定点（ECS-1 和 ECS-398）为外部界限的起始点和终止点，位于塞舌尔的 200 海里线上。

第14章 塞舌尔关于北部海台外大陆架划界案委员会审议建议评注

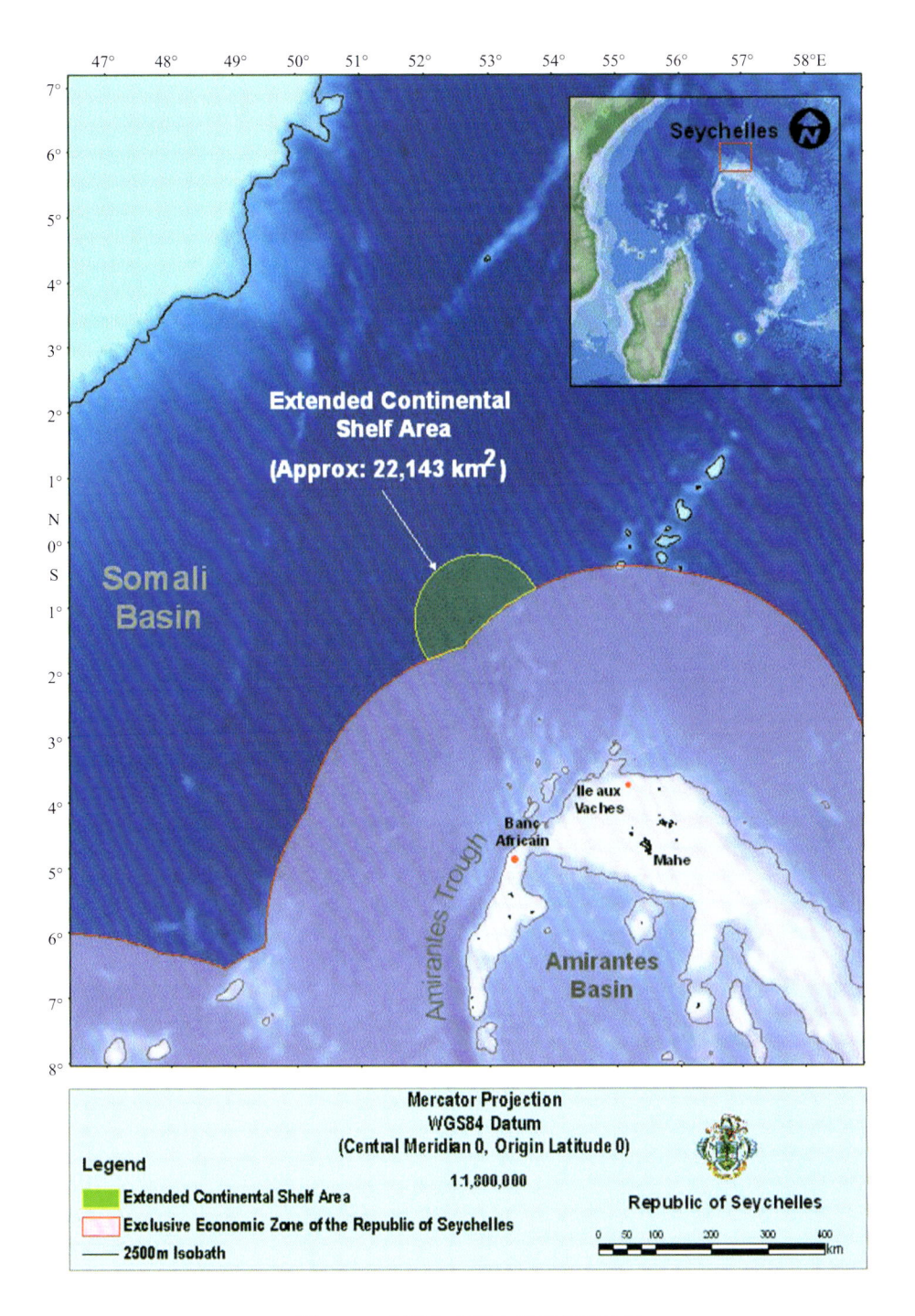

图14-1 塞舌尔主张大陆架外部界限

绿色区域为塞舌尔扩展大陆架区域，红色区域为塞舌尔专属经济区

资料来源：塞舌尔关于北部海台外大陆架划界案执行摘要

14.2 各国反应照会和要点

没有任何国家对塞舌尔划界案提出普通照会。

14.3 委员会审议过程

塞舌尔划界案的审议贯穿了委员会第 40 届会议至第 47 届会议。委员会在第 40 届会议上成立审议塞舌尔划界案的小组委员会,在第 47 届会议上通过了建议。

14.3.1 委员会初步审议

在 2009 年 8 月 31 日委员会第 24 届会上,塞舌尔常驻联合国代表兼代表团团长罗纳德·朱莫(Ronald Jumeau)、国家发展部国际边界特别顾问雷蒙德·张泰夫(Raymond Chang Tave)、塞舌尔石油公司高级地质学家帕特里克·萨姆森(Patrick Samson)、国家发展部地理信息系统及信息技术支持处主任弗朗西斯·克迪龙(Francis Cœur de Lion)、塞舌尔石油公司地球物理学家暨勘探经理帕特里克·约瑟夫(Patrick Joseph)就划界案向委员会做了陈述。委员会随后转入非公开会议,决定根据《公约》附件二第五条以及《议事规则》第 42 条的规定,由依照《议事规则》第 51 条 4 之三设立的小组委员会在今后届会上审议划界案。[2]

在 2016 年 2 月 12 日委员会第 40 届会议上,委员会设立了审议塞舌尔划界案的小组委员会。任命查尔斯(Charles)、格卢莫夫(Glumov)、卡尔恩吉(Kalngui)、吕文正、拉温德拉(Ravindra)、雷斯特(Roest)和乌兹诺维奇(Uścinowicz)先生为小组委员会成员。小组委员会召开会议,选举雷斯特先生为主席,吕文正先生和拉温德拉先生为副主席。[3]

14.3.2 小组委员会审议

小组委员会对塞舌尔划界案的审议从第 40 届会议持续到第 47 届会议。

在第 40 届会议上,小组委员会根据《议事规则》附件三第 3 条对划界案进行了初步审查。认为基于现有的数据还不能确定塞舌尔是否能够通过从属权利检验。

在第 41 届会议上,小组委员会与塞舌尔代表团举行了 2 次会议。代表团通知小组委员会,它取得了更多的多波束数据,仍在处理中,将于 2016 年 10 月底之前向小组委员会提交。鉴于这个情况,小组委员会决定推迟审议从属权利检验的问题。[4]

第14章　塞舌尔关于北部海台外大陆架划界案委员会审议建议评注

第42届会议上，小组委员会审查了代表团提交的补充多波束数据，认为塞舌尔通过了从属权利检验。随后根据《议事规则》附件三第4条，继续对划界案进行科学和技术审查。并与代表团举行了4次会议，其间代表团介绍了提供的新数据和资料，小组委员会向代表团介绍了在审查划界案之后得出的意见和一般性结论。[5]

在第43届会议上，小组委员会完成了建议草案，并于2017年2月3日核准建议草案，同日提交给委员会。2017年2月13日，小组委员会向委员会介绍了建议草案。2017年2月14日，塞舌尔代表团参加委员会的审议，按照《议事规则》附件三第15条1之二段的规定做了陈述。陈述人为塞舌尔大陆架委员会主席兼代表团团长迈克尔·罗塞特（Michael Rosette），塞舌尔常驻代表团副代表兼临时代办贝丽尔·萨姆森（Beryl Samson），塞舌尔扩展大陆架划界技术委员会两名成员尼科尔·加布里埃尔（Nichol Gabriel）和帕特里克·约瑟夫（Patrick Joseph）。此外，塞舌尔代表团还有多名顾问。代表团在陈述中对小组委员会的工作表示赞赏，除了阐述划界案的实质性要点之外，还表示赞同小组委员会审查划界案后得出的意见和一般性结论。[6]

14.3.3　委员会通过建议

由于第44届会议全会时间较短，无法完成对塞舌尔的建议草案的审议，委员会决定将建议草案的审议推迟到第46届会议。[7]

在第46届会议之前，由于委员会进行了换届，选举了新委员，小组委员会主席雷斯特和副主席拉温特因所在缔约国未提名连任。塞舌尔请求有机会再次按照委员会《议事规则》附件三第15条1之二段的规定进行陈述。委员会同意塞舌尔的请求，但要求该陈述不得包含新的数据或资料。小组委员会执行主席吕文正先生于2018年3月6日再次向委员会介绍了塞舌尔划界案的建议草案，同日，塞舌尔代表团也做了陈述。做陈述的是塞舌尔大陆架小组委员会主席兼代表团团长迈克尔·罗塞特先生、参加陈述会的还有塞舌尔常驻联合国副代表贝丽尔·萨姆森（Beryl Samson）、塞舌尔延伸大陆架划界技术委员会成员帕特里克·约瑟夫（Patrick Joseph）和弗朗西斯·克迪龙（Francis Coeur de Lion），代表团还有一名技术顾问。[8]

委员会经过全面审议，在2018年8月27日第47届会议上未经表决核准了塞舌尔于2009年5月7日提交的关于北部海台区的划界案提出的建议。[9]

依照《公约》附件二第六条第3款，塞舌尔划界案建议及其摘要于2018年9月3日提交沿海国和联合国秘书长。

14.4 委员会对塞舌尔划界案的审议建议[10]

14.4.1 从属权利检验与确定大陆坡脚

塞舌尔划界案最初提交了 31 个大陆坡脚点，以确定其北部海台地区大陆边缘的整体形态（图 14-2），但仅使用一个关键大陆坡脚来确定塞舌尔在本区的 200 海里以外大陆架外部界限的公式定点。小组委员会发现，被用来确定这个关键性大陆坡脚点的单波束测深剖面在到达这个大陆坡脚点前已穿越深洋洋底（图 14-3），因此，这个单波束测深剖面不能被用来证明与自然延伸有关的情况。

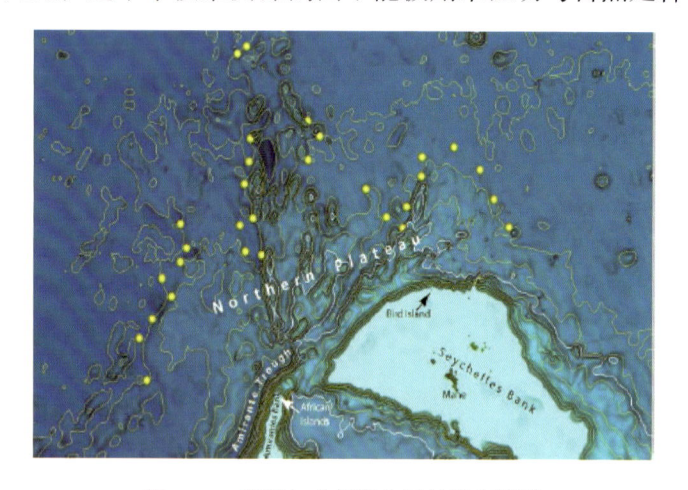

图14-2　塞舌尔北部海台区的海底地形

黄色点为大陆坡脚点，海台形态由间隔为500米的等深线表示，白色粗线为3 000米等深线

资料来源：委员会对塞舌尔关于北部海台外大陆架划界案的建议摘要

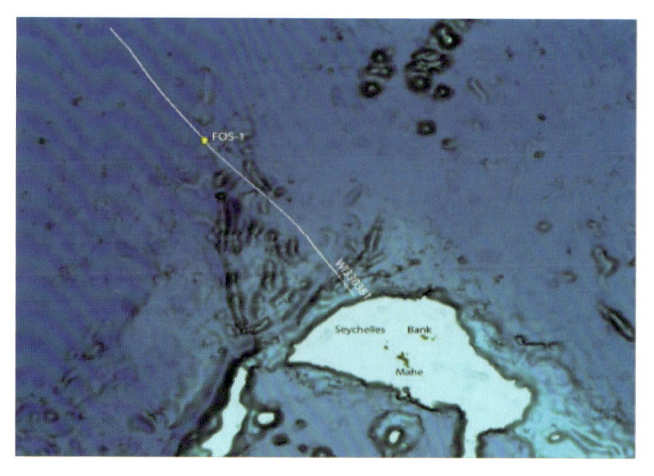

图14-3　用于确定关键大陆坡脚点的单波束测线位置示意

资料来源：委员会对塞舌尔关于北部海台外大陆架划界案的建议摘要

第14章 塞舌尔关于北部海台外大陆架划界案委员会审议建议评注

小组委员会认为，北部海台地区周围的陆坡基部区非常复杂，应特别关注不同的脊状地形。小组委员会特别关注以下事实：从陆块到关键大陆坡脚点的自然延伸不能根据测深数据的空间范围进行确定。小组委员会还指出，根据划界案中提供的资料，用来划定外部界限的大陆坡脚点与塞舌尔陆块之间没有有效连接。小组委员会认为塞舌尔最初提交的数据资料证明无法通过从属权利检验。

塞舌尔于2016年11月4日提交了中国"向阳红10"船于2016年6月新采集的多波束测深数据。根据对新测深数据的分析结果，小组委员会认为，如果代表团在最西端海岭的北部边缘上确定大陆坡脚点，那么塞舌尔就有可能通过从属权利检验。

塞舌尔代表团于2016年11月15日根据新的资料，提交了该地区的陆坡基部区和大陆坡脚有关的分析结果。在此基础上确定了3个新的大陆坡脚点，命名为SEY-NP-FOS-1、SEY-NP-FOS-2和SEY-NP-FOS-3；2016年12月更名为SYC-NP-FOS-1、SYC-NP-FOS-2和SYC-NP-FOS-3。小组委员会接受了位于西端海岭北部边缘的大陆坡脚点SYC-NP-FOS-3（图14-4）。根据这个大陆坡脚点，塞舌尔通过了从属权利检验。

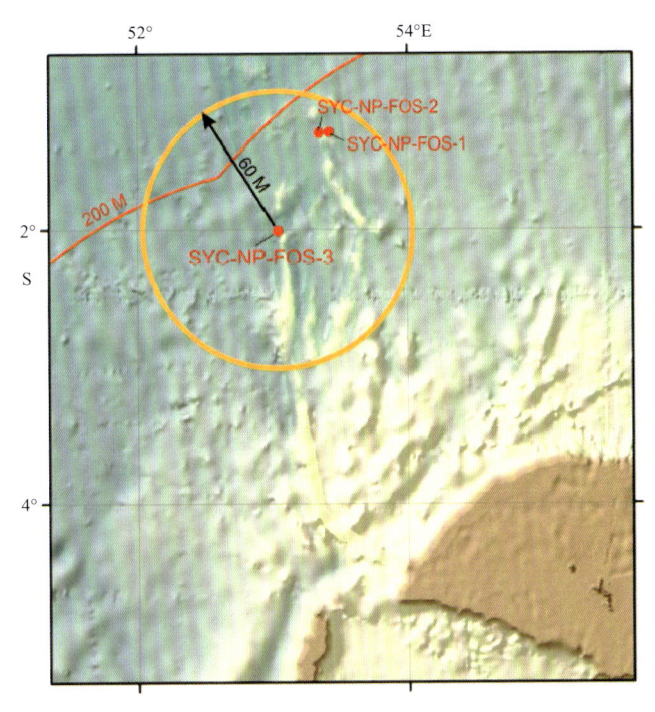

图14-4 基于新采集多波束测深数据确定其关键大陆坡脚点示意
资料来源：委员会对塞舌尔关于北部海台外大陆架划界案的建议摘要

小组委员会认为需要进一步证实沿测深剖面且与 SYC-NP-FOS-1 和 SYC-NP-FOS-2 确定有关的鞍状区域的海底地形特征（图 14-5）。

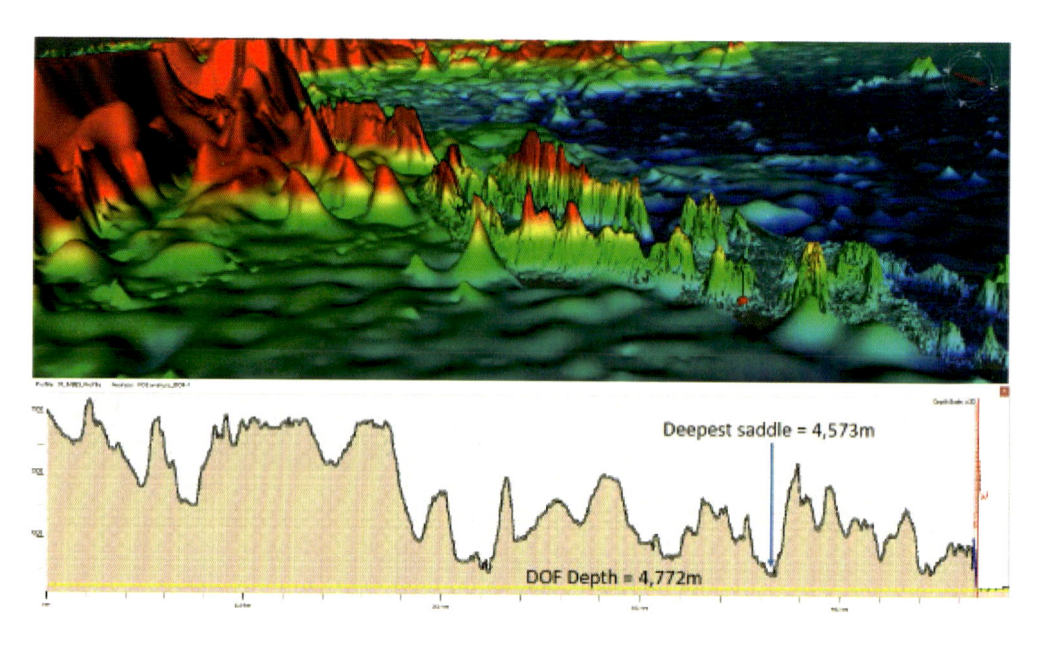

图14-5　基于新数据的测深剖面

资料来源：委员会对塞舌尔关于北部海台外大陆架划界案的建议摘要

塞舌尔代表团随后提供了更多信息，包括航次报告以及再次处理的测深数据。按照更新后的网格数据，塞舌尔证明海脊鞍状区域高于深洋洋底约 200 米。小组委员会同意这些鞍状区域明显高于大陆坡脚之外的平坦的深洋洋底这一结论。

委员会的大多数成员接受小组委员会同意大陆坡脚 SYC-NP-FOS-1 和 SYC-NP-FOS-2 的位置，但有些委员一开始认为，沿着东部海脊的鞍状区域并不能支持塞舌尔陆块的水下延伸直到这些大陆坡脚点。随后这些委员注意到，根据大陆边缘的地貌特征，这 3 个大陆坡脚点的位置都在一个整体抬高的区域内，这个区域从北部海台的东部向西部延伸。因此，相关海脊及其之间的鞍状区域可以被认为是陆坡的一部分，委员会最终接受这 3 个大陆坡脚点（SYC-NP-FOS-1，SYC-NP-FOS-2 和 SYC-NP-FOS-3）的位置（经纬度坐标见表 14-1）。

第 14 章　塞舌尔关于北部海台外大陆架划界案委员会审议建议评注

表 14-1　大陆坡脚点坐标

大陆坡脚点	纬度 / °S	经度 / °E
SYC-NP-FOS-1	1.297091	53.42101
SYC-NP-FOS-2	1.298562	53.34634
SYC-NP-FOS-3	2.008188	53.03973

14.4.2　公式线的适用

依照《公约》第七十六条第 4 款（a）项（2）目的规定，在北部海台地区，塞舌尔使用距离公式确定大陆架外部界限定点。其大陆架外部界限由 360 个定点划定，定点以 CM_001 至 CM_360 命名（图 14-6）。定点间距离不超过 60 海里。

委员会同意塞舌尔在北部海台区确定这些定点时所采用的程序和精度。

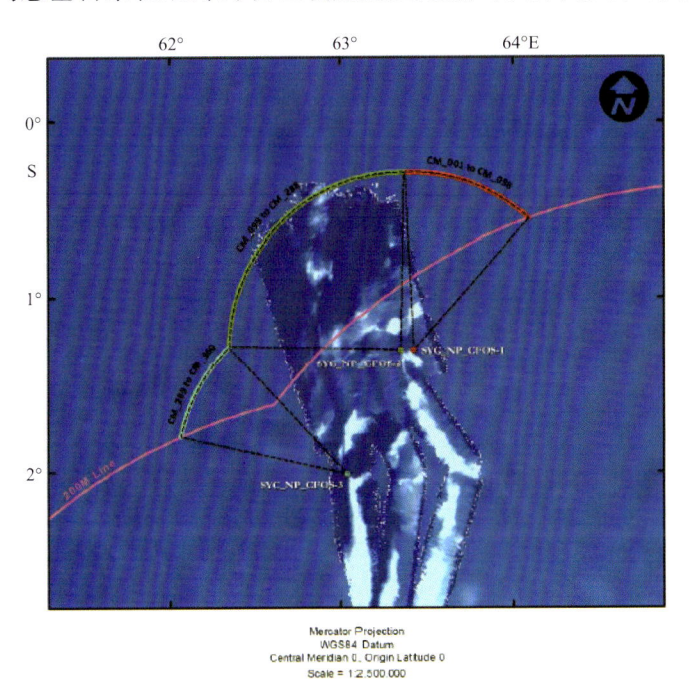

图14-6　确定塞舌尔大陆架外部界限（蓝线、绿线及红线）的定点分布示意
资料来源：委员会对塞舌尔关于北部海台外大陆架划界案的建议摘要

14.4.3　限制线的适用

考虑到《公约》第七十六条第 5 款和第 6 款规定的限制规则，塞舌尔提供了与距离和深度限制规则有关的资料和信息。在北部海台地区，深度限制线完全位

于200海里线内。所以最终适用350海里距离限制规则（图14-7）。

委员会同意塞舌尔在划定限制线时所采用的程序和精度。

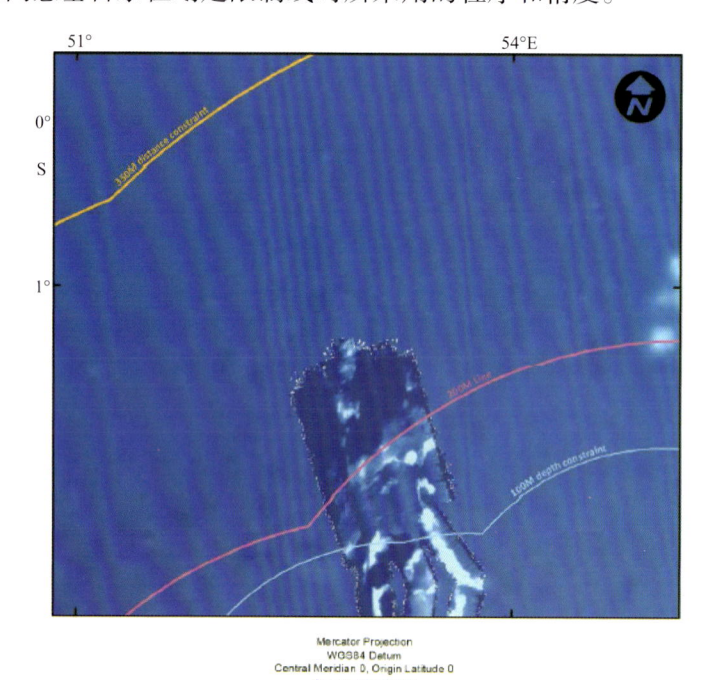

图14-7　距离和深度限制线的位置示意

橙色线为350海里限制线，品红色线为200海里线，蓝色线为2 500米等深线外推100海里线

资料来源：委员会对塞舌尔关于北部海台外大陆架划界案的建议摘要

14.4.4　外部界限及委员会建议

塞舌尔修订的大陆边外缘完全位于距离限制线的向陆侧。最终，北部海台地区的大陆架外部界限由182个定点划定，使用长度不超过60海里的直线连接定点（图14-8）。

其中，两个定点位于塞舌尔200海里线上（OCS001和OCS182），使用60海里桥线连接。然而，委员会不同意使用与200海里线的桥接线，而建议使用公式线（如图14-6所示）与200海里线的交点代替。

委员会同意这些划定北部海台区大陆边外缘的定点，建议依照《公约》第七十六条第7款，使用不超过60海里的直线划定大陆架外部界限。

委员会同意划定北部海台地区大陆架外部界限所采用的方法和精度以及定点和连接定点的直线。

第 14 章　塞舌尔关于北部海台外大陆架划界案委员会审议建议评注

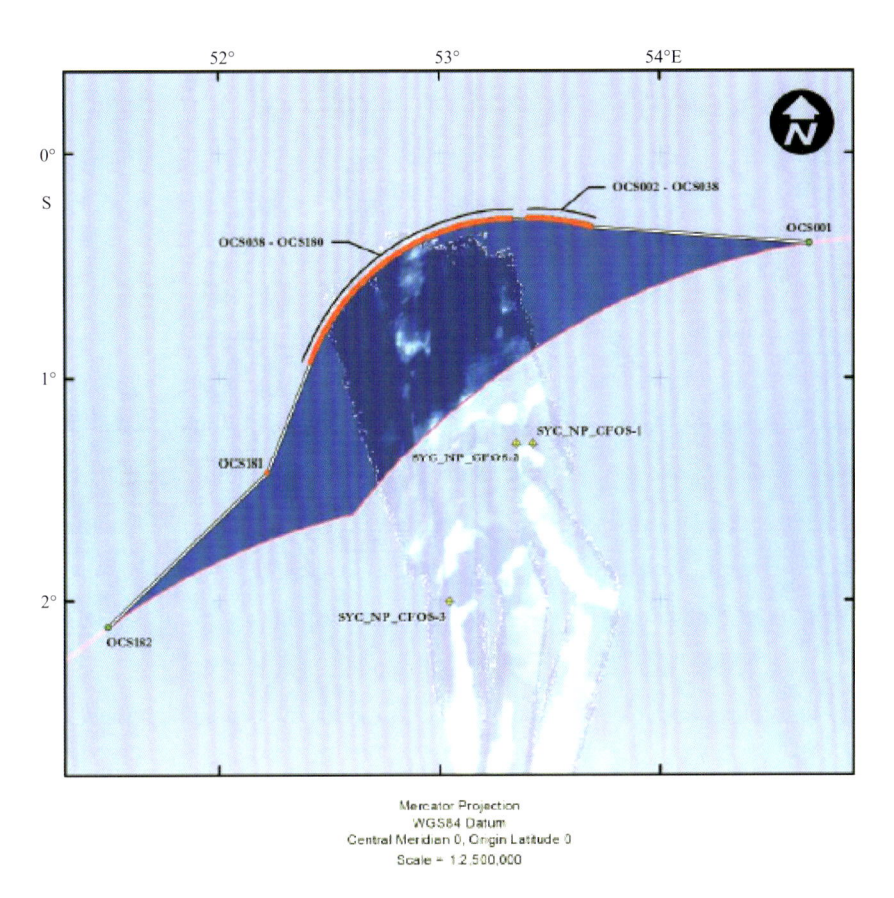

图14-8　大陆架外部界限位置示意

资料来源：委员会对塞舌尔关于北部海台外大陆架划界案的建议摘要

14.5　委员会审议建议评注

塞舌尔最初提交的划界案由于支撑数据不足，用以确定其关键大陆坡脚的单波束数据不能有效证明其是塞舌尔陆地领土的水下自然延伸，无法通过委员会的从属权利检验（小组委员会第40届会议上的结论），小组委员会要求塞舌尔进一步澄清，在随后的划界案审议过程中，塞舌尔代表团提交了关键性的补充数据。

提交委员会的补充数据是由中国自然资源部第二海洋研究所执行的中国－塞舌尔大陆边缘海洋地球科学联合调查航次采集。"向阳红10"调查船于2016年首次在塞舌尔北部大陆边缘地区获得高精度多波束数据，得到区域为14 520平方千米的全覆盖高精度地形图，填补了塞舌尔北部区域的调查数据空白，获得的高精度海底地形图很好地展示了塞舌尔大陆边缘北部海台地区的地形和地貌特征，显示该区存在3条带状地形。该国际合作航次获取的数据完全满足了《公约》第七十六条和委员会《科技准则》的要求，是塞舌尔通过从属权利检验，成功主张大陆架外部界限的关键佐证数据。本划界案也是第一个由中国政府提供数据支撑并获得圆满结果的划界案，对东非的沿海国影响巨大，纷纷向中国提出援助请求。

参考文献

[1] Executive Summary of Submission by the Republic of Seychelles to the Commission on the Limits of the Continental Shelf Concerning the Northern Plateau Region. Commission on the Limits of the Continental Shelf [EB/OL]. [2023-09-30]. https://www.un.org/depts/los/clcs_new/submissions_files/syc39_09/syc2009executivesummary.pdf.

[2] Statement by the Chairman of the Commission on the Limits of the Continental Shelf on the progress of work in the Commission - Twenty-fourth session. Commission on the Limits of the Continental Shelf [EB/OL]. [2023-09-30]. https://documents-dds-ny.un.org/doc/UNDOC/GEN/N09/536/21/PDF/N0953621.pdf?OpenElement.

[3] Progress of work in the Commission on the Limits of the continental Shelf - Statement by the Chair - Fortieth session. Commission on the Limits of the Continental Shelf [EB/OL]. [2023-09-30]. https://documents-dds-ny.un.org/doc/UNDOC/GEN/N16/108/88/PDF/N1610888.pdf?OpenElement.

[4] Progress of work in the Commission on the Limits of the Continental Shelf - Statement by the Chair - Forty-first session. Commission on the Limits of the Continental Shelf [EB/OL]. [2023-09-30]. https://documents-dds-ny.un.org/doc/UNDOC/GEN/N16/294/97/PDF/N1629497.pdf?OpenElement.

[5] Progress of work in the Commission on the Limits of the Continental Shelf - Statement by the Chair - Forty-second session. Commission on the Limits of the Continental Shelf [EB/OL]. [2023-09-30]. https://documents-dds-ny.un.org/doc/UNDOC/GEN/N16/456/61/PDF/N1645661.pdf?OpenElement.

[6] Progress of work in the Commission on the Limits of the Continental Shelf - Statement by the Chair - Forty-third session. Commission on the Limits of the Continental Shelf [EB/OL]. [2023-09-30]. https://documents-dds-ny.un.org/doc/UNDOC/GEN/N17/103/47/PDF/N1710347.pdf?OpenElement.

[7] Progress of work in the Commission on the Limits of the Continental Shelf - Statement by the Chair - Forty-fourth session. Commission on the Limits of the Continental Shelf [EB/OL]. [2023-09-30]. https://documents-dds-ny.un.org/doc/UNDOC/GEN/N17/303/94/PDF/N1730394.pdf?OpenElement.

[8] Progress of work in the Commission on the Limits of the Continental Shelf - Statement by the Chair - Forty-sixth session. Commission on the Limits of the Continental Shelf [EB/OL]. [2023-09-30]. https://documents-dds-ny.un.org/doc/UNDOC/GEN/N18/098/12/PDF/N1809812.pdf?OpenElement.

[9] Progress of work in the Commission on the Limits of the Continental Shelf - Statement by the Chair - Forty-seventh session. Commission on the Limits of the Continental Shelf [EB/OL]. [2023-09-30]. https://documents-dds-ny.un.org/doc/UNDOC/GEN/N18/286/85/PDF/N1828685.pdf?OpenElement.

[10] Summary of Recommendations of the Commission on the Limits of the Continental Shelf in Regard of the Submission Made by the Republic of Seychelles in Respect of the Northern Plateau Region on 7 May 2009. Commission on the Limits of the Continental Shelf [EB/OL]. [2023-09-30]. https://www.un.org/depts/los/clcs_new/submissions_files/syc39_09/2018_08_27_COM_SUMREC_SYC.pdf.